21世纪
经管权威教材

Fundamentals of Investing
13th Edition

投资学基础

中国版

（第13版）

斯科特·B. 斯马特
(Scott B. Smart)

[美] 劳伦斯·J. 吉特曼　著　刘　园　改编
(Lawrence J. Gitman)

迈克尔·D. 乔恩科
(Michael D. Joehnk)

电子工业出版社
Publishing House of Electronics Industry
北京·BEIJING

Authorized translation from the English language edition, entitled FUNDAMENTALS OF INVESTING, 13th Edition by Scott B. Smart, Lawrence J. Gitman, Michael D. Joehnk, published by Pearson Education, Inc., Copyright © 2017 by Pearson Education Inc. or its affiliates.

All rights reserved. No part of this book may be reproduced or transmitted in any form or by any means, electronic or mechanical, including photocopying, recording or by any information storage retrieval system, without permission from Pearson Education, Inc.

CHINESE SIMPLIFIED language edition published by PUBLISHING HOUSE OF ELECTRONICS INDUSTRY, Copyright © 2018.

本书中文简体版专有出版权由 Pearson Education, Inc.授予电子工业出版社，未经许可，不得以任何方式复制或抄袭本书的任何部分。

本书简体中文版贴有 Pearson Education 培生教育出版集团激光防伪标签，无标签者不得销售。

版权贸易合同登记号　图字：01-2017-2423

图书在版编目（CIP）数据

投资学基础：第 13 版：中国版 /（美）斯科特·B.斯马特（Scott B. Smart），（美）劳伦斯·J.吉特曼（Lawrence J.Gitman），（美）迈克尔·D.乔恩科（Michael D. Joehnk）著；刘园改编. —北京：电子工业出版社，2018.9
书名原文：Fundamentals of Investing, 13th Edition
ISBN 978-7-121-34872-3

Ⅰ. ①投… Ⅱ. ①斯… ②劳… ③迈… ④刘… Ⅲ. ①投资学－高等学校－教材 Ⅳ. ①F830.59

中国版本图书馆 CIP 数据核字(2018)第 183319 号

策划编辑：刘露明
责任编辑：刘淑敏
印　　刷：三河市鑫金马印装有限公司
装　　订：三河市鑫金马印装有限公司
出版发行：电子工业出版社
　　　　　北京市海淀区万寿路 173 信箱　邮编 100036
开　　本：787×1092　1/16　印张：25　字数：599 千字
版　　次：2008 年 5 月第 1 版（原著第 10 版）
　　　　　2018 年 9 月第 3 版（原著第 13 版）
印　　次：2022 年 8 月第 4 次印刷
定　　价：88.00 元

凡所购买电子工业出版社图书有缺损问题，请向购买书店调换。若书店售缺，请与本社发行部联系，联系及邮购电话：(010) 88254888，88258888。

质量投诉请发邮件至 zlts@phei.com.cn，盗版侵权举报请发邮件至 dbqq@phei.com.cn。
本书咨询联系方式：(010) 88254199，sjb@phei.com.cn。

序

2016年，中国企业在国际市场上，成为令全球瞩目的投资主力。这标志着中国从改革开放近40年来的引资大国正成功迈向投资大国，更标志着中国经济实力和国际地位的新的飞跃。

投资作为金融领域的灵魂，其重要性在于它决定着全球经济发展的大局，以及一个国家人民的福祉和竞争实力。本书不仅以简洁明了的语言和案例生动地阐述了投资学的基本知识和理论，而且根据国际经济领域的新发展和实践，针对新的投资方式的出现和全球经济形势的变化，淘汰了陈旧内容，调整了分析顺序，增加了投资创新和趋势前瞻内容，补充了课后习题、知识拓展和新闻导读。这有利于自学者更加方便地研习本书内容。

本书的编写特点是紧跟国际投资发展的前沿，紧扣市场运行的实际，追求前沿性、实战性和新颖性，十分适合金融、财会、经济学等相关专业的高年级学生和研究生及业界人士学习研究。

《投资学基础（第13版）》（中国版）再次由中美两国学者携手合作完成，其中，中方编写者为对外经济贸易大学国际经贸学院的刘园教授及其率领的团队——郑忱阳、刘馨爽、周杨、陈浩宇、李捷嵩、杨年祥、王健、彭翱。由于时间仓促，书中谬误在所难免，敬请不吝赐教。

刘　园

目录

第 1 部分　投资准备

第 1 章　投资环境概述 2
1.1　投资概述 2
1.2　投资工具 5
1.3　制订投资计划 7
1.4　短期投资工具——满足流动性需求 13
知识拓展 16
关键术语 17
课后习题 17

第 2 章　证券市场 22
2.1　证券市场概述 22
2.2　证券发行市场 24
2.3　证券交易市场 30
2.4　证券市场的国际化 35
2.5　证券市场的交易时间和监督管理 37
知识拓展 39
关键术语 40
课后习题 41

第 3 章　投资信息与证券交易 45
3.1　投资信息 45
3.2　市场平均数与指数 47
3.3　证券交易过程 53

知识拓展 63
关键术语 64
课后习题 65

第 2 部分　重要概念工具

第 4 章　收益与风险 72
4.1　收益的概念 72
4.2　收益的衡量 75
4.3　投资风险 81
4.4　资金的时间价值 87
知识拓展 92
关键术语 93
课后习题 94

第 5 章　现代投资组合的概念 99
5.1　投资规划的原则 99
5.2　资本资产定价模型（CAPM）.. 103
5.3　传统模式与现代资产组合理论 108
5.4　传统模式与现代资产组合理论的结合 114
5.5　积极的投资组合管理理论 115
知识拓展 117
关键术语 118
课后习题 119
CFA 练习题 124

第 3 部分　股票投资

第 6 章　普通股 128
- 6.1　股票概述 128
- 6.2　普通股的特征 130
- 6.3　普通股股利 134
- 6.4　普通股的种类及应用 137
- 知识拓展 144
- 关键术语 145
- 课后习题 145

第 7 章　证券投资的基本分析 151
- 7.1　证券分析概述 151
- 7.2　经济分析 153
- 7.3　行业分析 155
- 7.4　公司分析 157
- 知识拓展 167
- 关键术语 169
- 课后习题 169

第 8 章　股票估值 176
- 8.1　股票估值过程 176
- 8.2　股利贴现模型 180
- 8.3　其他估值方法 184
- 知识拓展 188
- 关键术语 189
- 课后习题 190

第 9 章　有效市场与行为金融 195
- 9.1　随机游走假说与有效市场假说 195
- 9.2　行为金融学 199
- 9.3　技术分析 201
- 知识拓展 213
- 关键术语 214
- 课后习题 214
- CFA 练习题 217

第 4 部分　债券投资

第 10 章　固定收益证券 222
- 10.1　债券概述 222
- 10.2　债券的要素 226
- 10.3　债券的种类 232
- 10.4　债券评级 238
- 知识拓展 240
- 关键术语 241
- 课后习题 241

第 11 章　债券的定价模型 246
- 11.1　利率的市场行为 246
- 11.2　债券的定价 250
- 11.3　债券收益的衡量 253
- 知识拓展 261
- 关键术语 263
- 课后习题 263
- CFA 练习题 268

第 5 部分　投资组合管理

第 12 章　共同基金和其他投资公司 272
- 12.1　投资公司概述 272
- 12.2　投资公司的类型 273
- 12.3　共同基金 276
- 12.4　不同种类的基金和服务 282
- 12.5　投资于共同基金 291
- 知识拓展 296
- 关键术语 297
- 课后习题 298

第 13 章　个人投资者的投资管理 303
- 13.1　利用资产配置方案组建投资组合 303
- 13.2　评估个人投资工具的表现 306

13.3 投资组合的表现 310
13.4 交易时机 316
知识拓展 320
关键术语 321
课后习题 321
CFA 练习题 329

第 6 部分 衍生工具投资

第 14 章 看涨与看跌期权 334
14.1 期权市场概览 334
14.2 期权的定价和交易 342
知识拓展 355

关键术语 356
课后习题 356

第 15 章 期货市场 362
15.1 期货市场概览 362
15.2 商品期货 372
15.3 金融期货 376
15.4 期货期权 383
知识拓展 385
关键术语 386
课后习题 386
CFA 练习题 392

第 1 部分

投资准备

- ▶ 第 1 章 投资环境概述
  The Investment Environment

- ▶ 第 2 章 证券市场
  Securities Markets

- ▶ 第 3 章 投资信息与证券交易
  Investment Information and Securities Transactions

第1章
投资环境概述

学习目标
- 掌握投资的概念和投资的种类。
- 了解投资的结构和投资者的种类。
- 了解主要的投资工具。
- 熟悉投资步骤。
- 了解主要短期投资工具的类型。

1.1 投资概述

所谓投资(Investment),是指在金融市场中进行各种金融交易的活动。更准确地说,投资是充分考虑了金融工具的风险与收益之后,运用资金进行的一种以营利或避险为目的的金融活动。投资行为具有三大特征:时间性——牺牲当前消费以获得期望的未来消费;不确定性——期望收益的存在与否及其大小类似于一个概率事件;收益性——如果投资成功将获得更大的未来值。

投资收益有两种基本形式:当期收入(Current Income)与价值增值(Increased Value)。投资于储蓄账户的资金以定期支付利息的方式增加当期收入;股票投资者则会期望在从购买股票到卖出股票的这段时间内获得价值增值。(无息)支票账户的存款则不属于投资,因为它既不带来收入,也不会有价值增值。下面我们从投资的种类、投资的结构和投资的当事人开始学习。

1.1.1 投资的种类

当人们进行投资时,投资对象(公司或政府实体)用提供未来预期收益的方式换取人们现在拥有的资金并加以利用。人们把资金投入他们认为能提供最多收益的机构。不同投资者对收益的判断不同,因此便出现了各种类型的投资。投资的选择取决于投资者的资源、目标和性格。按不同的分类标准,投资有以下几种。

（1）按投资主体的不同，投资分为实物资产投资和金融资产投资

实物资产大多指有形资产，即我们能够看见资产本身及资产的作用，如房地产、建筑物、机器设备等。金融资产经过发展，已经能够代表这种实物资产的要求权。这种要求权可能是对所有权的要求（如普通股），也可能是对债权的要求（如信用交易、银行贷款、债券、票据等），还可能是对其他金融资产价值的要求（如可转换债券、期货、期权等）。

（2）按投资方式的不同，投资分为直接投资和间接投资

直接投资是指通过购买普通股或债券而进行的投资。当投资者的存款被集中起来为其他投资者购买股票或债券提供贷款时，前者进行的投资就属于间接投资。

（3）按投资性质的不同，投资分为债权性投资、权益性投资与衍生证券投资

1）债权（Debt）性投资。债权性投资是指为取得债权所做的投资，如购买国库券、公司债券等。债券是一种定约证券，它以契约的形式明确规定投资者与被投资企业的权利与义务。无论被投资企业有无利润，投资者均享有定期获取利息和到期收回本金的权利。投资者进行债权性投资，一般为了取得高于银行存款利率的利息，并保证按期收回本息。

2）权益（Equity）性投资。权益性投资是指为获取企业的净资产所有权所做的投资，包括普通股、优先股、认股权与认股证等。权益性证券的持有者一般拥有在股东大会上的表决权和领取股利的权利，但此类证券一般无还本日期，股东若无意继续持有，可依法转让给他人而收回投资。

3）衍生证券（Derivative Securities）投资。衍生证券投资是指对那些价值由其他资产价值决定或由其他资产价值衍生出来的证券的投资，包括期权、可转换债券、期货、互换等。期权是给予持有者在一定时期内按某预定价格买入或卖出一定数量金融资产的权利的法律合约；可转换债券是一种可以把债券转换为股票的公司债券，其实质是附着买入期权的债券；期货是指投资者必须在未来某一具体日期以规定价格买入或卖出一定量资产的证券；互换是指在未来某一时点互换特定资产的协议，可以看作具有多个交割日期的期货合约的组合。以上几种证券在后面的章节中都会进行详细的介绍。

（4）按风险大小，投资分为高风险投资和低风险投资

风险是指投资收益具有偏离预期的不确定性。低风险投资是指会带来正收益的投资；高风险投资具有投机性，其收益具有高度不确定性。值得一提的是，投资者得到的收益与其承担的风险是对称的：收益高，风险必然高；风险低，收益也会低。

（5）按时间长短，投资分为短期投资和长期投资

短期投资是指各种能够随时变现、持有时间不超过一年的投资，它既能提供一定的收益，又可以保证资产的流动性。长期投资是指不准备在一年内变现的投资，包括长期债券投资、长期股票投资等。有些投资没有到期日，如股票。

（6）按地域划分，投资分为国内投资和国外投资

国内投资是指对本国公司发行的债务、权益或衍生证券的投资。现在，投资者越来越

多地进行国外投资。很多时候国外投资比国内投资提供更有吸引力的收益水平，并且随着经济全球化的发展，外国公司的信息也越来越易于获取，使得国外投资变得更加容易。

1.1.2 投资的结构

投资把有闲散资金的资金供给者和资金短缺的资金需求者联系起来。通常，资金的供求双方通过金融机构（Financial Institutions）或金融市场（Financial Markets）两种途径进行交易。有些情况下，如房地产交易，买卖双方直接进行交易。

金融机构是把政府、企业和个人的储蓄转化为贷款或投资的组织机构。证券市场上的金融中介机构主要包括：证券承销商和证券经纪商，主要指证券公司（专业券商）和非银行金融机构证券部（兼营券商）；证券交易所及证券交易中心；具有证券律师资格的律师事务所；具有证券从业资格的会计师事务所或审计事务所；资产评估机构；证券评级机构；证券投资咨询与服务机构；等等。

金融市场是资金买卖双方进行交易（通常通过中介）的场所，如证券市场、商品市场和外汇市场等。在世界上大多数国家中，证券市场是最主要的金融市场，包括股票市场、债券市场、期货市场、期权市场等。证券市场的主要功能之一是公布证券价格。在证券市场中，任何一种投资工具的价格都是由资金供求的均衡决定的。随着有关收益与风险的新信息的出现，资金供求会发生变化，就会形成一个新的均衡和新的市场价格。金融市场简化了联系资金供求双方的过程，并使得交易更迅速、交易价格更公平。

如图 1.1 所示，资金供给者可以通过金融机构、金融市场或以直接交易的方式把资金传递给资金需求者。如虚线所示，金融机构可以以资金供给者或需求者的身份参与金融市场。

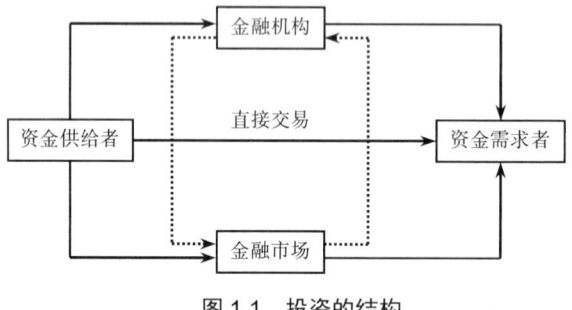

图 1.1 投资的结构

1.1.3 投资的当事人

政府、企业和个人是投资活动的主要参与者，他们既可以作为资金供给者，又可以作为资金需求者。为了实现资源的合理配置从而使经济繁荣发展，资金必须流向有效率的个人、企业或政府。否则，就会导致政府购买、企业生产和个人消费的萎缩，使经济发展减慢。

1. 政府

政府是指中央政府和地方政府。中央政府为弥补财政赤字或筹措经济建设所需资金，在证券市场上发行国库券、财政债券、国家重点建设债券等国债；地方政府为本地方公用事业的建设发行地方政府债券。各级政府需要资金为长期项目融资，如建设公共设施、维持政府运行等。有时，政府也提供资金进行一些短期投资以获得收益。总体来说，政府是资金的净需求者——它对资金的需求大于供给。

2. 企业

大多数企业需要大量资金来维持运行，它们通过发行各种证券（如股票、债券等）进行融资；当有闲散资金时，它们也成为资金供给者。企业也是资金的净需求者。

3. 个人

个人是资金需求者，他们需要贷款买车、买房、接受教育。但总体来说，他们是资金的净供给者。

以上所指的个人是相对于政府与企业而言的。根据管理资金者的不同，可以把投资过程中的投资者划分为两种类型：个人投资者和机构投资者。个人投资者（Individual Investors）自己管理资金以实现其投资目标，通常为了获得闲散资金收益、建立退休收入来源或为未来家庭开支提供保障。缺乏时间或专业性来进行投资的个人通常雇佣机构投资者（Institutional Investors），即专门从事管理他人资金并收取报酬的投资机构，它们为个人、企业或政府进行大宗的证券交易。机构投资者包括各种金融机构，如银行、保险公司、共同基金或抚恤基金等。

个人投资者和机构投资者遵从相似的投资法则。然而，由于机构投资者通常代表他人进行大额投资，所以在投资方法上更为复杂。本书内容主要针对个人投资者，要成为合格的机构投资者还需要进一步的学习。

1.2 投资工具

投资工具的种类很多，它们在期限、成本、收益、风险、税收等各方面都有所不同。下面对证券市场上主要的投资工具进行简单介绍，在以后的章节里，我们会对其中一些重要的投资工具进行更为详细的介绍。

1. 短期投资工具

短期投资工具（Short-term Vehicles）也叫货币市场工具，是指期限为一年或一年以下的投资工具。其主要品种有短期国库券、商业票据、大额存单、银行承兑汇票、回购协议等。这些工具的共同特点是风险小、期限短、流动性好、收益水平还不错。通常，在投资长期工具之前，闲散的资金被用来进行这些短期投资以获取一定收益。这些投资工具提供很好的流动性（Liquidity），即可以迅速转换成现金而很少或不会有价值损失。短期投资工具是保守投资者的主要投资对象，本章第4节将对各种短期投资工具进行详细介绍。

2. 普通股

股票是股份制公司发给出资并承担经营风险的股东的股份资本所有权的凭证。普通股股票（Common Stock）代表股份制公司中的所有权份额，代表股票所有者对公司财产与盈利的要求权，所有者可以凭股票定期获得公司分配的收益。投资于普通股股票的收益有两个来源：股利（Dividends）与资本利得（Capital Gains）。股利是股份公司根据盈利状况或承诺而对股东定期或不定期分配的利润；资本利得是指金融工具资产卖出价格高于买入价格所形成的差价收益。普通股将在第5章进行详细介绍。

3. 固定收益证券

固定收益证券（Fixed-income Securities）是定期提供固定收益的投资工具。它们的共同特点为期限较长、收益固定和投资风险较低，是追求长期、稳健收益的投资者或基金投资的主要投资对象。本书第9章将对固定收益证券进行详细介绍。固定收益证券的主要种类如下。

1）债券（Bonds）。由公司或政府发行的长期债务工具。债券持有者在债券到期日获得债券的票面值和约定的利息收益。1926年以来，美国长期公司债券的平均年收益率为6.2%左右，风险较小的长期政府债券的平均年收益率为5.8%左右。

2）可转换证券（Convertible Securities）。一种特殊的固定收益证券，允许投资者在特定时间内将其转换为一定数目的普通股股票。投资者既获得债券的固定利息收入，又获得股票的升值收益。

3）优先股股票（Preferred Stock）。一种既有股权性质又有债权性质的投资工具。与普通股股票相同，优先股股票代表投资者对公司的所有权；与普通股不同的是，优先股有固定水平的红利，并且在收取股利时有先于普通股持有者的优先权。

4. 共同基金

共同基金（Mutual Fund）是指将众多散户的资金集中起来，交由专职的投资专家进行证券投资，风险由投资者承担、收益由投资者分享，基金组织根据资金规模定期获得一定比率管理费的投资机构。货币市场共同基金是只投资于短期工具的共同基金。

5. 衍生证券

衍生证券是指价值由其他资产的价值决定，或者由其他资产的价值衍生出来的证券，包括远期合约、期货（Futures）、期权（Options）、互换等。因为收益的不确定性和市场价值的不稳定性，衍生证券通常有较高的风险。然而，它们也有较高水平的期望收益。

远期合约是交易双方当前达成的在未来某一时间以某一价格交换某一数量的某种资产的合约。投资者可以通过远期合约达到控制成本、消除或降低风险或进行套利等目的。

期货实质上是标准化的远期合约。期货的种类很多，主要分为两大类，即商品期货和金融期货。商品期货的对象主要包括各种农畜林产品、矿产品、钢材、有色金属、贵金属和石油等；金融期货主要包括股票期货、股指期货、货币期货和利率期货等。

期权是期货的发展，约定未来买入的合约称为看涨期权或买入期权；约定未来卖出的合约称为看跌期权或卖出期权。与期货不同的是，期权投资者可以行使在某一时刻以一定价格买入或卖出合约的权利，也可以放弃该权利。

6. 其他投资工具

除了以上几种投资工具之外，投资者经常使用的投资工具还有房地产（Real-estate）、有形资产（Tangibles）等。所谓房地产是指土地、建筑物和固着在土地、建筑物上不可分离的部分及其附带的各种权益。房地产投资的收益包括租金收入、税收减免和价值增值。有形资产是指除房地产之外的其他投资资产，包括黄金和其他贵金属，以及硬币、邮票、艺术品和古董等收藏品。投资者对这类有形资产投资是为了获得价值增值。

 ## 1.3 制订投资计划

1.3.1 投资步骤

所谓投资决策是指投资者决定投资于哪些有价证券、怎样投资及何时投资。投资可以完全凭直觉进行，也可以在详细制订为实现某些目标的计划后进行，事实证明后者更为有效。首先确立总的财务目标，然后形成并执行与投资目标相吻合的投资计划。投资的进行通常分为以下几个步骤。

第 1 步　满足投资前提

投资者的资金实力是投资的首要前提，投资者用于证券投资的资金应该是其自有资金。从风险控制的角度讲，普通投资者并不适合借款进行投资。另外，投资者的资金最好是其收入或财富扣除日常消费和必要耐用品消费之后的剩余资金。投资资金数量的多少首先取决于所投资的对象有没有最低投资金额限制，其次取决于投资者的投资意愿。

第 2 步　设定投资目标

满足投资前提后就开始设定投资目标。投资目标的设定决定了在最终投资组合中可能持有的金融资产的类别，这一类别是以投资目标、可投资财富的数量和投资者的税收状况为基础的。常见的投资目标有积累养老资金、获得当前收益或为未来某项开支储蓄等。在投资目标的确定过程中，投资者的行为偏好是十分重要的。投资者的行为偏好通过自选择过程把不同偏好的投资者区别开来，并使其在不同的投资市场上进行投资。

第 3 步　制订具体投资计划

设定投资目标后需要进一步制订具体投资计划，投资计划是记录如何投资的书面文件。在每个长期计划中可以制订一系列的短期投资计划以帮助长期计划实现。对每个投资计划都要具体规定完成日期和可承受的风险数量。投资目标设定得越详细，投资计划越容易与目标吻合。

第 4 步　评价并选择投资工具

接下来是估计投资工具潜在的收益与风险，并在此基础上选择与自己投资目标相匹配的投资工具。对收益与风险的衡量将在第 4 章进行讨论。

第 5 步　构建投资组合

构建投资组合（Portfolio）涉及确定具体的投资资产和投资者财富在各种资产上的投资比例。投资者需注意选股、选时和多元化（Diversification）三个问题。选股即微观预测，主要是预测个别证券的价格波动；选时即宏观预测，涉及预测普通股相对于如公司债券之类的固定收益证券的价格波动；多元化是根据一定的现值条件组建一个风险最小的投资组合。

构建投资组合就是要实现投资收益-风险的最优匹配。由于组合中各种资产在收益和风险方面的相关性，投资组合的价值有别于各种资产价值的简单加总。所以，有必要对各种资产的相关性进行分析，并在此基础上以实现最大组合价值为目标进行投资组合构建。许多个人投资者通过购买共同基金来实现多样化和获得专业管理的好处，有些人则自己构建和管理投资组合。

第 6 步　管理投资组合

随着时间的推移，投资者会改变投资目标，从而使当前持有的组合不再为最优；或者一些原来不具有吸引力的证券现在变得有吸引力了，而另一些原来有吸引力的证券则变得失去吸引力。在这些情况下，需要对投资组合进行即时管理，卖掉现有组合中的一些证券或购买一些新证券以形成新的组合。投资组合的改变主要取决于交易成本和修订组合后投资前景改善幅度的大小。

第 7 步　评价投资业绩

最后，为了检验投资业绩是否与预期投资目标相吻合，有必要进行业绩评价。从时间上看，业绩评价可以分为过程评价和事后评价两种。过程评价是一种阶段性的评价，为投资过程的动态调整提供了必要的信息。事后评价是一种检验性和总结性的评价，为以后的投资提供了必要的经验性信息。事实上，两种业绩评价在投资过程中是不断交替进行的。业绩评价最重要的作用是为投资者的投资组合调整提供指导，为投资过程的良性循环提供必要的检验和支持。

1.3.2　个人税收因素

税收法规知识将帮助投资者降低税收负担，增加税后收入用于投资。但是税法复杂且易变，所以这里只介绍一些主要概念及应用。

1. 税收的种类

目前，我国共有增值税、消费税、营业税、企业所得税、个人所得税、资源税、城镇土地使用税、房产税、城市维护建设税、耕地占用税、土地增值税、车辆购置税、车船税、印花税、契税、烟叶税、关税、船舶吨税、固定资产投资方向调节税19个税种。其中，17个税种由税务部门负责征收；固定资产投资方向调节税由国务院决定从2000年起暂停征收；关税和船舶吨税由海关部门征收，另外，进口货物的增值税、消费税也由海关部门代征。

需要说明的是，并不是每个纳税人都要缴纳所有的税种。纳税人只有发生了税法规定的应税行为，才需要缴纳相应的税收，如果没有发生这些应税行为，就不需要缴纳相应的税收。从实际情况来看，规模比较大、经营范围比较广的企业涉及的税种一般在10个左右，而大多数企业缴纳的税种在6~8个。

2．收入的种类

个人收入主要分为以下三类。

（1）主动收入（Active Income）

主动收入由工作所得和大部分非投资收入（Noninvestment Income）组成，包括从工资到奖金、小费、退休金和赡养费等各种形式的收入。

（2）投资组合收入（Portfolio Income）

投资组合收入包括各种投资所得，如储蓄利息，投资于股票、债券、共同基金及期权、期货而取得的分红和资本利得（证券买卖价差）。

（3）被动收入（Passive Income）

被动收入是一种特殊的收入类型，主要包含由房地产投资、有限合伙（Limited Partnership）和其他形式的税收减免投资而衍生出来的收入。

税法对每类收入的免税额进行了限制，尤其是投资组合收入和被动收入，这两类收入的免税额不得高于收入总额。例如，如果你的投资组合年收入380美元，那么免税额不得超过380美元。因此，投资组合收入和被动收入不能互相或与主动收入混合计税。投资相关费用（Investment-related Expense）只能用于抵销投资组合收入，（少数例外情况下）被动投资费用只能用于抵销被动投资收入。

3．普通收入（Ordinary Income）

不管是主动、被动还是投资组合类型的普通收入，联邦政府会根据情况征收10%、15%、25%、28%、33%、35%和39.6%的税额。其中，个人收入和夫妻共有收入各有一套税率结构。表1.1显示的是2009年这两类收入的税率结构。我们可以看到，该税率是递进的，也就是说，应税收入越高，征收的税额也就越高。

表1.1 个人收入和夫妻共有收入的税率结构 （单位：美元）

税率（%）	应税收入	
	个人收入	夫妻共有收入
10	0~9 075	0~18 150
15	9 076~36 900	18 151~73 800
25	36 901~89 350	73 801~148 850

续表

税率（%）	应税收入	
	个人收入	夫妻共有收入
28	89 351～186 350	148 851～226 850
33	186 351～405 100	226 851～405 100
35	405 101～406 750	405 101～457 600
39.6	406 750 以上	457 600 以上

举例说明普通收入的征税。假设 Ellis 姐妹，Joni 和 Cara，未婚。Joni 应税收入为 25 000 美元，Cara 应税收入为 50 000 美元。参照表 1.1，她们的应缴税额为：

Joni：$(0.10 \times 9075) + [0.15 \times (25000 - 9075)] = 907.50 + 2338.75 = 3296.25$（美元）

Cara：$(0.10 \times 9075) + [0.15 \times (36900 - 9075)] + [0.25 \times (50000 - 36900)]$
$= 907.50 + 4173.75 + 3275 = 8356.25$（美元）

递进的联邦所得税税制意味着 Cara 需要支付更多的所得税。虽然她的应税收入只是 Joni 的两倍，但是其应缴税额是 Joni 的 2.5 倍。

4. 资本利得和损失（Capital Gains and Losses）

资本资产（Capital Asset）是纳税人拥有的用于个人用途的财产。最常见的就是有价证券（Securities）和不动产（Real Estate），包括居住的房子。资本利得（Capital Gains）表示某项资产卖价高于买价，其征收比例是个有争议的政治议题，所以资本利得的税率经常变化，特别是像 2008 年这种政权更替的时候尤为明显。2009 年年底本书即将出版时，资本利得按照持有期不同有两种不同的税率。

如果个人所得税处于 25%、28%、33%或 35%档，那么资产持有期超过 12 个月的资本利得税税率是 15%；如果处于 39.6%档，资产持有期超过 12 个月的资本利得税税率是 20%；而如果处于 10%或 15%档，资产持有期超过 12 个月的资本利得税税率仅为 0%。（值得一提的是，2009 年美国税法规定，美国国内公司的股票分红属于长期资本利得而不是普通收入。）如果资产持有期少于 12 个月，资本利得与其他收入合并，按照表 1.1 计算税额。

举例说明，假设单身青年 James McFail 以每股 12 美元的价格卖掉 500 股股票（买入价为每股 10 美元），同时他还拥有总值 75 000 美元的其他应税收入。他的资本利得总额为 1 000 美元[$500 \times (12 - 10)$]。如此一来，James 应税收入总额为 76 000 美元，处于 25%应税档。

如果这 1 000 美元的资本利得又来自持有期超过 12 个月的资产，那么按最大税率 15%征收。James 应缴税额为：

普通收入（75000 美元）应缴税额 $=(0.10 \times 8350) + [0.15 \times (33950 - 8350)] +$
$[0.25 \times (75000 - 33950)] = 835 + 3840 + 10263 = 14938$（美元）

资本利得（1 000 美元）应缴税额 $=(0.15 \times 1000) = 150$（美元）

James 应缴税额为 15 088 美元（14938+150）。但如果他应税档为 15%，那么 1 000

美元的资本利得只需缴纳5%的税；如果资本利得的原资产持有期少于12个月，那么这1 000美元将被视为普通收入，按照25%的税率征收。

除非真的实现资本利得，否则不会征税，这一点相当吸引人。例如，如果你以每股50美元的价格购入某股票，年底该股票市场价涨到每股60美元，此时你拥有每股10美元的账面收益。但这不会被征税，因为你仍然持有该股票。直到你将股票卖出，实际获得每股10美元的利得后才需纳税。

资本损失（Capital Losses）表现为某项资产卖价低于买价。在计税前所有利得和损失会进行清算。某些情况下，损失来不及清算的可顺延至下一年度或抵消一部分未来收入。

5. 投资和税收

税法的存在使得税收筹划在投资过程中扮演着重要的角色。税收筹划（Tax Planning）是在观察当前和未来收入结构的情况下，制定税收策略，尽量推迟缴税和减少应税额。税收筹划能够指导投资活动，使我们在长期合理的风险水平下最大化税后收益。

例如，我们可以利用资本利得只有在真正实现的时候才会征税这一点推迟纳税，同样也可以控制缴纳的时间。然而，能带来资本利得的投资，通常其风险程度比仅获得当前投资收入的投资高。因此，选择何种投资并不仅仅以可能减少的税收额为基础，而应根据税收效应综合考虑收益和风险。税后收益和对应风险水平才是最重要的。

6. 税收优惠的退休金投资工具

在个人投资养老较为成熟的美国，有配套的个人养老金制度使美国老百姓用于个人养老储蓄。根据美国金融监管局（FINRA）出版的《明智的401K投资》相关测算表明：假如每月向传统401(k)账户存入300美元，每年平均获得8%的收益率，参加20年，账户价值18万美元，参加30年则有45万美元。

从国内的市场情况看，公募基金应该是个人投资者养老金投资的理想工具。然而，由于我国个人投资理财的意识和起步较晚，投资者对基金投资往往存在几大困惑：基金产品数量众多，如何选择？资产组合可以熨平风险，但比例怎么搭配？个人投资者无法实时盯盘，如何高效地进行动态调仓？养老投资只有长期持有才能获得稳健回报，客户如何能够做到长期持有？众多投资者把目光投向了在美国已非常普及的智能投顾，寄望于智能投顾可以通过科技创新解决个人投资选择的心理和行为偏差、长期投资、智能调仓等问题。

1.3.3 人生各阶段的投资

投资者在人生的各个阶段会奉行不同的投资理念。通常来讲，大部分投资者年轻的时候比较激进，年纪越大越保守。一般情况下，投资者的投资阶段如图1.2所示。

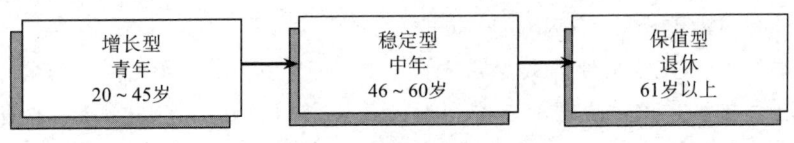

图1.2 投资者的投资阶段

大部分年轻投资者倾向于增长型投资（Growth-oriented Investments），追求资本利得而不是当前收入。通常年轻投资者的投资资金不很充足，因此获得资本利得被认为是获得资金的最快途径。他们喜欢增长型的投机工具，尤其是高风险的普通股股票。

当投资者进入中年，家庭需求、孩子教育开支和退休金缴纳等负担变得更重，因此倾向于稳定型投资，投资组合也转向更安全的证券（High-quality Securities）。这个阶段的投资者更倾向于投资低风险的收入型股票、高评级债券、优先股、可转换证券及共同基金。

当投资者到了退休的年龄时，资本保值和当前收入是他们最关心的问题，A级证券是最好的选择。资本利得则成为锦上添花的收入，而不是重点。投资组合结构此时变为保值型（Highly Conservative），包括低风险股票和共同基金、高利息政府债券、优质公司债券、银行存单和其他短期投资工具。这个阶段，投资者将获得一生的投资回报。

1.3.4 投资与经济周期

普通股股票和股权相关证券（可转换证券、股票共同基金、股票期权和股票价格指数期货）对经济形势特别敏感。经济周期（Business Cycle）是指经济增长、下降，繁荣、萧条的循环反复。经济周期反映了多种经济变量的当前状态，包括GDP、工业产值、个人可支配收入及失业率等。

经济周期的上升阶段反映了强劲的经济形势。股票是经济周期的先行指标，也就是说，当经济形势转好、利润增加时，股价会提前上扬，增长型和投机性股票价格增长在牛市尤为明显。相反，当经济形势转冷，股价也会提前几个月下跌。股票能充当先行指标的原因在于股价反映了投资者对于公司未来前景的看法。如果投资者相信经济情况将恶化，股价将会先行下跌，反之则相反。

债券和其他固定收入证券（债券基金、优先股）同样也对经济周期较为敏感，因为它们受利率变化影响较大。实际上，利率是决定债券价格和投资者收益最重要的变量。利率与债券价格成反比，因此利率的提高对于持有债券的投资者来说是件不愉快的事情。当然，高利率增加了新发行债券的吸引力，因为此时发行者必须提供高利息才能诱使投资者购买。

 **投资风险**

不道德行为的代价

近几年，报纸经济版头条经常出现商业巨头财务欺诈案件的报道。这些报道让人颇为震惊，而且导致很多美国大公司破产，起诉书和法庭审判也随之而来。在这份罪犯名单中，不乏名人：安然公司的Jeff Skilling和Ken Lay，世通公司的Bernard Ebbers，泰科国际有限公司的Dennis Kozlowski等。

在很多案例中，CEO们欺诈的主要手段就是利用公司财务报表，对外宣布虚构的巨额利润盈利。但当作假被发现时，公司股价将会掉得不值一文。安然、世通和环球电讯公司就是这样。在另一些案例中，财务公司和华尔街银行家们相互勾结，共同作案。虚构利润帮助不诚实的 CEO 获取巨额奖金和现金股票期权。许多公司骗子也将他们的公司作为个人提款机，如泰科国际有限公司和 Adelphia 通信公司。这些公司的领导瞒天过海，欺瞒董事会达到自己的目的。

骗子 CEO 多年来愚弄投资者、证券分析师和政府监管者，让人愤恨。2002 年，美国国会通过《萨班斯-奥克斯利法案》(Sarbanes-Oxley Act)，希望借此防止公司财务欺诈。

思考题：为什么近年来财务欺诈成为给许多公司带来麻烦的大问题？

1.4 短期投资工具——满足流动性需求

正如前一节所介绍的，满足流动性需求是进行投资的前提之一。所谓流动性是指一种投资在需要时能迅速转换为现金而无价值损失或只有很小价值损失的能力。例如，支票账户是具有流动性的；股票和债券则不具有流动性，因为投资者不能确保这些债券或股票在需要时能以不低于买入价格的价格卖出以转换为现金。本节主要对短期投资工具（也叫货币市场工具）进行介绍。

1.4.1 短期投资工具的优点与缺点

短期投资工具的主要优点是具有很高的流动性和很低的风险。并且，大多数短期投资工具都可以很方便地从当地金融机构获得，也很容易兑现。由于大多数短期投资的收益率都随通货膨胀率和市场利率变动，投资者在利率升高时可以获得更高的收益率，在利率降低时收益率则下降。然而收益与风险总是对称的，在具有很低的风险的前提下，短期投资工具的收益率也是很低的，这是它最大的缺点。

1. 短期投资工具的收益

短期投资工具获得收益的方式有两种：一些投资（如储蓄账户）支付固定利率的利息；而另一些投资工具通过贴现发行的方式支付收益，即证券以低于偿还价值的价格购买，两种价格的差额即投资者获得的收益，如国库券就是贴现发行的。

2. 短期投资工具的风险

短期投资工具通常风险较低。其主要风险为通货膨胀风险，即投资收益率低于通货膨胀率时发生的实际购买力降低的风险。通货膨胀风险通常发生于传统银行储蓄账户这样的利率极低而又无最低余额要求的工具。对于期限较长的投资工具来说，其收益率通常会等于或略高于平均通货膨胀率水平。

对于短期投资工具，违约风险基本上是不存在的。其主要原因是大多数短期投资工具的发行者都是有很高威望的机构，如财政部、大银行或大型公司等。同时，政府机构对超过一定数额资金的商业银行、储蓄银行或其他信用单位提供存款保险，也减小了违约风险。最后，由于短期投资工具的价值受利率波动的影响比较小，因此其资本风险也是很低的。

1.4.2 主要短期投资工具

短期投资工具既可以用来储蓄，也可以用来投资。主要的投资工具有以下几种。

1. 储蓄账户

（1）存折储蓄账户（Passbook Savings Accounts）

存折储蓄账户是指银行提供的积累资金或防范未来意外支出的账户。当投资者进行其他短期投资并缺少资金时，可以从该账户提款。

（2）可转让支付命令账户（Negotiable Order of Withdrawal Accounts，NOW）

可转让支付命令账户是一种储蓄存款账户，它既可以取得利息，也可以开出可转让支付命令对第三者进行支付。金融管理当局对这种账户的存款利率没有统一的规定，由各商业银行自行决定，但是规定了只有个人和非营利组织才能持有这种账户，禁止公司、企业开设此种账户。许多商业银行的这种账户在支付利息前还规定了最低余额，并根据余额的多少来支付差别利率，其目的在于保持该账户的稳定性。NOW账户兼有传统支票活期存款方便性和储蓄存款获利性的特点，因此深受客户欢迎。

（3）货币市场存款账户（Money Market Deposit Accounts，MMDA）

货币市场存款账户是美国商业银行为应对来自货币市场基金的竞争而开发出的存款品种。MMDA账户曾经有2 500美元的最低余额要求，超过这一金额的存款不受当时存在的利率限制，银行可按货币市场工具的平均收益率确定MMDA账户的利率水平。存款人每月可从账户上进行6次转账，其中3次可以是支票转账。现在MMDA账户已经取消法定最低存款平均余额限制。

（4）资产管理账户（Asset Management Accounts）

资产管理账户是指银行、经纪公司、共同基金或保险公司中的把存储、投资和借款几种活动联系到一起的储蓄账户。当账户中存在余额时，能自动把余额转入短期投资以获取利息；当账户中存在短缺时，能自动借款。

2. 政府发行债券

国库券（Treasury Bills）是国家财政当局为弥补国库收支不平衡而发行的政府债券，其还款保证是国家财政收入，因此几乎不存在违约风险，是风险最小的投资工具。国库券的流通采用不记名形式，有活跃的二级市场。由于国库券期限短、风险小、流动性强，因此它的利率比较低。国库券通常采取贴现发行方式，即发行价格低于国库券面值，票面不记明利率，国库券到期时由财政部按票面面值偿还。

3. 非政府发行证券

（1）定期存单（Certificates of Deposit，CD）

定期存单是指商业银行或储贷机构发行的定期存款证明。大面额的存单通常面值在10万美元以上，具有特定的期限，而且通常是可转让的。多数情况下，这类存单的利息和本金是在到期日一次性支付的。外国银行在美国的分行也可以向投资者发行以美元标价的大额存单，这类存单被称为扬基存单。

（2）商业票据（Commercial Paper）

商业票据是指由金融公司或非金融公司发行的无担保短期票据。商业票据的金额总量大大超出了除国库券以外的其他任何类型的货币市场工具。大多数商业票据是由诸如银行控股公司、保险公司、私人财务公司或租赁公司等金融公司发行的。发行这类票据的大企业通常在银行拥有未使用的信贷限额，发行这些票据的目的是在贷款到期时用于归还贷款的本利。与其他的企业固定收益证券相比，其利率相对要低一些。商业票据的面额通常在10万美元以上，期限最长可达270天。投资者主要是像货币市场共同基金这样的大机构投资者。这些投资者通常会将票据一直持有到期满，结果导致一个非常不活跃的二级市场。

（3）银行承兑汇票（Banker's Acceptance）

从历史上看，这类工具最初一直被用于在途货物的融资，现在它们也被用于对外贸易的融资。例如，货物的购买者可以向出售者签发一份书面承诺，同意在一个较短的时期内（例如，在180天之内或更短期限内）支付一定数额的资金。银行"承认了"这一承诺，而且承担了在需要时支付这笔资金的义务。同时，作为收益，这批货物成了抵押品，银行获得了对它的追索权。这一书面承诺就同时变成了银行和货物购买者的负债，被称为银行承兑汇票。对于货物的出售者来说，一旦收到由购买者签发的、经银行"承兑"的书面承诺，并不需要等到承诺到期就能获得现金。他可以以低于承诺支付额的价格将汇票卖给另一个人，因此，这类证券是纯贴现证券。

（4）货币市场共同基金（Money Market Mutual Fund，MMMF）

货币市场共同基金是指投资于货币市场（1年以内、平均期限120天）的投资基金，主要投资于短期货币工具，如国债、银行大额可转让存单、商业票据、公司债券等短期品种。它具有风险低、收益稳定和流动性高等特点，对于投资者来说是一种很好的储蓄替代品。

表1.2对以上介绍的短期投资工具的主要特性进行了评级，每个级别都反映了对该投资工具某特性的评估。例如，MMMF的流动性级别为B+，因为它提款的最低额要求为250～500美元。而NOW的流动性级别较高（A+），因为提款无最低余额要求。值得注意的是，如果一种投资在可得性、安全性或流动性方面的级别比较低，它通常会有较高的收益率。

表1.2 短期投资工具的评级

储蓄或投资工具	可得性	安全性	流动性	2015年平均利率
可转让支付命令账户	A−	A+	A+	0.03%
存折储蓄账户	A+	A+	A	0.06%
货币市场共同基金	B	A/A+	B+	0.07%
货币市场存款账户	B	A+	A	0.08%
资产管理账户	B−	A	A+	0.20%

续表

储蓄或投资工具	可得性	安全性	流动性	2015年平均利率
国库券（一年）	B−	A++	A−	0.20%
银行承兑汇票（90天）	B−	A	B	0.23%
商业票据（90天）	B−	A−	C	0.50%
定期存单（一年）	B	A±	B	0.70%

 知识拓展

1. 实物资产指经济生活中所创造的用于生产物品和提供服务的资产。金融资产是实物资产所产生的收入的要求权，证券属于金融资产。金融资产是投资者财富的一部分，但不是社会财富的组成部分。相反，金融资产决定"全国财富的大蛋糕"在投资者之间分配的方式。

2. 金融环境的三个部分：家庭、企业和政府。家庭决定投资情况；企业和政府则恰好相反，通常需要筹集资金。

3. 家庭对税收与风险偏好的多样化，创造了种类繁多的证券需求类型。相反，企业通常认为提供相对统一的证券类型效率更高。为解决这一矛盾催生出这样一种产业：由初始证券派生出衍生证券。

4. 家庭的局限性为金融中介、共同基金和投资公司创造了市场生存条件。规模经济和专业化的优势是投资银行业的支撑要素。

5. 我们可将金融市场划分为四种类型：直接搜寻市场、经纪人市场、交易商市场和拍卖市场。证券在除直接搜寻市场以外的其他三类市场出售。

6. 金融环境的四大新趋势：全球化、证券化、信用增强和金融工程。

7. 股东拥有企业的所有权，原则上，他们可罢免不尽如人意的管理层。而实际上，由于管理层在争夺代理权上的优势，罢免常常是困难的。靠接管来改进管理的危机性机制，是企业的最佳之路。

 投资行动

成功投资的法则

成为一名成功的投资者需要时间和经验，世界上不存在100%成功的途径。以下是有助于投资的一些建议：

- 利用复利。投资时间越长，财富增长越快。如果某项投资的年收益率为12%，对早期收益进行再投资可以使本金在6年后翻倍。
- 不要等待"合适"的投资时间。不要找借口推迟投资，最好的时机永远是现在。研究表明，马上开始投资比等待"合适"时机更为重要。
- 多样化你的投资组合。把资金分散投资于各种类型的证券比把鸡蛋放在一个篮子中的风险要小很多。投资组合中总有一些会上涨，另一些会下跌。应该投资于多种类型的证券，因为没有人知道哪种证券会在明天暴涨。
- 管理投资。定期查看你的投资组合以检查现实与目标的差距。淘汰表现不好的证券，但不要鲁莽地加入某一投资或盲目追逐热门股。买与卖都要有充足的理由。
- 使用税收优惠账户。为了最小化投资收入的应付税并最大化复利收益，使用免或延税账户，如传统LRA、Roth LRA和401（k）s计划。

思考题：为什么要立刻开始投资？为什么要将投资多样化？

关键术语

投资 Investment
权益性投资 Equity
金融机构 Financial Institutions
个人投资者 Individual Investors
短期投资工具 Short-term Vehicles
普通股股票 Common Stock
资本利得 Capital Gains
债券 Bonds
优先股股票 Preferred Stock
期货 Futures
房地产 Real-estate
存折储蓄账户 Passbook Savings Accounts
可转让支付命令账户 Negotiable Order of Withdrawal Accounts，NOW
资产管理账户 Asset Management Accounts
定期存单 Certificates of Deposit，CD
银行承兑汇票 Banker's Acceptance

债权性投资 Debt
衍生证券 Derivative Securities
金融市场 Financial Markets
机构投资者 Institutional Investors
流动性 Liquidity
股利 Dividends
固定收益证券 Fixed-income Securities
可转换证券 Convertible Securities
共同基金 Mutual Fund
期权 Options
投资组合 Portfolio
货币市场存款账户 Money Market Deposit Accounts，MMDA
国库券 Treasury Bills
商业票据 Commercial Paper
货币市场共同基金 Money Market Mutual Fund，MMMF

课后习题

讨论题

1. 假设你今年35岁，已婚并育有两个孩子，靠出租一套公寓每年获得90 000美元的租金。根据这些条件并使用下面的问题来指导你制订相应的投资计划。
1）你的主要投资目标是什么？
2）个人所得税如何影响你的投资计划制订？使用当前税率估算影响。
3）处在人生的不同阶段分别会给你带来哪些风险？
2. 在你的投资组合中，短期投资工具扮演了怎样的角色？为什么？请将表1.3中所列的短期投资工具的空白处补充完整。在《华尔街日报》网站上找出它们的当前收益率，阐述一下你会选择哪些？

表 1.3 短期投资工具

储蓄或投资工具	支票账户最低余额	利率	联邦保险	提取方式
a. 存折储蓄账户	无		是	个人或自动提款机
b. 可转让支付命令账户				支票无限权
c. 货币市场存款账户				
d. 资产管理账户				
e. 美国短期国库券	几乎没有			
f. 定期存单				
g. 商业票据				
h. 银行承兑汇票				
i. 货币市场共同基金				

计算题

1. 45 岁的 Sonia Gomez 希望在 15 年内积累 250 000 美元以补充由联邦政府和雇主缴纳的退休金计划。她计划投资一项低风险的组合，包括 20% 的短期证券、30% 的普通股和 50% 的债券，预期年平均收益约 8%。Sonia 现在拥有 31 500 美元，年平均收益 8% 的话，15 年后将会变为 100 000 美元。她的理财规划师告诉她，15 年后获得的每 1 000 美元需要她每年投资 36.83 美元。Sonia 计划在未来的 15 年中每年进行等额的投资。

1）Sonia 需要多少初始资金进行投资才能在 15 年后拿到 250 000 美元？

2）她每年需要存入多少钱才能实现这个目标？

2. 2009 年 Allen 家和 Zell 家都申报了共有收益税。截至 2009 年 12 月 31 日，Allen 家应税收入是 130 000 美元，Zell 家应税总收入是 65 000 美元。

1）利用表 1.1 计算 Allen 家和 Zell 家的应缴税额。

2）通过计算，比较 Allen 家和 Zell 家应税收入比和应缴税额比，谈谈你对联邦税制的看法。

3. Jason Consalvo 是一名 53 岁的软件工程师，他的妻子 Kerri 拥有投资资金 50 000 美元，他们 10 年后退休的时候才需要这笔钱。目前他们正考虑两个投资方案：一个是购买一家公用事业公司的股票，每股 50 美元，每年将会收到每股 2 美元的分红（4% 的红利），注意红利和长期资本利得税税率一样。Consalvo 夫妻预期该股票股价不会上涨。另一个是购买一家高评级的公司的债券，当前价格为 1 000 美元，年利率 5%。10 年后，这些债券将以票面值赎回。假设 Consalvo 夫妻将投资所得存起来并且不进行再投资（他们将资金存放到没有利息的银行账户里），但是他们仍然要为投资收入纳税。如果他们购买股票的话，10 年后将会卖出；如果他们购买债券的话，10 年后他们将收回投资的资金。Consalvo 夫妻处于 33% 应税档。

1）Consalvo 家能买多少股股票？

2）如果他们购买股票，每年能够得到多少税后红利？

3）如果他们将 50 000 美元投资于股票，10 年后卖出，获得的资金总额为多少？

4）如果购买债券，税后利息收入为多少？

5）如果他们将 50 000 美元投资于债券，10 年后卖出，获得的资金总额为多少？

6）仅基于你的计算，而不考虑其他因素，他们应该买股票还是债券？

4．Mike 和 Julie Bedard 是同事，他们准备申报一项共有收益税。今年，他们的应税收入如下：

- 125 000 美元的工资（普通收入）；
- 1 000 美元的利息收入；
- 3 000 美元的股票分红；
- 卖掉两年前购买的股票，获得 2 000 美元的价差；
- 售出今年购买的股票，获得 2 000 美元的价差。

利用表 1.1 中的税率，回答以下问题：

1）他们第二项收入的联邦所得税是多少？

2）第三项呢？

3）第四项、第五项呢？

案例分析

【案例 1】 选投资学基础课还是高尔夫球课

Judd Read 和 Judi Todd 从高中时代起就是好朋友，都是毕业于美国中部一所名校的高级会计师。他们已经各自找到了一份工作，毕业即入职。Judd 的职位是一家中型制造商的内审员，而 Judi 则就职于一家大型的会计师事务所，他们都憧憬着能在事业上大展拳脚，当然也希望得到不错的报酬。

Judd 和 Judi 准备注册最后一学期的学籍，他们还有一门免费的课可以选。Judd 正考虑是否选高尔夫球课，他觉得这可以对他日后的商业交际有所帮助，而 Judi 则计划选投资学基础课。她正试图说服 Judd 放弃高尔夫球课改选投资学基础课。Judd 认为自己不需要学习投资，因为他已经有了些基础知识，他觉得一旦有了闲余资金，他就用来投资业绩不错的公司股票。而 Judi 则认为投资的途径很多，并不只是股票。她觉得学习如何投资远比学习打高尔夫球有用。

问题：

1）向 Judd 解释一下投资过程和投资的经济意义。

2）列出并阐述 Judd 明显不太熟悉的其他投资工具。

3）假设 Judd 已经有了很多实践经历，那么你如何去说服他放弃高尔夫球课呢？

【案例 2】 为 Carolyn 构建投资组合

Carolyn Bowen，55 岁，供职于 Xcon 公司，任行政助理，她已经在这家公司工作了 20 年。Carolyn 身体健康，两个孩子已经长大，几个月前丈夫去世，现在一个人住。她丈夫仅为她留下了一栋房子和 75 000 美元人寿保险的赔偿金，扣除医疗费和丧葬费后，还剩 60 000 美元。除此之外，Carolyn 还有 37 500 美元的银行存款。意识到自己将在 10 年以后退休，Carolyn 决定利用现有有限资源制订出一个投资计划，以使她退休生活更加惬意。

Carolyn 很迷信，她询问了许多通灵人并研究了家谱，发现自己活不过 80 岁。于是她决定，只要能让自己更好地达成长期的理财目标，62 岁或 65 岁退休都行。通过与多位博学人士的沟通（当然也包括通灵人），Carolyn 认为要想过得舒适，退休后每年需要 45 000 美元的税前资金。所以，如果 62 岁退休，此后的 18 年每年都需要该数额的资金；而如果 65 岁退休的话，则需要 15 年。作为其理财计划的一部分，Carolyn 打算在退休后卖掉现在这套房子，然后另外去租一套公寓。她估计如果 62 岁卖掉房子的话，净收入 112 500 美元；而如果 65 岁卖掉的话，净收入 127 500 美元。Carolyn 没有政府补助，而且她对是否能留给后代可观的不动产也不太关心。

如果 Carolyn 在 62 岁退休，社保部门和雇主缴纳的退休金将每月支付给她 1 359 美元（每年 16 308 美元）。如果等到 65 岁再退休，退休金将是每月 1 688 美元（每年 20 256 美元）。为了省事，Carolyn 决定在她退休的时候将自己的所有资产全部转换成一系列年收入，她计划购买养老年金，期限从购买之日起到她 80 岁生日。如果 62 岁退休并且购买养老年金，那么在后面的 18 年里，她所投资的每 1 000 美元将得到 79 美元的收益；而如果 65 岁，收益则为 89.94 美元，持续时间 15 年。

Carolyn 计划将现有资金放入年复利 6% 的储蓄账户，直到退休，并且中间不存入或投资任何资金。今天 Carolyn 投资的每 1 美元，62 岁的时候将会收获 1.5 美元，而如果等到 65 岁，金额成为 1.79 美元。

问题：

1）假设 Carolyn 将现有资金存入储蓄账户。计算她将房子卖掉，在退休时（考虑 62 岁和 65 岁两种情况）能获取的资金。

2）利用 1）的结果，计算她在 62 岁或 65 岁购买养老年金的年收入水平。

3）利用前面的结果，计算 Carolyn 在 62 岁或 65 岁退休时能够获得的年退休总收入。

4）通过计算，你认为她应该多少岁退休？

5）评价 Carolyn 利用储蓄账户和养老年金的投资计划及风险、收益水平。你会对 Carolyn 给出怎样的建议？

案例导读

拜耳并购孟山都公司

- 作者：澎湃新闻见习记者　虞涵棋
- 时间：2016-12-14
- 来源：澎湃新闻
- 网址：http://www.thepaper.cn/newsDetail_forward_1580249

美国种子公司巨头孟山都（Monsanto）公司当地时间 12 月 13 日发布官网声明，股东们已经批准德国拜耳（Bayer）公司并购孟山都公司。

这次股东特别大会以 99% 的赞同票达成以每股 128 美元，共计 660 亿美元的价格将孟山都并入拜耳的决议。交易的截止窗口是2017年年底。

但拜耳和孟山都能否成功"合体"为全球最大的种子和农用化学品公司，还需要过美国政府这一关。美国司法部联邦贸易委员会将基于反垄断法，对该并购案的合法性进行裁决。

孟山都首席执行官Hugh Grant表示："我们很高兴得到股东们的强力支持。这是一个重要的里程碑，我们两家公司将互补合作，共建农业的未来，帮助应对气候变化和粮食短缺等全球性挑战。"拜耳首席执行官Werner Baumann也表达了类似观点。

但全美农民联盟（National Farmers Union）和自然资源保护协会（Natural Resources Defense Council）显然不这么想，并已经向司法部施压，抵制这一并购的进行。

近两年，种子和农化行业"巨头并购"频现，前有美国陶氏化学（Dow）和美国杜邦（DuPont）两大公司合并，成为仅次于德国巴斯夫（BASF）的第二大化工企业，后有中国化工（Chemchina）以430亿美元收购了种子巨头瑞士先正达（Syngenta）。

据美联社报道，全美农民联盟担心这些并购形成的超级巨头在垄断美国的种子和农化市场后，会抬高产品价格，损害农民利益。而自然资源保护协会则认为孟山都和拜耳合并后会增加有毒农药的使用量，危及自然环境。

拜耳总部位于德国勒沃库森，旗下主要包括医药保健、作物科学、材料科技三大主要业务，其生产了被称为"世纪之药"的阿司匹林。目前，拜耳的市值约为900亿美元。

孟山都是一家跨国农业公司，总部位于美国密苏里州圣路易斯，目前市值约460亿美元。以销售额计，孟山都是全球最大的种子公司，同时也是转基因种子的最大生产商，但其生产的草甘膦除草剂在被全球广泛使用的同时又一直饱受争议。此前，孟山都曾提出愿意支付最高470亿美元竞购瑞士农化巨头先正达，但被先正达拒绝。后来，先正达被中国化工收购。

此前，金银岛资讯副总裁唐敏对澎湃新闻（www.thepaper.cn）称，全球农产品价格大幅下滑导致全球农业公司效益下滑，是这轮并购潮的大背景。就孟山都而言，在过去一年里，农产品价格持续走低和农业紧缩政策都对其收益施加了压力，孟山都已经对旗下业务进行了调整，但自身销售额和利润仍低于预期。

第 2 章 证券市场

学习目标

- 了解证券市场的种类和基本行情。
- 熟悉股票首次公开发行的过程。
- 掌握经纪商市场的特点和主要的经纪商市场。
- 掌握交易商市场的种类。
- 了解证券市场国际化对我国的影响。
- 了解证券市场的交易时间和监管规定。

2.1 证券市场概述

证券市场（Securities Markets）就是证券发行和流通的场所，也可以说是进行有价证券发行、交易的场所和网络的总和，是资本市场的重要组成部分。本节主要介绍证券市场的基本情况，包括参与者、种类和行情。

2.1.1 证券市场的参与者

证券市场的参与者是证券市场运转的动力所在。证券的发行、投资、交易和证券市场的管理都有不同的参与主体。一般而言，证券市场的参与者包括证券市场主体、证券市场中介、自律性组织和证券监管机构四大类。这些主体各司其职，充分发挥自身作用，构成一个完整的证券市场参与体系。

1. 证券市场主体

证券市场主体是指包括证券发行人和证券投资者在内的证券市场参与者。证券发行人主要包括政府、金融机构和企业等其中，政府是指中央政府和地方政府；金融机构可以在证券市场上发行金融债券，增加信贷资金来源；企业可以发行债券，也可以发行股票。

证券投资者既是资金的供给者，也是金融工具的购买者。投资者的种类较多，既有个人投资者，也有机构投资者，其中个人投资者是证券市场最广泛的投资者。企业不仅是证券发行人,也是证券投资者。各类金融机构由于其资金拥有能力和特殊的经营地位,成为发行市场上的主要需求者。

证券公司、信托投资公司的证券部等证券专门经营机构,既可进行股票和债券的代理买卖,也可进行股票和债券的自营买卖。各种社会基金作为新兴的投资者,也选择了证券市场这一投资场所。信托基金、退休基金、养老基金、年金等社会福利团体虽是非营利性的,但这些基金可以通过购买证券(主要是政府债券)以达到保值、增值的目的。

2．证券市场中介

证券市场上的中介机构主要包括:证券承销商和证券经纪商,主要指证券公司(专业券商)和非银行金融机构证券部(兼营券商);证券交易所及证券交易中心;具有证券律师资格的律师事务所;具有证券从业资格的会计师事务所或审计事务所;资产评估机构;证券评级机构;证券投资咨询与服务机构。

3．自律性组织

自律性组织一般是指行业协会,它发挥政府与证券经营机构之间的桥梁和纽带作用,促进证券业的发展,维护投资者和会员的合法权益,完善证券市场体系。我国证券业自律性组织是中国证券业协会和中国国债协会。

4．证券监管机构

现在世界各国证券监管体制中的机构设置,可分为专管证券的管理机构和兼管证券的管理机构两种形式,它们都具有对证券市场进行管理和监督的职能。美国是采取设立专管机构的证券管理体制的国家。实行这种体制或类似体制的国家还有加拿大、日本、菲律宾等,但这些国家都结合本国的具体情况对这种管理体制进行了不同程度的修改和变通。英国的证券管理体制传统上以证券交易所自律为主,政府并无专门的证券管理机构。实行类似管理体制的国家还有荷兰、意大利、德国等。

2.1.2 证券市场的种类

1)按证券期限划分,证券市场分为货币市场与资本市场。货币市场是短期证券(到期日为一年以内)买卖的场所;资本市场是股票、债券等长期证券(到期日为一年以上)进行交易的场所,本书主要研究资本市场。在资本市场中,投资者可以进行股票、债券、共同基金、期货、期权等产品的交易。

2)按功能划分,证券市场分为一级市场与二级市场。一级市场即证券发行市场,二级市场即证券交易市场。二者相互依存、相互制约,共同组成一个完整的证券市场体系。这一市场体系使证券从发行人手中转移到广大投资者手中,并使证券在投资者之间得以流通交换,保证了证券的流动性,从而保证了证券投资机制的正常运作。本章第2节和第3节将对证券发行市场和证券交易市场分别进行详细介绍。

3)按交易的证券品种划分,证券市场分为股票市场、债券市场、基金市场和衍生证券市场等子市场,并且各个子市场之间是相互联系的。例如,衍生证券市场就是以基础证券的存在和发展为前提的；基金主要投资于股票市场和债券市场，所以基金价格和股票、债券的价格密切相关。

2.1.3 证券市场的行情——牛市或熊市

根据股票价格的上涨或下跌，股市行情可以分为牛市（Bull Markets）和熊市（Bear Markets）两种。决定市场行情变化的因素有投资者信心、经济变化，以及政府鼓励或抑制经济的行为等。牛市是指价格上涨、投资者乐观、经济发展、政府鼓励下的有利市场；熊市是指价格下跌、投资者悲观、经济放缓和政府限制下的市场。

一般来说，牛市期间投资者从股票中可获得更高的收益。然而在熊市中也存在收益高的证券；牛市中也存在带来损失的证券。熊市期间，许多投资者选择证券以外的投资工具以追求更高的收益和更低的风险。市场行情很难预测，通常在它们出现之后人们才能确定。第 3 章会介绍帮助预测市场行情的信息来源；第 7 章将介绍如何在股票的基本分析和技术分析中使用这些信息。

2.2 证券发行市场

证券发行市场（Primary Market）也叫一级市场或初级市场，是证券发行人为扩充经营，按照一定的法律规定和发行程序向投资者出售新证券所形成的市场。一般没有专门的证券发行市场，证券发行都是在证券交易市场进行的。证券发行市场具有两方面的作用：其一是提供融资场所，满足资金需求者的需要；其二是提供投资机会，为资金盈余者提供投资并获取收益的机会。总之，证券发行市场的功能就在于将分散于社会各方面的闲散资金汇集起来，提供给某些公司作为生产或经营的巨额资金，以满足资金供求双方的双向需要。

2.2.1 证券发行的方式

按不同的划分标准，证券发行方式的分类如下。

（1）按发行对象不同，可分为私募发行、公募发行和配股发行

1）私募发行（Private Placement）是指仅向少数特定投资者发行证券的一种方式，也称内部发行。发行对象一般是与发行人有特定关系的投资者，如发行公司的职工或与发行公司有密切关系的金融机构、公司等。发行人的资信情况为投资者所了解，不必像公募发行那样向社会公开内部信息，也没有必要取得证券资信级别评定。私募发行手续比较简单，可节省发行费用，但私募证券一般不允许上市流通。

2）公募发行（Public Offering）是指向广泛的非特定的投资者发行证券的一种方式。公募发行涉及众多的投资者，其社会责任和影响很大。为了保证投资者的合法权益，政府对证券的公募发行控制很严，要求发行人具备较高的条件，如募集公司必须向社会提供各种财务报表及其他有关资料等。公募证券可以上市流通，具有较高的流动性，因而易于被广大投资者接受。公募发行提高了发行人在证券市场的知名度，扩大了社会影响，能够在较短的时间内筹集到大量资金，因而也有利于发行人。公募发行的不足之处是手

续比较复杂，发行成本较高。

3）配股发行（Rights Offering）是指通过认股权把新发行证券直接出售给现有股东的证券发行方式，现有股东可按其所持股份的比例认购配售股票。配股集资具有实施时间短、操作简单和成本较低等优点。同时，配股发行也是上市公司改善财务结构的一种手段。

（2）按发行过程不同，可分为直接发行和间接发行

1）直接发行是指发行人不通过证券承销机构而自己发行证券的一种方式。发行人自己直接发行证券，大多是私募发行。这种方式的优点是，发行人可以直接控制发行过程，实现发行人的意图，发行费用较少。但也存在缺点，即筹资时间较长，当应募额达不到预定的募集额时，剩余部分由发行公司的主要发起人或董事承担。因为发行人要自己承担直接发行的风险，所以一般而言，以直接筹资为目的的证券发行都不轻易采用直接发行方式。

2）间接发行也叫承销发行，是指发行人不直接参与证券的发行过程，而委托给一家或几家证券承销机构承销的一种方式。证券承销机构一般为投资银行、证券公司或信托投资公司等。间接发行对于发行人来说，虽然要支付一定的发行费用，但是有利于提高知名度，筹资时间较短，风险也较小。因此，一般情况下，证券发行大都采用间接发行方式。根据承销机构责任的不同，间接发行又可分为三种不同的形式。

① 代销。证券发行人将证券发行事宜委托给证券承销机构办理，但如果发生应募额不足时，证券承销机构不承担剩余证券的责任，而将未售出的证券全部退还给发行人。

② 全额包销。证券承销机构以自己的名义将发行人的证券全部买下，然后再向公众投资者出售，承担的风险较大。采用这种方式，发行公司可以立即筹到所需的资金额，但发行手续费较高。

③ 余额包销。证券承销机构承诺购入所有未售出的证券，这样承销机构实际上承担了募集的风险，而发行人则无后顾之忧。

2.2.2 证券发行的价格

1. 股票发行价格

股票发行价格是指投资者购买新发行股票时必须支付的价格，一般有面额价格发行、市价发行和中间价发行三种，相应的发行方式如下。

1）面额价格发行是指以股票面额为股票发行价格的发行方式。采用面额价格发行时，发行价格不受股市变动的影响。由于这种发行价格较中间价和市价低，因此一般较少采用。

2）市价发行是指以股票的市场价格为基准来确定股票发行价格的发行方式。因为股票的市场价格一般要高于股票面额价格和中间价，所以市价发行能以相对少的股份筹集到相对多的资金。

3）中间价发行是指以介于面额价格与市价之间的价格发行股票。我国股份公司采用股东分摊方式发行增资股票，即对股东配股时，基本上都采用中间价发行。

股票发行价格的确定主要有两种：一是由股票发行公司与承销商议定发行价格和承销价格的"议价法"；二是由各承销商以投标方式竞争股票承销业务，出价最高者中标，即股票发行价格的"竞价法"。竞价发行的具体过程如下：承销商和发行人确定发行底价，并作为唯一的卖方将所需发行的股票全部托管并输入交易系统；在交易所确定的发行专场的申报时间内，投资者按自己愿意支付的价格（必须不低于底价）和认购的数量填写申购委托书（买单），证券商将投资者的委托即时输入交易系统；申报截止后，交易所的系统剔除无效委托，按价格优先、同价位时间优先的原则排队，并从高价位向低价位累计，将累计有效申报总数刚好达到此次发行数量的那个价位确定为此次发行的实际价格，在此价位上的所有有效申报全部按此单一价格依次排队成交。如果底价之上的所有有效申报的累计总数小于股票发行量，则将底价作为实际发行价，认购不足的剩余部分由承销商包销。

2. 债券发行价格

债券的发行价格有以下三种。

1）平价发行是指以票面金额发售债券，这时投资者的收益率与票面利率相同。

2）溢价发行是指以高于债券票面金额的价格发售债券，这时投资者的收益率低于票面收益率，溢价发行一般在债券市场行情较好时采用。

3）折价发行是指以低于债券票面金额的价格发售债券，这时投资者的收益率高于票面收益率，折价发行一般在债券市场行情不佳时采用。

有一种贴现债券（也称贴水债券），与上面说的折价发行不同，是指以债券面额减去债券利息的价格发行债券，期限满后按债券面额还本，不再另外发给利息，面额与发行价格的差额即投资债券的收益。

2.2.3 证券发行的成本和收益

对证券发行人（如发行股票的公司）而言，其所付出的最为直接、明显的成本即证券发行费用，主要包括付给各中介机构（如证券商、注册会计师、律师等）的服务费、为发行所支付的广告费、发行资料的制作费，以及向承销商支付的承销费等。这些费用的总计可达到发行证券所得融资总额的 15%~25%。

此外，发行人还会因发行证券而承担一定的间接或隐性成本，如证券发行人所必须履行的信息披露义务有可能泄露公司的商业机密；再如股票发行并上市后，作为公共公司更容易成为被收购的对象，导致发行人失去公司控制权。

在上述成本下，众多公司仍然选择通过发行证券融资，是因为证券发行所带来的收益。发行证券所带来的最为直接的收益是优化了证券发行人的融资结构并拓展了其融资渠道，使资金需求者（企业）能够募集到大量的资金。并且，这一资金募集方式是一种持续性的融资机制——一旦企业成为上市公司，便可以利用配股、增发新股和发行可转换债券等资本市场的融资机制，进行持续性的融资。

2.2.4 证券发行的条件

通过公开募集方式发行证券后,发行人一般都会谋求证券的上市。从股票发行的角度看,证券的上市交易使发行人成为上市公司。在各国证券市场中,对成为上市公司都有一定的条件要求,包含的主要方面有:对经营业绩与业务的要求,如企业的经营年限、盈利能力、发展潜力等;对股本与股东的要求,如对流通股份、股权结构,以及对股本规模的要求等;对治理结构方面的要求,如对管理层的持续性、管理层能力、外部董事制度、独立审计制度等方面的要求;对信息披露方面的要求,包括信息披露的完整性、及时性和真实性。

2.2.5 首次公开发行

首次公开发行(Initial Public Offering, IPO)是股份公司首次向社会公众公开出售股票以募集资金的过程。

1. 首次公开发行的过程

(1) 发行前公司内部的准备工作

公司发行股票的第一项准备工作是制订新股发行计划,以保证新股发行的顺利进行和发行后取得实效,其主要内容如下。

1) 确定发行目的。

2) 根据需要筹集的资金数额和当时的股市情况拟定股票的发行种类、发行数量、发行价格,以及作为承销机构的证券公司。

3) 对发行目的进行可行性分析。

4) 制订新股发行计划后,还需要召开董事会议做出决议。召开董事会议决定新股发行,应有 2/3 以上董事出席,在讨论发行计划的基础上,以决议形式确定有关发行事项。决议的内容应包括:新股的发行目的;新股的种类、数量和发行方式;新股的发行价格;委托办理发行业务的证券公司;认购新股的申请期限和股款缴付日期;零股和失权股的处理方法等。

在董事会做出新股发行的决议之后,公司应立即着手委托一家知名度较高的会计师事务所或审计事务所,为其审核财务会计报表;再委托一家资产重估机构或会计师事务所,根据有关部门制定的统一办法和标准,为其重估资产,同时着手编制股票发行申请书和股票募集书(或股票发行章程)。

(2) 向证券管理机构提交发行股票的申请

公司发行股票的第二个阶段是取得当地证券管理机构的批准。

1) 由董事会向管理机构提交股票发行申请书,申请书的内容应包括:发行公司的名称、地址及法人代表,公司的沿革及业务,已发行股票的数量、金额;本次新股发行的范围、种类、数量、金额、筹资用途,股息红利分配方式、预计分配比例,以及其他一些发行条件。公司在提交股票发行申请书的同时,还应一并申报公司章程、股票发行章程、董事会关于发行股票的决议、经审核的财务会计报表、股票发行的可行性分析报告等一系列文件。

2）主管证券发行的管理机构在收到公司发行股票的申请后，按有关原则规定进行审核。审核的内容包括两个方面。其一，审查所报文件是否齐全、符合要求，特别是公司章程和股票发行章程的内容是否全面、属实；其二，按照本国的证券法审查发行人的资格条件。各国证券法对于股票发行人的具体资格条件都做了严格的规定：发行人必须是依公司法设立的股份公司；董事会决议必须有过半数董事赞同；发行股票的面额应一律相等，发行价格不得低于面额，公司内部员工承购一定比例之份额；公司近期不得有连续两年或三年的亏损，不得存在资产不足抵偿债务的财务状况，不得有未按规定期限支付股利的记录等。除这两方面内容外，证券发行主管机构还要根据国有产业政策的要求，审查公司发行股票的筹资用途是否符合国家经济的发展规划。

3）主管机构经过认真审查，应在规定期限内做出是否批准发行及发行多少额度的批复。

（3）向投资者办理股票销售业务

发行公司在获取发行股票的批文后，即开始着手正式展开向社会发售股票的工作。为了保护投资者利益，维护发行审批的严肃性和合法性，发行公司在获准发行后应在规定期限内完成发售工作，原定发行内容不得中途变更。

发售工作的第一步，发行公司应向社会公众公布招股说明书（或股票发行章程），其作用是向社会传递发行股票的信息，使投资者了解公司的有关情况，作为认购股票的参考。招股说明书应如实载明公司的历史沿革、经营情况和财务状况、股票发行的目的和数额、资金投入的预期效益、股票的种类和发行方式、股东的权利和义务、股利分配方式等内容。

发售工作的第二步，承销机构接受发行公司委托的股票承销业务，并向投资者具体办理股票销售业务。在这以前，必须先确定股票的销售价格，即发行价格。股票价格可以按股票的面额发行，也可以高于面额发行，但不得低于面额发行。发售新股，往往购买者众多，故通常采取先发认购证，然后对认购证进行摇号抽签来决定购买者的办法。中签取得新股认购权的投资者应在规定时间内前往承销机构缴纳股款，并办理有关登记手续。

以上所述三个阶段是首次公开发行股票的基本程序。近年来，IPO市场越来越活跃。投资于首次公开发行的股票是一项具有风险的行为，尤其对于那些不容易以发行价格购得股票的个人投资者来说。因此，大部分首次公开发行的股票都被机构投资者或经纪公司的优质客户持有。

2. 首次公开发行股票的种类

进行了股份制改造的中国公司在经过不同的审核或审批程序后，可以在国内或海外市场发行不同类别的股票。具体地说有以下几种。

（1）A股

由我国境内的公司发行，供境内机构、组织或个人（不含台、港、澳地区投资者）以人民币认购和交易的普通股。

（2）B股

以人民币标明面值，以外币认购和买卖，在境内（上海、深圳）证券交易所上市交易的普通股股票。其投资人限于外国的自然人、法人和其他组织,中国香港、澳门、台湾地区的自然人、法人和其他组织,定居在国外的中国公民,中国证监会规定的其他投资人。现阶段B股的投资人主要是上述几类中的机构投资者。B股公司的注册地和上市地都在境内,只不过投资者在境外或在中国香港、澳门及台湾地区。

（3）H股

在香港联合交易所上市的股票。香港的英文是 Hong Kong,取其首字母,所以叫H股。

同样道理,纽约的英文首字母是 N,新加坡的英文首字母是 S,则纽约和新加坡上市的股票分别叫作N股和S股。日本上市的股票叫作T股。

3. 发行费用

发行费用是指发行公司支付给与股票发行相关的中介机构的费用,主要包括承销费用,注册会计师费用(审计、验资、盈利预测审核等费用),资产评估费用及律师费用等。发行费用可在股票发行溢价中扣除。按证监会的规定,股票发行中文件制作、印刷、散发与刊登招股说明书及广告等费用应由股票承销机构在承销费用中负担,发行公司不得将上述费用在承销费之外计入发行费用。发行公司在上报股票发行申请材料时,应同时报送发行费用预算明细表。

发行完毕后,发行公司应向中国证监会报送发行费用预算执行情况及会计师事务所出具的发行费用审计报告。在我国,对具体的发行费用,证监会做了如表 2.1 所示的规定。

表 2.1 中国证监会规定的首次公开发行股票的发行费用标准

承销金额	2亿元以内	3亿元以内	4亿元以内	4亿元以上
收费标准	1.5%~3%	1.5%~2.5%	1.5%~2%	不超过900万元或1 000万元

2.2.6 投资银行的作用

大多数的股票公开发行都是在投资银行(Investment Banker)的协助下进行的。投资银行是指专业从事新股发行的金融中介和进行金融交易的咨询公司,其主要行为是承销(Underwriting)。投资银行承销证券有两种方式。一种方式是包销,即从发行单位认购全部新发行的证券,然后以较高的价格将证券分销给投资者。投资银行的收入来自承销价与分销价的差额。但是,如果不能将证券全部售出,余额将由投资银行认购。如果分销价格低于购入价格,投资银行将受到损失。另一种方式是代销。证券包销虽然可能获得较高的收益,但通常风险也较大,为了降低风险,投资银行可以作为发行单位的代理人,尽最大努力为发行人销售所要发行的证券,而不承担发行全部证券的责任,即代销方式。投资银行代销证券只收取代理手续费。

证券发行单位选择投资银行可以采取直接洽谈的方式,也可以采取招投标的方式。招投标的方式有利于在较广泛的范围内公开、公正地选择理想的投资银行,可以以较高承销价格或较低代销价格达成协议,但招投标本身是有成本的。投资银行承销证券公

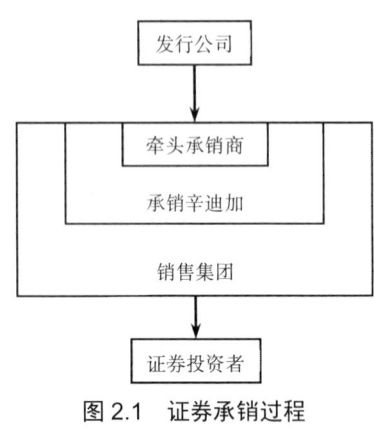

图 2.1 证券承销过程

所要发行的证券时可以独家办理，但在大批证券的承销中，由于证券发行金额通常较大，投资银行一般邀集多家银行组成承销辛迪加（Underwriting Syndicate）来承销。与发行公司第一个达成认购协议的投资银行叫作发起者，它与其他银行组成辛迪加进行承销，共同承担承销所有证券的风险。通常承销辛迪加由几家到几十家投资银行组成，这取决于新证券发行的总额。为了出售原始股给投资者，发起的投资银行建立销售集团（Selling Group），它包括承销辛迪加和其他不在辛迪加内的经纪公司。这一过程中所有参与者之间的关系可以用图 2.1 表示。

投资银行的另一职能是证券发行咨询。投资银行与证券市场保持着经常性的密切联系，而且通常拥有大量专业人才，因而可以为证券发行人提供咨询。聘请投资银行进行证券发行策划既有利于节省信息搜寻成本，又有利于提高决策的科学性。证券发行策划主要包括三项内容：一是确定证券品种，即确定是发行债券还是发行股票；二是选择证券发行的时机，这不仅要考虑发行单位的资金需求，还要考虑证券市场行情及投资的意愿；三是确定证券发行的价格，定价过高会增加证券销售的困难，影响发行单位的资金筹措；定价过低又会增加发行单位的资金成本或减少溢价收益。

投资银行承销和提供服务的报酬主要来自证券买卖价格的差价。例如，投资银行以每股 24 美元的价格向发行公司购买日后将以 26 美元卖出的股票，然后以 25.25 美元卖给销售集团的成员。在这个过程中，投资银行每股赚取 1.25 美元（25.25 美元卖出价 - 24 美元买入价）；销售集团成员每卖一股赚取 0.75 美元（26 美元卖出价 - 25.25 美元买入价）。尽管有些证券由发行人直接出售，但绝大多数的首次发行都是通过以上的公开发行机制进行的。

2.3 证券交易市场

2.3.1 证券交易市场概述

证券交易市场也叫二级市场（Secondary Market），它是各种证券转让、买卖和流通的枢纽。其主要作用如下。

1）为在一级市场发行的证券提供流动性。证券的持有者在需要资金时，能在二级市场上出售或抵押证券使之变成可以支付的现金，这既可以满足投资者在购入证券后对货币资金的不期之需，又为投资者转移证券风险提供了可能。

2）为初级市场反馈信息。二级市场上证券价格的变化对一级市场上的发行人和投资者都有重要的影响作用。当某只股票的交易价格上涨时，表明投资者愿意持有该公司发行的股票，还可能增加投资以购入该公司新发行的股票，从而促进储蓄向投资的转化，为社会生产积蓄更多的资金，加速社会经济的发展。相反，某只股票的交易价格下跌，投资者大量出售已购入的股票，该公司就难以发行新的股票。

3）形成对发行公司的约束机制。如果发行公司经营业绩不佳，证券持有者将"以脚投票"，即抛售他们所持有的该公司的证券。为了避免证券持有者"以脚投票"，发行公司必须加强和改进经营管理。

证券交易市场包含各种场内交易市场，即证券交易所、纳斯达克市场（Nasdaq Market）、柜台交易市场（Over-The-Counter Market，OTC）等。证券交易所是证券买卖双方聚到一起并达成证券交易的场所；纳斯达克市场是通过计算机网络进行交易的场外二级市场；OTC 市场是规模较小的未上市证券的交易市场。

证券交易所是依国家有关法律，经政府证券主管机关批准设立的证券集中竞价交易的有形场所。交易所本身并不参与交易，它只提供交易场所与服务，并对有关的证券交易进行监督与管理。证券交易所的组织形式主要有两种：一种是公司制交易所，另一种是会员制交易所。

1）公司制交易所是以股份公司形式组织的证券交易所，股东共同出资，提供交易所的场地、设备、人员，在政府主管机关的监管下，吸收各种证券在场内买卖与交割。公司制交易所与一般的以营利为目的的公司一样，是一种自负盈亏的营利性机构。交易所对上市公司收取上市费、交易手续费及其他服务费用，也对场内交易双方违约产生的损失承担赔偿责任。公司制交易所的最高权力机构是股东大会，平时由选举产生的董事会负责领导和处理各项事务。与一般的股份制公司一样，证券交易所也有监事会，监事会负有监督公司业务和财务情况的责任。英国伦敦证券交易所是典型的公司制交易所。

2）会员制交易所是由证券商共同协商制定规章和管理细则，报国家证券主管机关批准成立的社团法人组织，不以营利为目的。参加交易所的会员可以是自然人，也可以是法人，法人一般是投资银行、证券公司、投资和信托公司等证券投资机构。交易所会员的资格有一定的要求，申请经批准才能成为会员，会员必须遵守有关的规章制度并交纳会费。会员制交易所的最高权力机构是会员大会，决定业务经营方针的是由会员大会选举产生的理事会。理事会还负责审查会员资格、起草和修改章程、审查和决定证券交易的方式和程序、处理交易所的日常事务和有关的重大事项。会员制交易所的收入主要来自对交易收取的费用、会员费、证券上市费等，它的支出主要为购置设备的费用、职工工资和其他费用。只有交易所的会员才能在交易所内交易证券，一般客户需要买卖证券时，要委托会员代其交易。证券交易所的会员主要分为两种，一种是既可以自营又可以代客交易的股票经纪商，另一种是只从事自营业务的自营商。

2.3.2 证券交易市场的分类

目前，个人投资者的大部分交易都发生在证券交易市场。根据证券交易方式的不同，证券交易市场可以分为经纪商市场（Broker Market）和交易商市场（Dealer Market）两种。经纪商市场包括国家和地区的证券交易所；交易商市场由纳斯达克市场和柜台交易市场组成。美国证券交易市场的构成可以用图 2.2 表示。

在对经纪商市场和交易商市场分别进行介绍之前，有必要了解两者之间最大的不同之处。在经纪商市场中，买卖双方聚到一起进行交易，交易的一方直接把证券出售给另一方。在经纪人的帮助下，证券在交易所内实现换手。与此相反，交易商市场中交易双方不会直接聚到一起，他们的买/卖指令由做市商执行。所谓做市商（Market Maker），是指通过以固定价格买卖特定证券来"做市"的证券交易商。此时存在两个独立的交易：甲方把证券出售给交易商；乙方从另一个或同一个交易商手中买入证券。因此，交易商市场的交易中一定存在交易商（做市商）。

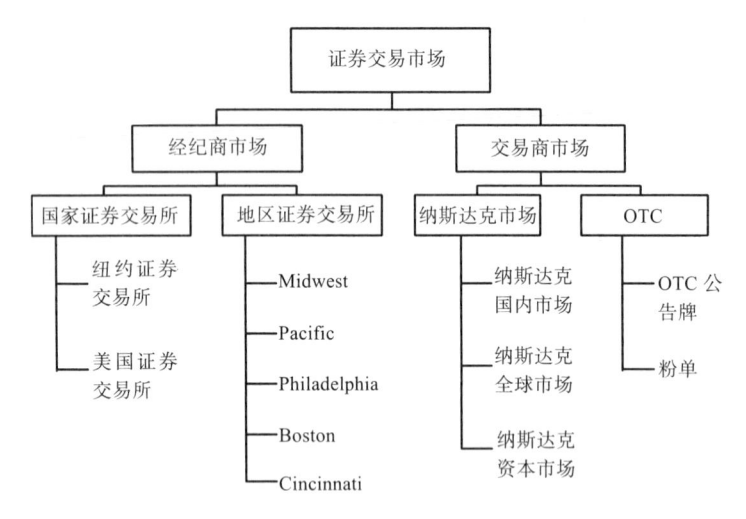

图 2.2　美国证券交易市场的构成

1. 经纪商市场

下面对世界上主要的交易所分别进行介绍。

（1）纽约证券交易所

纽约证券交易所（the New York Stock Exchange，NYSE）是目前世界上规模最大、组织最健全、设备最完善、管理最严密的证券交易所。2006 年 6 月 1 日，纽约证券交易所宣布与泛欧证券交易所合并组成纽约-泛欧证券交易所。2007 年 4 月 4 日，纽约-泛欧证券交易所正式成立，总部设在纽约，由来自 5 个国家的 6 家货币股权交易所和 6 家衍生产品交易所共同组成。2017 年 10 月数据显示，其上市公司约 2 400 家，总市值 20 万亿美元，全球市值排名居首位。

要想成为纽约证券交易所的会员，个人或机构投资者必须在交易所内拥有一个以上的席位（Seat）。取得会员资格并缴纳足够的席位费后即可取得证券交易席位，会员可以通过席位进行自营或代理证券交易。席位又可分有形席位和无形席位。有形席位是指在交易所大厅内的固定席位，每个席位上均配有场内交易员（红马甲），会员进行委托时，通过席位上的交易员将委托指令输入证券交易所的撮合系统中。无形席位是指在交易所交易大厅内不设定有形的席位，也不派驻红马甲，会员直接将委托指令通过计算机输入交易所的撮合系统中。无形席位具有方便、快捷、安全、成本低等特点。纽约证券交易所共有 1 366 个席位。

（2）东京证券交易所

按上市的股票市场价值计算，东京证券交易所是仅次于纽约证券交易所的世界第二大证券交易市场。东京证券交易所对于买卖交易制定了许多详细的规则,其中最基本的是交易市场的集中原则和竞争买卖原则,即把尽可能多的有价证券买卖集中于证券交易所进行竞争交易(部分债券例外),旨在形成公正价格。在东京交易市场上交易的有价证券事先要经过东京证券交易所的上市资格审查。经审查认为符合上市标准的,呈报大藏大臣认可,方能上市。对于上市的有价证券,还要不断进行严密监督和审查,以决定其是否继续上市。

与伦敦证券交易所和纽约证券交易所不同,东京证券交易所挂牌的基本上都是日本的公司,国外上市公司相当少。2017年10月,东京证券交易所有2 292家上市公司,其中外国公司110家,总市值506万亿日元。

(3)伦敦证券交易所

作为世界第三大证券交易中心,伦敦证券交易所是世界上历史最悠久的证券交易所。伦敦证券交易所于1986年10月进行了重大改革,包括改革固定佣金制、允许大公司直接进入交易所进行交易、放宽对会员的资格审查、允许批发商与经纪人兼营、证券证券交易全部实现计算机化、与纽约和东京证券交易所联机、实现24小时全球交易等。这些改革措施使英国证券市场发生了根本性的变化,巩固了其在国际证券市场中的地位。

伦敦证券交易所以国际化著称,其外国公司股票的交易量和市值都超过了本国公司的股票,这在其他交易所是罕见的。截至2017年10月,在伦敦证券交易所上市的公司有3 041家,市值达8万亿英镑。

(4)香港证券交易所

香港证券交易所由香港联合交易所有限公司、香港期货交易所有限公司和香港中央结算有限公司于2000年3月合并而成,提供包括公司上市、股票交易、结算交收、信息服务及市场监管等各项服务。2000年5月,有7只美国Nasdaq股份在香港挂牌并买卖,香港证券交易所成为首个提供Nasdaq股份在亚洲地区买卖的交易所。截至2017年10月,香港交易所共1 866家上市公司,总市值26万亿港元。

(5)上海证券交易所和深圳证券交易所

上海证券交易所是我国目前最大的证券交易中心,成立于1990年11月26日,注册人民币1 000万元。深圳证券交易所是我国第二家证券交易所,筹建于1989年,于1991年7月经中国人民银行批准正式营业。这两个交易所开业以来,不断改进市场运作,逐步实现了交易的计算机化、网络化及股票的无纸化操作。目前,这两个交易所上市的证券品种有A股、B股、国债、企业债券、权证、基金等。

上海证券交易所和深圳证券交易所按照国际通行的会员制方式组成,是非营利性的事业单位。其业务范围包括:组织并管理上市证券,提供证券集中交易的场所,办理上市证券的清算与交割,提供上市证券市场信息,办理中国人民银行许可或委托的其他业务。其业务宗旨是:完善证券交易制度,加强证券市场权利,促进中国证券市场的发展与繁荣,维护国家、企业和社会公众的合法权益。

上海证券交易所和深圳证券交易所由会员、理事会、总经理和监事会四个部分组成。会员是经审核批准且具备一定条件的法人,他们都享有平等的权利,有权参加会员大会,对交易所的理事和监事有选举权和被选举权,对交易所的事务有提议权和表决权。会员大会是证券交易所的最高权力机关,每年召开一次。理事会是证券交易所会员大会的日常事务决策机构,向会员大会负责。总经理为交易所的法定代表人,由理事会提名并报主管机关批准。总经理的职责是组织实施会员大会和理事会的决议并向其报告工作,主持本所日常业务和行政工作,聘任本所部门负责人,代表本所对外处理有关事务。证券交易所还设有监事会,负责本所财务、业务工作的监督,并向会员大会负责。

2. 交易商市场

交易商市场的一个最主要的特点是没有交易柜台,而是由大量做市商通过电子网络联系在一起而组成的。每个做市商都是以固定的标价或要价买卖证券的证券交易商。(标价是指购买某种证券的最高出价,要价是指出售某种证券的最低出价,投资者在购买证券时支付要价,在卖出证券时得到标价。)交易商市场由纳斯达克市场和柜台交易市场构成,在美国约有40%的股票在交易商市场进行交易,其中大部分在纳斯达克市场交易。值得一提的是,初级市场也是交易商市场,因为初级市场上新发行的股票是通过代表投资银行的证券交易商出售给投资者的。

(1) 纳斯达克市场

1972年成立的美国全国证券交易协会自动报价系统(简称纳斯达克市场)是最大的交易商市场。它最初起源于柜台交易市场,但现在已经与其完全分离。2006年纳斯达克市场被SEC(美国证券交易委员会)正式承认为"上市的交易所",赋予它与纽约证券交易所相同的地位和威信。

作为以扶持成长期的高科技企业为己任的创业板市场,纳斯达克市场不仅上市标准低于主板市场,而且其本身的运作模式和效率就是高科技成果的充分体现。与传统证券交易所不同,它主要通过电子交易系统进行股票交易。纳斯达克证券交易所的主要特色是聚集了全球最出色的高科技公司,如微软、英特尔、思科、雅虎和戴尔等,并以吸引高成长企业上市为其主要方向。纳斯达克市场分为两类,即容纳较大规模上市公司的纳斯达克全国市场(The NASDAQ National Market)和纳斯达克小盘股市场(The NASDAQ Small-Cap Market)。

在纳斯达克市场上市的所有股票必须至少有两个做市商。做市商在电子系统中公布他们的标价/要价,以确保当投资者下达指令后能以最好的价格进行交易。做市商制度对于那些市值较低、交易次数较少的股票尤为重要。每只在纳斯达克市场上市的股票,至少要有两个以上的做市商为其报价,一些规模较大、交易较为活跃的股票的做市商往往有40~45家。这些做市商包括美林、高盛、所罗门兄弟等世界顶级的投资银行。

(2) 柜台交易市场

交易商市场的另一个组成部分是柜台交易市场。该市场主要为那些不能或不愿遵守纳斯达克市场上市要求的小公司发行股票。它们在纳斯达克的 OTC 公告牌(Bulletin Board)或粉单(Pink Sheets)上进行交易。OTC公告牌是由纳斯达克运转的电子报价单,在这里经纪人和交易商可以得到当前的报价、交易数据和几千种股票的做市商名单。虽然在公告牌上的公司通常都不符合纳斯达克的标准，但是必须按季度向 SEC、银行或保险管理者做出书面财务报告。粉单的名字起初来源于报价印刷纸张的颜色，但现在也使用电子报价系统。粉单包括交易商对几千种非上市股票的报价，与 OTC 公告牌不同的是，粉单中的公司不需要向 SEC 入档。

3．其他交易系统

个人投资者或机构投资者也可以在三级市场（Third Market）或四级市场（Fourth Market）上直接进行交易，而无须通过经纪商或交易商。三级市场是指原来在证券交易所上市的股票移到场外进行交易而形成的市场，换言之，三级市场交易的是在证券交易所内上市、在场外市场交易的股票，区别于一般含义的柜台交易。三级市场因为佣金便宜、手续简单而很受投资者欢迎。四级市场是指大机构（或富有的个人）绕开通常的经纪人，彼此之间利用电子通信网络（Electronic Communications Networks，ECN）直接进行证券交易的场所。电子通信网络允许会员直接将买卖委托挂在网上，并与其他投资者的委托自动配对成交。由于没有买卖价差，其交易费用非常便宜。许多拥有大量资金的机构投资者，如抚恤基金、共同基金等，都通过电子通信网络进行交易。

2.4 证券市场的国际化

生产的国际化推动了资本的国际化，发达国家的证券市场已经成为国际资本流动的一个重要渠道，促进了证券市场的国际化。所谓证券市场的国际化，是指以证券形式为媒介的资金在国际间自由流动，即证券发行、证券投资、证券交易和证券市场结构跨越国界，实现国际间的自由化。证券市场的国际化是证券市场发展的方向。证券市场国际化主要包括国际证券融资和国际证券投资两方面的内容。

2.4.1 证券市场国际化的利益

证券市场国际化进程的加快将降低新兴市场获得资金的成本，改善市场的流动性和市场效率，延展市场空间，扩大市场规模，提高系统能力，改善金融基础设施，提高会计和公开性要求，改进交易制度，增加衍生产品的品种，完善清算及结算系统等。

海外证券资本的进入及外国投资者对市场交易活动的参与，迫使资本流入国的金融管理当局采用更为先进的报价系统，加强市场监督和调控，及时向公众传递信息，提高市场的效率。越来越多的新兴市场国家通过采用国际会计标准，改进信息质量和信息的可获得性，改善交易的公开性。交易数量和规模的增大有助于完善交易制度，增加市场流动性。而外国投资者带来的新的证券交易要求，在一定程度上促进了衍生产品的出现及发展。建立一个技术先进的清算和结算系统，对于有效控制风险、保持该市场对外国证券资本的吸引力、有效分配金融资源具有重要意义。

2.4.2 证券市场国际化的风险

证券市场国际化进程在带来巨大利益的同时，也包含一定的风险。

1. 市场规模加速扩大甚至失控的风险

与国际化相伴的外国资本的大量流入和外国投资者的广泛参与，在增加金融市场深度、提高金融市场效率的同时，将导致金融资产的迅速扩张。在缺乏足够严格的金融监管的前提下，这种扩张可能成为系统性风险爆发的根源。此外，如果一国国内金融市场发育程度较低，金融体系不成熟，相关的法律体系不够完善，资本流入将导致其金融体系规模的快速扩大，而资本流入的突然逆转则使其金融市场的脆弱性大幅度增加。

2. 金融市场波动性增加的风险

对于规模较小、流动性较低的新兴金融市场来说，与国际化相伴的外国资本大量流入和外国投资者的广泛参与，增加了市场的波动性。尤其在一些机构投资者成为这类国家非居民投资主体时，国内金融市场的不稳定性表现得更为显著。

由于新兴市场缺乏完善的金融经济基础设施，在会计标准、公开性、交易机制、票据交换，以及结算和清算系统等方面存在薄弱环节，无法承受资本大量流入的冲击，导致价格波动性增加。新兴金融市场股票价格迅速下降及流动性突然丧失的危险，大大地增加了全局性的市场波动。

3. 与国外市场波动的相关性增加的风险

外国资本的流入和外国投资者对新兴市场的大量参与，潜在地加强了资本流入国与国外金融市场之间的联系，导致二者相关性明显增加。这种相关性主要表现为主要工业国金融市场对资本流入国金融市场的溢出效应显著增加。国外研究表明，美国股票市场波动性对韩国股票市场波动性溢出的相关程度在1993—1994年高达12%；美国股票市场波动性对泰国股票市场波动性溢出的相关程度在1988—1991年高达29.6%；美国股票市场波动性对墨西哥股票市场波动性溢出的相关程度在1990—1994年高达32.4%。

2.4.3 证券市场国际化对我国的影响

对我国来说，证券市场国际化具有如下一些积极作用。

1. 为我国利用外资开辟了一条新途径

通过证券形式直接进行国际融资有许多好处：可以简化利用外资的程序，避免和减小借、用、还之间的矛盾；通过股票筹资不用还本，可以大大减轻国家的外债负担；证券投资是一种符合国际惯例的投资方式，容易为投资者所接受。

2. 有利于活跃我国的证券市场，促进证券市场的迅速发展

我国的证券市场在相当长的一段时间内将受到国内投资资金有限的制约，吸引外国资本进入我国的证券市场无疑有利于活跃我国证券市场，促进我国证券市场的迅速发展。

3. 有利于促进我国国际金融中心的形成

一个完整的国际金融中心，应该是国际性的货币市场、证券市场、外汇市场和黄金市场等组成的金融市场体系。证券市场国际化有助于国内证券市场的规范化发展，保证证券业务的国际交流与竞争，从而有效地从事大规模的国际资金融通。

2.5 证券市场的交易时间和监督管理

2.5.1 证券市场的交易时间

证券市场的交易时间是指证券交易所规定的进行股票交易的固定营业时间。各国因具体情况不同，规定的交易时间也各不相同。例如，美国纽约证券交易所的交易时间为每个营业日的 10:00—16:00。英国伦敦证券交易所的交易时间为每个营业日的 9:30—15:30。日本东京证券交易所的交易时间分为上午、下午两个阶段：上午 9:00—11:00，又叫前市；下午 13:00—1500，又叫后市。在我国，上海证券交易所和深圳证券交易所的交易时间也分为前、后两市，分别是上午 9:00—11:30，下午 13:00—15:00。在各国的证券交易所，每周的周六、周日均为休息日，不进行股票交易。交易时间不是完全固定的，在遇到特殊情况，如股市出现难以控制的暴涨或暴跌时，证券交易所需要采取措施抑制事态蔓延，这其中就包括变更交易时间，如缩短交易时间，甚至关闭股市、停止交易。

2.5.2 证券市场的监督管理

证券市场的监督管理是金融监管的重要组成部分，是指一国证券主管机关或证券监管执行机关根据证券法规对证券发行和交易市场实施监督和管理，以确保证券市场的公平和有序。证券市场的监管包括以下两个方面的内容。

1. 证券发行市场的监管

1）证券发行的审核制度可分为注册制和核准制。注册制体现"公开原则"，核准制则体现"实质管理原则"。

注册制是指发行人在发行证券之前必须按照法律规定向主管机关申请注册的制度。注册制作为一种法律制度，所表现出来的价值观念反映了市场经济的自由性、主体活动的自主性和政府管理经济的规范性和效率性。注册制降低了审核工作量，免除了烦琐的授权程序，但需指出：证券注册并不能成为投资者免受损失的保护伞，它的唯一标准是信息完全公开；其目的是向投资者提供据以判断证券实质要件的形式资料，以便做出投资决定，而不保证注册申报书和公开说明书陈述事实的准确性。

核准制是指证券发行人在发行证券之前，必须提出申请并提交法律规定的文件资料。核准制体现实质管理原则，即证券的发行不仅以发行人真实状况充分公开为条件，还必须符合若干适合发行证券的实质性条件。一方面，投资者可以获得发行人公开的信息资料，做出投资判断；另一方面，政府制定公开发行证券的实质标准，使投资者投资的证券具有一定水准。核准制存在的问题主要有：与效率原则相悖；挫伤发行公司竞争进取的积极性；审核机构的价值判断未必完全准确；状态各异的公司遵守同一发行标准，对于发行人过于机械苛刻。另外，法定发行条件是否科学、合理也值得怀疑；还易使公众投资者产生依赖心理。

2）关于发行公司信息披露的规定：一家股份公司要想发行证券，必须向证券交易委员会和交易所登记，递交内容详尽的上市申请书。其中包括公司的组织结构，经营产品的种类，准备上市证券的期限、条件、权利和优惠，董事、经理的名单、薪金和持有的股票，持有 5%以上公司股票的大股东情况，红利和股息协议，管理和服务合同，不少于三个财政年度的资产负债表和损益表，还有其他证券交易委员会所要求的文件证明等。证券发行的信息公开制度主要指将公司信息完全、准确、及时地公开。各国均以法律强制以确保信息公开，其意义在于帮助投资判断、防止信息滥用、有利于经营与管理、防止不正当竞争、提高证券市场效率。

2. 证券交易市场的监管

（1）关于证券上市的规定

证券上市是指发行人发行的有价证券依法定条件和程序在证券交易所公开挂牌交易的法律行为。证券上市可分为授权上市和认可上市，认可上市证券仅限于各种政府证券。

上市条件一般包括上市公司的资本额规定、上市公司的盈利能力、上市公司的资本结构、上市公司的股权分散状况、证券的市场价值、上市公司的开业时间。上市公司的义务主要包括在法定期限内公布上市公告书、履行持续公开义务、缴纳上市费用等。

证券上市暂停是指已上市证券在遇到特殊情况时被暂时取消上市资格。上市暂停有三种形式：法定暂停上市、申请暂停上市和自动暂停上市。上市暂停的原因有：公司发生重大改组或经营有重大变更而不符合证券交易所上市条件；公司不履行法定的公开义务或公司报告和呈报证券交易所的文件有不实记载；公司董事、理事、经理人所持股份与实发股份额在一定比例以上，股东的行为损害了公众的利益；最后一年内月平均交易不足一定数额或最近一个时期内无成交；公司在最近若干年连续亏损；公司面临破产；公司不按期缴纳上市费用；公司因信用问题而被停止与银行的业务往来等。

证券上市终止也称"停牌"，是指上市公司被取消上市资格。上市终止有三种：法定终止上市、自动终止上市和申请终止上市。证券上市终止的原因主要有：证券上市的暂停原因持续较长，并已造成严重后果或在暂停期间内未消除被暂停的原因；企业解散或破产清算等。

（2）关于内幕交易（Insider Trading）的规定

证券交易法禁止内部人员借助内部消息进行证券交易而非法获利。内部人员包括公司的董事、经理、了解内情的工作人员和持有 5%以上股票的大股东，这些人的名单要在股票申请上市时报证券交易委员会备案。如果股东名单有变化，则需在 10 天内申报变更。

法规不允许内部人员用自己先获得的消息从事自己公司股票的交易而获利。最简单的例子是：在董事会做出支付或不支付股息的决定之后，在消息发布之前，某个董事只要打个电话给他们的经纪人买入或卖出股票，就可从中获利。再如，一个石油公司发现了大油田，内部人员得到消息后率先大量购入本公司的股票，等到消息公布之后股票价格上涨再脱手。这种"内幕交易"是违法的,一旦被证券交易委员会发现,违法人就要受到控告。因此,证券交易委员会的另一个职责是维护交易的公平——平等竞争的原则。

（3）关于操纵价格的规定

一般情况下,操纵价格是不允许的。苏来曼兄弟公司控制美国联邦债券发行的60%以上,因操纵价格而受到控告就是典型的事例。操纵价格是指某些大投资者以大量购入或抛出的方法人为地迫使某些证券的价格升高或降低。操纵者一般是股东大户或大的证券公司,他们希望制造假价,利用股市波动获取暴利。最普通的两种方法是:操纵者先大量收购某种股票,等市价升高后再抛售;对新发行的股票,操纵者可以先在一个较好的价格上出售,等市价压低后再买回。操纵者采用这种操纵方式使用的是自己的资金,尚属合法,很难禁止。

（4）关于虚卖（Wash Sale）的规定

虚卖是同时（或在很短的期间内）出售同种相同份额的证券以制造出售记录。第一种方法是交易所中两个经纪人同时买入某种股票,等价格上涨后再卖出。这里,股票并没有交割,没有改变股东。第二种方法是投机者把指令传给两个经纪人,他出售股票给第一个经纪人,然后再传给第二个经纪人。第二种方法较第一种方法隐蔽,但股票实际上仍没有改变股东。第三种方法是把股票卖给朋友或同谋者,再由他们购回。第四种方法的目的是逃税,如丈夫可以把股票卖给妻子。总之,虚卖的目的是制造虚假的价格去获利或造成虚假的损失以逃税。无论哪种方法,虚卖都是非法的。

（5）关于过度买卖（Churn）的规定

过度买卖是经纪人滥用客户对他们的信任,利用客户的账户频繁地交易证券,以达到增加佣金收入的目的。过度买卖是非法的,可能给客户带来很大损失,但很难证实。

知识拓展

1. 货币市场证券是期限非常短的短期债务,它们通常具有很高的市场流动性和相对低的信用风险。短期限与低信用风险的特点使其资本利得或资本损失都很小。这些证券交易的金额很大,但是可以通过货币市场基金间接地买卖它们。

2. 美国政府举债大多是通过国债的形式。它们通常以面值或接近面值来发行,并且定期支付息票利息。国债的设计与支付息票利息的公司债券很相似。

3. 市政债券以其免税功能而著称。这种债券的利息收入(而非资本利得)是免税的。市政债券相应的应税收益率为 $rm/(1-t)$,这里 rm 是市政债券的收益率,t 是投资者的税率等级。

4. 抵押转手证券是抵押品打包销售的一种方式。转手证券持有人接受借款者所支付的本金和利息。抵押证券的发行人仅仅服务于抵押证券本身,即将抵押贷款所带来的支付转手给抵押证券的买者。联邦机构可对抵押本息的支付做担保。

> **投资行动**
>
> ## 24小时的股票交易
>
> 一周7天、一天24小时进行股票交易的想法听起来不错，任何时候只要打个电话或上网就能买卖股票或基金。虽然这种24小时交易的设想还没有实现，但个人投资者可以在常规交易时间前后一段时间进行交易。在美国，通常在9:30开市前的8:00—9:30、16:00闭市后的16:00—18:30两个阶段可以进行营业时间外交易。
>
> 交易时间的延长有很多优点。有些投资者白天没有时间根据新闻进行相应的交易。太平洋时区（比纽约晚3小时）的常规交易日在13:00就停止，投资者希望交易时间能延长。有些投资者希望能对闭市后或其他国家工作日期间发布的新闻消息做出回应。营业时间外交易只占NYSE和纳斯达克市场日交易量的2%，但懂得如何利用延长时间的投资者都可以获利，至少减少损失。
>
> 从2000年后，营业时间外交易的风险随着交易量的增大而减小。如果你想利用营业时间外交易获利，下面提供了一些建议：
> - 了解你的经纪公司如何进行营业时间外交易，不同公司有不同规则。
> - 了解股价对不同类型的公司新闻、经济简讯和主要指数变化的反应。
> - 大多数营业时间外交易的对象都是NYSE和纳斯达克市场中的股票，因此要关注这些交易所中最活跃股票的营业时间外交易形式。
> - 了解限价指令。大多数经纪公司都要求营业时间外交易使用限价指令。
>
> 思考题：投资者在进行营业时间外交易前需要考虑的风险有哪些？
>
> 资料来源：Jonathan Birchall "Shipping Costs Dent Amazon Earnings," Financial Times Online, February 2, 2006, us ft. com; Gregg Greenberg "Ask the Street: Late Trading" TheStreet. Com, February 5, 2006, www.thestreet.com.

关键术语

证券市场 Securities Markets
熊市 Bear Markets
公募发行 Public Offering
配股发行 Rights Offering
投资银行 Investment Banker
承销辛迪加 Underwriting Syndicate
证券交易市场 Secondary Market
交易商市场 Dealer Market
四级市场 Fourth Market
粉单 Pink Sheets
牛市 Bull Markets

首次公开发行 Initial Public Offering, IPO
承销 Underwriting
销售集团 Selling Group
柜台交易市场 Over-The-Counter Market, OTC市场
纳斯达克市场 Nasdaq Market
经纪商市场 Broker Market
三级市场 Third Market
公告牌 Bulletin Board
内幕交易 Insider Trading

证券发行市场 Primary Market
私募发行 Private Placement

电子通信网络 Electronic Communications Networks, ECN

课后习题

讨论题

1. 1999—2014 年 IPO 首日价格平均上涨了 20% 以上。仅 1999 年，就有 117 次 IPO 首日价格翻倍，而之前 24 年加起来才有 39 次，而从 2000 年起，再没有出现首日价格翻倍的情况。什么原因可能造成 IPO 首日价格大涨？一些人批评现有的 IPO 制度，认为承销商故意压低发售价，它们为什么要这么做？机构投资者会对 IPO 定价产生什么影响？

2. 你认为为什么一些大型知名公司，如思科、英特尔和微软等都倾向于在纳斯达克市场上交易，而不是选择大型的证券交易所？请列举在证券交易所交易的优缺点。

3. 根据世界金融市场的现存结构及你对纽交所和纳斯达克市场的了解，描述一下可交易全球所有大公司证券的、单一的全球（交易）市场的主要特征、功能及所面对的问题，并讨论该市场的发展前景。

4. 有批评认为，延长交易时间会让股票市场变成赌场，人们将重点放在了短期套利而不是长期投资上。你赞成这种说法吗？为什么？你认为设置"喘息时间"以消化当天的市场行为的做法重要吗？为什么不是纽交所或纳斯达克市场，而是小型经纪市场和 ECN 市场倾向于延长交易时间呢？

5. 以下交易类型中，保守型和激进型投资者分别会选择哪些放进他们的投资组合？比较这两种类型投资者的投资偏好。

    a. 做多   b. 保证金购买   c. 卖空

计算题

1. 当前美元对日元汇率是 1:116.915，那么 1 000 日元能兑换多少美元？

2. 某位投资者最近卖掉了持有的 20 000 欧元的欧洲美元投资。美元对欧元汇率为 1.1 美元/欧元，投资者将得到多少美元？

3. 请计算一股外资股的美元价格。

  1）某比利时股票价格为 103.2 欧元，汇率为 0.859 5 欧元/美元。

  2）某瑞士股票价格为 93.3 瑞士法郎，汇率为 1.333 瑞士法郎/美元。

  3）某日本股票价格为 1 350 日元，汇率为 110 日元/美元。

4. Erin McQueen 购买了 50 股宝马公司股票。宝马公司在法兰克福交易所上市并交易，一年前股价为 64.5 欧元，那时汇率为 0.78 欧元/美元。现在其市场价是每股 68.4 欧元，汇率为 0.86 欧元/美元。

  1）欧元对于美元来说是升值还是贬值了？请解释。

  2）一年前 Erin 购买 50 股宝马公司股票需要多少美元？现在呢？

  3）忽略经纪费和税费，如果 Erin 卖掉所持股可套利多少美元？

5. 一位投资者相信美元对日元将会升值，他正在两种同风险与收益的投资组合中选择：投资日元和投资美元。他应该购买日元吗？

6．假设投资者以每股 50 美元的价格购买了 100 股股票，保证金比例为 60%。

1）此次交易借方余额是多少？

2）投资者必须提供的保证金是多少？

7．Miguel 以每股 50 美元的价格购买了 100 股 Can'tWin 公司股票，而且想尽量避免使用自己手头的资金。他的经纪人初始保证金要求是 50%，最低维持保证金要求是 30%。若股票价格跌到了每股 30 美元，他应该怎么办？

8．Marlene Bellamy 购买了 300 股 Writeline 通信公司的股票，买入价每股 55 美元。她的购买方式为保证金购买，初始保证金要求是 50%。她持有该股票 4 个月左右后售出，没有交经纪费。并且在持有期间，公司进行每股 1.5 美元的现金分红。Marlene 保证金贷款年利息 9%，最低维持保证金为 25%。

1）计算交易、借方余额和权益的初始价值。

2）在以下各价格的情况下，分别计算实际保证金数，并说明 Marlene 保证金账户是存在超额权益还是应该被限制，是否应该给予保证金通知？

a. 45 美元　　b. 70 美元　　c. 35 美元

3）计算股票持有期红利金额和保证金贷款应付利息。

4）使用以下价格，分别计算 4 个月末时 Marlene 持有 Writeline 通信公司股票的年收益率。

a. 50 美元　　b. 60 美元　　c. 70 美元

9．Charlene Hickman 预期生物国际公司由于新药未通过美国 FDA 测试，股价最近将会下跌。所以，她以 27.5 美元的价格卖空其股票 200 股。如果 Charlene 4 个月后以下列价格再次购买 200 股该股票，那么此次卖空交易对于她来说是赚还是赔？

a. 24.75 美元　　b. 25.13 美元　　c. 31.25 美元　　d. 27.00 美元

案例分析

Dara 的两难选择：买哪一个

40 岁的金融分析师 Dara Simmons 已离异，并且正抚养两个未成年的孩子，在过去 5 年里她大量增加了自己的投资组合金额。虽然对于自己的投资还是相当保守的，但自信于自己丰富的投资经验和知识，Dara 想涉足一些能带来高收益率的新投资。现在其手上的可投资资金为 20 000～25 000 美元。

目前科技股受市场热捧，Dara 也希望购买一家名为"NewestHighTech.com"的科技公司的首发股。这家公司主要制造高精计算机芯片以进行无线网接入，市场前景良好。其在早期融资时就受到过好评，当其制造的芯片被一家大型手机制造商采纳时又再一次被市场看好。

Dara 也正在考虑是否购买 400 股 Casinos 国际公司的普通股，市场价现为每股 45 美元。通过和一位在商业银行工作的经济学家朋友交谈，Dara 认为已持续很长时间的牛市即将冷却，经济也将放缓。于是在经纪人的帮助下，Dara 研究了 Casinos 国际公司当前的财务状况，发现该公司未来是否盈利将决定于法院是否批准它在附近河边开办新赌场。

如果批准，无论经济形势如何，该公司股票价格都将会大幅攀升；相反，如果申请失败，股价将会下跌，使其成为卖空的最佳对象。

Dara 觉得她有以下 4 种选择：

1）NewestHighTech.com 公司上市时，购买 20 000 美元的股票。

2）现在以每股 54 美元的价格购买 Casinos 国际公司的股票，并且紧盯其价格变化。

3）预期 Casinos 财务状况将会变差，以每股 54 美元价格卖空。

4）等待法院批准结果，然后根据结果决定如何行动。

问题：

1）根据已知条件，判断哪个是最佳选择。

2）如果 Casinos 股价涨到每股 60 美元，选择 2 和选择 3 会出现什么样的情况？请说说其利弊。如果股价跌到 45 美元/股呢？

案例导读

海航系演 400 亿元级蛇吞象：营收 7 亿元的子公司完购世界 500 强

- 作者：澎湃新闻记者 张皓翔
- 时间：2016-12-07
- 来源：澎湃新闻
- 网址：http://www.thepaper.cn/newsDetail_forward_1575796

历时 10 个月，海航系终于将全球知名 IT 分销商英迈收入囊中。

12 月 7 日，海航旗下上市公司天海投资（600751）公告称，美国纽约时间 12 月 5 日，子公司 GCLACQUISITION,INC.以现金支付方式收购美国纽交所上市公司英迈国际（Ingram Micro Inc.）100%股权已完成交割，英迈国际成为天海投资子公司。

2016 年 7 月，天海投资曾公告称，前述交易的成交金额约为 60.09 亿美元（约合 413.6 亿元人民币），其中英迈国际全部普通股价值约为 57.78 亿美元（约合 397.7 亿元人民币），公司股权激励计划部分的偿付对价约为 2.31 亿美元（约合 15.9 亿元人民币）。收购资金来源中，天海投资自有资金为 87 亿元人民币，联合投资方国华人寿投资金额为 40 亿元人民币，剩余部分为银行借款。

值得注意的是，在这起并购案中，资本大佬刘益谦"潜伏"其中。天海国际（600751）在 7 月 26 日发布的公告中披露，在这起并购案中，联合投资方国华人寿持有天海国际股份 419 030 100 股，占比约 14.45%。国华人寿实际控制人为刘益谦。

2 月 19 日，天海投资公告称公司拟以 38.90 美元/股的价格收购英迈国际 100%的股权，交易价款预计约为 60 亿美元（约合 413 亿元人民币）。

澎湃新闻获悉，英迈国际将"加入"海航物流体系。按照海航官网的说法，天海投资是海航物流金融产业的核心平台。截至 12 月 1 日，公司第一大股东海航物流集团有限公司（下称"海航物流"）持有天海投资总股本的 20.76%。作为海航五大业务板块之一的海航物流，产品涵盖航空货运、物流仓储、电子产品供应链、跨境电商等。

据悉，天海投资成立于 1992 年，原名"天津市海运股份有限公司"。2015 年以前，天海投资主营业务为集装箱运输，经营及管理以天津、上海、宁波、青岛为基本港，至韩国的国际近洋及国内沿海多个口岸的集装箱班轮货物运输航线。目前，公司主营业务为投资管理及集装箱运输。

外界将天海投资并购英迈国际戏称为"蛇吞象"式的交易。2015年，天海投资营收仅7.2亿元人民币，净利润为2.47亿元人民币。其中，船舶运输营收占总营收的49.7%，占利润比例为-28.91%。2015年，英迈国际实现营业收入430.26亿美元（约合2 960.8亿元人民币），归属于母公司净利润2.15亿美元（约合14.8亿元人民币）。

英迈国际是全球领先的IT分销商之一，主要为客户提供全球性的IT产品分销及技术解决方案、移动设备及生命周期服务、电子商务供应链解决方案及云服务四大类产品。2015年，英迈在《财富》全球500强中排名第230位。英迈在全球45个国家均设立了分支机构，业务遍及全球160多个国家，为世界范围内1 800余家供应商提供销售服务和200 000余家经销商提供解决方案和服务。1999年，英迈将IT分销业务带到中国，客户包括联想、海尔、汉王等。

此前，天海国际方面表示，收购英迈主要基于国际国内航运市场持续低迷，上市公司制定经营战略发展规划（天海国际称"将结合物流行业发展的新趋势，及时切入并整合物流细分领域新型业务及高附加值业务"），信息技术产品贸易市场广阔等因素的考量。

天海国际表示，公司将以英迈国际为业务切入点和战略基点，加快在全球范围内推广英迈国际的业务模式，确立以"投资+运营"为双轮驱动，充分发挥投资体系与运营体系协同效应，提升供应链市场份额。

安信证券此前指出，天海投资收购英迈国际，未来看点在于引领IT产业走出国门及英迈业务与供应链金融的整合，海航集团或将英迈的业务作为整个集团战略布局的一部分协同发展。一方面，天海投资或发挥英迈国际的渠道优势引领中国IT行业整体走出国门；另一方面，天海投资或将供应链金融业务与海航自身的业务及英迈的IT供应链综合管理业务整合发挥更大优势。安信证券预计，天海投资收购英迈国际的交易完成后，2017年将为公司带来约7.64亿元人民币的利润增量。

12月7日收盘，天海投资（600751）上涨0.92%，报收9.92元。

第3章

投资信息与证券交易

学习目标
- 了解投资信息的主要类型及其来源。
- 掌握股票市场平均数与指数,以及债券收益率和债券指数。
- 了解经纪人的作用和类型。
- 掌握委托指令的基本类型。

3.1 投资信息

正如前面所说,一个成功的投资者在进行投资前首先要制订投资计划并满足流动性要求,在此之后选择正确的投资工具来实现投资计划。不管是利用网络资源还是其他资源,都需要仔细鉴别不同种类的信息以形成对投资风险—收益的正确预期和投资后的有效管理。投资信息可以分为描述性信息和分析性信息两种,前者描述了经济、市场、行业、公司或某投资工具的真实历史信息,后者则在分析可获得信息的基础上对潜在投资进行预测与评论。

3.1.1 投资信息的种类

投资信息可以分为以下五种类型。

1)经济与时事信息。包括国内与国际的与经济、政治和社会趋势有关的历史的和预测的信息,这些信息为投资环境的评估和投资决策的制定提供了基础。

2)行业和公司信息。包括某一特定行业历史的和预测的信息,投资者利用这些信息来预测某一行业或公司的前景。

3)另类投资工具的信息。包括股票、债券和期权以外的证券(如共同基金、期货)的历史的和预测的信息。

4)价格信息。包括某一特定投资工具(尤指证券)当前的报价,这些报价通常附有对这种投资工具当前价格表现的统计。

5)个人投资战略信息。包括对投资战略或某一具体买卖行为的推荐,通常来说,这类信息更倾向于分析性而非描述性。

3.1.2 投资信息的来源

1. 政府部门

政府部门是国家宏观经济政策的制定者，是信息发布的主体，是我国证券市场上有关信息的主要来源。这一来源的信息主要包括国务院、证监会、财政部、央行、发改委、商务部、国家统计局、国资委各部门公布的消息。

2. 证券交易所

证券交易所向社会发布的证券行情、日报、周报、月报、年报成为技术分析的首要信息来源与量价分析基础。

3. 上市公司

上市公司作为经营主体，所公布的信息是投资者对其证券进行价值判断的最重要依据，其中最全面的信息来源为公司年报。上市公司年报是上市公司年度报告的简称，是上市公司一年一度对其报告期内的生产经营概况和财务状况等信息进行披露的报告。年报是上市公司信息披露制度的核心。

根据我国现行的年报披露要求，上市公司年报及其摘要的主要内容如下。

1）公司简介。具体内容包括：公司名称及缩写，公司法定代表人，公司董事会秘书及其授权代表的姓名及联系方式，公司注册地址、办公地址及联系方式，公司选定的信息披露报纸名称，登载公司年报的中国证监会指定国际互联网网址，公司年报备置地点，以及公司股票上市交易所、股票简称和股票代码等。

2）会计数据和业务数据摘要。具体内容包括列示公司本年度实现的一系列经营指标，采用数据列表方式提供截至报告期公司前三年的主要会计数据和财务指标，列示报告期内股东权益变动情况并逐项说明变化原因。

3）股本变动及股东情况。包括对股本变动情况和股东情况的详细介绍。

4）股东大会简介。具体说明报告期内召开的年度股东大会和临时股东大会的有关情况。

5）董事会报告。具体包括公司经营情况、公司财务状况、公司投资情况、公司生产经营环境，以及宏观政策法规发生了重大变化的情况、新年度的业务发展计划、董事会日常工作情况、公司管理层及员工情况、利润分配预案或资本公积金转增股本预案及其他报告事项。

6）监事会报告。具体包括报告期内监事会的工作情况，如召开会议的次数及各次会议的议题等。监事会应对公司依法运作情况等发表独立意见。

7）重大事项。具体包括报告期内重大诉讼和仲裁事项，公司董事及高级管理人员受监管部门处罚的情况，公司控股股东变更及人事变动情况，公司收购及出售资产、吸收合并事项的简要情况及进程，公司重大关联交易事项等一系列与公司经营相关的重要事项。

8）财务报告。包括审计报告、会计报表和会计报表附注。

9）公司的其他有关资料。包括证监会、证券交易所和公司认为需要披露的其他事项。

4．中介机构

由中介机构的专业人员在资料收集整理分析基础上撰写的研究报告，也是信息的一个重要形式。

5．媒体

媒体作为信息发布的主渠道，是连接信息需求者和信息供给者的桥梁。

3.2 市场平均数与指数

证券市场上的股票价格每天都在波动变化着。单就某种股票而言，股价的上涨和下跌是显而易见的；但就整个证券市场而言，有些股票上涨，有些股票下跌，股价变化的总趋势就复杂了。评估证券市场价格变动总趋势及其幅度的一个很好的方法是研究市场平均数与指数。这种衡量方法的优点在于，便于投资者很方便地评估市场整体情况，把个人的投资组合表现与市场的投资组合表现相比较，研究市场周期、趋势和行为，以预测未来市场表现。本节我们主要讨论对股票市场和债券市场价格的衡量。在以后的章节中，我们会讨论与其他投资工具相联系的平均数与指数。

3.2.1 股票市场平均数与股票价格指数

股票市场平均数（Averages）与股票价格指数（Indexes）是衡量股票价格的指标。尽管人们在讨论市场价格时通常认为平均数与指数两个术语是可以相互替换的，事实上两者是不同的衡量方式。股票价格平均数反映的是在一定时点上市场股票价格的平均水平，它可以分为简单算术股价平均数、修正的股票平均数和加权股价平均数三类；而股票价格指数是反映不同时点上股价变动情况的相对指标。通常，将报告期的股票价格与选定的基期价格相比，并将比值乘以基期的指数值，即报告期的股票价格指数。股票价格指数的计算方法主要有两种：简单算术股价指数和加权股价指数。

1．股票价格平均数的计算

（1）简单算术股价平均数

简单算术股价平均数是将样本股票每日收盘价之和除以样本数得出的，即

$$简单算术股价平均数 = \frac{1}{n}(P_1+P_2+P_3+\cdots+P_n) = \frac{1}{n}\sum_{i=1}^{n}P_i$$

其中，n 为样本的数量；P_i 为第 i 只股票的价格。

世界上第一个股票价格平均数——道琼斯股票价格平均数在 1928 年 10 月 1 日前就是使用简单算术股价平均法计算的。算术平均数虽然计算较简便，但有两个缺点。

1）它未考虑各样本股票的权重，从而未能区分重要性不同的样本股票对股价平均数的不同影响。

2）当样本股票发生拆细、派发红股、增资等情况时，股价平均数就会失去连续性，使前、后期的比较发生困难。

（2）修正的股价平均数

修正的股价平均数有以下两种。

1）除数修正法，又称道氏修正法。这是美国道琼斯公司为克服单算术股价平均法的不足，在1928年创建的一种计算股价平均数的方法。该方法的核心是求出一个除数，以修正因股票拆细、增资、派发红股等因素造成的股价平均数的变化，以保持股价平均数的连续性和可比性。具体做法是：以变动后的新股价总额除以旧股价平均数，求出新除数，再以报告期的股价总额除以新除数，从而得出修正的股价平均数，即

$$新除数 = \frac{变动后的新股价总额}{旧股价平均数}$$

$$修正的股价平均数 = \frac{报告期的股价总额}{新除数}$$

例如，拥有30只样本股票的道琼斯工业股票价格平均数经过多年的修正，在2001年8月17日，其除数值只有0.144 521 24。这样，30只股票同时上涨1美元，就会使指数值上升20 758点。

2）股价修正法。就是将发生拆细等变动后的股价还原为变动前的股价，使股价平均数不会因此变动。例如，假设对第 j 种股票进行拆细，拆细前股价为 P_j，拆细后每股新增的股数为 R，股价为 P_j'，则修正的股价平均数的公式为：

$$修正的股价平均数 = \frac{1}{n}[P_1 + P_2 + \cdots + (1+R) \times P_j' + \cdots + P_n]$$

由于 $(1+R)P_j' = P_j$，因此该股价平均数不会受股票分割等行为的影响，美国《纽约时报》编制的500种股价平均数就是采用股价修正法来计算的。

（3）加权股价平均数

加权股价平均数就是根据各种样本股票的相对重要性进行加权平均计算而得到的股价平均数，其权数 Q 可以是成交股数、股票总市值、股票总股本等，其计算公式为：

$$加权股价平均数 = \frac{1}{n}\sum_{i=1}^{n}P_iQ_i$$

2. 股票价格指数的计算

股价指数是反映不同时点上股价变动情况的相对指标。通常，报告期的股票价格与选定的基期价格相比，并将两者的比值乘以基期的指数值，即得到报告期的股价指数。股价指数的计算方法主要有两种：简单算术股价指数和加权股价指数。

（1）简单算术股价指数

计算简单算术股价指数的方法有两种：相对法和综合法。

1）相对法。又称平均法，就是先计算各样本的股价指数，然后加总平均得到总的算

术平均数。其计算公式为:

$$股价指数 = \frac{1}{n} \sum_{i=1}^{n} \frac{P_1^i}{P_0^i}$$

其中,P_0^i 表示第 i 种股票的基期价格;P_1^i 表示第 i 种股票的报告期价格;n 为样本数。英国的《经济学家》中普通股价指数就是采用这种方法计算出来的。

2)综合法。综合法是先将样本股票的基期和报告期价格分别加总,然后相比求出股价指数。其计算公式为:

$$股价指数 = \frac{\sum_{i=1}^{n} P_1^i}{\sum_{i=1}^{n} P_0^i}$$

(2)加权股价指数

加权股价指数是根据各期样本股票的相对重要性予以加权,其权重可以是成交股数、总股本等。按时间划分,权数可以是基期权数,也可以是报告期权数。以基期成交股数(或总股本)为权数的指数称为拉斯拜尔指数,其计算公式为:

$$加权股价指数 = \frac{\sum P_1 Q_0}{\sum P_0 Q_0}$$

以报告期成交股数(或总股本)为权数的指数称为派许指数,其计算公式为:

$$加权股价指数 = \frac{\sum P_1 Q_1}{\sum P_0 Q_1}$$

其中,P_0 和 P_1 分别表示基期和报告期的股价;Q_0 和 Q_1 分别表示基期和报告期的成交股数(或总股本)。拉斯拜尔指数偏重基期成交股数(或总股本),而派许指数则偏重报告期成交股数(或总股本)。目前世界上大多数股价指数都是派许指数,只有德国法兰克福证券交易所的股价指数为拉斯拜尔指数。

3. 主要的平均数与指数

平均数和指数是衡量股票价格总体趋势的简便方法,投资者也可以通过比较不同时刻的平均数与指数来评估市场的相对强势与弱势。财经新闻、大多数报纸、很多收音机或电视节目中每日都报道当前和最近的重要平均数与指数。下面介绍几种最主要的平均数与指数。

(1)道琼斯股票价格指数

道琼斯股票价格指数由四种股票价格指数组成。

1)道琼斯工业平均数(Dow Jones Industrial Average,DJIA)是世界上最重要的股票价格指数,被誉为美国经济的晴雨表,它计算的是在纽约证券交易所上市的美国 30 家大工业公司股票的价格平均数。道琼斯工业平均数从 1896 年开始编制,当时以 12 种股票为样本，1916 年调整为 20 种，自 1928 年起以 30 种股票为样本。这 30 家公司是美国最著名、最有代表性的大工业公司，目前这 30 家工业公司为美国铝业公司、美国国际集团、美国运通公司、波音公司、花旗集团、卡特彼勒公司、杜邦公司、迪士尼、通用电气公司、通用汽车、家得宝公司、霍尼韦尔国际公司、惠普公司、国际商用机器公司、英特尔、强生制药有限公司、摩根大通公司、可口可乐公司、麦当劳、3M 公司、阿尔特里亚集团、默克制药公司、微软、辉瑞制药有限公司、宝洁公司、西南贝尔公司、联合科技公司、威瑞森、沃尔玛、埃克森美孚公司。该指数的计算公式为：

$$DJIA = \frac{30 种股票的收盘价之和}{调整除数}$$

由于道琼斯股票价格指数是由 30 种股票的价格计算得出的，因此高价股票对该指数的影响大于低价股票。例如，每股 50 美元的股票价格变动 5%，即 2.5 美元，其影响要小于每股 100 美元的股票价格变动 5%，即 5 美元。道琼斯股票价格指数只有在与以前的指数进行比较时才有意义。例如，2006 年 7 月 12 日的道琼斯股票价格指数为 11 013.18，单独看这个数字是没有意义的，其意义在于，与前一日指数 11 134.77 相比较，股票价格下跌了 1.1%。

2）道琼斯 20 种运输业股价指数是最早的道琼斯股票价格指数，从 1884 年开始编制，当时的样本为 11 种铁路股票，1896 年调整为 20 种，现包括美国最有影响的 8 家铁路公司、8 家航空公司和 4 家公路货运公司。

3）道琼斯 15 种公用事业股价指数是从 1982 年开始编制的，当时的样本为 18 种，1929 年增加到 20 种，1938 年定为 15 种。它主要由美国的大煤气公司和电力公司的股票组成。

4）道琼斯股价综合平均指数以上述三种股价平均指数所涉及的 65 家公司股票为编制对象。1933 年时选入的股票曾为 70 种，随着 1938 年公用事业指数的样本从 20 种减少到 15 种，综合指数的样本也减少到 65 种。

（2）标准普尔股票价格指数

标准普尔股票价格指数（Standard & Poor's Indexes，S&P 指数）是美国最重要的股票价格指数之一，由美国标准普尔公司编制和发表。1957 年，标准普尔公司将已有指数的成分股分别扩大到 100 种和 500 种，采用计算机每小时计算和发表一次，并在该公司发行的《展望》杂志上发布。标准普尔股票价格指数所包含的股票市值早已超过 2 万亿美元。该指数计算用的是市值加权平均方法，其基期值 10 是 1941—1943 年股票总市值的每周平均值。这样，计算出来的指数值十分接近在纽约证券交易所上市股票的每股平均价。例如，1957 年第一次发表的标准普尔股票价格指数为 47，当时在纽约证券交易所上市的股票每股平均价格为 45.23 美元。标准普尔股票价格指数的计算公式为：

$$S\&P 指数 = \frac{500 种股票的当前总市值}{500 种股票的基期总市值} \times 10$$

由于标准普尔股票价格指数的计算比道琼斯股票价格指数包含更多的股票，而且是以市值为基础的，因此投资者通常认为它在反映市场行情时比道琼斯股票价格指数更有代表性。在计算市场收益率时会经常用到标准普尔股票价格指数,这将在第 4 章进行详细介绍。

标准普尔公司公布的股票价格指数种类主要如下。

1)工业指数,由 400 个工业公司的普通股计算得出。
2)交通指数,由 20 个交通公司的普通股计算得出。
3)公用事业指数,由 40 只公用品股票计算得出。
4)金融指数,由 40 只金融股票计算得出。
5)复合指数,由以上工业、交通、公用事业、金融的 500 只股票计算得出。
6)中盘股指数,由 400 只中盘股计算得出。
7)小盘股指数,由 600 只小盘股计算得出。
8)1 500 超级复合指数,包含以上所有的 1 500 只股票。

与道琼斯股票价格指数一样,标准普尔股票价格指数只有在与其他时期指数或 1941—1943 年基期相比较时才有意义。例如,2006 年 7 月 12 日的标准普尔股票价格指数为 1 258.60,这说明该日股票价格上涨到 1941—1943 年基期的 125.860 倍(1 258.60/10);与过去 52 周的最低指数 1 176.84 相比上涨了 7%(1 258.60/1 176.84–1)。

从多年的实践看,尽管标准普尔股票价格指数与道琼斯股票价格指数在长期内有相似的走势,但两者在短期内的变化方向与程度上都可能有很大的不同,这是因为两者一个是指数,而另一个是平均数。

(3)纽约证券交易所股票价格指数

纽约证券交易所股票价格指数是由纽约证券交易所编制的股票价格指数。它起自 1996 年 6 月,先是普通股股票价格指数,后来改为混合指数,包括在纽约证券交易所上市的 1 500 家公司的 1 570 种股票。具体计算方法是将这些股票按价格高低排列,分别计算工业股票、金融业股票、公用事业股票、运输业股票的价格指数。最大和最广泛的是工业股票价格指数,由 1 093 种股票组成;金融业股票价格指数包括投资公司、储蓄贷款协会、分期付款融资公司、商业银行、保险公司和不动产公司的 223 种股票;运输业股票价格指数包括铁路、航空、轮船、汽车等公司的 65 种股票;公用事业股票价格指数则包括电话电报公司、煤气公司、电力公司和邮电公司的 189 种股票。

纽约证券交易所股票价格指数以 1965 年 12 月 31 日确定的 50 点为基数,采用的是综合指数形式。纽约证券交易所每半小时公布一次指数的变动情况。虽然纽约证券交易所编制股票价格指数的时间不长,但它可以全面及时地反映其股票市场活动的综合状况,因而很受投资者欢迎。

(4)日经 225 股价指数

日经 225 股价指数是日本经济新闻社编制并公布的反映日本股票市场价格变动的股价指数。该指数是从 1950 年 9 月开始编制的,它不仅能比较真实地反映日本股市行情的变化,还能较全面地反映日本产业结构和市场情况的变化。日经 225 股价指数最初是根据东京证券交易所第一部上市的 225 家公司的股票计算出来的,现在它分为日经 225 和日经 500(成分股也全部选自东证一部上市的股票)。日经 225 股价指数的计算方法采用的是道琼斯算术平均修正值法。1994 年 2 月 14 日,日本经济新闻社推出了以市值加权平均法编制的日经300股价指数,但是没有流行起来。日经225股价指数的成分股选自36个部门,其成分股样本会定期调整。由于每年3月是日本企业的结算期,故在每年4月会根据前三个结算年度中各公司的经营、行业的分布、股票成交量、股票流动性、买卖金额和市价总值等情况对股票进行评判,在此基础上进行股票样本的更换。

(5)恒生股票价格指数

据说恒生股票银行成立于1933年3月3日,所以命名为"恒生",因此在选择恒生股票价格指数成分股时,确定为33种。恒生股票价格指数的成分股须在以下方面达标:当时及过去的财务状况、盈利记录及前景、该公司所属行业的业务前景、公司的管理素质。恒生股票价格指数根据上述原则选取了33种具有代表性的上市股票作为计算用的成分股。由于对成分股代表性的要求,近年来许多指数开始在采样上包含上、中、下各等的股票,但这必然要以扩大样本数为条件。事实上,恒生股票价格指数的成分股均属蓝筹股。33种成分股分为以下四类:金融、公用、地产和工商业。虽然恒生股票价格指数成分股的数额只占约1 500家上市公司的2.2%,但其股票总市值往往要占全部股票市价总值的2/3以上。与国际一些著名的股票价格指数相比,恒生股票价格指数有两个显著特点:编制时间较晚和波动剧烈。这主要是因为中国香港的金融活动自由、开放,全球各地的资金极易进出。另外,这也与港股个人股比重高、不动产股多有关。

(6)上证指数与深证指数

上证指数是从1991年7月15日起开始发布的,其基期为1990年12月19日,计算样本为上交所上市的所有股票。上证指数分为上证A股股价指数和上证B股股价指数。另外,从1993年5月3日起,上交所开始公布上证分类指数,其基期为1993年4月30日。上交所的股票分为五类:工业、商业、地产、公用和综合类。上证综合指数和上证分类指数的计算方法是完全一样的,它们采用的都是市值加权平均的计算方法,选用的是全股本,即包括个人股、法人股和国家股的全部股份。深证指数的样本是深交所上市的全部股票,采用的是发行量加权平均的计算方法,股票价格采用收盘价,如当日没有交易,则采用前一日的收盘价。深证指数从1991年4月4日起开始发布,计算的基期为1991年4月3日。当有新股上市时,在其上市的次日被纳入样本,当某一种股票被暂停交易时,就将其暂时删除出样本。若有股票在交易时突然停牌,以其最后成交价计算当时指数,收市后再进行调整,将其删除出样本。

3.2.2 债券市场指标

评估债券市场表现的指标有很多,但其数量要少于股票市场的指标。对债券市场总体表现的衡量标准主要有债券收益率和债券指数。

1. 债券收益率

债券收益率(Bond Yields)是对某一债券以现价购买并在到期日卖出时所能得到的总收益的衡量,通常用年收益率表示。例如,某债券的收益率为5.5%,这说明投资者以现价购买该债券且一直持有到到期日,则他每年从定期利息和资本利得(损失)中获得的总收益为其投资金额的 5.5%。

通常，债券收益率是对一组类型与质量相似的债券计算的。例如，Barron's 会公布 10 种高级公司债、10 种中等公司债的收益率，并计算两者之比，即信心指数。《华尔街日报》会公布其他很多债券指数与收益率，包括国库券和市政债券的指数与收益率。此外，S&P、穆迪与联储也会公布类似的债券收益率信息。与股票市场平均数与指数相同，债券收益率在进行不同时期的比较时才更有意义。

2. 债券指数

债券指数（Bond Indexes）的种类很多，如道琼斯公司债券指数（Dow Jones Corporate Bond Index）。它是 96 种债券的收盘价格的简单算术平均数，这 96 种债券包括 32 种工业债券、32 种金融债券和 32 种公用事业/电信债券。该指数的基期是 1996 年 12 月 31 日，基期值为 100。道琼斯公司债券指数每天在《华尔街日报》刊登，并每周在 Barron's 上总结。其他每天刊登在《华尔街日报》上的债券市场指数是由投资银行 Merrill Lynch 和 Lehman Brothers 制作的。

3.3 证券交易过程

知道了如何获取投资信息和选择投资工具后，投资者需要了解如何进行证券交易。无论是在网上进行直接交易，还是通过传统经纪人进行交易，都需要首先在经纪人处开户。本节主要介绍证券交易的过程，包括经纪人的作用、委托指令的类型等。

3.3.1 证券经纪人

证券经纪人（Stockbrokers）（以下简称经纪人）又叫账户营业员、投资执行者、财务咨询，是证券买卖双方的中间人，通常收取佣金来促进证券交易的达成。在美国，证券经纪人必须获得证券交易委员会（SEC）和执行指令的证券公司双方的批准，并遵守相关的道德规范。

1. 经纪人的作用

经纪人的首要任务便是以尽可能好的价格执行客户的买卖指令。大多数情况下，经纪公司以"街名"（Street Name）持有证券。以"街名"持有意味着证券的所有者是经纪公司，即登记所有人是经纪公司。普通股的发行者会把所有现金、财务报告和选举权交给经纪公司而不是投资者，经纪公司再将这些东西转交给投资者。因此，以街名持有证券并不会使投资者所享受的待遇与以自己的名字持有证券的投资者有较大的不同。经纪公司也为客户提供其他很多服务，如提供免费的投资信息等。

经纪商市场中指令执行的过程为：投资者向其经纪人下达指令，经纪人所属的经纪公司在证券交易所拥有席位，经纪公司各销售单位的经纪人再把指令传递给证券交易所的会员并由他们执行指令。例如，美国最大的经纪公司 Merrill Lynch，其国内主要城市的营业处把指令传递给总部，再传递到经纪商市场交易所（纽约证券交易所和美国证交易所）的交易厅，由 Merrill Lynch 在交易所的场内会员执行这些指令。指令最后由经纪人传递给客户进行确认。通过使用电子通信网络，以上整个过程只需要几秒钟的时间。

在交易商市场（Nasdaq 和 OTC 市场）的证券交易中，经纪公司把交易指令传达给做市商，即市场中专营某种证券的交易商。做市商负责维持其专营证券的公平、有序的市场秩序，当这些证券的数量出现暂时的不平衡时，做市商用自己的账户进行交易以恢复平衡。

2. 经纪人的类型

一般来说，个人投资者会选择两种不同的经纪人，即综合服务经纪人和折扣经纪人。

（1）综合服务经纪人

综合服务经纪人（Full-service Broker）即传统经纪人，他们除了执行各种买卖指令这一最基本的服务之外，还要进行证券保管，发放保证金信用贷款，以及提供卖空便利等服务。经纪人还需要提供经常性信息，并提出相关的投资建议。综合服务经纪人一般要依靠一个研究团队，由他们分析、预测经济的基本面，以及行业和企业状况，而且经常针对某一特殊情况提出买卖建议。一些客户对综合服务经纪人给予了充分信任，允许他们建立自由支配的账户，代替客户决定买卖行为。在这一账户中，只要机会合适，经纪人就可以买卖预先指定的股票（但综合服务经纪人不能提取任何资金）。这种行为要求客户对综合服务经纪人特别信任，因为综合服务经纪人有可能"搅乱"这个账户，也就是经纪人以赚取佣金为唯一目的而去过度交易股票。

（2）折扣经纪人

与综合服务经纪人相对，折扣经纪人（Discount Broker）则提供一种"无花边"的服务。无花边的服务意味着他们可以进行证券保管、发放保证金信用贷款及提供卖空，但仅此而已。他们所提供的唯一信息是证券价格行情。近年来，提供折扣经纪服务的机构越来越多，许多银行、金融机构及共同基金管理公司都可以提供这种服务。折扣经纪人又可以分为以下两种。

1）高级折扣经纪人（Premium Discount Broker），主要为客户进行交易。他们收取很低的佣金，提供很多的免费投资信息和建议。投资人可以直接去经纪人的办公室或其网站上进行交易，经纪人通过电话、电子邮件等方式向客户确认交易。现在很多高级折扣经纪人提供与综合服务经纪人相同的服务。

2）基本折扣经纪人（Basic Discount Broker），也称在线经纪人或电子经纪人，投资者可以通过他们在网上进行电子化的交易。投资者进入经纪人的网站开户，了解佣金和服务。网上交易的确定最快只需要十秒钟，大多数交易都在一分钟内完成。为满足客户需求，基本折扣经纪人也提供电话服务和现场服务，但要收取更高的佣金。

当决定通过经纪人进行投资后，要选择最了解自己投资目标的经纪人。经纪人应告知客户符合其目标的投资和可能的结果及风险，选择经纪人也应该考虑佣金及其提供的服务。朋友和商业伙伴的推荐是选择经纪人的一个很好的途径，但是与经纪人私交则是没有必要也不应该的。很多时候经纪人与客户不需要见面，绝对的商业关系可以避免因为个人原因影响投资目标的实现。

3.3.2 证券交易的程序

在证券交易所内交易的证券都要遵守交易规则与程序。交易程序可以分为以下几个步骤，即开户、委托买卖、竞价成交、清算、交割和过户。

1. 开户

开户是指参加证券买卖的投资者在证券公司各地营业部开立委托买卖证券的账户。开户之前需要填写各种文件以建立客户与经纪公司之间的合作关系。经纪人必须了解客户的经济状况以实现其投资目标，客户向经纪人提供证券的转移权和监督权。投资者也可以在一个以上经纪人处开户。证券交易中账户的类型有以下几种。

（1）证券账户

证券账户是证券登记机构为投资者设立的用于准确记载投资者所持有证券的种类、名称、数量及相应权益变动情况的一种账户。投资者在开设证券账户的同时，即已委托证券登记机构为其管理证券资料，办理登记、结算和交割业务。目前，我国的证券账户主要有上海证券交易所股东账户和深圳证券交易所股东账户，包括上海A股账户、上海B股账户、深圳A股账户、深圳B股账户、三板A股账户和三板B股账户，投资者可以选择开设。我国的证券账户分为个人账户和法人账户。

（2）现金账户（Cash Account）

开立这种账户的客户，其全部买卖均以现金完成。当通过经纪人购进股票时，必须在清算日或清算日之前交清全部价款，用现金支付。同样，当卖出股票时，也须在清算日或清算日之前，将股票交给证券经纪商，证券经纪商将价款存入账户。

（3）保证金账户（Margin Account）

保证金账户又叫普通账户，开立这一账户的客户在买进股票时，只需要支付部分现款（保证金）就可以买进全数的股票，全部价款与保证金的差额部分由经纪人代垫，按市场利率计息，买进的股票则存在经纪人处作为抵押品。例如，若规定保证金比例为55%，则开立保证金账户的客户在买进股票时，只需支付所购股票价款的55%，余下的45%价款由证券经纪公司提供贷款。

（4）联合账户（Joint Account）

联合账户是指两个或两个以上的个人共同在经纪人处开立一个账户，如一方死亡，另一方不需等到法院的判决就可以出售股票。这种情况多见于夫妻双方、父子等亲戚间，两个以上的没有亲戚关系的人也可开立联合账户，以减少佣金。

（5）包管账户（Wrap Account）

包管账户是指拥有大的投资组合的客户交纳给经纪公司一定的年费（通常为投资组合总资产价格的 1%~3%），经纪公司替客户选择专业的资金经理人并支付一定的费用，该资金经理人替客户做出投资决定，最终由经纪公司执行交易。

值得注意的是，目前我国还没有后三种账户。

2. 委托买卖

投资者可以通过柜台、电话、传真、信函等方式委托经纪人买卖证券。随着科学技术的发展，新的委托方式不断涌现，如网上交易等，使得交易成本大为下降。

委托买卖的交易数量有三种情况，即整数、零数和整零混合。整数（Round-lot）是指委托的数量是交易所规定的成交单位的倍数。交易单位是证券交易所内买卖股票的最低交易额，不同国家对交易单位的规定不同，美国证券交易所的交易单位通常为100股。按规定，投资人委托买卖股票的数额达到一个交易单位或一个交易单位的倍数时，才能在证券交易所大厅进行交易。交易单位又称"手"，一个交易单位即一手。零数（Odd-lot）是指不足一个交易单位数额的股票。如交易单位为100，则1~99都是零数。超过一个交易单位但又不足交易单位倍数的数量则称为整零混合。例如，351股普通股可以看成3手整数交易和51股的零数交易。投资者进行零股交易应通过专门经营零股交易的证券商，由证券交易商凑成整数后再进场交易。

投资者可以向经纪人下达不同的指令进行证券交易，指令的类型取决于投资者的目标和期望。委托指令的基本类型为：市价交易指令、限价交易指令、止损指令和止损限价指令。

（1）市价交易指令（Market Order）

市价交易指令是最常见的一种交易指令，即指示经纪人立刻买进或卖出规定数量的某种股票的指令。经纪人有义务尽最大的努力以最优的价格实现证券交易，即以尽可能低的价格买进、尽可能高的价格卖出证券。投资者下达市价交易指令可以确保指令得以执行，但成交价格是不确定的。

（2）限价交易指令（Limit Order）

限价交易指令是指投资者委托经纪人买卖证券时特别要求了交易的限定价格。如果是买进指令，经纪人的买进价应低于或等于限定价格；如果是卖出指令，经纪人的卖出价则应高于或等于限定价格。限价委托不一定能够成交，但是一旦成交，价格是可以肯定的。投资者可以以如下几种形式下达限价交易指令。

1）即时指令。要求指令到达交易所时立即执行，如不能执行则撤销该指令。

2）当日指令。指令在当日有效，当日没有完成则失效。

3）长期指令。其有效期一直到投资者撤销其指令为止。

与市价交易指令相比，投资者使用限价交易指令不能确定指令能否被执行，很多情况下它可能还会阻碍交易的进行。例如，如果某投资者想以不高于30美元的价格买入某股票，然而在他等待期间股价从30.5美元上升至42美元，他就失去了每股获利11.5美元（42–30.5）的机会。但是如果他下达的是市价交易指令，就可能获得这些利润。同样，当股价下跌前很接近、但没达到限价时，限价卖出指令也是不利的。一般来说，当股价剧烈波动时限价交易指令是最有效的，因为此时指令得以执行的可能性更大。

（3）止损指令（Stop-loss Order）

投资者为了保住账面盈利或避免可能遭受的损失，委托经纪人当某一证券行情上升或下降到其指定价位时，即按市价买入或卖出。投资者要为止损指令设定一个止损价格，如果是卖出委托，止损价格要低于委托时的市价；如果是买入委托，止损价格要高于委托时的市价。与限价交易指令相同，止损指令一般是当日指令或长期指令。止损指令激活后就变为市价交易指令，即以尽可能好的价格买卖证券，因此实际成交价可能远离止损价。

（4）止损限价指令（Stop-limit Order）

止损限价指令避免了止损指令执行价格不确定的不足。在止损限价委托中，投资者要注明两个价格：止损价和限价。一旦市场价格达到或超过止损价格，止损限价委托自动形成一个限价委托。例如，假定止损限价指令的限价为19美元，止损价格为20美元，只有当该股票的市场价格低于20美元，19美元的限价才有效，这样，成交价格一定在19美元和20美元之间。

3. 竞价成交

证券商在接受了客户的委托后，通过专线电话与派驻在交易大厅内的代表人（俗称"红马甲"）联系，或直接通过先进的计算机通信系统将客户的委托内容报告给证券交易所。由于要买进或卖出同种证券的客户都不止一家，故他们通过双边拍卖的方式来成交，也就是说，在交易过程中，竞争同时发生在买者之间与卖者之间。证券交易所内的双边拍卖主要有三种方式，即口头竞价交易、板牌竞价交易和计算机终端申报竞价。竞价成交的一般原则是价格优先和时间优先。所谓价格优先原则，是指较高买进指令优先于较低买进指令，较低卖出指令优先于较高卖出指令。计算机终端申报竞价和板牌竞价时，除上述的优先原则外，还规定市价买卖指令优先于限价买卖指令。所谓时间优先原则，是指同一价位委托指令中先申报者优先于后申报者。竞价的方式主要有集合竞价和连续竞价两种。

（1）集合竞价

集合竞价是将数笔委托报价或某一时段内的全部委托报价（订单）集中在一起，然后根据以下四个原则确定成交价格。

1）所有市价订单必须得到执行。

2）至少一个限价订单必须得到执行。

3）所有高于所确定价格的买进订单和所有低于所确定价格的卖出订单必须得到执行。

4）如果买卖订单在数量上不平衡，应把限价订单分拆成若干更小的订单，以使买卖订单数量平衡。

（2）连续竞价

在连续竞价方式下，对申报的每笔买卖委托，由计算机交易系统按照"价格优先，时间优先"的原则进行排序，然后按下列两种情况分别产生不同的成交价格。

1）买入申报价格大于或等于市场即时揭示的最低卖出申报价格时，成交价格为即时揭示的最低卖出申报价格。

2）卖出申报价格低于或等于市场即时揭示的最高买入申报价格时，成交价格为即时揭示的最高买入申报价格。

集合竞价后，主机内买方队列的最高买入价必然低于同一券种卖方队列的最低卖出价。连续竞价时，主机内进行如下处理：新的买入指令进来，只要与卖方队列排在最前面的指令比较价格，如果买价大于等于卖价，以卖出价成交，否则此买入委托按"价格优先，时间优先"的原则插入买方队列。同样，新的卖出指令进来，只要与买方队列排在最前面的指令比较价格，如果卖价小于等于买价，以买入价成交，否则此卖出委托按"价格优先，时间优先"的原则插入卖方队列。

4．清算

证券清算是指证券清算机构在每日交易结束时，对每个证券经营机构成交的证券数量与价款分别予以轧抵，将证券和资金的应收或应付净额进行计算的处理过程。清算的目的在于减少交割的股票和价款。清算的内容主要如下。

（1）余额清算

余额清算主要发生在经纪人之间。交易所的会员在同一天证券的买进和卖出相抵后，将超买或超卖的任何一方的净额予以清算。例如，某经纪人买入某种股票 100 000 股，卖出 120 000 股，则只需要向清算所交付 20 000 股股票。

（2）证券数量清算

参加清算的各券商在当日营业结束后，将各证券的买入量与卖出量相抵，其余额如果在买方，即买大于卖，则轧出；如余额在卖方，即卖大于买，则轧进。

（3）交易金额清算

当日各证券的买入金额与卖出金额相抵，其余额如果在买方，即买大于卖，则如数轧出；如余额在卖方，即卖大于买，则如数轧进。

一般而言，各券商都应按规定在结算公司统一开设结算账户，并保持足够的现金。交易所专门委托清算公司进行清算，该清算只在账户上进行而没有实物交割。

5．交割

股票清算后即办理交割手续。所谓交割，是指在证券交易过程中，当买卖双方达成交易后，应根据证券清算的结果在事先约定的时间内履行合约，买方需交付一定款项获得所购证券，卖方则需交付一定的证券获得相应价款。交割有以下几种方式。

（1）当日交割

买卖双方在成交后的当日就办理完交割事宜，也称 T+0 制度。这种制度有利于投资者进行短期操作，证券成交后，可以立即进行反向操作，使资金在一日内频繁来回数次。

（2）次日交割

成交后的下一个营业日办理完交割事宜，如逢法定假日则顺延一天，也称 T+1 制度。

（3）例行交割

自成交日起算，在第五个营业日内办理完交割事宜，这是标准的交割方式。

6. 过户

过户是指在记名证券的交易中，成交后办理股东变更登记的手续。即证券所有权从原所有者（证券交易中的卖方）转移到新所有者（证券交易中的买方）时所做记录的过程。

3.3.3 在线交易（Online Investment）

随着越来越多的人使用互联网进行交易，在线交易资源竞争日益激烈。经纪公司鼓励投资者使用在线交易，并且给予各种优惠，甚至包括免收交易费。然而，费用低并不是选择经纪公司的唯一条件，其他财务决定也一样，你必须经过充分考虑，找到最适合自己需要的公司。一些投资者需要像美国银行这样的全业务经纪商提供即时的资讯、研究报告和快速可靠的交易；而另一些则是比较积极的交易者，他们比较关注成本和交易速度，不喜欢去深入研究长期走势，这部分人需要的是小型的经纪商。因此，在众多经纪商中选择合适的以帮助在线交易，站点导航显得尤为重要。一些经纪商也提供债券和基金的网上交易。

1. 日间交易（Day Trading）

一些投资者由于被在线股票交易所吸引，成为日间交易员（Day Trader）。与"购入—持有"长线型的投资者不同，日间交易员购入股票后，在当天就快速脱手。他们希望在极短暂的持有时间内（有时甚至是几秒或几分钟）股票价格能够持续上涨，这样他们就能迅速套现。有些日间交易员则卖空，期待股价下跌。真正的日间交易员持有某种股票绝对不会隔夜，"日间"因此而得名。因为他们相信每天的股价都起伏不定，隔夜持有可能会导致他们蒙受巨大的损失。

日间交易既不违法也不违反道德准则，但它确实是极具风险的。为了分散风险，日间交易员通常会实行保证金购买。但正如我们之前提到的，保证金交易也会给投资者带来巨额损失。

因为大众能通过互联网获取投资和交易信息，日间交易越来越普及。这是个很有挑战性且压力大的工作，虽然日间交易的宣传资料让我们感觉它是快速致富的捷径，但事实恰好相反：日间交易员在起步阶段，大多会亏掉手头的资金。另外，他们要支付高额的佣金和培训费，还要购置计算机设备。这样一来，交易员就必须赚取足够多的利润以维持开销，有的甚至一直亏损。

2. 技术服务问题

随着网上投资者数量的不断增加，随之而来的是让经纪商和客户头疼的各种问题。在过去的几年里，大部分经纪公司都进行了系统升级，以更新不合时宜的服务。但并不只有经纪公司才需要注意潜在问题，因为当投资者在公司网站上执行某一交易指令后，该交易信息还将经过其他地方的处理。大多数经纪人并没有自己的交易席位，也没有和其他交易公司合作以帮助他们在纽交所和纳斯达克市场执行即时指令。这样一来，交易过程中的任何延迟都可能导致确认信息的出错。因为投资者看到指令没有成功，会再次执行，但随后会发现自己两次购买了同样的证券。网上投资者如果无法接入网络或无法解决账户相关问题，又没有收到交易执行的即时确认信息，可以进行电话交易，但是等待时间通常会很久。

3. 在线交易小诀窍

成功的网上投资者在提交指令前都会格外小心。以下是几个小诀窍，可以帮助你避免一些常见问题。

1）开始交易前先了解如何执行和确认指令。这虽然简单，但在以后的操作过程中可以帮你免去很多麻烦。

2）明确所购股票的标识。两家完全不同的公司可能拥有相似的股票标识，一些投资者买错股票就是因为买之前没有仔细检查。

3）实行限价指令。计算机当前显示的指令不一定就是你执行的那个。采用限价指令的方法可以让你在快速变化的市场免于不必要的损失。虽然限价指令费用较高，但是可能为你挽救大笔资金。

4）重视检查和再检查的提醒消息，因为购买金额多一位数或少一位数的事时有发生。

5）坚持原则。实际上，刚刚采用在线交易的投资者的平均交易数量是以前的两倍。所以在进行交易前应制定好策略和原则，不要因为一时冲动而打破规矩。

6）选择至少两个经纪人管理账户。这是非常必要的，可以避免突发事件带来的损失，如计算机死机或其中一位经纪人由于交易量达到上限而被限制交易。

7）多检查以保证交易的准确性。一定要确定交易是按照你的要求执行的。按错数字或填错股票代码是常有的事，所以应检查信息以确保交易数量、价格和佣金的正确性。最后，记得检查账户内的"未授权"交易的内容。

3.3.4 交易成本

通过经纪人或做市商进行交易比投资者直接寻找交易对象进行证券交易要简单得多。作为对经纪人执行交易的报酬，投资者需要支付一定的交易费用，这些交易费用在证券买卖中都要征收。在进行投资决策时，必须考虑交易费用的多少，因为交易费用影响盈利。

经纪公司收取交易费用的形式有固定佣金（Fixed Commission）和协商佣金（Negotiated Commission）两种。自从 1975 年美国证券法修正案实施以来，经纪人可以自由地以任何比例规定佣金或与客户就某项特定的交易协商佣金。大多数经纪公司对通常由个人投资者进行的较小交易规定固定的佣金；而对机构投资者进行的大型交易收取双方协商达成的佣金。对于个人投资者进行的高于 50 000 美元的交易，也采取协商佣金的方式。

经纪人通常根据交易的股票数量和价格计算佣金数量，对于相同的交易，传统经纪人显然会比折扣经纪人收取更高的佣金。很多折扣经纪人规定了佣金的最低额，以减少小额交易指令的数量。根据交易大小和种类的不同，投资者选择折扣经纪人通常会比选择传统经纪人节省 30%～80% 的佣金。

3.3.5 投资者保护：调解和仲裁

尽管大多数证券交易都是安全进行的，投资者仍然有必要了解当意外发生时自己应受到何种保护。作为经纪人的客户，投资者有权要求其在经纪人处的证券和现金不发生意外损失。在美国，1970 年证券投资保护法案授权成立了证券投资者保护公司（Securities Investor Protection Corporation，SIPC），这是一个保护投资者账户不受经纪公司财务状况不利影响的非营利的会员制组织。SIPC 只保证在意外发生时把证券返还给投资者，而不保证投资者的证券价值不受到损失。很多经纪公司也为投资者账户的安全提供担保，在选择经纪公司和经纪人时，这也是需要考虑的一个方面。

SIPC 在经纪公司出现经营问题时为客户提供保护，但由于经纪人提出错误建议或过度交易导致的损失则不包含在内。投资者与经纪人发生争议时，首先与进行交易的营业处进行商讨，无效时再与经纪公司的领导人或当地的证券管理者进行联系。

如果仍无法获得满意的结果，投资者可以向法院提起诉讼。如果不想起诉，则可以通过调解和仲裁解决纠纷。所谓调解（Mediation），是指经过第三者的排解疏导和说服教育，促使投资者和经纪人双方依法自愿达成协议、解决纠纷的一种活动。调解者不强制双方执行某一解决方案。在调解无效的情况下，双方进行仲裁。所谓仲裁（Arbitration），是指发生纠纷的双方在自愿的基础上达成协议，将纠纷提交非司法机构（仲裁委员会）的第三者审理，由其做出对争议各方均有约束力的裁决的一种纠纷解决方式。许多经纪公司都设有投资者只能通过仲裁解决纠纷而不能向法院起诉的条款。与起诉相比，调解与仲裁大大节省了纠纷双方的时间与费用。

为避免纠纷的出现，投资者需要谨慎选择经纪人，了解使用经纪人的风险，研究其建议并经常检查账户中的交易量。

3.3.6 投资咨询师与投资俱乐部

很多投资者都感觉自己缺乏足够的时间和专业知识去分析财务数据以做出正确的决定。因此，他们向投资咨询师（Investment Adviser）寻求帮助。这些咨询师可以是个人，也可以是公司，他们提供投资建议并收取服务费。而另一部分投资者则选择加入投资俱乐部（Investment Club）。这里我们详细讨论前者，只对投资俱乐部的主要内容做简要的介绍。

1. 投资咨询师

投资咨询师提供的服务包括从广泛总体的建议到详细具体的分析建议等内容。其中最普遍的建议形式是咨询师发布的实时资讯，包含对经济、时事、市场行文和特定股票的各种评论。投资咨询师也提供完全个性化的投资评估、建议及资产管理服务。

（1）投资咨询师行业规定（美国）

《1940 年投资咨询师法案》规定咨询师必须完全公开背景、利益冲突和其他敏感信息。该法案还规定专业的咨询师必须在 SEC 注册，并定期向 SEC 报告。1960 年修正案允许 SEC 检查咨询师的投资记录，有权撤销违反规定的投资咨询师的从业资格。然而，理财规划师、股票经纪人、银行家、律师和会计师在主要工作外提供咨询建议则不受法案限制。同时，许多州也通过了相似法规，要求咨询师注册并遵守州法律所规定的相关条款。

这里要注意的是，联邦或州法律规定了投资咨询师的投资行为，但并不能保证万无一失，所以制定这些法律的目的是保护投资者免受欺诈和不道德行为的侵害。要知道现在还没有出台相关法律法规以设置进入该行业的门槛，因此，目前从业的既包括经验丰富的王牌咨询师，也包括刚刚踏入门槛的新手。咨询师最好持有一些职业证书，因为这表明他完整地学习过该领域的各门课程或掌握了投资过程的相关知识。比较有名的职业证书包括特许金融分析师（Chartered Financial Analyst，CFA）、注册投资管理分析师（Certified Investment Management Analyst，CIMA）、特许投资咨询师（Chartered Investment Counselor，CIC）、注册会计师（Certified Public Accountant，CPA）等。

（2）在线投资咨询

许多公司也提供在线理财咨询建议。不管是退休金规划还是分散管理资产，在线投资咨询都能给你提供帮助。如果你需要更加个性化的服务，在线咨询也能满足你的需求。

（3）投资咨询费用与合理使用

专业的投资咨询每年收取所管理资产价值的 0.25%～3%作为费用，通常情况下为 0.25%～0.75%。对于小额投资组合（资金少于 10 万美元），年费则一般为管理资金额的 2%～3%。这些费用通常包含了管理客户资金需要的所有金额，但佣金除外。而在线咨询相比之下要便宜得多，有的免费，有的也收取年费。

无论是选择传统咨询还是在线咨询，投资者都需要认真考虑。高额的费用并不意味着能提供良好服务，在购买咨询服务之前，一定要先了解投资咨询师的服务记录及其业界声誉。拥有良好业绩又具有高度责任心的人才是我们的最佳选择。

也许有人会问：在线咨询师的建议可靠性如何？这个问题很难一概而论，因为他们的咨询建议是根据客户规定的条件制定的，也就是说条件不同，给出的建议也就不同。刚开始投资者的经验知识不足，可能无法很好地预期未来的存款额、税收、通货膨胀率或无法得出正确结论。因此，与个人理财规划师进行面对面的交流，可以让其更好地了解你的专业知识程度，并为你解答疑问。在线咨询工具对于初期投资者来说有一定局限性，无法从整个投资计划的角度考虑。

2. 投资俱乐部

获得投资建议的另一个途径是加入投资俱乐部，这种方法对于不想支付佣金的温和派投资者尤为适用。投资俱乐部是由一群投资者（合伙人）组成的合法的合伙组织，具有特定的组织结构、运营章程和合伙目的。多数投资俱乐部的宗旨是在满足整组人投资目标的基础上，实现长期盈利的最大化。

一群具有相似投资目标的个人投资者建立投资俱乐部，并将各自的资金集中起来，运用投资经验共同拥有和管理投资组合。俱乐部中有专人负责按照某项投资策略收集并分析相关数据，然后在例会上公布他们的研究成果，供组员讨论并做进一步的研究分析。

待讨论过后，俱乐部再决定是否采取该项投资策略。

投资俱乐部一般要求会员预先缴纳会员基金，从而增加投资基金池的资金。大多数投资俱乐部主要投资股票和债券，也有一些将投资锁定在期权、期货等投资工具上。投资俱乐部为投资新手提供了学习投资组合构建和投资管理方面关键知识的绝佳途径，同时（希望）得到不错的投资回报。

和其他组织一样，投资俱乐部也开始应用在线投资。互联网的使用消除了地域的障碍，现在一个投资俱乐部的会员可能来自全世界各个地方，有的甚至连面都没见过，寻找开会的时间和地点也不再是让人头疼的事情。投资俱乐部可能由一群朋友组建，也有可能由拥有相似投资理念的陌生人组成，而且他们也许只在网上见面。会员之间有的通过 E-mail 进行交流，也有的建立专门的私人网站作为交流平台。

知识拓展

1. 投资信息的种类：经济与时事信息、行业和公司信息、其他投资工具的信息、投资工具的价格信息、投资策略信息。

2. 投资信息的来源：政府部门（国务院、证监会、财政部、央行、发改委、商务部、统计局、国资委等）、证券交易所（证券行情表）、上市公司（定期报告（年报、季报、月报）和临时公告等形式披露信息）、中介机构（证券经营机构、证券投资咨询机构、会计师事务所、律师事务所、资产评估事务所、信用评级机构等）、媒体。

3. 公司发行证券是为他们的投资项目筹集必要的资金。投资银行在初级市场将证券出售给公众，投资银行通常充当承销商，从公司那里购买证券，再加价转售给公众。在证券卖给公众之前，公司必须出版一个经证券与交易委员会核准的募股说明书，其中应提供有关公司前景的信息。

4. 证券交易的程序：1 开户；2 委托买卖；3 竞价成交；4 清算；5 交割；6 过户

5. 已发行的证券在二级市场上进行交易，也就是说，在有组织的股票交易所、场外交易市场，或对于较大的交易者来说，也可通过直接谈判进行交易。只有交易所的会员才可以在交易所进行交易，经纪人公司在交易所拥有自己的席位，为散户的交易提供服务，并收取佣金。

6. 场外交易市场不是一个正式的交易所，而是经纪人与交易商通过谈判进行证券交易的非正式网络。纳斯达克系统由计算机提供交易者们提出的在线股票报价。当某人希望买或卖股票时，经纪人搜寻公布的买卖报价，通知交易者最理想的价位，并执行交易。

7. 证券交易受到证券与交易委员会的监管，同样也受到交易所的自我约束。目前对许多涉及披露证券信息的重要规定存在着争议。有关熟悉内情人交易的规定禁止交易者利用内部信息获利。

投资行动

短线交易

短线交易是指投资者在交易日买卖股票或其他证券，但一般不会隔夜持有头寸的交易行为。在交易时间内，短线交易者密切关注股价变化并进行买卖操作。由于短线交易的佣金很低，因此股票买卖之间的很小差价都是有利可图的。

短线交易的收益状况如何呢？北美证券管理协会的一项最新研究表明，仅有11.5%的短线交易是获利的，其利润从每周几百到几千美元不等。最成功的短线交易者每年至少获利100 000美元。在《华盛顿邮报》的一篇文章里，短线交易经纪公司的经理们透露：90%的短线交易者都在3个月内赔个精光。马萨诸塞州证券部的David Shellenberger也说："大多数短线交易者都会赔光。"前SEC主席Arthur Levitt建议人们只用那些"可承受亏损"的钱进行短线交易。

短线交易中获利最大的一方是短线交易经纪公司。这些公司为短线交易者提供与交易所连接的计算机终端和交易需要的所有软件，针对交易量收取一定比例的佣金。由于短线交易者在一天内要不断地进行交易，因此短线交易经纪公司财源滚滚。

思考题：股票短线交易的主要风险是什么？为什么几乎没有人能以短线交易谋生？

资料来源：Selena Maranjian, "The Perils of Day Trading," September 24, 2002, the Motley Fool, www.fool.com.

关键术语

股票市场平均数 Averages
道琼斯工业平均数 Dow Jones Industrial Average, DJIA
标准普尔股票价格指数 Standard & Poor's Indexes
证券经纪人 Stockbrokers
折扣经纪人 Discount Broker
保证金账户 Margin Account
市价交易指令 Market Order
止损指令 Stop-loss Order
固定佣金 Fixed Commission

调解 Mediation
股票价格指数 Indexes
债券收益率 Bond Yields
综合服务经纪人 Full-service Broker
现金账户 Cash Account
包管账户 Wrap Account
限价交易指令 Limit Order
止损限价指令 Stop-limit Order
协议佣金 Negotiated Commission
仲裁 Arbitration

课后习题

讨论题

1. Thomas Weisel 是以自己名字命名的证券公司的 CEO，他认为个人投资者已经能够获取足够的信息。他表示："很多人亏钱是因为交易过多依赖分散的数据。"其他一些行业专家也因为同样的理由反对 SEC 制定的公平披露信息法规（Regulation FD）。证券业协会总顾问表示该规定限制而不是促进了信息的流通。另一些证券专家却认为个人投资者实际上并不能正确地解读获取的信息。对此问题你怎么看？

2. 描述一下保守型投资者和积极型投资者在投资时分别偏好哪种指令，并试着说一下他们会如何看待这些指令。
   a. 市场交易指令　　b. 限价指令　　c. 止损指令

3. 简述传统投资咨询师与在线投资咨询网站有什么不同。你个人偏好哪个，为什么？如何通过投资俱乐部获取相关咨询建议？

计算题

1. 某数据信息获取成本 75 美元，Chris LeBlanc 预计如果花 5 小时来研究这些数据的话，有很大机会可以将 10 000 美元一年期投资产品的预期收益率从 8%提高到 10%。Chris 认为他每小时至少要赚 20 美元才能弥补所投入的时间成本。

   1）计算 Chris 的研究成本。
   2）Chris 的研究可使他的收益增加多少？
   3）从经济学的角度出发，Chris 应该进行这项研究吗？

2. 许多投资者通过观察 SP-6 指数（一个虚构的指数）来监控股票市场一般动向。1978 年 1 月 1 日为该指数的基期，基数为 100。表 3.1 显示的是 SP-6 指数包含的 6 只股票在 3 个不同日期以收盘价计算的市场价值。

表 3.1　6 只股票在 3 个不同日期以收盘价计算的市场价值　（单位：千美元）

股票代号	股票市场价值		
	2016 年 6 月 30 日	2016 年 1 月 1 日	1978 年 1 月 1 日
1	430	460	240
2	1 150	1 120	630
3	980	990	450
4	360	420	150
5	650	700	320
6	290	320	80

1）利用上面的数据，计算 2016 年 1 月 1 日和 2016 年 6 月 30 日的 SP-6 指数值。
2）比较 1）计算出来的两个指数值和基数值。你认为 2016 年 1 月 1 日到 6 月 30 日的半年里，股票市场是牛市还是熊市？

3. Deepa Chungi 想构建一个平均数或指数来衡量股票市场的整体动向，决定将 6 只高度相关、高信用评级的股票纳入其中。她打算以她的生日 1987 年 8 月 15 日为基期，然后选取 2013 年 8 月 15 日和 2016 年 8 月 15 日作为另外两个研究日期。为此，Deepa 找出了 A 到 F 6 只股票在 3 个日期的收盘价，并计算出了调整除数以反映基期以后因股票拆分或公司变动等引起的变化，基期除数为 1.00（见表 3.2）。

表 3.2　6 只股票在 3 个日期的收盘价　　　　　　　　（单位：美元）

股票名称	股票收盘价		
	2016 年 8 月 15 日	2013 年 8 月 15 日	1987 年 8 月 15 日
A	46	40	50
B	37	36	10
C	20	23	7
D	59	61	26
E	82	70	45
F	32	30	32
除数	0.7	0.72	1

1）利用以上数据，按照道琼斯工业平均数的计算方法，计算 3 个日期的市场平均数。

2）假设 1987 年 8 月 15 日基期指数值为 10，利用以上数据按照标准普尔指数的计算方法，计算 3 个日期市场指数值。

3）利用 1）和 2）的计算结果分析市场整体情况，是牛市还是熊市？

4）计算 2016 年 8 月 15 日和 2013 年 8 月 15 日间的平均数和指数变化率，并说说为什么会有差异。

案例分析

天上掉下的大馅饼

Angel 和 Marie Perez 在美国南新泽西开设了一家桌球房，已经开业近 3 年，并且他们都乐在其中。Angel 曾是个职业桌球手，攒了 10 年的钱才买下了这家桌球房，不过现在从中获取的收入已经足以让他一家过上舒适的生活了。虽然 Angel 十年级（相当于高二）以后就没再上学了，但还是很喜欢看书。他比较爱看时事和个人理财方面的书，尤其是投资。其中，*Money* 杂志让 Angel 学到了许多理财的知识，他对此书爱不释手。但是由于工作占用了许多时间，他每天只能抽出 3~4 小时的时间阅读。

最近，Angel 和 Marie 得到通知，Marie 的叔叔去世了，为他们留下了市值 300 000 美元的股票债券组合。得到这笔意外之财他们当然很高兴，但不打算改变现在的生活方式，希望将这笔钱用于孩子上大学和自己的养老金。于是，他们决定像叔叔那样仍将这笔资产以股票债券组合的形式投资。

Angel 认为要实现这个计划，他需要熟悉当前组合内的证券情况。而且如果他要自己管理该组合的话，必须时时了解证券市场走势及大盘宏观的动向。除此之外，还需要关注组合内每只股票或债券的情况，并且要经常对那些可以用来替代当前组合的证券进行估价以保证组合的最优。Angel 相信只要投入足够多的时间进行研究，他一定能管理好该组合投资。他对取得信息的成本不太在意，只要是可靠信息，价钱不要太离谱就可以。

问题：

1）你认为一些财经类报纸、杂志，如《华尔街日报》，能够给 Angel 提供什么帮助？有什么你觉得不错的经济和时事网站可以推荐给他？

2）为 Angel 解释股票经纪人在提供证券信息和咨询方面的重要性。你认为他应该聘请一位投资咨询师来管理股票债券组合吗？

3）请说说你认为比较有用的信息获取途径，以帮助 Angel 一家增加这笔意外之财的价值。

Excel 运用

Peter 对构建股票组合非常感兴趣。他听许多人说过可以将道琼斯工业平均数（DJIA）作为衡量市场状态的指标，于是，他想自己创建一个平均数或指数来衡量他所选择的股票组合的价格变动。他想创建一个和 DJIA 类似的加权股价指数，该指数包含以下 10 只优质股，并且以 1980 年 10 月 13 日为基期。假设 1980—2016 年流通股数不变，以收盘价作为市值计算价格，根据表 3.3 的数据创建 Excel 表格并分析后面的问题。

表 3.3　10 只股票 3 个日期的收盘价　　　　（单位：美元）

股票名称	2016 年 10 月 13 日	2012 年 10 月 13 日	1980 年 10 月 13 日
A	45	50	55
B	12	9	15
C	37	37	37
D	65	66	67
E	36	42	48
F	26	35	43
G	75	68	59
H	35	38	30
I	67	74	81
J	84	88	92

1）1980 年 10 月 13 日除数为 1.00，2012 年 10 月 13 日除数为 0.75，2016 年 10 月 13 日为 0.85，利用上述数据计算这 3 个日期的市场平均数。

2）虽然 DJIA 是世界上应用最广泛的股市指标，但还是有批评认为组合内高股价的股票对整个组合影响较大。假设股票 J 上涨 10%，重新计算这 3 个日期的市场平均数。

3）假设股票 J 回到原价，而股票 B 上涨 10%，情况又如何？对此你有什么看法？

> **案例导读**
>
> ### 信达参股机构9.3亿美元收购美国养老护理地产项目
>
> - 作者：澎湃新闻记者 陶宁宁
> - 时间：2016-11-03 22:14
> - 来源：澎湃新闻
> - 网址：http://www.thepaper.cn/newsDetail_forward_1554581

中资公司对于海外地产项目的投资不再仅仅局限于住宅、写字楼和酒店，它们开始把目光放到相对"冷门"的海外养老地产领域，打算学着赚外国老年人的钱了。

11月2日，澎湃新闻（www.thepaper.cn）记者在信泰资本管理有限公司（下文简称"信泰资本"）获悉，信泰资本联合合众人寿保险有限公司（下文简称"合众人寿"），与Welltower（纽约证券交易所代码：HCN）合资，以9.3亿美元的价格收购Welltower持有的美国养老地产和长期/急症后期护理设施资产包。目前，Welltower与信泰资本已经宣布达成最终合作协议。

"明年还会再投几个"

公开信息显示，信泰资本成立于2013年，是一家以引导、协助及保护中国资本的海外投资为宗旨的私募股权投资机构，股东包含四大资产管理公司信达集团名下的中国信达（香港）资产管理有限公司等。自2013年年底开始，信泰资本已经在美、英、澳等国完成多笔投资，管理资产总规模达60亿美元。

根据最终合作协议，该资产包共拥有39处物业，包含11个由Brookdale Senior Living（纽约证券交易所代码：BKD）承租的养老物业及28个由Genesis Healthcare, Inc.（纽约证券交易所代码：GEN）承租的长期/急症后期护理设施。

Brookdale是一家为老年人提供"自理生活型"及"辅助生活型"养老服务的上市公司，Genesis则为老年慢性病患者提供专业护理服务，也同时为治疗期后与临床治疗康复患者提供急症后期照护服务。

合作协议约定，信泰资本与合众人寿将拥有资产包75%的权益，Welltower保留其余25%的权益。而收购完成后，Brookdale与Genesis将继续负责该资产包中每处物业的日常运营。

在此之前，中资企业收购海外养老地产项目的案例并不算多。

澎湃新闻查阅信泰资本官方网站发现，其之前的海外投资案例以纽约、芝加哥、伦敦和悉尼的住宅和酒店项目为主，如在2016年5月，信泰资本刚宣布以5.7亿美元收购纽约的赫莎酒店资产。此前，该公司从未投资过养老地产项目。若该交易成功，其将是信泰资本首个美国养老房地产资产项目，也将是中资企业为数不多的海外养老地产收购案例之一。

信泰资本CEO蓬钢在接受澎湃新闻记者采访时表示，这虽然是信泰资本第一次投资养老地产领域，但相信这次投资能够带来长期的回报。"我们每段时期的投资方向都有不同，目前比较倾向于一些现金流比较稳定的现成的物业项目。而且，从未来的大趋势看，美国的人口老龄化会促进养老产业发展，未来对包括养老地产在内的养老产业的刚性需求是比较大的。"

蓬钢认为，目前美国养老产业的渗透率依然不高，发展潜力较大，因而此时进入美国养老地产投资仍有很大机会。他透露，目前信泰资本还在物色较好的养老地产投资项目。"还有几个资产包在看，都在美国。明年应该还会再投几个。"蓬钢说。

相比国内养老产业市场，已经发展了数十年的美国养老产业则要成熟得多。根据中新社报道，借着奥巴马医改的东风，美国有更多老人能负担得起养老院的费用，这也使得养老类商业地产供不应求。某些地区的养老社区甚至一直"满员"，需要排队等待入住。在地产开发商看来，这一变化将带来新的投资机会。

根据业内估算，美国养老社区行业的现金回报率在 8%～11%，内部收益率介于 10%～20%，相比国内市场因不成熟所造成的风险，以及回报率的难以预测，美国养老社区产业显得稳定得多。

推进国内养老地产业务

不同于信泰资本和大多数中资企业，此次交易的另一个参与者合众人寿对于海外养老地产项目的投资却着实不少。此项约 10 亿美元的养老地产项目对合众人寿来说，可谓是为其庞大的海外养老地产版图锦上添花。

从 2014 年年中至今，合众人寿在美国养老地产领域的投资已累计超过 1 亿美元。从投资时间来看，合众人寿已然是中资企业海外养老地产投资的先行者之一。

当中资企业在忙着物色海外住宅、酒店类资产时，2015 年 5 月，合众人寿一举投资约 4 000 万美元"打包扫货"了美国 6 处养老社区项目，这一举动一度引发业内热议。

不过，合众人寿对于养老产业的布局更多还在国内。近年来，其在国内养老社区开发上一直保持强劲的扩张态势。

目前，合众人寿已在国内 6 个主要城市开发并拥有多个专业养老护理设施，累计投资总额超过 13 亿美元。

有媒体曾报道，合众人寿内部有个"2+2+2+2"计划，即每年保持 2 个进入成熟运营状态的项目、2 个处于开业初始状态的项目、2 个在建状态的项目，以及 2 个储备中的项目。

但即便如此，由于国内养老产业成熟度不高，合众人寿在国内项目开发上受挫的消息也屡屡传出。当然，受挫的企业远远不止合众人寿，投向养老地产领域的资本普遍被认为尚在蛰伏期。

业内分析人士认为，以信泰资本与合众人寿为代表的中资企业加码美国养老地产项目，显然看中了美国养老产业稳定的投资回报，在美国这个成熟的市场，赚美国老人的钱显然更容易一些。而合众人寿在收购海外养老地产项目之后，也可边运营、边学习，这将有助于促进其国内养老地产项目的成熟。

但业内人士同时指出，相比收购住宅、办公楼、酒店等项目，中资企业收购海外养老地产项目的案例依然相对较少，并未形成趋势。但随着越来越多中资企业介入海外地产项目，投资领域也必将日趋多元化。

第 2 部分

重要概念工具

▶ 第 4 章 收益与风险
Return and Risk

▶ 第 5 章 现代投资组合的概念
Modern Portfolio Concepts

第4章
收益与风险

学习目标

- 掌握收益的概念、组成及影响收益水平的因素。
- 了解收益的衡量标准和确定合意的投资过程中资金的时间价值。
- 了解实际收益率、无风险利率和必要收益率的概念,掌握持有期收益率的计算和应用。
- 掌握内部收益率的概念及计算。
- 了解投资风险的来源。
- 掌握单个资本投资的风险、风险衡量标准及收益与风险的结合。
- 掌握真实利率与名义利率。
- 掌握不同的计息方法——单利、复利与连续复利。
- 掌握现值与终值的计算。

证券投资的收益(Return)和风险(Risk)并存,且呈同方向变化的趋势。投资者在投资过程中对收益和风险的及时确认和准确衡量是实现投资目标的重要保证。对投资收益和风险进行衡量的理论意义在于它是一系列投资理论、方法和应用原理的基础。投资的根本目的是获利,利润是预期在未来实现的,投资目标能否实现存在诸多的不确定因素。投资者购买公司股票,买的是公司未来预期的盈利,风险越高,越要求得到更高的投资收益。从研究的应用价值来看,对投资收益和风险的把握有利于实现追求效益、控制风险的理财要求;有利于在既定风险的情况下提高投资收益,或者在既定收益的情况下降低投资风险。

4.1 收益的概念

所谓收益,是指进行投资获得的利润,即投资的回报。假如投资者把 1 000 美元存入年利率为5%的储蓄账户,则一年的收益为50美元(1 000×0.05);如果把这些钱借给商业合伙人,则收益取决于双方约定的利率水平。对于前一种投资来说,收益是确定的;但对于后一种投资来说,收益的确定性则相对较低。预期收益的大小及确定性是选择投资工具的重要因素。

4.1.1 收益的组成

投资收益不止一个来源。最常见的来源是定期支付的股利或利息等，另一个来源是价值增值，即投资工具的卖价高出其最初买入时价格的差额。我们把这两种收益来源分别称为当期收入（Current Income）和资本利得/损失（Capital Gain/loss）。其中，当期收入的形式为股票的股利、债券的利息或共同基金的红利，它是以现金或其他很容易兑现的形式存在的收入；资本利得是指由于投资工具卖出价格超出买入价格而获得的收入，卖价低于买价时则产生资本损失。不同有价证券投资的收益形式如下。

（1）股票投资的收益形式

股票投资的收益形式包括：分配收益形式，主要是现金股利和股票股利；公积金转增股本带来的资本增值收入；优先认股权的转让价值和买卖差价收入。

（2）债券投资的收益形式

债券投资的收益形式包括：利息收入；特殊权益性收益；偿还差益、偿还差损或买卖差价。

（3）共同基金投资的收益形式

1）现金收益分配或红利再投资。封闭式基金规定收益分配必须采取现金的方式，每年至少分一次，且分配比例不得低于可分配基金净收益的 90%；开放式基金规定基金收益分配可以采取现金的方式，基金持有人也可以选择红利再投资，把当前的基金收益转换成基金单位。

2）买卖差价或认购价、申购价和赎回价格的差额。投资收益在不同时间、不同类型的投资之间都会不同。通过对过去很长一段时期的收益进行平均，可以消除时间影响而使投资者更清楚地看到不同投资工具之间收益的比较。表 4.1 提供了从 1926 年 1 月 1 日到 2005 年 12 月 31 日这 80 年间美国不同投资工具的平均年收益率。

表4.1 不同投资工具的平均年收益率

投资工具	平均年收益率（%）
大公司股票	12.3
小公司股票	17.4
长期公司债券	6.2
长期政府债券	5.8
美国国库券	3.8
通货膨胀率	3.1

4.1.2 收益的预期

收益是投资决策中的一个关键变量。投资者把投资工具的实际或期望收益率与自己要求的收益率相比较，从而决定是否进行某种投资。在投资者进行投资决策时起决定作用的是预期收益（Expected Return），预期收益通常是通过对历史收益的分析得到的。当然，未来表现不能通过历史表现得以确定，但过去的信息经常为未来预期提供有用的基础。表 4.2 提供了某项潜在投资的有关数据。

表 4.2　某项潜在投资的历史数据　　　　　　　　（单位：美元）

年	红利收入 （1）	市价 年初（2）	市价 年末（3）	资本利得 （4）=（3）-（2）	总收益 收益额 （5）=（1）+（4）	总收益 收益率（%） （6）=（5）/（2）
2005	1.14	51.26	56.17	4.91	6.05	11.8
2006	1.28	56.17	76.63	20.46	21.74	38.7
2007	1.37	76.63	93.69	17.06	18.43	24.1
2008	1.55	93.69	79.83	−13.86	−12.31	−13.1
2009	1.66	79.83	68.19	−11.64	−9.98	−12.5
2010	1.74	68.19	73.12	4.93	6.67	9.8
2011	1.85	73.12	84.76	11.64	13.49	18.4
2012	2.18	84.76	86.55	1.79	3.97	4.7
2013	2.46	86.55	101.20	14.65	17.11	19.8
2014	2.7	101.20	92.45	−8.75	−6.05	−6.0
平均	1.79			4.12	5.91	9.6

从表 4.2 的数据中可以得到两个重要的信息：其一是该项投资过去十年的平均收益水平；其二是收益变动的趋势。从表中可以看出，2005—2007 年收益是呈上升趋势的，但是要对未来收益进行预期，还需要看投资的前景。如果投资前景良好，收益的增长趋势会继续；如果投资的前景不好，或者受周期因素的影响，则可预期未来的投资收益率会有所下降。我们知道，2008 年美国爆发了金融危机，经济各方面都受到了显著的影响，投资也不例外，所以 2008 年和 2009 年收益率为负数。从 2010 年开始，经济处于恢复期，所以收益率由负转正，并且在 2011 年和 2013 年有大幅度增长。

◼ 4.1.3　影响收益水平的因素

投资的收益水平取决于很多因素，主要包括内部特性和外部因素。

1）内部特性。投资的内部特性影响其收益水平，这些特性包括投资工具的类型、管理质量、融资（理财）的好坏和发行者的客户基础等。在以后的章节中我们将会看到，评估内部因素及其对收益的影响是进行投资分析的重要步骤。

2）外部因素。影响收益水平的外部因素包括国家立法、战争、价格限制和其他相关的政治事件，所有这些都不是投资工具发行者所能控制的。另一个外部因素为价格变化水平，即通货膨胀（Inflation）或通货紧缩（Deflation）。不同类型的投资对通货膨胀的反应不同：通货膨胀对房地产等投资工具有积极影响，而对股票和固定收益证券等起到负面影响。利息率的上涨通常伴随通货膨胀率的上升，也对收益率有重大影响。政府压制通货膨胀的立法也同样影响着投资。

4.1.4 资金的时间价值

资金的时间价值可以被用来衡量一项投资是否可取。忽略风险，合意的投资（Satisfactory Investment）是指收益的现值不低于成本现值的投资。由于投资的成本在开始时就已经产生，所以成本与成本现值相同。三种不同的收益—成本关系如下。

1）如果收益的现值等于成本，则投资者获得的收益率等于贴现率。
2）如果收益的现值高于成本，则投资者获得的收益率高于贴现率。
3）如果收益的现值低于成本，则投资者获得的收益率低于贴现率。

理性的投资者会选择前两种投资而放弃第三种。对收益现值的计算如表 4.3 所示。

表 4.3　投资收益现值的计算　　　　　　　　　　（单位：美元）

年份	收益	8%的贴现因子	现值
2008	90	0.926	83.34
2009	100	0.857	85.70
2010	110	0.794	87.34
2011	120	0.735	88.20
2012	100	0.681	68.10
2013	100	0.630	63.00
2014	1 200	0.583	699.60
收益净现值			1 175.28

通过以上计算，得出在 8%的贴现率下该投资的净现值为 1 175.28 美元。如果该投资的成本不超过 1 175.28 美元，则说明该投资是有价值的，即投资者至少可以获得 8%的收益率。反之，当投资的成本高于 1 175.28 美元时该投资是不可取的，因为投资者获得的收益率低于 8%。对资金时间价值的更详细介绍将在本章最后一节进行。

4.2　收益的衡量

前面介绍的历史收益和预期收益的计算是简化了的，要比较不同投资工具的收益，需要考虑资金的时间价值等很多因素。本节将介绍投资收益的衡量标准，并介绍几种重要的收益率及其关系。

4.2.1　收益的衡量标准

1. 按度量单位分类

1）收益额。投资者持有有价证券过程中投入成本与回收金额的差额。
2）收益率。投资者投资获得的收益值与投入成本的比值。一般收益的衡量都使用收益率，以便对不同投资工具进行比较。

2. 按度量时间长短分类

由于投资期限具有不确定性，因此收益率的衡量可以分为日收益率、周收益率、月收益率、年收益率，其中最常用的是年收益率。值得注意的是，不同时间周期收益率进行换算时，如果已知长时间周期的收益率，可以直接除以上述时间周期的倍数，求得短期收益率。例如，已知年收益率是 12%，则月收益率就是 1%，依次类推。但是，把短期收益率指标换算成长期收益率指标则不能简单相乘，应按以下公式计算：长期收益率=（1+短期收益率）^{n}-1，其中 n 代表长期和短期相差的倍数。例如，已知月收益率是 1%，则年收益率=（1+1%）^{12}-1=11%。

3. 按研究对象分类

1）单个资产收益率。投资某个具体的股票、债券或基金所获得的收益率。

2）组合资产收益率。投资于若干个有价证券，组成一个有效的证券投资组合所获得的收益率，它取决于构成组合的单个证券的收益率和组合中每个证券的投资比例。

3）市场收益率。证券交易所内全部上市证券按照每只证券市值所占市场总市值的比例构成一个最大的投资组合所获得的收益率，是投资者必要收益率的参照标准。

4. 按度量时间前后分类

1）历史收益率。反映金融资产在过去实际交易中的真实收益情况。

2）当前收益率。本期持有某种金融资产所获得的收益率。

3）预期收益率。投资者现在持有的某种金融资产期望在今后持有期内获得的收益。在投资实践中，投资者更关注预期收益率的高低。

5. 按计算方法分类

1）单期收益率。只计算特定某一期间持有证券获得的收益情况。

2）多期收益率。在有价证券整个投资期内所获得的全部收益情况。

3）平均收益率。当投资期为多期时按照一定的方法所计算的每期平均收益率，有算术平均、几何平均和价值加权平均三种方法。

6. 按是否扣除通货膨胀的影响分类

1）名义收益率。没有考虑物价变动情况的收益指标。

2）实际收益率。扣除了物价变动对收益率影响后的指标。投资者在投资时由于有时间价值的存在，应该关注物价变化对实际购买力造成的影响。

■ 4.2.2 必要收益率、实际收益率和无风险利率

理性投资者会选择收益能够完全补偿风险的投资。风险越大，投资者要求的收益越大。能完全补偿投资风险的收益率称为必要收益率（Required Return）。为了更好地了解必要收益率，有必要研究其构成。对于任何一项投资，其必要收益率包括三个基本部分：实际收益率（Real Rate of Return）、预期通货膨胀贴水（Expected Inflation Premium）和

风险贴水（Risk Premium）。必要收益率的计算公式为：

$$必要收益率=实际收益率+预期通货膨胀贴水+风险贴水$$

即
$$r_j=r^*+IP+RP_j$$

1）实际收益率是指在一个所有结果都已知，即没有风险的理想世界中的收益率，它随着经济情况、投资者偏好的变化而变化。实际收益率在过去相对稳定且通常在 0.5%～2%的范围内波动，为方便起见，假设实际收益率为 2%。

2）预期通货膨胀贴水表示对未来通货膨胀预期的平均水平。由于预期通货膨胀影响所有的收益率，把它与实际收益率相加就形成无风险利率（Risk-free Rate），即不存在风险的投资所能得到的收益率，通常以 3 个月的美国短期国库券利率表示。无风险利率的计算公式为：

$$无风险利率=实际收益率+预期通货膨胀贴水$$

即
$$R_F=r^*+IP$$

3）风险贴水由特定的发行特征和发行者特征决定。发行特征包括投资工具的种类（股票、债券或其他）、到期日（2 年、5 年或无期）和其他特点（是否可赎回等）；发行者特征是指行业或公司的情况，如财务状况等。发行和发行者特征使投资者要求在无风险利率上加上风险贴水，得到必要收益率。必要收益率的计算公式为：

$$必要收益率=无风险利率+风险贴水$$

即
$$r_j=R_F+RP_j$$

了解了实际收益率、无风险利率和必要收益率的概念及其相互关系之后，接下来介绍两种衡量收益的方法。一种是持有期收益率——主要用于衡量短期投资收益水平；另一种是内部收益率——主要用于衡量长期投资收益水平。

4.2.3 持有期收益率

持有期收益率（Holding Period Return，HPR）衡量的是某项投资在某一持有期内的收益水平，即持有期内总收益（包括当期收入和资本利得/损失）与初始投资额的比率。对不同投资的收益率进行比较时必须使用相同长度的持有期，持有期不同会导致错误的投资决策。通常使用一年的持有期作为衡量收益率的标准。

1. 收益的组成

正如前面所说，投资收益包括当期收入和资本利得/损失。投资者在持有期内收到的当期收入称为实现收益。并不是所有的当期收入都是实现的，如零息债券的利息在征税时被计为当期收入，但只在债券卖出或到期时才得以实现。与之相反，资本利得只有在持有期结束、投资工具卖出的时候才得以实现。在此之前，资本利得被称为账面收益（Paper Return）。然而，即使如此，资本利得也必须计入收益。

值得注意的是，当期收入和资本利得都可以为负。当期收入为负是指投资者被要求交纳一定现金以满足某项合约，这种情况比较少，通常发生在各种财产投资中。而资本损失则可以发生在任何投资工具中，如股票、债券、共同基金、期权、期货、房地产和黄金等都可以在某一持有期内发生市值损失。

2. 持有期收益率的计算

持有期收益率的计算公式为：

$$持有期收益率 = \frac{持有期当期收入 + 持有期资本利得/损失}{初始投资额}$$

即

$$HPR = \frac{C + CG}{V_0}$$

其中，持有期资本利得/损失=期末价值−初始价值（初始投资额）

即

$$CG = V_n - V_0$$

持有期收益率为衡量持有期内已实现的总收益或估计预测收益提供了简便的方法。表4.4总结了2006年四种投资工具的收益状况。当期收入和资本利得/损失分别为（1）、（3）行，两者加总得到总收益，即（4）行。总收益除以年初投资总额（2）即持有期收益率，即（5）行。可以看出，普通股股票的持有期收益率最高，为12.25%；储蓄账户的持有期收益率最低，为6.00%。

表4.4 持有期收益率 （单位：美元）

	储蓄账户	普通股	债券	房地产
现金收入				
第一季度	15	10	0	0
第二季度	15	10	70	0
第三季度	15	10	0	0
第四季度	15	15	70	0
（1）当期收入总额	60	45	140	0
投资价值				
年末	1 000	2 200	970	3 300
（2）年初投资总额	−1 000	−2 000	−1 000	−3 000
（3）资本利得/损失	0	200	−30	300
（4）总收益[（1）+（3）]	60	245	110	300
（5）持有期收益率[（4）÷（2）]	6.00%	12.25%	11.00%	10.00%

从以上计算中我们可以看出，计算持有期收益率需要知道投资在期初与期末的市场价值和持有期的当期收入。持有期收益率既可以为正，也可以为负；既可以使用历史数据进行计算（如上例），也可以使用预测数据进行计算。

持有期收益率同时考虑了当期收入和资本利得/损失，便于对不同投资进行比较，是进行投资决策的一个简便工具。如表 4.4 所示，表面看来房地产投资最有利可图，因为其总收益额最高。但其要求的投资额也最高（3 000 美元），于是得到其持有期的收益率其实不如普通股股票。由于收益率反映了每美元获得的收益的高低，因此持有期收益率是比较不同收益水平，尤其一年或一年以内的收益水平的有效方法。

4.2.4 内部收益率

由于持有期收益率不考虑资金的时间价值，所以它在衡量一年以上投资的收益时是不准确的。当投资者对投资的持有期超过一年时，通常使用另一种收益衡量工具，即内部收益率（Internal Rate of Return，IRR）。所谓内部收益率，是指在考虑了资金时间价值的情况下，使一项投资在未来产生的收益现金流的现值刚好等于当前投资成本的收益率。只有在内部收益率大于或等于行业基准收益率时，投资项目才有利可图。

在使用内部收益率时，一个重要的假设是持有期内获得的当期收入也同样计息，即利息的利息。可以用一个简单的例子来说明这个概念：假如某投资者购买 1 000 美元的年利率为 8%、期限为 20 年的长期国债，假设所有的支付都会如数按期实现，则投资者每年可以收到 80 美元的利息，并在 20 年后收到 1 000 美元的本金。为了获取 8%的收益率，投资者必须把每年 80 美元的利息进行再投资。图 4.1 分解了该投资的收益，解释了以上内容。

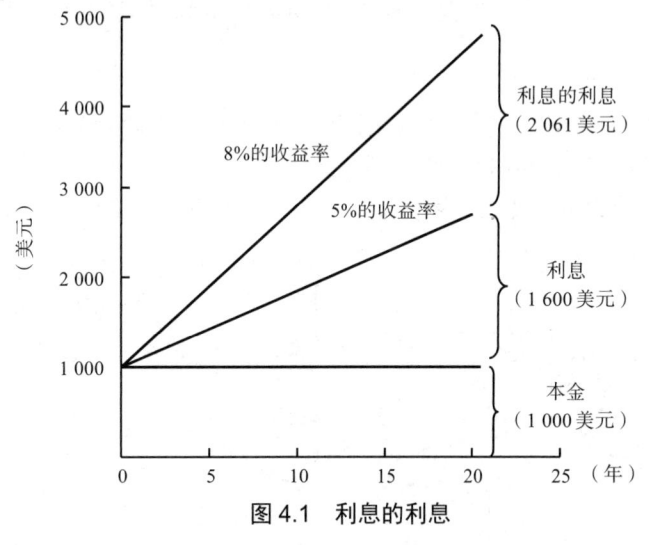

图 4.1 利息的利息

如果投资者不把每年 80 美元的利息进行再投资，即每年以现金的形式提取利息，则其收益率为 5%：20 年后投资者拥有 2 600 美元——1 000 美元本金加 1 600 美元利息。现在 1 000 美元的现金流 20 年后价值 2 600 美元，通过计算得到其收益率为 5%。要想实现 8%的收益率，投资者必须将每年的利息进行再投资，则 20 年后拥有 4 661 美元——利率为 8%时 1 000 美元本金加每年 80 美元年金在 20 年后的未来值（1000+80×45.762）。现在 1 000 美元的现金流 20 年后价值 4 661 美元，则计算得出其收益率为 8%。通过对利息进行再投资，投资的未来价值增加了 2 061 美元（4661−2600），这部分就是利息的利息。

值得注意的是，如果进行一项收益率为 8%的投资，利息再投资的收益率也必须为 8%，这样才能保证该投资实现 8%的收益率。如果利息再投资的收益率低于 8%，则该投资的收益率也会相对减少。利息的利息对当期收入较高的投资来说是一个很重要的因素，对收益进行连续再投资对实现必要收益率起着重要的作用。

1. 单一现金流的内部收益率

单一现金流的内部收益率可以通过 Excel 表格进行计算，具体过程如图 4.2 所示。

	A	B
1	单一现金流的内部收益率	
2	时间点	现金流（美元）
3	未来	1 400
4	现在	1 000
5	年数	5
6	收益率	6.96%

单元格 B6 中的收益率
=Rate[(B5),0,-B4,B3,0]
B4 前的负号表示现在的投资金额被看作现金流出

图 4.2 计算单一现金流的内部收益率

2. 一系列现金流的内部收益率

一系列现金流的内部收益率更加难以计算。最准确计算内部收益率的方法是找到当一系列收入的现值等于投资费用时的折现率。可以通过试错法来求内部收益率，即假定一个内部收益率的数值，求得收入的现值，然后与投资额的大小进行比较，从而纠正假定值的大小，不断尝试，找到内部收益率所在的区间，进而找到内部收益率的确切取值。

一系列现金流的内部收益率也可以通过 Excel 表格进行计算，具体过程如图 4.3 所示。

3. 增长率

除了计算内部收益率之外，我们还经常需要计算增长率。此处的增长率指的是一系列现金流，尤其指股息和红利的复利年变动率，其计算方法类似于单一现金流的内部收益率的计算方法。增长率可以通过 Excel 表格进行计算，具体过程如图 4.4 所示。

	A	B
1	一系列现金流的内部收益率	
2	年	现金流（美元）
3	0	1 100
4	1	90
5	2	100
6	3	110
7	4	120
8	5	100
9	6	100
10	7	1 200
11	收益率	9.32%

单元格B11中的收益率
=IRR（B3:B10）。最初的
1 100美元投资是现金流出

图 4.3 计算一系列现金流的内部收益率

	A	B
1	股息或红利的增长率	
2	年份	每股的股息或红利(美元)
3	1999	0.84
4	2000	0.88
5	2001	0.91
6	2002	0.92
7	2003	0.98
8	2004	1.06
9	2005	1.14
10	2006	1.28
11	2007	1.37
12	2008	1.55
13	年增长率	7.04%

单元格B13中的增长率
=Rate[(A12-A3),0,-B3,B12,0]
其中A12-A3表示的是增长的年数，
B3前的负号表示将1999年的
投资看作现金流出

图 4.4 计算增长率

4.3 投资风险

投资风险是指从某项投资中获得的实际收益与预期不符的可能性。对某项投资来说，风险与预期收益直接相关。一般来说，收益的可能性范围越广，投资风险越大。高风险的投资必须提供更高水平的收益才足以补偿风险，吸引投资者。在既定的收益水平下，投资者试图使风险最小化；在既定的风险水平下，投资者试图使收益最大化。风险与收益之间的关系被称为风险-收益的权衡（Risk-return Tradeoff）。

4.3.1 投资风险的来源

投资风险的来源很多，谨慎的投资者在进行投资决策时会综合考虑这些风险。下面介绍的各种风险将会以投资风险贴水的形式存在，影响投资者的必要收益率。

1. 利率风险

利率风险是指由市场利率变动而导致的投资风险，分为两种情况：一是由于市场利率水平的变动使投资收益率降低而产生的风险；二是由于投资收益率相对低于市场利率水平所带来的损失风险。投资者选择投资对象，一般以追逐最大利润为原则。正因为某项投资的收益率高于市场的平均利率水平，所以投资者才会进行该投资。如果投资的收益率水平低于市场利率水平，就会给投资者带来损失。

2. 购买力风险

购买力风险是指由于通货膨胀的影响而使投资者承担的风险。例如，当投资者的股票价格、行情看好，取得了收益，而同时正遇上居高不下的通货膨胀率，由于货币贬值，无形中就使投资者损失了获利中的一部分价值。也就是说，投资者货币收入的实际购买力可能下降，这就是购买力风险。由于通货膨胀的存在，投资者即使在货币收入有所增加的情况下，也不一定能够获利，因为他的实际收益率中还要扣除通货膨胀率所带来的损失。当然，通货膨胀的存在并不意味着投资者不购买股票就能避免损失；若要减少这一损失，投资者只能去选择收益率高的投资对象。

3. 财务风险

财务风险是指公司的资金困难和资本结构调整引起的风险。一个上市公司财务风险的大小，可以通过该公司借贷资金的多少来反映。债务负担重的公司比没有借贷资金的公司风险更大。

4. 违约风险

违约风险是指在公司因财务状况不佳而违约和破产时，投资者的实际收益率偏离预期收益率的可能性。当公司破产时，遭受损失最大的是普通股股东，其次是优先股股东，最后才是债权人。

5. 市场风险

市场风险是指由那些影响投资市场总体而不针对任何特定投资的市场因素造成的风险。出现市场风险的原因，主要是证券交易市场受整个国家经济周期变化的影响。经济周期分萧条、复苏、高涨和危机几个阶段，在各个不同的阶段，证券市场的变化是非常复杂的。在高涨时期，一般投资活跃、交易频繁、获利大增；而在危机阶段，投资则呈萎缩乃至暴跌之势，从而给投资者造成巨大损失。因此，要尽量减小市场风险程度，投资者应当了解经济周期发展变化的规律，从而把握时机、减少损失、获取收益。

6. 经营风险

经营风险是指与投资收益、该项投资给投资者带来回报的能力相联系的不确定性程度。投资经营风险与该公司所在的行业相关。一般而言，投资于相似的公司有相似的经营风险，尽管这些公司在管理、成本及地理位置等方面的不同导致了风险水平的不同。

7. 流动性风险

流动性风险是指资产能否在不损失的情况下快速变现的不确定性。资产的流动性是投资者需要考虑的重要因素之一。通常来说，在交易量比较大的市场上的资产的流动性强于交易量比较小的市场上的资产的流动性。在纽约证券交易所挂牌的大型公司的股票或债券等资产通常是高流动性的资产；其他的资产，如艺术品或古家具的流动性相对比较差。

8. 税收风险

税收风险是指由于税收政策变动导致个人或单位利益受损的风险。税收政策减少投资者税后收益的可能性越大，则税收风险越大。税收政策的不利改变包括税收豁免政策的停止、减税的限制及税率的提高。

尽管实际上所有的投资都受到利率提高的不利影响，但是一些有税收优势的投资，如市政债券和其他债券、不动产及自然资源通常有更大的税收风险。

9. 事件风险

事件风险是指当一个公司的财务状况有突然且重大影响的事件发生时带来的风险。事件风险通常会超过经营风险和财务风险的影响，但并不一定表示这个公司或市场会表现不好。它包含了对一项投资的潜在价值有着巨大且直接影响的未被预知事件。

事件风险有很多种形式，并且能够影响各种各样的投资工具的表现。但是它的影响在大多数情况下是被隔离的。

4.3.2 衡量风险的指标

对风险的衡量有助于投资者比较不同的投资工具并做出投资决策，投资者既可以对单个资本投资的风险进行衡量，也可以对投资组合的风险进行衡量。本章主要研究对单个资本投资风险的衡量，对投资组合的风险衡量会在以后章节介绍。下面首先介绍两种衡量标准，一种是绝对衡量标准，即标准差；另一种是相对衡量标准，即方差系数。

1. 标准差

标准差（Standard Deviation）是对一项资产的风险进行衡量的最主要标准，它表示该资产的收益与其平均收益或期望收益的偏离度。其计算公式为：

$$标准差=\sqrt{\frac{\sum_{j=1}^{n}(现金流\ j\ 的收益率-平均或期望收益率)^2}{现金流个数-1}}$$

即

$$s=\sqrt{\frac{\sum_{j=1}^{n}(r_j-\overline{r})^2}{n-1}}$$

表 4.5 给出了两种投资在最近几年的收益率。通过计算，可以得出十年期间两种投资的平均收益率分别为 7.7% 和 12.4%。根据此数据我们认为投资 B 较好，但是也可以看到，投资 A 的收益率变动比投资 B 小得多。表 4.6 分别计算了两种投资的标准差，投资 A 的收益标准差远小于投资 B，这说明投资 B 具有更大的风险。

表 4.5 投资 A 与投资 B 的收益率

年份	收益率 投资 A	收益率 投资 B
2005	6.6%	−1.4%
2006	4.7%	105.8%
2007	−11.6%	−32.4%
2008	−30%	−53.6%
2009	42.5%	86.5%
2010	26.3%	−8.4%
2011	−13%	8.0%
2012	18.2%	47.5%
2013	9.5%	−28.1%
2014	23.8%	0.3%
平均值	7.7%	12.4%

表 4.6 投资 A 与投资 B 的标准差

投资 A				
年（j）	收益率 r_j （1）	平均收益率 $\overline{r}$ （2）	$r_j-\overline{r}$ （3）=（1）−（2）	$(r_j-\overline{r})^2$ （4）=（3）^{2}
2005	6.6%	7.7%	−1.1%	1.2%^{2}
2006	4.7%	7.7%	−3.0%	9.2%^{2}
2007	−11.6%	7.7%	−19.3%	371.4%^{2}
2008	−30%	7.7%	−37.7%	1423.1%^{2}

续表

		投资 A		
年（j）	收益率 r_j （1）	平均收益率 $\bar{r}$ （2）	$r_j - \bar{r}$ （3）=（1）-（2）	$(r_j - \bar{r})^2$ （4）=（3）^{2}
2009	-42.5%	7.7%	34.8%	1208.6%^{2}
2010	26.3%	7.7%	18.6%	347.0%^{2}
2011	-13%	7.7%	-20.7%	427.6%^{2}
2012	18.2%	7.7%	10.5%	109.6%^{2}
2013	9.5%	7.7%	1.8%	3.2%^{2}
2014	23.8%	7.7%	16.1%	260.3%^{2}
			总和	4159.2%^{2}
		方差%^{2}	S^2_{TGT}	462.2%^{2}
		标准差%	S_{TGT}	21.5%

$$S_{TGT} = \sqrt{\frac{\sum_{i=1}^{10}(r_t - \bar{r})^2}{n-1}} = \sqrt{\frac{4159.2}{10-1}} = \sqrt{462.2} = 21.5\%$$

		投资 B		
年（j）	收益率 r_j （1）	平均收益率 $\bar{r}$ （2）	$r_j - \bar{r}$ （3）=（1）-（2）	$(r_j - \bar{r})^2$ （4）=（3）^{2}
2005	-1.4%	12.4%	-13.8%	190.0%^{2}
2006	105.8%	12.4%	93.4%	8718.2%^{2}
2007	-32.4%	12.4%	-44.8%	2010.1%^{2}
2008	-53.6%	12.4%	-66.0%	4355.4%^{2}
2009	86.5%	12.4%	74.0%	5482.4%^{2}
2010	-8.4%	12.4%	-20.8%	433.8%^{2}
2011	8.0%	12.4%	-4.4%	19.5%^{2}
2012	47.5%	12.4%	35.1%	1229.6%^{2}
2013	-28.1%	12.4%	-40.5%	1639.2%^{2}
2014	0.3%	12.4%	-12.1%	147.2%^{2}
			总和	24225.5%^{2}
		方差%^{2}	S^2_{TGT}	2691.7%^{2}
		标准差%	S_{TGT}	51.9%^{2}

$$S_{TGT} = \sqrt{\frac{\sum_{i=1}^{10}(r_t - \bar{r})^2}{n-1}} = \sqrt{\frac{24225.5}{10-1}} = \sqrt{2691.7} = 51.9\%$$

2. 方差系数

方差系数（Coefficient of Variation，CV）是对一项资产收益的相对离散度的衡量，它被用于比较具有不同平均收益或期望收益的资产的风险。与标准差一样，方差系数越大，投资风险越大。方差系数的计算公式为：

$$方差系数 = \frac{标准差}{平均或预期收益率}$$

即

$$CV = \frac{s}{r}$$

根据表 4.6 中的数据，我们可以计算出两种投资的方差系数：投资 A 的方差系数为 0.099（1.49% / 15%）；投资 B 的方差系数为 0.349（5.24% / 15%）。投资 B 的方差系数大于投资 A 的方差系数，说明投资 B 的风险更大。

由于以上两种投资的平均收益是相同的，所以对方差系数的比较与对标准差的比较的结果是完全一样的。方差系数的作用在于对期望收益不同的资产的比较，如投资 X 与投资 Y，两者的平均收益率、标准差、方差系数如表 4.7 所示。

表 4.7 平均收益率、标准差、方差系数

指标	投资 X	投资 Y
平均收益率	12%	20%
标准差	9%	10%
方差系数	0.75	0.50

如果仅对标准差进行比较，投资者会选择标准差比较小的投资 X，但是对方差系数进行比较后，就会发现选择投资 X 其实是错误的。X 的方差系数，即收益的相对离散度，也就是风险，比投资 Y 大。表 4.8 列出了 1926—2005 年几类投资工具的收益率及其标准差与方差系数。从表中我们可以发现，高收益投资的方差系数与标准差较大。这是因为，大的方差系数和标准差意味着大的投资风险，而投资的收益与风险是正相关的，高收益正是对高风险的补偿。

表 4.8 1926—2005 年几类投资工具的收益率、标准差与方差系数

投资类型	平均年收益率	标准差	方差系数
大公司股票	12.3%	20.2%	1.64
小公司股票	17.4%	32.9%	1.89
长期公司债券	6.2%	8.5%	1.37
长期政府债券	5.8%	9.2%	1.59
美国国库券	3.8%	3.1%	0.82
通货膨胀率	3.1%	4.3%	1.39

4.3.3 风险评估

不同的投资工具有不同的风险—收益特征。有些具有高风险和高收益，有些则具有低风险与低收益。总体来说，忽略到期日的不同，主要投资工具的风险—收益特征如图 4.5 所示。国库券的风险几乎为零，因此通常把国库券利率作为市场的无风险利率；其他

投资工具——定期存单、债券、优先股、可转换证券、共同基金、普通股、实物投资、期权、期货，投资风险依次增加，因而其对应的预期收益水平也依次增加。

根据对风险偏好程度的不同，投资者可分为三种类型，如图4.6所示。

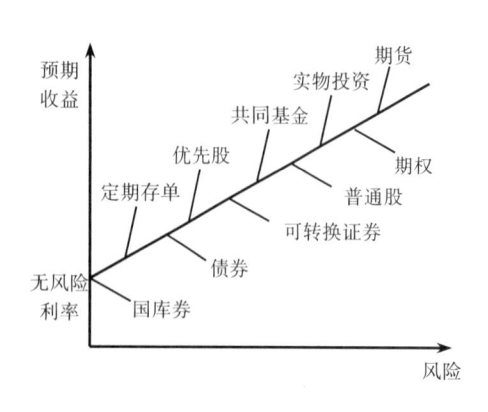

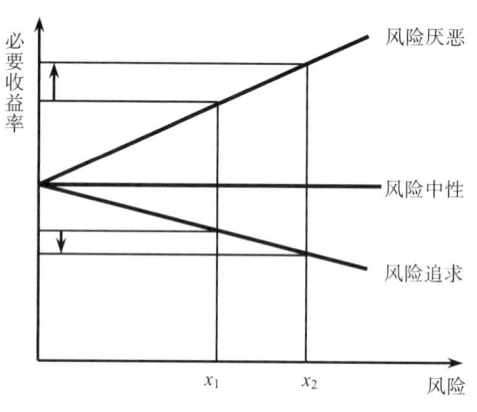

图 4.5　不同投资工具的风险—收益特征

图 4.6　风险偏好

所谓风险中性（Risk-indifferent）投资者，是指当风险增加时，他所要求的收益率没有增加，即他所要求的必要收益率不受风险因素影响；所谓风险厌恶（Risk-averse）投资者，是指对所承担的风险要求更高的收益率以作补偿，当风险由 x_1 增加到 x_2 时，要求的收益率也增加；与风险厌恶者相反，风险追求（Risk-seeking）投资者在风险增加时要求的收益率反而减小，他们在理论上是追求风险的，为了更多的风险可以放弃部分收益。

大多数投资者都是风险厌恶者：当风险增加时，要求更高的收益率水平。对于特定数量风险的增加，每个投资者的必要收益率的增加数量取决于他们厌恶风险的程度（图4.6中直线的斜率）。在风险面前，投资者通常是保守的，投资者保守程度越高，对多余风险要求的收益率补偿就越大。

4.3.4　收益与风险的结合

在进行投资决策时，需要把收益与风险结合起来进行综合考虑，需要经过以下步骤。

1）利用历史或预期收益数据对某一投资在某持有期的收益率进行预测，注意考虑资金的时间价值。

2）利用历史或预期收益数据预测投资相关风险。进行风险评估时可以利用收益的标准差与方差系数，也可以采用更复杂的衡量指标，如风险贝塔。

3）评价每种投资的风险—收益特征以确保在综合风险水平下预期收益的合理性。如果存在其他某种投资，其风险更低但收益却不低于该投资，那么该投资就是不可取的。

4）选择在期望的风险水平下能提供最高收益的投资工具。

以上步骤中最困难的一步为进行风险评估。除了收益与风险外，其他一些因素，如投资组合、税收、流动性等也影响投资决策。以后几章中在描述某些特定投资工具时都会涉及这些因素。

4.4 资金的时间价值

资金的时间价值（Time Value of Money）是指资金在生产和流通过程中随着时间推移而产生的增值。资金的时间价值是商品经济中的普遍现象。资金之所以具有时间价值，概括地讲，基于以下两个原因：首先，从社会再生产的过程来讲，对于投资者或生产者，其当前拥有的资金能够立即用于投资并在将来获取利润，而将来才可取得的资金则无法用于当前的投资，因此也就无法得到相应的收益；其次，从流通的角度来讲，对于消费者或出资者，其拥有的资金一旦用于投资，就不能再用于消费，消费的推迟是一种福利损失，资金的时间价值体现了对牺牲现期消费的损失所应做出的必要补偿。

无论进行了什么样的经济活动，都必须认真考虑资金的时间价值，尽量缩短建设周期，加速资金周转，节省资金占用数量和时间，提高资金的经济效益。

衡量资金时间价值的尺度有两种：其一为绝对尺度，即利息、盈利或收益；其二为相对尺度，即利率、盈利率或收益率。所谓利息是指在借贷过程中，债务人支付给债权人超过原借款金额（本金）的部分。其计算公式为：利息=目前应付（应收）的总金额-本金。从本质上看，利息是由贷款产生的利润的一种再分配，是指占用资金所付出的代价或放弃现期消费所得的补偿。利率就是单位时间内（如年、半年、季、月、周、日等）所得利息额与本金之比，通常用百分数表示，即：

$$利率 = \frac{单位时间内所得利息额}{本金} \times 100\%$$

4.4.1 利率水平的确定方式

利率水平及其未来价值的预测是投资决策的诸多投入中最为重要的部分。例如，假定你的存款账户上有 10 000 美元，银行依据短期参考利率（如 30 天期的国库券）向你支付浮动利率，你也可以将这笔钱转作固定利率的长期存款。

你的决策依你对未来的预期而定。如果你认为利率面临下跌，那么你可以通过购买长期储蓄存单将这笔钱锁定在一个固定的利率水平上；如果你认为利率即将上涨，那么购买长期储蓄存单的计划可以暂时后延。

预测利率是应用宏观经济学中最为晦涩难懂的部分之一。不管怎样，预测利率首先基于以下一些基本因素：

1）存款人特别是居民的资金供给。
2）企业由于购置厂房设备及存货而进行项目融资所引发的资金需求。
3）政府通过联邦储备银行运作产生的资金净供给或净需求。

在仔细分析利率产生的前因后果之前，有必要区别真实利率与名义利率。

4.4.2 真实利率与名义利率

假定一年前你在银行存了 1 000 美元，期限一年，利率 10%，那么现在你将得到 1 100

美元现金。

这 100 美元收益是你的真实收益吗？这取决于现在的 1 100 美元可以买多少东西及一年前的 1 000 美元可以买多少东西。消费者物价指数（Consumer Price Index, CPI）是用来测度城镇家庭购买一篮子商品与服务的平均价格指标。尽管这一篮子商品与服务很有可能无法代表你特定的个人消费计划，但我们姑且认为它可以代表，这将有助于后面的分析。

假定上一年的通货膨胀率（CPI 的变化百分率，记作 i）为 6%，也就是说，你手中的货币购买力在过去的一年中已经贬值了 6%，以 1 美元所能购买的商品计算减少了 6%，利息收益的一部分将用于弥补由于通胀率 6% 的存在而导致购买力下降的部分。以 10% 的利率计，除去 6% 的购买力损失，你最终仅能得到 4% 的购买力净增加。所以，我们有必要区别名义利率（Nominal Interest Rate）——货币增长率和真实利率（Real Interest Rate）——购买力增长率。设名义利率为 R，真实利率为 r，通胀率为 i，则有下式近似成立：

$$r \approx R - i$$

换句话说，真实利率 r 等于名义利率减通胀率。

严格上讲，名义利率 R 和真实利率 r 之间有下式成立：

$$1 + r = \frac{1+R}{1+i}$$

购买力的增长值 $1+r$ 等于货币增长值（$1+R$）除以新的价格水平（$1+i$），由上式推导得到：

$$r = \frac{R - i}{1 + i}$$

显然可以看出，$r = R - i$ 近似值高估了真实利率 $1 - i$ 倍。

例如，如果一年期储蓄存单的利率为 8%，预期下一年的通胀率为 5%，利用近似公式可以得到真实利率为 $r = 8\% - 5\% = 3\%$，利用精确公式可以计算出真实利率为 $r = 2.86\%$。由此可以看到，近似公式得出的真实利率高估了 14 个基点（0.14%），通胀率较小或计算连续复利情形时，近似公式较为准确。

在做出投资决策之前，一个投资者应当明白储蓄存单上所给出的是名义利率，因而投资者应当从中除去预期通胀率，才能得到投资项目的真实利率。

寻找真实利率并非是不可能的事情，已发生的通胀率通常刊登在劳动统计局的报告上。但是将来的真实利率我们往往不知道，人们不得不依赖预期。也就是说，由于未来有通货膨胀的风险，甚至当名义利率是无风险的，真实利率仍是不确定的。

4.4.3 单利与复利

利息计算有单利（Simple Interest）和复利（Compound Interest）两种方法，当计息周期为一个以上时，就需要考虑"单利"与"复利"的问题。复利是相对单利而言的，是以单利为基础来进行计算的。

所谓单利，是指只对本金计算利息，而对本金所产生的利息不再计息。设本金为 P，

利率为 r，则单利的利息计算公式为：$I_n=P·r·n$。第 n 期期末的单利本利和 F 等于本金加上利息，即：$F=P(1+r·n)$。例如，某投资者持有年利率为 6%的 100 美元的存款，持有期为 1.5 年，则在持有期内的利息收入为 9 美元（1.5×0.06×100）。假如在存款半年后提取 50 美元，则获得利息总额为 6 美元，其中包括前半年的 100 美元获得的 3 美元（0.5×0.06×100）的利息和后一年剩下的 50 美元获得的 3 美元（1×0.06×50）的利息。

复利法是在单利法的基础上发展起来的，它克服了单利法存在的缺点，其基本思路是：将前一期的本金与利息之和（本利和）作为下一期的本金来计算下一期的利息，即通常所说的"利上加利"、"利生利"和"利滚利"的方法。第 n 期期末复利本利和 F_n 的计算公式为：$F_n=P(1+r)^n$。

在利率一定的条件下，计息频率越高，实际利率越高。假设 2016 年 1 月 1 日存款 1 000 美元，2017 年 1 月 1 日从账户中提取 300 美元，2018 年 1 月 1 日又存入 1 000 美元。表 4.9 和表 4.10 分别计算了每年计息和每半年计息条件下，上述行为在相同利率下最终能够获得的收益。在每年计息条件下账户的最终余额为 1 876.88 美元，而半年计息时账户的最终余额为 1 879.19 美元，高于前者。表 4.11 计算了 5%利率下不同计息频率的实际利率。

表 4.9　5%利率下每年计息的账户　　　　　　　　　　（单位：美元）

日　　期	存款（取款）	初　始　额	利　　息	期末总额
1/1/2016	1 000	1 000.00	50.00	1 050.00
1/1/2017	（300）	750.00	37.50	787.50
1/1/2018	1 000	1 787.50	89.38	**1 876.88**

表 4.10　5%利率下半年计息的账户　　　　　　　　　（单位：美元）

日　　期	存款（取款）	初　始　额	利　　息	期末总额
1/1/2016	1 000	1 000.00	25.00	1 025.00
7/1/2016		1 025.00	25.63	1 050.63
1/1/2017	（300）	750.63	18.77	769.40
7/1/2017		769.40	19.24	788.64
1/1/2018	1 000	1 788.64	44.72	1 833.36
7/1/2018		1 833.36	45.83	**1 879.19**

表 4.11　5%利率下不同计息频率的实际利率

计息频率	实际利率
每年	5.000%
每半年	5.036%
每季度	5.094%
每月	5.120%
每周	5.125%
连续复利	5.127%

复利可以以任何频率进行计息。如果年利率为 r，每年复利 m 次，则每期复利的利率

为 r/m，一年内经 m 次复利，则增长因子为 $[1+(r/m)]^m$。如果将复利次数无限增加，即在 $[1+(r/m)]^m$ 中 m 趋近于无穷大，则可以得到连续复利（Continuous Compounding），即：

$$\lim_{m \to \infty}[1+(r/m)]^m = e^r，其中 e = 2.71828\cdots$$

例如，有一笔 50 000 美元的借款，借期 3 年，年利率为 8%。用单利法计算，$F=P(1+r\cdot n)$ =50000×（1+8%×3）=62000（美元），即到期应归还的本利和为 62 000 美元；用每年计息的复利法计算，$F_n =P(1+r)^n$=50000×（1+8%）^{3}=62985.60（美元），与采用单利法计算的结果相比增加了 985.60 美元。采用连续复利计息方法时，$F_n=P[1+(e^r-1)]^n$=50000×$e^{0.08\times 3}$= 63562.46（美元）。

4.4.4　现值与终值

"等值"是指在时间因素的作用下，在不同的时间点上绝对值不等的资金具有相同的价值。利用等值的概念，可以把在一个（或一系列）时间点发生的现金流换算成另一个（或一系列）时间点的等值的资金金额，这一转换过程就称为资金的等值计算。把将来某一时点的资金金额换算成现在时点的等值金额称为"折现"或"贴现"（Discount）。将来时点上的资金折现后的资金金额称为"现值"（Present Value）。与现值等价的将来某时点的资金金额称为"终值"或"将来值"（Future Value）。

计算资金时间价值的几个基本概念如下。

1）折现率 R。在根据未来的现金流量求其现值时所使用的利率。

2）计息次数 N。从资金投入到投资到期日的整个期限中计算利息的次数。

3）年金（Annuity）A。各年等额收入或支付的金额，通常以等额序列表示，即在某一特定时间序列期内，每隔相同时间收支的等额款项。

例如，有一笔 1 000 美元的存款，利率为 8%，每年计息一次。则这笔存款一年后的终值为 1 080 美元[1000×（1+0.08）]；两年之后的终值为 1 166.40 美元[1080×（1+0.08）]。

把该计算过程反过来进行，就成为计算资金现值的方法。如一年以后一笔 1 000 美元的资金，其现值为 925.93 美元[1000/（1+0.08）]，也就是说，在 8%的利率下，一年以后的 1 000 美元与现在的 925.93 美元是等值的。

对一系列的混合现金流（Mixed Stream）的现值进行计算时，只要把每个单独的现金流的现值分别计算出来，最后将其加总，就是总的现金流的现值。其计算过程如表 4.12 所示。

表 4.12　现金流的现值计算

年份	年终	收益（美元）	贴现率	现值（美元）
2017	1	30	$30/(1+0.08)^1$	27.78
2018	2	40	$40/(1+0.08)^2$	34.29
2019	3	50	$50/(1+0.08)^3$	39.69
2020	4	60	$60/(1+0.08)^4$	44.10
2021	5	70	$70/(1+0.08)^5$	47.64
所有现金流的现值之和				193.51

单一现金流的终值、一系列现金流的终值、一笔未来金额的现值、一系列不等现金流的现值和每年等额收益的现值如图 4.7、图 4.8、图 4.9、图 4.10 和图 4.11 所示。

	A	B
1	单一现金流的终值	
2	现值（美元）	1 000
3	利率	8%
4	年数	2
5	终值（美元）	1 166.40
	单元格B5中的终值=FV（B3,B4,0,–B2,0）	
	B2前的负号表示现值是现金流出	
	（现值表示最初的储蓄）	

图 4.7　单一现金流的终值

	A	B
1	一系列现金流的终值	
2	每年支付金额（美元）	1 000
3	年利率	6%
4	年数	8
5	终值（美元）	9 897.47
	单元格B5中的终值=FV（B3,B4,–B2）	
	B2前的负号表示每年的年金是现金流出	

图 4.8　一系列现金流的终值

	A	B
1	一笔未来金额的现值	
2	未来值（美元）	500
3	利率	6%
4	年数	7
5	现值（美元）	332.53
	单元格B5中的现值=–PV（B3,B4,0,B2）,	
	PV前的负号是为了将现值变成正值	

图 4.9　一笔未来金额的现值

	A	B
1	一系列不等现金流的现值	
2	折现率	9%
3	时间	年末收入（美元）
4	1	30
5	2	40
6	3	50
7	4	60
8	5	70
9	现值	187.80
	B9单元格中的现值=NPV（B2,B4:B8）	

图 4.10　一系列不等现金流的现值

	A	B
1	每年等额收益的现值	
2	每年等额收益（美元）	50
3	折现率	9%
4	年数	5
5	现值（美元）	194.48

B5中的现值=PV（B3,B4,−B2）
B2前的负号表示每年收益是现金流出

图4.11　每年等额收益的现值

知识拓展

1. 投机是为风险溢价而进行的风险投资。风险溢价要大到足以补偿风险厌恶型投资者的投资风险。

2. 公平游戏是风险溢价为零的冒险前景。风险厌恶型投资者不会参加这类活动。

3. 投资者对预期收益与投资组合的波动性的偏好可以用效用函数来表示。效用函数越大，预期回报越高；效用函数越小，投资组合方差越大。投资者的风险厌恶程度越强，对风险妨碍就越大。我们可以用无差异曲线图来描述这些偏好。

4. 确定等价值概括了风险厌恶型投资者对风险投资组合的需求。确定等价收益率是一种可以确切得到的与风险组合有相同效用的值。

5. 套期保值是购买一种风险资产以降低投资组合的风险。套期保值资产与原有投资组合收益的负相关性使得套期保值资产的波动性具有降低风险的特性。当一种套期保值资产与原有投资组合完全负相关时，它就是一种理想的套期保值工具，其作用相当于投资组合的保险合约。

投资行动

你的风险承受力如何

在20世纪90年代和21世纪初期的强劲牛市中，似乎不存在亏损的投资。即使在市场急剧下跌时，投资者也会忙着买入，确信未来会反弹。赚钱的诱惑使大多数投资者把风险顾虑抛到了脑后。

承受风险的关键是首先了解你的风险承受力水平，即投资变动对你的情绪的影响。了解风险承受力可以防止承担自己能力之外的风险，减小恐慌或中途放弃计划的可能性。

下面的测试帮你衡量你的个人风险承受力。了解了个人风险承受力，你就可以建立一个不会让你睡不着觉的投资组合。

你的风险承受力如何？

1. 哪个选项最准确地描述了你投资时的感受？
   a. 安全比损失好　　b. 对风险和收益持中庸态度　　c. 不冒险哪会有收益

2. 作为投资者，对你来说最重要的是什么？
   a. 稳定的收入   b. 稳定的收入和增值   c. 快速地增值
3. 你会选择以下哪种盈利？
   a. 4 000 美元现金
   b. 有 50% 的概率获得 10 000 美元
   c. 有 20% 的概率获得 100 000 美元
4. 你退休账户中的股票自上一季度以来下跌了 20%，市场预期是乐观的。你会怎么做？
   a. 抛出股票，防止损失更多
   b. 继续持有这些股票，等待它们反弹
   c. 购入更多股票，因为它们现在处于低价
5. 你退休账户中的股票突然上涨 20%，在没有其他信息的情况下，你会怎么做？
   a. 抛出股票，锁定现有收益
   b. 继续持有股票，希望获利更多
   c. 购入更多股票，因为它们可能进一步上涨
6. 在有好的投资机会时，你会借钱投资吗？
   a. 肯定不会   b. 不一定   c. 会
7. 你认为自己是一个什么样的投资者？
   a. 保守型   b. 风险中性型   c. 激进型

如何做出结论？

每个 a 为 1 分、b 为 2 分、c 为 3 分，加总后得到总成绩。

7~11 分：保守型投资者
12~16 分：风险中性投资者
17~21 分：激进型投资者

思考题：根据测试成绩，你的投资风险承受力如何？

关键术语

收益 Return
必要收益率 Required Return
预期通货膨胀贴水 Expected Inflation Premium
持有期收益率 Holding Period Return，HPR
标准差 Standard Deviation
风险中性 Risk-indifferent
风险追求 Risk-seeking
单利 Simple Interest

风险 Risk
实际收益率 Real Rate of Return
风险贴水 Risk Premium
内部收益率 Internal Rate of Return，IRR
方差系数 Coefficient of Variation，CV
风险厌恶 Risk-averse
资金的时间价值 Time Value of Money

连续复利 Continuous Compounding
终值 Future Value

复利 Compound Interest
现值 Present Value
年金 Annuity

课后习题

讨论题

1．假如实际利率是3%，预期通货膨胀率是5%，投资A和投资B的风险溢价分别是3%和5%。请计算：

1）无风险利率。

2）投资A和投资B的必要收益率。

2．现有一种债券，其面值是1 000美元，它每年的利息是50美元。此债券一年到期，年末收回本金和利息。假如你以950美元的价格购买了此债券，则持有期收益率是多少？

计算题

1．根据表4.13中的信息，计算这5种储蓄方式在各自储蓄期末的终值。

表4.13　5种储蓄方式的相关信息

储蓄方式	年金（美元）	利率	储蓄期（年）
A	2 500	8%	10
B	500	12%	6
C	1 000	20%	5
D	12 000	6%	8
E	4 000	14%	30

2．假如你可以通过类似的投资获得每6个月3%的收益率，那么为了在5年后获得10 000美元，你愿意投入多少资金？

案例分析

【案例1】　　　　　　　　　　Coates的决定

23岁的高中数学老师Dave Coate最近收到了11 00美元的税收返还。由于目前不需要这笔资金，所以Dave Coate决定进行长期投资。在考虑了许多投资方案之后，Dave找到了两种最适合他的。

两种投资都需要1 050美元，并且能带来为期10年的收益。投资方案A提供相对稳定的收益流，而Dave认为投资方案B的收益具有更多的不确定性。经过分析调查，Dave发现，相对稳定的收益流的折现率为4%，由于投资方案B收益的不确定性，Dave对投资方案B的收益率有额外4%的要求。对于投资剩余的50美元（1100-1050）的处理，尽管Dave计划再将其投资到有类似收益率的投资工具中，他还是希望能够将其存入储蓄账户，每年得到3%的复利支付。

当Dave做这些投资决定时，他请你帮助他回答表4.14下面的问题。

表4.14　A、B两种方案的收益预期

年份	预期收益 A	预期收益 B
2017	50	0
2018	50	150
2019	50	150
2020	50	150
2021	50	200
2022	50	250
2023	50	200
2024	50	150
2025	50	100
2026	1 050	50

问题：

1）假设投资方案A和B的风险相同，都适用4%的折现率。运用现值方法评价两种投资方案的可行性，并且选出其中更好的投资方案。

2）将投资方案B的高风险考虑进去，B适用于8%的折现率（4%+4%）。评价此时两种投资方案的可行性并选出更好的投资方案，并且把结果与问题1）的结果相比较。

3）根据1）和2）的结果，说明投资方案A的收益率是高于还是低于4%，投资方案B的收益率是高于还是低于8%。

4）用现值方法估计两种投资方案的收益率，比较你的结果，并且将此结果与3）的结果相对比。

5）根据给定的信息，你会向Dave推荐哪种投资方案？解释原因。

6）假如没有从储蓄账户中取出的话，剩余的50美元到2026年年底会增加到多少美元？

【案例2】　　风险和收益的权衡：Molly O'Rourke的股票投资决定

在过去的10年中，Molly O'Rourke渐渐地构建了一个由普通股组成的分散化投资组合。目前，她的投资组合包括20只不同的普通股，总市值是82 500美元。

Molly目前在考虑从两只股票（股票X和股票Y）中选择一只，购买50股。为了估测每只股票的收益和风险，她收集了过去的10年（2007—2016年）中每只股票的股息红利收入和股票价格的数据。通过调查分析，Molly发现，这些股票的未来表现与其过去的表现大体一致。因此，她相信可以通过计算每只股票过去10年的持有期收益率来推测其期望收益率。Molly收集的股息红利收入和股价数据如表4.15所示。

表 4.15　两只股票过去 10 年的股息红利收入和股价数据　　　（单位：美元）

年份	股票 X 股息收入	股票 X 年初	股票 X 年末	股票 Y 股息收入	股票 Y 年初	股票 Y 年末
2007	1.00	20.00	22.00	1.50	20.00	20.00
2008	1.50	22.00	21.00	1.60	20.00	20.00
2009	1.40	21.00	24.00	1.70	20.00	21.00
2010	1.70	24.00	22.00	1.80	21.00	21.00
2011	1.90	22.00	23.00	1.90	21.00	22.00
2012	1.60	23.00	26.00	2.00	22.00	23.00
2013	1.70	26.00	25.00	2.10	23.00	23.00
2014	2.00	25.00	24.00	2.20	23.00	24.00
2015	2.10	24.00	27.00	2.30	24.00	25.00
2016	2.20	27.00	30.00	2.40	25.00	25.00

问题：

1）计算过去的 10 年间两只股票的持有期收益率。使用 Molly 的方法计算每只股票的期望收益率。

2）使用 1）中求出的两只股票的持有期收益率和期望收益率，计算每只股票 2007—2016 年这 10 年中的持有期收益率的标准差。

3）根据你的发现来评估和探讨两只股票的收益和风险。哪只股票更适合投资？阐明你的原因。

4）不考虑已经存在的投资组合，关于股票 X 和股票 Y 你会给 Molly 什么建议？

Excel 运用

在投资分析课上，Laura 的作业是对两只股票进行风险—收益方面的评估。研究的具体证券是 IBM 公司股票、HP 公司股票和标准普尔 500 指数。两家公司的股票代码分别是 IBM 和 HP。这些证券的相关（虚构的）数据如表 4.16 所示。

表 4.16　3 种证券的相关数据　　　（单位：美元）

	2009 年	2010 年	2011 年	2012 年	2013 年	2014 年
股价（IBM）	130.9	146.76	183.88	191.55	187.57	160.44
股息收入（IBM）	2.15	2.5	2.9	3.3	3.7	4.25
股价（HP）	39.88	48.48	58.36	56.01	1.3	2.63
股息收入（HP）	0.2	0.22	0.26	0.28	1.30	2.63
价值（S&P）	1 115.1	1 257.64	1 257.6	1 426.36	1 848.36	2 058.9

1）根据 Laura 找到的数据创建 Excel 表来计算股票每年的持有期收益率和为期 5 年的平均收益率。

2）创建 Excel 表，评估风险和收益。

3）计算 IBM、HP 和标准普尔 500 指数的收益的标准差。

4）IBM 和 HP 与什么行业有关？

5）根据 4）的答案及之前计算的平均收益率和标准差，关于 IBM 和 HP 的投资选择，Laura 能得出什么结论？

案例导读

27 亿美元！中国泛海收购美国最大长期护理保险公司

- 作者：澎湃新闻记者 李晓青
- 时间：2016-10-24 14:36
- 来源：澎湃新闻
- 网址：http://www.thepaper.cn/newsDetail_forward_1548447

10 月 24 日，中国泛海宣布，拟斥资约 27 亿美元（约合人民币 182 亿元）收购美国综合金融保险集团 Genworth Financial, Inc（以下简称 Genworth）全部已发行股份。

Genworth 是美国最大的长期护理保险公司。在此次收购中，中国泛海除了现金收购股份，还承诺在债务到期或到期前向 Genworth 注资 6 亿美元以偿还其在 2018 年到期的债务，并将 5.25 亿美元现金注入美国寿险业务。与此相对应，Genworth 也已承诺将 1.75 亿美元现金注入美国寿险业务。

此次交易已获双方公司董事会的批准，预计于 2017 年中期成交。但交易还有待 Genworth 取得所需的股东批准及监管批准。

Genworth（纽约证券交易所代码：GNW）是一家保险控股公司，总部位于弗吉尼亚州里士满，于 2004 年登陆纽约证券交易所，主要在长期护理保险、住房按揭保险、寿险和年金领域开展业务。公司位列美国财富 500 强，在福布斯全球保险业排名第 77 位。

根据 Genworth 公布的数据，截至 2016 年 6 月 30 日，Genworth 的总资产为 1 082 亿美元，其中可投资资产总额为 776 亿美元；净资产为 170 亿美元，较 2015 年年底上涨 16%；2016 年上半年共实现税后净利润 3.28 亿美元。

中国泛海近来在海外收购的不仅仅是公司。2016 年 2 月，中国泛海旗下的一家公司——中泛控股斥资 7.64 亿港元在美国夏威夷买了一块地，这块地面积约为 208 万平方米。

中资在海外投资的热度依旧不减。

在普华永道发布的"2016 年前三季度中国内地企业海外并购市场回顾与前瞻"中，数据显示，2016 年前三季度中国内地企业海外并购交易数量和金额均实现显著增长，交易数量达到创纪录的 671 宗，几乎是去年全年交易数量的两倍；交易总金额逾 1 600 亿美元。

普华永道中国企业并购服务合伙人唐迅说，2016 年前三季度中国企业海外并购的显著增长，主要得益于资本市场畅通的融资通道，以及快速增加的财务投资者交易数量。

在海外并购中，上市公司持续成为并购的主力军。数据显示，在前三季度的671宗海外并购中，由上市公司实施的有377宗，占比56%，其中国内主板和国内中小板（含创业板）上市企业交易数量占上市公司海外并购交易总数的75%。从交易金额而言，上市公司海外并购的金额达679亿美元。

第 5 章

现代投资组合的概念

学习目标

- 了解投资组合目标的概念，会计算投资组合的回报及标准差。
- 了解相关性和分散化的概念。
- 掌握 β 系数的概念及如何使用 β 系数衡量投资组合的风险。
- 掌握投资组合的 β 系数的概念及风险—收益线的特征。
- 了解投资组合管理的传统模式和现代资产组合理论。
- 了解积极投资组合管理的优势及目的。
- 了解多因素模型在积极的投资组合管理中的应用。

5.1 投资规划的原则

相比单一的投资工具，投资组合可以为投资者带来更大的收益。它可以在不降低投资收益率的前提下，有效地降低投资者的风险。

投资组合是指为达成一个或多个投资目标而组合在一起的一系列投资工具。显然，不同的投资组合会有不同的投资目标。成长型（Growth-oriented）的投资组合追求长期的资产升值；而收益型（Income-oriented）的投资组合则关注较高的分红和利息收入等即期收益。投资者在设定投资目标时就需要在风险与收益、潜在价值升值与当期收益之间进行选择。最终投资目标的选定取决于投资者自身的税收等级及收益需求、风险承受能力等，但必须确保在投资前选定你的投资目标。

5.1.1 投资组合的回报及标准差

投资组合的回报是组合中各项资产回报的加权平均。投资组合回报 r_p 可以由以下公式表示：

| 投资组
合回报 | = | 资产1在
组合中的
价值比例 | × | 资产1
的回报 | + | 资产2在
组合中的
价值比例 | × | 资产2
的回报 | +…+ | 资产n在
组合中的
价值比例 | × | 资产n
的回报 |

即
$$r_p = (w_1 \times r_1) + (w_2 \times r_2) + \cdots + (w_n \times r_n) = \sum_{j=1}^{n}(w_j \times r_j)$$

其中，$\sum_{j=1}^{n} w_j = 1$

投资组合收益的标准差可以由求单一资产的标准差公式求得。举个例子，假设我们想求得投资组合 XY 的收益率与方差，并假设 X、Y 各占资产的 50%，我们可以按照表 5.1 所示过程进行求解。

表 5.1　XY 的预期收益、平均收益及方差统计表

1. 投资组合的预期收益率

年份	（1）预期收益率 资产 X	（2）预期收益率 资产 Y	（3）组合收益率的计算	（4）组合的预期收益率
2009	8%	16%	（0.5×8%）+（0.5×16%）=	12%
2010	10%	14%	（0.5×10%）+（0.5×14%）=	12%
2011	12%	12%	（0.5×12%）+（0.5×12%）=	12%
2012	14%	10%	（0.5×14%）+（0.5×10%）=	12%
2013	16%	8%	（0.5×16%）+（0.5×8%）=	12%

2. 投资组合的平均期望收益率

$$\bar{r}_p = \frac{12\% + 12\% + 12\% + 12\% + 12\%}{5} = 12\%$$

3. 投资组合期望收益的标准差

$$s_p = \sqrt{\frac{(12\%-12\%)^2 + (12\%-12\%)^2 + (12\%-12\%)^2 + (12\%-12\%)^2 + (12\%-12\%)^2}{5-1}}$$

$$= \sqrt{\frac{0\% + 0\% + 0\% + 0\% + 0\%}{4}} = \sqrt{\frac{0\%}{4}} = 0$$

通过求解我们发现，2009—2013 年的投资组合收益率均为 12%，故平均收益率也为 12%，所以投资组合的标准差为 0。因为没有一年的收益率偏离收益率均值。

5.1.2　相关性和分散化

分散化意味着在投资组合中使用多样化的投资工具，这是使投资组合"有效"很重要的一个方面。而与此密切相关的另一个概念就是相关性（Correlation）。为了使投资计划有效，你需要了解相关性与分散化的概念及它们与投资组合整体风险收益率的关系。

1. 相关性

相关性是衡量两组或多组数据间相互关系的统计性指标。如果两组数据向同一方向发生变化，那么它们正相关；相反，如果两组数据向相反方向发生变化，则它们负相关。

数据间相互关联的程度由相关系数（Correlation Coefficient）来表示。在相关数据完备的情况下，我们利用金融计算器可以很容易地进行线性回归的计算并求出相关系数的数值。

相关系数的取值范围从–1（完全负相关）到 1（完全正相关）。图 5.1 展示了完全正相关（Perfectly Positively Correlation）和完全负相关（Perfectly Negatively Correlation）两种情况下资产的收益情况。

图 5.1 中左侧图形为完全正相关的两资产 A、B 的收益情况，右侧图形为完全负相关的两资产 A、C 的收益情况。

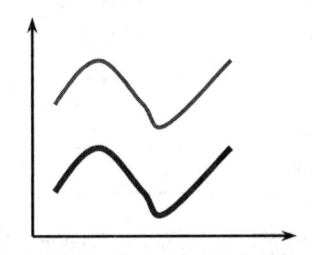

（a）两种完全正相关的资产的收益表现　　　　（b）两种完全负相关的资产的收益表现

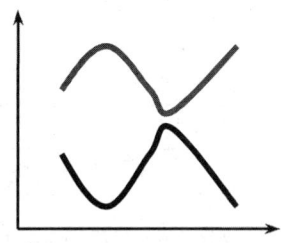

图 5.1　A、B、C 三种资产的相关性

> **投资须知**
>
> ### 一个理想的相关性
>
> 想知道如何更好地分散你的投资吗？理解不同投资类型间的相关性可以帮助你选择合适的资产，从而降低收益的波动风险。或许你已经考虑将不动产投资信托加入你的投资组合，这是个明智的举动，因为不动产投资信托通常与股票和债券有着不同的变动方向。主要的不动产投资信托指数和标准普尔 500 指数之间的相关性很低，只有 0.16。不动产投资信托与投资级债券的相关性为负，–0.20。将不动产投资信托加入投资组合将会有不错的回报，1976—2005 年这 30 年的时间里，不动产投资信托的年平均收益率是 15.9%，而标准普尔 500 指数的收益率是 12.7%。

2. 分散化

为降低投资组合的整体风险，投资者应该选择收益负相关或具有较低正相关的投资工具。举个例子，假设两种预期收益率均为 r_p 且具有负相关性的资产组成一个投资组合，那么此组合的预期收益率依然为 r_p，而组合的投资风险比只投资于单一资产降低很多。如果两项资产的收益是正相关的，那么组合风险（Uncorrelated）随正相关性的减小而降低。

有些资产是不相关的，它们彼此之间的收益不受对方收益率的影响。所以，将不具有相关性的投资组合在一起也可以降低资产的整体风险，其降低幅度不及收益负相关的资产，但强于收益正相关的资产。

我们仍然举例说明，表 5.2 展示了 X、Y、Z 三种资产在未来几年的预期收益率、平均收益率及标准差。

表 5.2 X、Y、Z 及组合 XY、XZ 的预期收益率、平均收益率及标准差统计表

年份	资产 X	资产 Y	资产 Z	投资组合 XY 50%X+50%Y	投资组合 XZ 50%X+50%Z
2009	8%	16%	8%	12%	8%
2010	10%	14%	10%	12%	10%
2011	12%	12%	12%	12%	12%
2012	14%	10%	14%	12%	14%
2013	16%	8%	16%	12%	16%
平均收益率	12%	12%	12%	12%	12%
标准差	3.16%	3.16%	3.16%	0%	3.16%

我们可以看到，每项资产的平均收益率均为 12%，标准差为 3.16%。因此虽然这三项资产收益的发放形式不同，但它们的收益率和风险程度是类似的。另外，XY 完全负相关，XZ 完全正相关。我们使用与表 5.1 相同的计算方法分别计算出组合 XY 和 XZ 的平均收益率及标准差，会发现两个投资组合的平均收益率仍为 12%，但组合 XY 的标准差减小至 0。可见，选择具有收益负相关性的资产进行组合可以大大降低投资组合的风险。

3．相关性与分散化对资产风险收益的影响

总体来说，两种资产收益的相关性越低，其潜在的风险分散能力越强。投资组合风险降低投资的程度依赖于两资产相关性的大小。在给出两项资产平均收益水平、标准差数值及相关系数后，我们可以对其进行任意比例的组合，但只有一种组合可以实现风险最小化。表 5.3 总结了相关性与收益及风险变动范围之间的关系。

表 5.3 两项资产的相关性与收益及风险变动范围之间的关系

相关系数	收益变动范围	风险变动范围
+1（完全正相关）	两项资产的收益之间	两项资产的风险之间
0（完全不相关）	两项资产的收益之间	0 与风险较高的资产之间（大于 0）
−1（完全负相关）	两项资产的收益之间	0 与风险较高的资产之间（可等于 0）

为了更清楚地说明这一问题，我们再举一例。假设 A、B 两项资产的收益（r）及风险（s）如图 5.2 所示。我们可以根据表 5.3 得出在完全正相关、完全负相关及完全不相关三种情况下投资组合的收益变动范围，图 5.2 的数据可以直接地表现出这一结果。无论在什么比例组合的情况下，收益都在 6%~8%；风险的变动范围较大，它的变动依赖于资产的相关性情况，变动范围 0~8%。

图 5.3 为不同的相关系数下投资组合的风险—收益曲线，它显示了两种资产构成的所有投资组合的期望收益与标准差。从图中我们可以看出，正相关性越小，负相关性越大，其潜在的风险减弱能力越强。

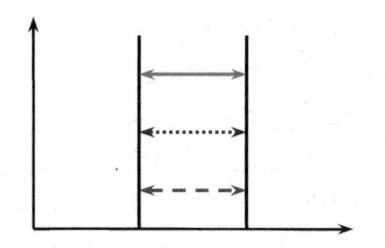

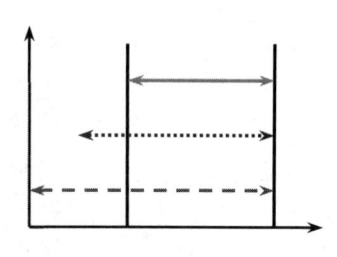

图 5.2 不同相关性的资产的收益与风险变动范围

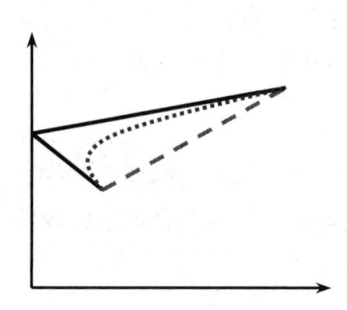

图 5.3 不同相关系数下投资组合的风险—收益曲线

任何两种资产都可以构成无数的风险收益组合，其变动范围由两资产的相关系数决定，图中展示了相关系数为+1、0、-1时投资组合的风险—收益曲线。

虽然如何确定风险最小化的组合不在本章的讨论范围之内，但我们应该了解寻找这一组合方式是建立投资组合很关键的一步。

5.2 资本资产定价模型（CAPM）

5.2.1 风险的组成

一项投资的风险包括两个部分：非系统性风险（Unsystematic Risk）和系统性风险（Systematic Risk）。非系统性风险是由公司自身的不可控事件或偶然事件引起的，如罢工、法律纠纷或一些其他事件。这部分风险是投资者可以通过分散化投资实现的。系统性风险则是投资者不可回避的风险，它是由于战争、通货膨胀或政治事件等引起的整个市场的动荡。系统性风险与非系统性风险合起来就是投资者面对的总体风险（Total Risk），公式如下：

总体风险 = 系统性风险 + 非系统性风险

谨慎的投资者可以通过持有分散化的投资组合来降低或消除非系统性风险。研究表明，投资者通过筛选 8~15 只证券就可以消除绝大部分的非系统性风险。所以投资者面临的唯一不可避免的风险便是系统性风险，每种证券都有它自己独特的系统性风险水平。我们将在后面章节对其进行测量。

5.2.2 Beta(β)：风险度量尺度

在过去的几十年中，我们发展了许多理论来衡量风险及收益。这些理论的核心部分便是衡量风险的 β 系数，以及利用 β 系数来衡量收益的资本资产定价模型。

首先了解一下市场风险（系统性风险）的衡量指标——β 系数。β 系数是根据每种证券自身收益和市场收益的历史数据求得的，反映了证券价格变动与市场因素之间的关系。一般来讲，市场因素变动对证券价格变动的影响越大，β 系数越大（其中市场收益是指所有或大多数股票收益的平均值，分析师常常使用标准普尔 500 综合指数或其他一些指数来衡量收益情况）。对交易活跃的股票来说，我们不需要自己计算它的 β 系数，许多公共资源或在线资源都提供了这类数据。我们只需要了解 β 系数是怎样产生的，怎样解释它及如何在我们的投资组合中应用这一数据。

1. β 系数的产生

图 5.4 展现了两证券 C 和 D 的收益率与市场收益率（Market Return）之间的关系，以此我们可以求出 β 系数，横坐标（X 轴）表示市场收益率，纵坐标（Y 轴）表示证券收益率。

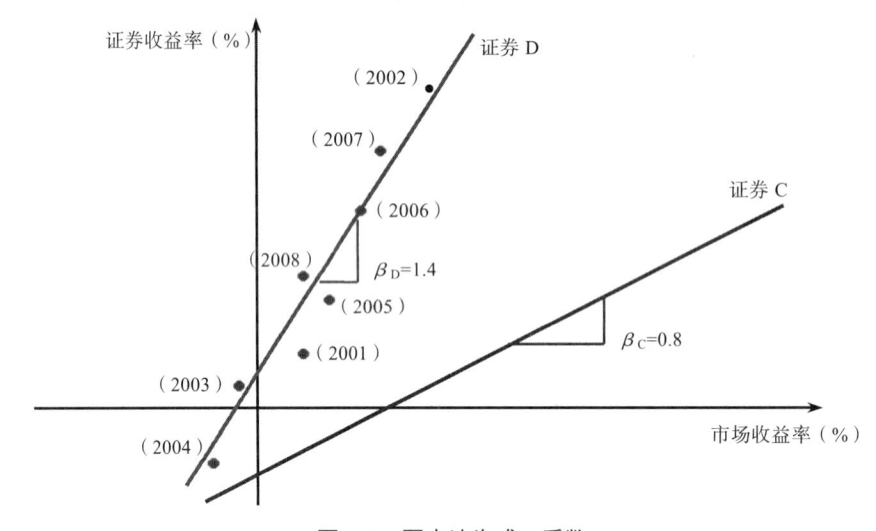

图 5.4　图表法生成 β 系数

通过已知数据可以画出证券 C 和 D 的证券收益率与市场收益率之间的曲线，曲线斜率便是 β 系数的取值。

我们先通过历史数据描画出坐标中的各个点，之后根据统计学公式得到拟合度最好的直线，此时每条直线的斜率就是该证券的 β 系数。如图 5.4 所示，证券 C 的 β 系数为 0.8，而 D 的 β 系数大于 C，为 1.4。这意味着 D 比 C 受市场收益率的影响更大，或者说 D 的风险大于 C。

2. 对 β 系数的解释

整个市场的 β 系数为 1。在表 5.4 中，我们选取了一些 β 值并给出了相关解释。从表

中我们可以看到 β 系数有正负之分。它反映了股票与整个市场变化相同（β 为正时）或相反（β 为负时）的关系（大多数情况下 β 系数为正值）。

表5.4 β 系数的相关解释

β 值	与市场的关系	解 释
2.00		资产收益变动两倍于市场收益的变动
1.00	与市场收益同方向变动	资产收益变动等于市场收益的变动
0.50		资产收益变动是市场收益的变动的一半
0		资产收益不受市场收益变动的影响
−0.50		资产收益变动是市场收益的变动的一半
−1.00	与市场收益反方向变动	资产收益变动等于市场收益的变动
−2.00		资产收益变动两倍于市场收益的变动

大多数股票的 β 值在 0.5~1.75 这一区间内。许多大的经纪公司都会公布股票的 β 值，投资者也可以登录如 finance.yahoo.com 这类的网站来寻找关于 β 值的在线资源。

投资须知

哪个 β

β 值计算的科学性受很多因素的影响。一个研究者最近查阅了 16 个不同的金融网站，发现对于同一家公司的股票的 β 值的估计从 0.72 到 1.39 不等。假如你要自己计算 β 值，那么你的计算结果也会受到你所选取的历史数据的数量和时段的影响，也受到对收益计算的频率的影响。

3. β 系数的应用

个人投资者可以通过 β 系数来衡量市场风险，以及整体市场情况对于每只股票价格的影响。如果 β 系数大于 1，那么股票本身的变动幅度将大于市场的变动。举个例子，一只 β 系数为 1.5 的股票，如果预期整个市场在未来一段时间将增值 10%，则这只股票的预期收益就为 15%（1.5×10%）；同样，当市场整体下滑 10%，股票的下降幅度也将大于市场幅度。

下面是关于 β 系数需要记住的几个要点。

1）β 系数衡量了证券的系统性风险（市场风险）。

2）整个市场的 β 值为 1。

3）β 系数可以为正值，也可以为负值，但大部分证券的 β 系数为正值。

4）拥有大于 1 的 β 系数的股票对于市场收益率的变动比较敏感，因此其风险也大于市场风险。β 系数小于 1 的股票则有比较小的市场风险。

5）拥有较高 β 系数的股票会包含比较大的风险，因此，它也具有较高的预期收益率。

5.2.3 CAPM：运用 β 系数衡量收益

20世纪60年代初期，金融经济学家们开始研究马柯维茨的模型是如何影响证券的估值的，这一研究导致了资本资产定价模型（Capital Asset Pricing Model, CAPM）的产生。Sharpe、Lintner 和 Mossin 三个人分别于1964年、1965年和1966年独立推导出著名的资本资产定价模型。这一模型阐述了在投资者都采用马柯维茨的理论进行投资管理的条件下市场价格均衡状态的形成，把资产预期收益与预期风险之间的理论关系用一个简单而又合乎逻辑的线性方程式表示出来。在实践中，很多专家用它来估计资产收益，指导投资行为，确定投资策略。

1. 资本资产定价模型的公式

利用 β 系数，CAPM 可以求解出单个资产的期望收益率，其公式如下：

期望收益率=无风险收益率+β系数×（市场收益率–无风险收益率）

即
$$r_j = R_F + \beta_j \times (r_m - R_F)$$

CAPM 可以将收益率分成两部分：无风险收益率 R_F；风险溢价 $\beta_j \times (r_m - R_F)$。

风险溢价是指投资者为弥补他所承受的系统性风险而要求的高于无风险收益率（Risk-free Rate）的那部分收益率。通过公式我们可以看到，随着 β 的增大，风险溢价相应增加。因此，投资者的期望收益率也相应增加。

我们可以通过例子来展示 CAPM 的应用。假设你正在考虑购买证券 Z，该证券的 β 系数为1.25，现行的无风险收益率为6%，市场收益率（r_m）为10%，将这些数据代入公式，可得：

$$r_Z = 6\% + [1.25 \times (10\% - 6\%)] = 6\% + (1.25 \times 4\%) = 11\%$$

即我们对这一证券的期望收益率为11%。

若证券的 β 系数为1，那么期望收益率为：

$$r_Z = 6\% + [1.00 \times (10\% - 6\%)] = 6\% + (1.00 \times 4\%) = 10\%$$

若证券的 β 系数为1.5，那么期望收益率为：

$$r_Z = 6\% + [1.50 \times (10\% - 6\%)] = 6\% + (1.50 \times 4\%) = 12\%$$

很明显，CAPM 反映了风险与收益间的关系：高风险（β）带来高的风险溢价和期望收益率。

2. 证券市场线（SML）

当 CAPM 用图形表示出来时，这一图形就是证券市场线（Securities Market Line, SML）。SML 是一条直线，反映了资产风险与收益之间的线性关系。回到刚才的例子中，当证券 Z 的 β 系数为1.33时，其期望收益率为10%，当 β 系数为2时，其期望收益为14%［2%+2（8%–2%）］，依次类推，我们可以找出所有的 β 值对应的期望收益率，如表

5.5 所示。将其绘制于坐标轴上便得到如图 5.5 所示的一条直线,其中阴影部分是风险溢价。

表 5.5　β 值与对应的期望收益率

风险(β)	期望收益率
0.0	2%
0.5	5%
1.0	8%
1.5	11%
2.0	14%
2.5	17%

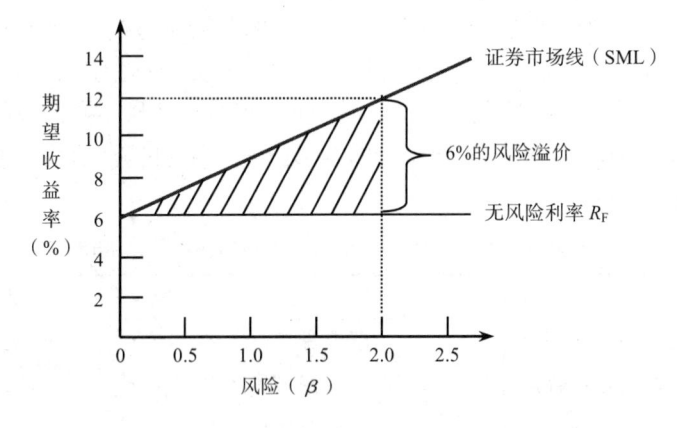

图 5.5　证券市场线

证券市场线揭示了资产风险与收益之间的关系。当 β 为 0 时,资产收益为无风险收益率 6%;当 β 为 2 时,期望收益率为 12%,风险溢价为 6%。

3. 关于该理论的评论

CAPM 很大程度上依赖于所观察资产的历史表现,β 系数是否真的可以反映某资产未来的收益情况是值得质疑的。所以,期望收益率仅作为资产未来收益的粗略估计值。

虽然 CAPM 是一个被广泛接受的理论,但由 Stephen.A.Ross 在 1976 年首次提出的套利定价理论(Arbitrage Pricing Theory, APT)在金融界引起了更多的关注。CAPM 仅考虑了来自市场的风险,强调证券风险只能用某一证券对于市场组合的 β 系数来解释,而 APT 不仅考虑了市场的风险,而且考虑了市场以外因素带来的风险,因此解释性较强。在一定条件的限制下,可以说 CAPM 是 APT 的一个特例,但 APT 的一个缺点在于它不能确切地告诉我们影响风险的其他因素的情况。另外,APT 还缺少实证性的检验,所以虽然 CAPM 在预测资产收益方面还有很多局限,但它还是为我们衡量资产的风险收益提供了非常有用的框架。所以,它仍然是众多投资者衡量风险收益时的首选工具。

5.3 传统模式与现代资产组合理论

个人与机构投资者通常有两种途径来计划和构建投资组合，即传统模式与现代资产组合理论。传统模式是指证券市场发展以来，投资者使用的非数量性资产管理方式。而现代资产组合理论（Modern Portfolio Theory, MPT）则是近些年发展起来的更偏于数量性应用的管理理论。这一理论正被越来越多的人接受。

5.3.1 传统模式

传统的资产管理强调投资组合的"平衡"，强调将资产投资于不同行业的重要性。因此，依照传统模式建立起来的投资组合往往是由广泛的投资于不同行业的证券组成的。

表 5.6 展示了一个以传统模式组建投资组合的共同基金的资产配置情况。这一基金（美国成长基金，GFA）是一只开放式共同基金（它的资产总额达 147 亿美元，其中 90% 的资金投资于股票市场，选股涵盖了 11 个不同行业的 250 只不同的股票。另外，10% 的资金投资于短期债券及很小的一部分固定收益类证券）。它的投资目标是投资于一系列拥有较好资产增值潜力的公司。

表 5.6　美国成长基金投资所覆盖的行业及各行业所占比例（2006 年 8 月 31 日）

	行　　业	比　　例
美国成长基金（GFA）一直坚持使用传统模式进行投资组合配置及管理	**股票资产**	**89.19%**
	信息技术	20.16%
	医疗健康	13.65%
	能源	13.36%
	非必需消费品	10.55%
	金融	7.81%
	工业	7.78%
	主要消费品	5.68%
	材料	3.97%
	通信服务	2.09%
	公用事业	0.14%
	其他	4.00%
	固定收益证券	**0.13%**
	优先股	0.00%
	可转债	0.00%
	债券和票据	0.13%
	短期证券	**10.58%**
	其他金融资产	**0.10%**

资料来源：美国成长基金年报，2006 年 8 月 31 日，pp.11~15。

GFA 90%的资产投资于股票。我们通过分析该基金的持仓结构来考察投资管理的传统模式。在 GFA 所持有的股票中，投资于信息技术行业的资产占最大份额，大约为总投资的 20.16%。从单个证券的角度来讲，GFA 持股最多的是 Roche——一家医疗界的龙头企业，持有份额占总资产的 2.25%；其次是 Google——世界最著名的搜索引擎之一，占总资产的 2.12%；排在第三位的是占 1.74%的 Schlumberger——全球最大的油田服务商之一。公司基金所投资的 250 只股票大多数都是知名的大型公司，小公司所占比例比较小。

传统模式的投资组合主要投资于大型企业有三方面原因：第一，这些公司都是知名的成功企业，投资于这类企业常常被认为风险较小；第二，大型企业的股票发行量较大且流动性很好；第三，机构投资者挑选大公司的股票加入投资组合更有利于机构说服投资者投资于其基金。

近几年来，机构投资的另一个趋向为"群体效应"，即投资于与其他基金公司相似的股票。举例来说，GFA 的基金经理很可能购买其他成长型共同基金持有的股票。虽然我们不清楚为什么不同的基金经理总会选中同样的几只股票，但从历史数据来看，这种投资的群体效应确实存在。

5.3.2 现代投资组合理论

现代投资组合理论（MPT）是美国的一位大学教授 Harry Markowitz 在 1952 年发表的论文《投资组合选择》中首先提出并发展起来的。他第一次运用方差和期望值作为对风险和收益的度量，奠定了现代风险分析的基础。

Markowitz 以投资者的资产选择为出发点，指出了风险和收益的权衡关系，从理论上推导出最优的投资组合，并提出了一系列重要概念。这些内容已逐渐发展成为主流的风险与收益理论，成为现代投资学产生的重要标志。根据 MPT，通过将彼此有负相关（或较低正相关）收益率的股票结合在一起，就可以实现资产的分散化。因此，在依照 MPT 组建的投资组合中，资产的分散化是决定性因素。

1. 有效边界（Efficient Frontier）

当你准备组建投资组合时，会有成百上千的投资品种可供选择。假设我们从中选择 10 个投资产品进行投资，并将每个证券的期望收益率、标准差，以及由单个证券所能构成的全部组合的期望收益率、标准差在以标准差为横轴、以期望收益率为纵轴的坐标系中标出，就会生成证券投资组合集合，其基本形状如图 5.6 所示。从图中可以看出，多个证券构成的可行域是标准差—期望收益率坐标系中的一个弹头形平面区域。在不允许卖空的情况下，组合中每个证券的投资比例系数均为正，因此所形成的可行域是闭合区域。

图中的平面区域及其边界反映了所有可能存在的投资组合的风险收益情况，其中，处在图形边界上 E 到 F 之间的点为有效的投资组合。

在可行区域 BERF 内，包括了全部单个证券与全部组合的风险与收益的坐标点。集合左边界 BERF 一段为最小方差边界，即在相同期望收益率的条件下，由投资风险（方差或标准差）最低的资产（证券）组合所组成的曲线。

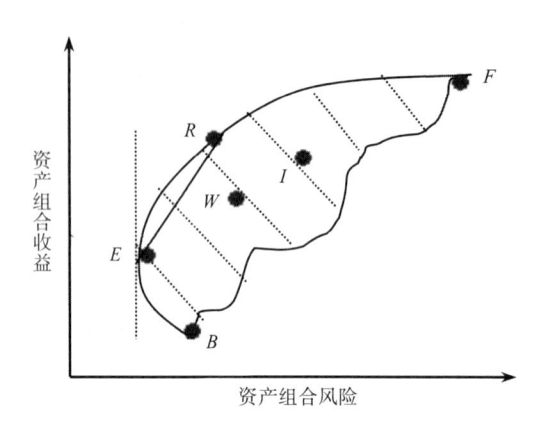

图 5.6 投资组合的有效边界及可行域

BF 线段的下半部（*BE* 段）为无效边界。因为在这一段，期望收益率越高，风险越低，投资者只会选择这一段的最高点，因为在最高点 *E* 上，投资组合的期望收益率最高，而风险却是最低的。

BF 线段的上半部（*ERF* 段）为有效边界，它包括全部有效投资组合。有效投资组合的定义为在相同风险情况下期望收益率最大的组合，或者在相同期望收益率情况下风险最低的组合。

因此，依据偏好收益原则，投资者将范围缩小到上边界，依据厌恶风险原则，投资者将范围缩小到左边界，可行域的左上边界即有效边界。只有有效边界上的点（代表一个投资组合）所代表的投资组合才是有效组合。效率边界是凹性的，即凸向纵轴。

2. 最优投资组合的选择

给定若干有效组合供投资者选择，投资者最愿意选择的投资组合是能达到效用最大化的投资组合，即最优投资组合（Optional Portfolio）。

由于每个投资者的偏好不同，因此需要根据投资者的个人偏好与无差异曲线进行选择。

对于风险回避的投资者而言，其效用的无差异曲线是凸性的（向纵轴的相反方向突出），能给投资者带来最大效用的就是左上方的无差异曲线，而前面已经论证了效率边界是凹性的。因此能够与左上方无差异曲线相切的效率边界的点，一定是给投资者带来最大效用的组合，即风险回避者的最佳组合一定位于效率边界上。而且有效边界的特性与无差异曲线的特性决定了它们之间的切点只有一个 O 点，如图 5.7 所示。

在图 5.7 中，无差异曲线 I_2 优于 I_3。投资者为获得 I_3 的效用，可以有多种投资选择，但 I_2 投资为投资者带来的效用比资产组合风险 I_3 投资高。I_2 与效率边界相切于 O 点，O 点的组合就成为为投资者带来最大效用的投资组合。

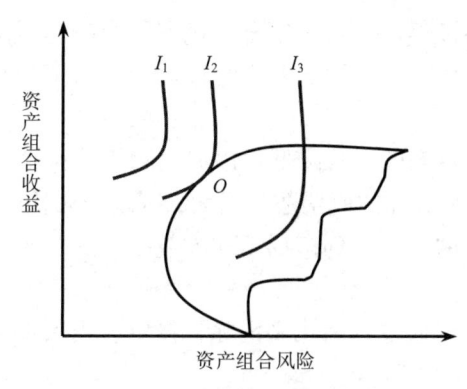

图 5.7　最优投资组合的选择

3. 投资组合的 β 系数

正像我们曾经提到的，投资者通过选择不同资产实现分散化，以达到降低风险、增加收益的目标。进行投资时会遇到两类风险：非系统性风险和系统性风险。

大量投资风险的相关研究表明，想要赢得更高的收益，投资者必须承担更大的风险。研究结果还表明，只有在系统性风险中才存在风险—收益正相关的关系，非系统性风险的高低与收益间并没有直接关系。所以，投资者应该尽可能地将非系统性风险降到最低。

（1）风险分散化

分散化通过使不同资产的高低收益相互抵消来最小化非系统性风险。这要求投资者选择的投资组合涵盖较多的行业。

为了更好地了解分散化对非系统性风险的作用，我们可以进行如下试验：首先以一种单一资产（证券）开始，然后，通过随机地选取一些证券加入，使投资组合不断扩充。在这一过程中，使用标准差来衡量投资组合的整体风险，并观察不断加入的证券对投资组合整体风险的影响。试验结果如图 5.8 所示，当证券不断加入组合中时，组合的风险由于分散化的作用而降低，不断趋近于某一极限值。

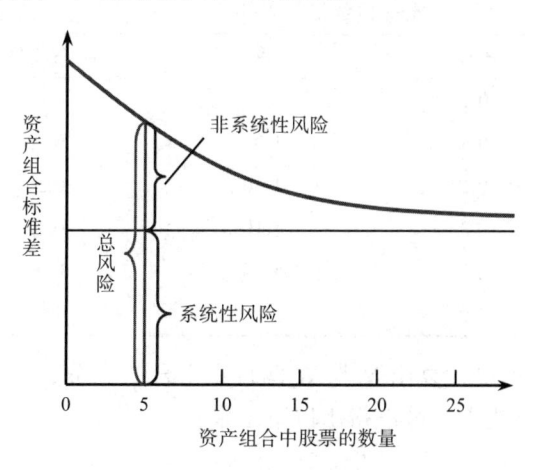

图 5.8　投资组合的风险分散化

通过随机地选取一些证券创建投资组合，投资组合的总风险（以收益的标准差来衡量）不断降低。被消除的风险是投资的非系统性风险，留下的是投资的系统性风险及其他相关风险。

一般来讲，分散化所带来的风险降低可以通过随机选择 8～15 只证券来实现。但有理论认为，由于可供投资者选择的股票数量巨大，所以个人投资者至少要持有 40 只不同的股票才能真正地实现分散化，达到市场平均收益率。这一观点倾向于支持投资者投资于基金。

由于非系统性风险可以通过分散化来消除，投资者需要面对的只有系统性风险。下面我们了解一下系统性风险的度量。

（2）计算投资组合的 β 值

投资组合的 β 值是组合中各资产 β 系数的加权平均，投资组合的 β 系数的计算公式如下：

$$\text{投资组合的 }\beta = \text{资产 1 在组合中的价值比例} \times \text{资产 1 的 }\beta + \text{资产 2 在组合中的价值比例} \times \text{资产 2 的 }\beta + \cdots + \text{资产 }n\text{ 在组合中的价值比例} \times \text{资产 }n\text{ 的 }\beta$$

即

$$\beta_p = (w_1 \times \beta_1) + (w_2 \times \beta_2) + \cdots + (w_n \times \beta_n) = \sum_{j=1}^{n}(w_j \times \beta_j)$$

其中，$\sum_{j=1}^{n} w_j = 1$。

投资组合的 β 系数反映了投资组合的收益率对市场变动的敏感程度。假设市场收益率上升 10%，一个 β 系数为 0.75 的投资组合，其收益率将增加 10%×0.75=7.5%。

举个例子，假设我们现在要评估两项投资组合 V 和 W 的风险水平。每个投资组合中都包含 5 项资产，这 5 项资产所占的比例及各自的 β 系数如表 5.7 所示。

表 5.7　投资组合 V 与 W 的资产列表

资产	投资组合 V 所占比例	投资组合 V β 系数	投资组合 W 所占比例	投资组合 W β 系数
1	0.1	1.65	0.1	0.80
2	0.3	1.00	0.1	1.00
3	0.2	1.30	0.2	0.65
4	0.2	1.10	0.1	0.75
5	0.2	1.25	0.5	1.05
总计	1.0		1.0	

通过表 5.7，我们可以计算出 V 与 W 两投资组合的 β 系数。将表中的数据代入投资组合的 β 系数的计算公式中，可以得出以下结果：

$$\beta_V = (0.10 \times 1.65) + (0.30 \times 1.00) + (0.20 \times 1.30) + (0.20 \times 1.10) + (0.20 \times 1.25)$$
$$= 0.165 + 0.300 + 0.260 + 0.220 + 0.250$$
$$\approx 1.20$$
$$\beta_W = (0.10 \times 0.80) + (0.10 \times 1.00) + (0.20 \times 0.65) + (0.10 \times 0.75) + (0.50 \times 1.05)$$
$$= 0.080 + 0.100 + 0.130 + 0.075 + 0.525$$
$$\approx 0.91$$

投资组合 V 的 β 系数为 1.20，而投资组合 W 的 β 系数为 0.91。计算出投资组合的 β 系数后，投资者就可以根据自己的风险偏好选择适合自己的投资途径。

（3）投资组合的 β 系数的应用

投资组合的 β 系数有效性的大小取决于它对收益率波动的解释程度。我们可以利用投资组合的决定系数（R^2）来评估 β，这一系数表示了证券收益变动的百分比与市场收益之间的关系。R^2 的取值范围是 0～1。如果回归公式计算出 R^2 为 0，那么它表示证券收益的变动与市场收益之间完全不相关；如果 $R^2=1$，则表示证券收益的变动与市场收益完全相关。

相对衡量单独某只证券的收益变动情况，β 系数更大的用途是衡量一个投资组合的收益变动情况。一个有较好分散性的股票投资组合的 β 系数在 0.9 左右，它表明组合中有 90%的收益变动来自整个股票市场的变动情况。一般来说，单个证券的 R^2 变动范围较广，但主要集中在 0.2～0.5。它表明证券收益的变动有 20%～50%由于市场整体的变动，而其他部分的收益变动则是由非系统性风险因素引起的。对比之下我们发现，当单个证券被结合到一个分散性良好的组合中时，组合收益的变动屏蔽掉了非系统性风险的不利影响，而较多地受市场整体性因素的影响。

（4）解释投资组合的 β 系数

如果投资组合的 β 系数为 1，则组合会与市场有相同的收益变化。例如，当市场收益上涨 10%时，组合收益也同样增加 10%；相反，当市场收益下降 6%时，组合收益也下降 6%。

表 5.8 列出了在市场收益变动 ±10%时，不同 β 系数的投资组合相应的收益变动情况。通过表 5.8 我们可以看出，β 系数为 2 的投资组合，收益变动率分别为 ±20%，它属于高风险、高收益类型的投资组合；而 β 系数为 0.5 的投资组合，为低风险、低收益的投资组合，不追求高利润的保守性投资者可以选择这类的投资组合；而 β 系数为–1 的投资组合与整个市场的变动相反，一个认为市场将会下跌的投资者很可能愿意购买这类投资组合，因为这类投资组合能在市场下跌时，为投资者带来不错的收益。但找到拥有负的 β 值的证券并非易事，所以，大多数投资组合的 β 系数是正的，它们总是与市场向着同样的方向运动。

表 5.8 投资组合的 β 系数及相关的收益变动情况

投资组合的 β 系数	市场收益变动情况	期望的投资组合收益
+2.00	+10.0%	+20.0%
	−10.0%	−20.0%
+0.5	+10.0%	+5.0%
	−10.0%	−5.0%
−1.00	+10.0%	−10.0%
	−10.0%	+10.0%

4．风险-收益关系

现代投资组合理论的另一个可贵的产物，是其对投资收益与系统性风险之间关系的阐述。这一关系成立的前提是，投资者拥有的是一个相对风险较高、收益也较高的投资组合。图 5.9 展示了这一关系，图中向上倾斜的直线就是风险-收益线，风险-收益线与 Y 轴交点的取值是无风险利率水平，即 R_F。这是一个投资者在类似于国库券或存款账户等不含风险的投资工具上可以取得的收益。

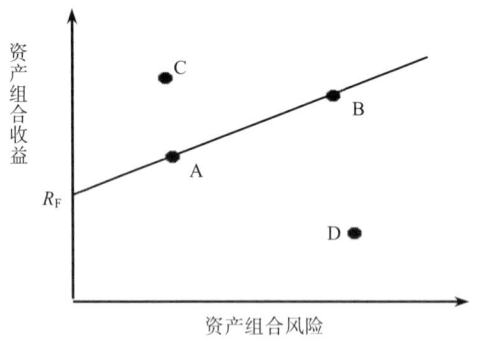

注：随着投资组合的风险从 0 开始增加，投资组合的收益也从无风险收益开始增加。组合 A 和 B 的风险与收益相当，组合 C 为低风险、高收益的投资，而组合 D 则是高风险、低收益的投资。

图 5.9 投资组合的风险-收益线

当我们从 R_F 点沿着风险-收益线向上时，风险较高的投资组合逐渐出现，如图中 A、B、C、D 四个点。组合 A 和 B 提供了两组风险与收益相当的投资工具；组合 C 则在相对较低的风险水平上提供了较高的收益，因此是一项非常出色的投资组合；组合 D 则相反，它有一个比较高的风险水平，而收益却很低，投资者应避免投资于这样的组合。

5.4 传统模式与现代资产组合理论的结合

我们已经了解了两种不同的投资组合管理方式：传统模式和现代资产组合理论。我们不能简单地评价哪种模式好，哪种不好，这一判断要由投资者自己做出。但在这里，我们可以给大家提供一些有益的参考。

一般投资者没有资源和数学功底来实施整个的现代投资组合管理策略，所以，投资者可以将传统和现代的资产管理理念相结合。传统模式强调对于证券的挑选及投资组合跨行业的分散性，而 MPT 强调组合中资产的收益间的负相关性，这种模式要求资产分散化，以降低非系统性风险。因此，分散化是两种资产管理模式的共同点。另外，β 系数作为衡量投资组合系统性风险大小的指标，是我们做组合决策时必不可少的一个工具。

基于此，我们推荐以下几项组建投资组合时应遵循的方针：
- 清楚自身愿意承担风险的大小。
- 通过寻找不同行业的不同证券来实现分散化，注意所选证券之间的相关性。
- 考虑证券与市场的关联程度，运用 β 系数进行资产分散化，使投资组合的风险保持在可以接受的水平内。
- 评估替代组合的价值，以保证所选的资产可以在相同风险水平下提供较高的收益率。

5.5 积极的投资组合管理理论

5.5.1 积极管理的优势

消极管理指投资者通常把市场价格看作均衡交易价格，因此他们并不试图寻找低估的品种，而只关注债券组合的风险控制。在债券投资组合管理过程中，通常使用两种消极管理策略：一种是指数策略，目的是使所管理的资产组合尽量接近某个债券市场指数的表现；另一种是免疫策略（Immunization Strategy），这是被许多债券投资者所广泛采用的策略，目的是使所管理的资产组合免于市场利率波动的风险。

当众多投资者从最大限度分散风险或从消极管理出发，通过向其投资组合里加入价格低估的股票的方法，以期获得超额收益时，市场效率便得到了实现。这种对超额收益的竞争保证了证券的价格将非常接近其"公平"价值。在风险调整的基础上，大多数投资经理将不可能击败消极管理。但是，在对投资回报进行竞争的过程中，某些优秀的投资经理可以获得比市场价格里所包含的平均预期收益更高的收益。

经济逻辑和某些经验证据都可以证明这一点。我们先讨论经济逻辑。假定任何分析家都不能击败消极管理，那么聪明的投资者会把资金从需要花费大量昂贵分析的其他管理方式转向相对低廉的消极管理，在这种情况下，积极管理下的资金将会逐渐撤出，价格也将不再反映复杂的预测。随之而来的获利机会将把积极管理的经理们重新吸引回来并使他们再度获得成功。当然，这里关键的假定是投资者会很明智地分配管理基金，而这方面的直接证据还有待发掘。

下面则是一些经验证据：有些投资组合投资经理已经获得了一系列的超额收益，这些事实已经不能仅仅用运气来解释；已实现收益率中的"噪声"足以阻止我们彻底拒绝这种假定，即某些投资经理已经击败了消极管理策略，虽然获得的超额收益在统计学的意义上很小，却有很重要的经济意义；有些已实现的超额收益非常稳定，表明那些能够及时捕捉到的投资组合投资经理们可以在一段相当长的时期内击败消极管理。

这些结论告诉我们，积极的投资组合管理理论是有一定地位的，即便投资者都认为证券市场接近有效率，积极管理仍然有着无法抗拒的诱惑力。

假定资本市场完全有效率，并且可得到一个简单可行的市场指数投资组合，那么实际上该投资组合就是有效风险投资组合。显然，在这种情况下，证券选择是毫无意义的。我们能做的就是根据消极管理把资金在货币市场基金（安全资产）与市场指数投资组合之间进行分配，除此之外你不可能做得更好。在这种简化的假定之下，获得最佳投资策略似乎不需要任何努力与知识。

更重要的是，积极管理的吸引力会变得越来越大，因为由此所产生的潜在利润是巨大的。与此同时，众多积极型投资经理之间的竞争会驱使市场价格向有效市场水平接近。超额利润会因此变得越来越难以得到，但通过努力分析而取得与之相当的利润也将越来越普遍。即便价格在一定程度上是有效的，但某些分析人员仍能始终维持一定的合理利润。因为如果没有利润，积极型投资经理行业就会消亡，并最终导致价格偏离有效市场的水平。

5.5.2 积极的投资组合管理的目的

投资者对专业投资组合投资经理的期望是什么？这种期望又会怎样影响他的运作？如果客户是风险中性者，那么答案就非常简单。投资者会期望投资经理建立一个能产生最大可能回报率的证券投资组合。投资经理将根据这种要求进行运作，而其业绩则根据他所实现的平均收益率来评价。

如果客户是风险厌恶者，答案就有些复杂了。投资组合投资经理没有标准的投资组合管理理论，在做出任何一个投资决策之前都不得不与每位客户协商，以确保收益（平均收益率）与风险相称。客户需要为此付出很大的经常性支出，而专业投资经理的价值也将令人怀疑。

幸运的是，均值—方差有效投资组合管理理论使得我们可以把下面两者结合："产品决策"，即如何构造一个在均值—方差意义上有效的有风险投资组合；"消费决策"，即投资者如何在有效风险投资组合与无风险资产之间配置资金。我们已经知道，构建最佳风险投资组合纯粹是一个技术问题，它能得到一个对所有投资者都适用的最佳有风险投资组合。投资者之间的不同只在于他们如何在有风险投资组合与无风险资产之间配置资金。事实证明，投资组合的有效边界概念已经渗透到整个证券业。

威廉·夏普对共同基金业绩的评价是投资组合业绩评价领域中很有创意的工作。回报与波动性比率也被人们称为夏普测度（Sharpe Measure），其公式如下：

$$S = \frac{E(r_p) - r_f}{\sigma_p}$$

式中，S 表示夏普比率；$E(r_p)$ 表示基金 p 的平均收益率；r_f 表示基金 p 的无风险利率；σ_p 代表基金 p 的标准差。

简单地说，均值—方差投资组合理论意味着专业投资组合投资经理的目标是使（事前）夏普测度最大，即使资本配置线（CAL）的斜率最大。一个好的投资经理的资本配置线总是比消极持有市场指数投资组合者的要陡。客户可以通过观察投资经理的回报率并计算他们的已实现夏普测度（事后资本配置线）来评价其相对业绩。

一般来说，客户总是希望把他们的资金委托给最有能力的投资经理，即那些最有可能做出客观的预测从而可以持续获得最高夏普测度的投资经理。不管客户对待风险的态度如何，这一点对所有人都是适用的。同时，每个投资者还必须决定将多大比例的资金交给这位经理进行投资，并将余下的部分投资于无风险资产。

根据最新预测得到的事前夏普测度是不断变化的。当预测比较乐观时，投资者愿意增加他们在有风险投资组合上的投资，否则就会减少。但是，随时向客户传达最新的预测信息并让他们随时修改在风险投资组合与无风险资产之间的资金配置是不现实的。

允许投资经理根据他们的预测随时改变资金在最佳风险投资组合与无风险资产之间的配置可以解决这个问题。实际上，很多股票基金都允许投资经理灵活、合理地进行调整。

5.5.3 多因素模型与积极的投资组合管理

在不远的将来，关于证券收益的多因素模型有可能获得很大的发展并被普遍应用。到目前为止，我们对积极的投资组合管理的分析似乎主要依赖于市场指数模型的合理性，也就是说，主要依赖于单因素证券分析模型。尽管如此，多因素模型并不会影响我们对积极型投资组合的构建，因为整个特雷纳-布莱克分析主要集中于指数模型的残差。如果我们要用多因素模型取代单因素模型，通过计算每只证券的反映其合理收益的α值（给定它对所有因素的贝塔值），我们就可以接着构建积极型投资组合，同样我们还可以把该积极型投资组合与缺乏证券分析而构建的投资组合结合起来。不过不管怎样，使用多因素模型仍会产生一些新问题。

多因素模型还为研究合理配置提供了一种很有效的方法。分析人员可以专门研究不同因素投资组合的均值与方差的预测问题，从而成为那一领域的专家。一旦确定了各个指标的贝塔值，就可以产生一个协方差矩阵，与CAPM模型和套利定价理论所产生的证券期望收益一起构建最优消极型风险投资组合。如果对单个证券进行积极分析，构建最优积极型投资组合，并与消极型投资组合一起构成最优投资组合，就与单因素的情况是一致的。

在多因素市场里，即使消极型投资者（那些承认市场价格是"公平"价格的投资者）也需要做大量的工作。他们需要预测期望收益及每个因素的波动性，这要根据预期效用最大化原则确定每个因素组合的恰当权重。这个过程的原理很简单，但计算工作很烦琐。

知识拓展

1. 真正的消极型投资组合管理只需要持有市场指数投资组合与一个货币市场基金即可。确定资金在市场指数投资组合上的配置需要对它的收益与方差进行估计，这就意味着仍然需要把一些分析工作委托给职业投资人员。

2. 积极型投资组合投资经理希望构造一个酬报与波动性比率（夏普测度）最大的风险投资组合。

3. 理想市场时机的价值是可观的。理想市场时机的回报率将是不确定的，不能用测度投资组合风险的标准指标来测度理想市场时机的风险特性，因为它绝对优于消极型投资策略，理想市场时机只会带来好的惊喜。

4. 理想市场时机等价于拥有一个市场指数投资组合的看涨期权，它的价值可以用期权定价方法，如布莱克—舒尔斯公式来确定。

投资行动

学生投资团队的出色表现

想象一下，当你还是一名在校学生时便管理了 100 000 美元的投资组合将是什么样的情景。根据佛罗里达州 Stetson 大学学生投资委员会的数据，全美有超过 110 所大学将学校的校友捐助或其他基金交由学生进行投资管理。

Dayton 大学在 1999 年成立了一个由本科生参与的资产投资管理中心，它管理着价值超过 300 万美元的资产，这是美国所有学生管理的投资组合中数额最大的一个。该中心为学生提供了专业的投资环境，包括有线金融与新闻频道、实时报价系统、机构专用的投资管理工具，以及与证券分析师对话的机会。David Sauer，金融学副教授，同时也是该中心的出资人，说："学生在这一投资中心的工作使他们自己获得了相当于两年或更长时间的实际工作经验。"

Dayton 大学的学生一起探讨潜在的投资机会，当有 2/3 的学生投票通过便可以实施投资计划。投资资金会在权益类和固定收益类债券之间进行分配，每个学生负责一个特定行业的研究，投资主要集中于行业中的大型及中型企业。在这样一个项目中，学生得到了投资管理的实战经验，其中包括对市场趋势的调研和对投资时机的把握，以及对新的投资机会的发现和对投资组合走势的追踪等。

那么这些学生投资经理的业绩如何呢？Dayton 大学的这支投资团队得到了远高于 S&P500 指数的业绩，其他学校的情况也都与此类似。另一所也拥有此类项目的学校，Alaska Pacific 大学的校长 Doug North 说："当你把责任赋予学生时，他们总能迎难而上，出色地完成任务。"

资料来源：Jim Bohman, "Executive to Donate $1M to UD," Dayton Daily News, May 13, 2003, p.D.1; Dee Klees, "Youthful Stocks and Bonds; Young Investors Study Market, Create Network," The Post-Standard(Syracuse), September 29, 2003, p.5; Sarana Schell, "Analyze This: APU students Master Global Finance by Investing Real Money," Anchorage Daily News, November 3, 2003, P. F1; and "Students Play the Market with Colleges' Money, "Houston Chronicle, September 26, 2002, p. 2.

关键术语

相关性 Correlation

完全负相关 Perfectly Negatively Correlation

不相关 Uncorrelated

市场收益率 Market Return

系统性风险 Systematic Risk

无风险收益率 Risk-free Rate
总体风险 Total Risk
证券市场线 Security Market Line, SML
完全正相关 Perfectly Positively Correlation
非系统性风险 Unsystematic Risk
现代投资组合理论 Modern Portfolio Theory, MPT
资本资产定价模型 Capital Asset Pricing Model, CAPM
有效边界 Efficient Frontier
夏普测度 Sharpe Measure

课后习题

讨论题

1．描述你的投资组合目标，构建一个由 10 只股票组成的能满足你的投资目标的组合。收集每只股票近 5 年的股息分红和价格数据。
1）计算每只股票每年的历史回报率。
2）利用 1）得出的结果计算投资组合历史回报率。
2．研究一份共同基金的募股书和年度报告，按照基金描述的目标构建投资组合。
1）该投资组合是否多样化？
2）与股票投资组合相比，讨论投资者投资基金面临的额外风险。

计算题

1．一个投资组合经理总结了如表 5.9、表 5.10 所示的微观与宏观预测资料。

表 5.9 微观预测

资产	期望收益(%)	贝塔值	残差（%）
股票 A	20	1.3	58
股票 B	18	1.8	71
股票 C	17	0.7	60
股票 D	12	1.0	55

表 5.10 宏观预测

资产	期望收益(%)	标准差（%）
国库券	8	0
消极型权益投资组合	16	23

1）计算这些股票的期望超额收益、α值及残差平方和。
2）构建最优风险投资组合。
3）这个最优投资组合的夏普测度是多少？它有多少是从积极型投资组合中来的？M2 是多少？

4）如果一个投资人的风险厌恶系数为 2.8，他的最佳投资组合是怎样的？

2．假设在完全正相关、不相关、完全负相关 3 种情况下，分析资产 V 和资产 W 的各种组合的风险和收益情况。这两种资产的相关信息如表 5.11 所示。

表 5.11　V 和 W 两种资产的相关信息

资产	平均收益率	风险（标准差）
V	8%	5%
W	13%	10%

1）假如这两种资产完全正相关（相关系数是 1），请描述这两种资产所有可能的组合的风险和收益的范围。

2）假如这两种资产不相关（相关系数是 0），请描述这两种资产所有可能的组合的风险和收益的范围。

3）假如这两种资产完全负相关（相关系数是 -1），请描述这两种资产所有可能的组合的风险和收益的范围。

3．假设你要评估投资 A 和投资 B 的 β 值。这两个投资及市场组合在 2008—2017 年的收益情况如表 5.12 所示。

表 5.12　两个投资及市场组合在 2008—2017 年的收益情况

年份	历史收益率		
	市场组合	投资 A	投资 B
2008	6%	11%	16%
2009	2%	8%	11%
2010	-13%	-4%	-10%
2011	-4%	3%	3%
2012	-8%	0%	-3%
2013	16%	19%	30%
2014	10%	14%	22%
2015	15%	18%	29%
2016	8%	12%	19%
2017	13%	17%	26%

1）以市场收益率为 x 轴，以投资收益率为 y 轴，在同一个坐标系中画出投资 A 和投资 B 的特征线。

2）用 1）中画出的特征线来估计这两种投资的 β 值。

3）用 2）得到的 β 值来评价这两种投资的风险。

4．运用资本资产定价模型来找到表 5.13 中 5 种资产各自的必要收益率。

表 5.13　5 种资产的无风险收益率、市场收益率和 β 值

证券	无风险收益率	市场收益率	β 值
A	5%	8%	1.30

续表

证券	无风险收益率	市场收益率	β值
B	8%	13%	0.90
C	9%	12%	−0.20
D	10%	15%	1.00
E	6%	10%	0.60

5．投资组合 A~J 的收益率和风险的详细信息如表 5.14 所示。

表 5.14　投资组合 A~J 的收益率和风险的详细信息

投资组合	收益率	风险（标准差）
A	9%	8%
B	3%	3%
C	14%	10%
D	12%	14%
E	7%	11%
F	11%	6%
G	10%	12%
H	16%	16%
I	5%	7%
J	8%	4%

1）将这些投资组合表示在以风险（标准差）为 x 轴，收益率为 y 轴的坐标系中。
2）画出有效边界。
3）哪些投资组合落在有效边界上？为什么这些投资组合在所有的组合中有重要地位？
4）投资者如何运用效用曲线和有效边界来寻找最佳投资组合？

案例分析

传统和现代投资组合管理理论

Walt Davies 和 Shane O'Brien 都是 Lee 公司的地区经理。这些年来，他们在公司的销售部多次相见，成为亲密的朋友。Walt 33 岁，Shane 35 岁，他们住在不同的地方。最近，在全国销售会议上，他们讨论了公司的各种问题、各自的家庭近况和投资状况。他们两人都对目前股市的表现感兴趣。

Walt 认为，个人投资者比较安全的投资方式是投资共同基金。他强调说，个人投资者必须投资于高度分散化的投资组合，而投资共同基金可以很容易地达到这样的效果。

Shane 不同意 Walt 的看法。他认为投资者要做的是仔细观察股票的期望收益特征，然后将所有的钱投资于一只最好的股票上。Shane 的经纪人让他了解了 β 值作为风险度量的含义。Shane 说 β 值越大，相应的股票的风险就越大，因此其收益也就越高。通过在网上观察待选股票的 β 值，他可以选择一只他能够接受的风险水平的股票。有了 β 值，投资者就不必分散化投资。

Walt 表示，尽管他对 β 值一无所知，他仍然认为一个人只投资一只股票资产是不安全的。Shane 继续解释说，他的经纪人已经向他解释了 β 值不仅能够计量单个股票的风险，也可以计量投资组合如共同基金的风险。"例如，一个 β 值为 1.20 的单个股票和 β 值为 1.20 的共同基金之间的区别是什么呢？它们有相同的风险,应该提供相似的收益。"

二人的讨论渐渐吸引了站在旁边的公司财务副总裁 Elinor Green 的注意。Elinor 说："你们二人说的都既有正确的地方又有错误的地方。Walt 倾向于投资组合管理的传统模式，Shane 更倾向于投资组合管理的现代理论。"

问题：

1）分析 Walt 的观点，解释为什么共同基金可能导致投资过度分散化，以及为什么个人投资者要实现足够的投资分散化并不需要几十万美元。

2）分析 Shane 的观点，解释他关于将 β 当作投资分散化的替代进行运用的相关言论的逻辑中的主要错误。解释 β 作为风险度量工具背后的主要假设。

3）简述传统投资组合管理模式，并且将其与 Walt 和 Shane 所支持的投资组合管理理论相联系。

4）简述现代投资组合管理理论，并且将其与 Walt 和 Shane 所支持的投资组合管理理论相联系。

5）解释传统投资组合管理模式和现代投资组合管理理论如何融合在一起来实现对个人投资者的有益指导。将它与 Walt 和 Shane 的不同观点相联系。

Excel 运用

在第 4 章的 Excel 运用中，你帮助 Laura 评估了 3 个证券的风险和收益。Laura 的另一种投资选择是投资于 IBM 和 HP 的组合。她的老师建议她使用资本资产定价模型来计算这两只股票的必要投资报酬率。

公式：期望收益率=无风险收益率+β 值×（市场收益率−无风险收益率）

Laura 用当前的长期国债的收益率 5% 作为无风险收益率，利用她在第 4 章 Excel 运用中计算出来的标准普尔 500 指数的平均收益率作为市场收益率。她用下面的步骤获得 β 值：

- 登录 moneycentral.com；
- 在 "Get Quote" 中输入 IBM，然后点击 "Go"；
- 在左侧一栏中，在 "Quote,Chart,News" 下面选择 "Company Report"；
- 在 "Stock Activity" 标题下面找到 "Volatility（beta）" 的数据；
- 重复上述步骤找到 HP 的 β 值。

1）IBM 和 HP 的 β 值各是多少？假设标准普尔 500 指数的 β 值是 1.0。运用资本资产定价模型，用 Excel 计算 IBM 和 HP 的必要投资报酬率。

2）Laura 已经决定将投资组合设定为 60% 的 IBM 和 40% 的 HP。请用 Excel 表格计算这个投资组合的收益率和 β 值。

> **案例导读**
>
> ## 德日不满！特朗普加剧全球贸易及货币紧张关系
>
> - 作者：凤凰国际记者 巨舰
> - 时间：2017-02-06 07:21:30
> - 来源：凤凰国际 iMarkets
> - 网址：http://www.phonexnews.cn/newsDetail__179087852
>
> 对于美国总统特朗普的有关指责，全球各国领导人并未示弱。在特朗普炮轰德国和日本通过操纵外汇市场来获得不正当的贸易优势后，日本首相安倍晋三开始加入德国总理默克尔的阵营，在周二予以回击，从而使全球开始了一场针对特朗普的反指控热潮。
>
> 欧洲外交关系委员会董事马克·伦纳德在接受电话采访时表示："一个巨大的冲突开始出现，特朗普愿意加入与中国和其他国家的地缘政治争端中，来实现自己'美国至上'的议程。"
>
> 在特朗普上任后数日出现的这些争端，加剧了全球各国有关贸易和货币制度的紧张关系。有迹象表明，美国将以牺牲多边贸易为代价，支持双边贸易协定，迫使世界各国领导人制定自己的红线，建立新的联盟。
>
> **美国与主要贸易伙伴的贸易情况**
>
> 特朗普已经表明，通过征收进口关税来支付修筑墨西哥边境城墙的费用，使他可以迅速从竞选推特转向美国政策。这意味着，对于特朗普的威胁，没有人会掉以轻心。
>
> 安倍晋三向议会表示，日本让日元贬值的说法是不准确的。如若必要，会向特朗普阐述日本的货币政策。按照计划，美日领导人将于下周在美国会晤，届时安倍晋三有机会向特朗普阐述其政策。特朗普曾在本周二表示："中国和日本都在操纵货币市场，让货币贬值，而美国却熟视无睹。"
>
> 美国国家贸易委员会主席纳瓦罗曾表示，德国巨额贸易盈余就是让其货币被严重低估的佐证。对此，默克尔在接受《金融时报》采访时予以了回击。
>
> 默克尔于周二在瑞典首都斯德哥尔摩向媒体记者表示，欧元汇率的设定属于欧洲中央银行的职责范围，而德国政府长期以来一直支持欧洲央行的独立性。
>
> **力促贸易**
>
> 默克尔表示："我们力争在全球市场上与所有有竞争力的产品进行公平贸易。"如今正在参与四连任竞选的默克尔计划在今年主持主题为自由贸易的G20会议。她打算在今年7月的G20峰会上与特朗普会晤，这距离其大选还有两个月。
>
> 随着特朗普的轮番炮轰，全球各国也在寻求新的联盟。默克尔在上周和中国总理李克强通过电话交谈，并表示支持双方建立更密切的贸易关系，这意味着中德双方已经达成了一个反对特朗普贸易保护主义议程的全球协议。
>
> 马克·伦纳德表示："特朗普思考的是在零和博弈条件下的赢家和输家，但国际贸

易却不是双赢的问题。如果他最终引发全球经济衰退,并破坏了很多的工作机会,他最终将付出惨重的代价。"

下一次国际集会可能是特朗普的一次机会。如果特朗普政府打算将其贸易伙伴认定为汇率操纵的对象,不管这是真实的情况还是单凭其想象,那么在今年3月17—18日在德国巴登举行的G20财长和央行行长峰会就是其时机。

在最近数年,G20峰会都强调避免货币出现竞争性贬值的重要性,虽然G20成员国都难以区分明显的汇率操纵和中央银行对汇市的调控政策。一年前在上海G20会议期间,日本中央银行出台了前所未有的刺激政策,引发了其他国家的普遍担忧。

忽视或者修正

法国兴业银行驻香港首席亚太经济学家Klaus Baader表示:"即便他们捍卫自己的政策,但各国领导人也应小心,不要过分夸大。"

Klaus Baader表示:"特朗普不知道说了多少次会在上任首日将中国列为汇率操纵国。事实上,这只是说辞。这些所谓的说辞都是不可能被执行的。"

虽然在今年1月,美元对全球主要发达国家的货币贬值了1.9%,但在特朗普当选总统之日,美元汇率有所反弹。

特朗普当选总统以来美元汇率的走势

美银美林驻伦敦10国集团外汇战略部门负责人Athanasios Vamvakidis表示:"特朗普总统的矛盾之处在于,他实际执行的政策,如财政刺激、边境调整税和国土投资法案,都是有利于美元的。只要美国经济数据依然保持强劲,那么美联储就会继续收紧银根,这同样是利好美元的。"

通用电气董事长兼首席执行官杰弗里·伊梅尔特在接受彭博社主编John Micklethwai采访时表示:"企业家们有责任引导特朗普远离那些具有潜在破坏性的政策。"

杰弗里·伊梅尔特表示:"我们能做的就是引导,但同时,还需要与那些赞成英国脱欧或支持特朗普当选总统的人们进行沟通。看,最终有一天,如果我们要创造更多的就业机会,就不应该疏远其他国家。"

CFA练习题

1. 证券发行市场是指(   )。
   a. 一级市场   b. 二级市场   c. 国家股票交易所
2. 利用电子通信网络(ECN)进行交易所上市股票交易被称为(   )。
   a. 大宗交易   b. 三级市场   c. 四级市场
3. A股票现价为50美元。某投资者利用股价模型预测出该股票价值应该是40美元,如果她相信股价模型预测结果是正确的,那么她应该执行(   )。

a. 卖空指令　　　　　b. 买入止损指令　　　c. 市价交易指令

利用以下数据回答第 4~7 题：
- 某投资者购入 XYZ 股票 100 股
- 市价为 50 美元
- 初始保证金比为 40%
- 维持保证金比为 25%

4. 该账户内自有资金应该放入（　　　）。

  a. 2 000 美元　　　　b. 3 000 美元　　　　c. 4 000 美元

5. 当股票价格降到（　　　）时，投资者会收到保证金通知。

  a. 26.67 美元　　　　b. 37.50 美元　　　　c. 40 美元

6. 如果股票价格降到 45 美元，保证金账户中的投资者权益差是（　　　）。

  a. 1 000 美元　　　　b. 1 500 美元　　　　c. 2 500 美元

7. 如果一年后该股票以 60 美元的价格卖出，投资者收益率是（　　　）。

  a. 20%　　　　　　　b. 50%　　　　　　　c. 100%

8. 美国设置初始保证金率的机构是（　　　）。

  a. 联邦储备金监察小组　　　　　　b. 纽约证券交易所

  c. 证券交易委员会

9. 美国股票交易所中，限价指令由（　　　）控制。

  a. 特殊交易者　　　b. 场内经纪商　　　c. 委托经纪商

10. 在（　　　）上，只要市场是开放的，交易就可以进行。

  a. 国内有效市场　　b. 集合竞价市场　　c. 连续竞价市场

11. 一项 150 000 美元预期税后现金流如下：第一年有 100 000 美元的资金流入，第二年有 120 000 美元的资金流入。资本成本是 10%。这项投资的内部收益率是（　　　）。

  a. 28.39%　　　　　b. 28.59%　　　　　c. 28.79%

12. 一位分析师预测，在未来的 5 年里，一家公司的净销售收入将翻番，净收入将变为原来的 3 倍。基于此分析师的预测，恰当描述了期望年复利增长率的是（　　　）。

  a. 净销售收入将每年增长 15%，净收入将每年增长 25%

  b. 净销售收入将每年增长 20%，净收入将每年增长 40%

  c. 净销售收入将每年增长 25%，净收入将每年增长 50%

13. 一只股票的可能收益率及其发生的可能性见下表：

可能的收益率	发生的可能性
3.0%	25.0%
10.0%	50.0%
25.0%	12.5%
40.0%	12.5%

此股票的期望收益率是（　　　）。

  a. 13.88%　　　　　b. 19.50%　　　　　c. 42.5%

14. 在马柯维茨模型中，投资组合的风险（　　　）。
   a. 等于此投资组合中所有证券的标准差的简单加总
   b. 等于此投资组合中所有证券的标准差的乘积
   c. 不等于此投资组合中所有证券的风险的简单加权平均
15. 可以被分散掉的风险叫作（　　　）。
   a. 非系统性风险　　　b. 市场风险　　　c. 系统性风险

答案：
1~5：acaac　　6~10：bbaac　　11~15：caaca

第 3 部分

股票投资

▶ 第 6 章 普通股
Common Stocks

▶ 第 7 章 证券投资的基本分析
Analyzing Common Stocks

▶ 第 8 章 股票估值
Stock Valuation

▶ 第 9 章 有效市场与行为金融
Market Efficiency and Behavioral Finance

第6章 普通股

> **学习目标**
> - 了解股票的概念。
> - 掌握普通股的价值形式。
> - 了解股利分派的重要日期和股利分派的形式。
> - 了解普通股的种类。
> - 了解投资外国股票的方式及其收益的计算。
> - 了解股票投资的主要策略。

6.1 股票概述

6.1.1 股票的概念

股票是股份有限公司发给出资并承担经营风险的股东、代表资本所有权的书面凭证，是一种有价证券。股票的持有者就是股份公司的股东。股票就其性质来讲是一种资本证券，是虚拟资本。它代表资产所有权，是一种集资工具，同时又是企业产权的存在形式，股票所代表的权利产生的原因是股东向股份公司出资而持有公司的股份。

股份有限公司的资本叫股本，资本通常指注册资本，是记载于公司章程中并在政府工商行政管理局登记注册的有权发行股票的总额。要注意股份与股票、股东权益、股东的关系。公司股本是由包括发起人在内的很多投资者投入的，为便于计量每个投资者向公司投入了多少股本，各自占有多大的比例以分割公司的权利义务，就有必要把公司股本分成若干可以计量的单位。股份就是股份公司资本的基本计量单位，每个股份都代表一定量的资本额度，每股资本额都相等，每股金额乘以股份总数就等于股份公司的资本总额，即股本额。由于股份公司的所有权和经营权分离，投资者向公司投入一定资本，占有公司一定的股份，应当有一种书面凭证来证明投资者对公司投资的行为，并以此享受权利和承担义务，股票因此而产生。所以，股份是股票的实质内容，股票在股份的前提下产生，股票是股份的书面证明形式。

股票使持有人能够参与公司的利润分配，因为每位股东都是公司的所有人，他们拥有分享公司财富的权利。但是这项权利是有限制条件的，股票持有人只是公司的剩余所有权人。也就是说，他们的索偿权在其他投资者之后，如债权人。因此，股东必须要在公司承担其他金融义务之后才能获取收益。相应地，股票投资者作为剩余所有权人并不一定会获得投资收益。

6.1.2 股票的魅力

尽管2008年美国股票市场遭遇金融危机大幅下滑，但股票仍然是最受个人与机构投资者欢迎的投资选择。对于大多数投资者而言，股票的魅力在于它的升值预期，从而带来可观的收益。很多股票确实会派发红利，使投资者获取周期性的现金流。然而，大多数股票的红利收入远远低于股票市场波动带来的资本利得（或资本损失）。

6.1.3 股票价格行为

根据股票的性质，当市场走强时，投资者一般预期将会从稳定的股价增长中获利。例如，2006年道琼斯工业平均指数（DJIA）上涨超过16%。然而，当市场增长减缓时，投资者的收益增长也放慢了。股票市场也有让人痛心的时候，2008年道琼斯工业平均指数下降了约34%，这意味着一份100 000美元的投资只剩下66 000美元。

股票市场并不会一直放晴，也会有阴霾的日子，有时候这样的日子还会持续数月。但这并不是常态，从1956年到2008年的几十年间，道指下滑17次，约占全部时间的32%。而另外68%的时间里，市场是在上涨的。不过，股价波动的风险是一直存在的（即使在牛市）。例如，1982年到2000年年初是历史上最长的牛市之一，道指在此期间年平均增长率约17%。但即使在这样的牛市里，也有几天股价是下滑的，有时甚至会持续一段时间。

6.1.4 股票收益

根据普通股的特性，市场行情好时，投资者因为股票升值而获得好处。反之，当市场衰退时，收益也随之减少。普通股收益包括价格变动和股利收益两部分，前者所占的比例更大。市场平均数可以对市场总体的股票收益进行评估，但不同股票的表现有相当大的差异。不同持有期下普通股的平均年收益率情况如表6.1所示。

表6.1 普通股的平均年收益率

持 有 期	平均年收益率
5年：2001—2005年	2.01%
10年：1996—2005年	9.76%
15年：1991—2005年	12.30%
25年：1981—2005年	13.23%
50年：1956—2005年	10.07%

6.1.5 股票的优势与劣势

投资者持有股票可以有很多原因，如潜在的资本利得、股利收入和高度的市场流动性。持有股票的优势和劣势如下。

1. 持有股票的优势

股票的最大吸引力之一在于它可能带来的巨大收益。股票通常提供很有吸引力的收益率。事实上，普通股的收益比其他投资工具，如长期公司债券、国库券等更加丰厚。例如，在 1950—2005 年，高级公司债券的平均年收益为 6% 左右，仅为普通股的一半。通常情况下股票的获利水平要比债券高得多。

股票还有其他的好处，如买卖简易、交易费用低、价格信息与市场信息传播广泛等。还有一个优势是每股股票的价格很低，大多数投资者都可以承受，不像债券通常面额最小为 1 000 美元以上。一些共同基金也有很高的限额，普通股没有类似的最低额。大多数股票每股价格都在 50 美元或 60 美元以下，任何数目的股票都可以进行交易。

2. 持有股票的劣势

持有股票的最大劣势在于其巨大的风险，包括商业风险、财务风险、购买力风险、市场风险和意外事件风险等，这些风险都对投资者的收益产生不利影响。由于公司的收益受到政府规范、国外竞争和经济发展等很多因素的影响，因此即使最好的股票也具有难以克服的风险因素。

所有这些都导致了股票的另一个劣势，即股票的收益及表现有很大的波动性，因而难以估值和持续选择最好的股票。由于影响股票未来表现的因素很多，选择股票的过程十分复杂。

股票的另一个劣势是它牺牲了当前收入。其他一些投资，如债券，则支付更高水平和更确定的当前收入。尽管近几年来两者的收入差距不断减小，但普通股在当前收入水平上比债券或其他大多数固定收入证券仍然差距甚远。

6.2 普通股的特征

普通股代表对公司的权益（或所有权），因此普通股也被称为权益证券或权益资本（Equity Capital）。每股都代表同等的对公司股利及收益的所有权、对公司管理的发言权和投票权。投资者持有的普通股数量越多，对公司的所有权越大。普通股没有到期日，它可以无限期地流通。普通股股东具有分享公司利润的权利，然而它是一种剩余求偿权，即普通股股东在公司债权人和优先股股东之后才得到偿付，因此普通股持有者也有可能完全得不到投资收益。

普通股是个人投资者和机构投资者使用最广泛的投资方式。普通股使投资者可以根据个人需要和偏好进行投资，在多样化的股票市场中，总有满足投资者目标的普通股。普通股既可以通过股利分派提供稳定的现金流，又可以通过资本利得获得长期的财富积累。事实上，对资本利得的追求是大部分投资者进行投资的目的，它提供比股利更大的收益，这也是其他证券无法拥有的一个特点。

6.2.1 普通股的重要概念

所有的股份公司都会发行普通股，本书介绍的股票是指公开交易股，即公众可以获得的、在公开市场上买卖的股票。从微软等巨型公司到小规模的当地公司都会发行公开交易股票。该股票的交易市场是非常庞大的。研究普通股时涉及的概念如下。

1. 新股发行

公司发行普通股有几种不同的形式，其中应用最广泛的为公募，即公司以某一价格向投资的公众提供一定数量的股票。公司也可以通过认股权出售的方式发行新股，即给现有股东优先购买新股的机会，从而使现有股东在公司中保持适当比例的权益。例如，某股东当前持有某公司1%的股票，当公司通过认股权出售的方式发行1 000股新股时，该股东可购买1%（100股）新股。如果他不想行使该权利，则可以卖给其他人。以上两种发行方式的结果是一样的：公司在资产结构中拥有更多的权益，在外流通的股票数量增加。

2. 股票分离

股票分离（Stock Spin-off）是新股进入市场的方式之一，它通常发生在公司脱离某一子公司或部门的时候。公司不是出售该子公司，而是使其成为一个新的独立的公司，并把该公司的股票分配给原股东。通常情况下，当认为某子公司不再与其相称，或者认为其经营过于多样化而想集中精力于核心产品时，公司会进行股票分离。股票分离对投资者也有好处。

3. 拆股

公司通过拆股（Stock Split）也可以增加流通股票的数量。进行拆股时，以一定数量的新股票取代当前流通的每只股票。例如，在一个1:2的拆股中，每2只新股取代1只旧股。在一个2:3的拆股中，每3只新股替代原有的2只流通股。即原来拥有200只流通股的投资者在1:2的拆股后拥有400只新股，在2:3的拆股后拥有300只新股。

公司拆股的目的是降低股票市场价格以增加股票交易的吸引力。通常情况下，股价以拆股比例下降（除拆股时伴随股利水平大幅提高的情况外）。例如，100美元的股票在1:2的拆股后价格下跌为50美元，在2:3的拆股后价格变为66.6美元。

4. 库存股

与增加流通股数量相反，公司有时希望购回一部分股票以减少在外流通的股票数量。一般来说，当公司认为其股票价值在市场上低估时进行股票回购，从而使股票对投资者更有吸引力。所谓库存股（Treasury Stock），就是指发行后被发行公司购回的股票。库存股可由发行公司持有并在日后需要时使用，如可以在兼并或收购时使用，或者作为支付股利的方式。这些股票也可以由发行公司无限期地持有。

回购股票的影响是不确定的。一般来说，如果回购股票的数量很多，则股东的权益和收益增加，由于股价的上涨使得股东受益。然而，回购也经常被用作估价过高股票维持高价的手段。

5. 分类普通股

大多数情况下，所有股东享有同等的公司所有权。有些时候，公司发行不同等级的普通股（分类变通股）(Classified Common Stock)，每个等级股票的持有者享有不同的权利与收益。

一个明显的例子是福特汽车公司的分类普通股。A 类股票由公众持有，B 类股票由福特家族及其信托机构持有，在分享股利方面两类股票享有同等权利。但是 A 类股票每股代表一个投票权，而 B 类股票给予福特家族对公司的 40%的绝对控制权。当流通的普通股有分类时，投资者须考虑每类的特权、收益及限制。

6.2.2 普通股的买卖

在进行普通股的买卖时，除了掌握股票的当前价格之外，还需要熟悉股票的报价(Quote)和执行交易的成本。

1. 普通股的报价

股票市场投资者依赖及时公布股价的高效率信息系统，金融报刊中每日公布的股票报价是该信息系统的一个关键部分。下面以《华尔街日报》中的报价为例介绍报价单的使用。我们将会看到，报价单不仅提供每只股票的最新价格，还提供很多附加信息。

52 周 最高价	52 周 最低价	股票（分红/年）	分红率%	PE	成交量（百股）	收盘价	变化率
29.34	12.95	NewMrkt(US)	...	12	1242	29.31	0.25
62.72	34.90	NewmtMin .40	.7	55	74208	54.09	−0.71
9.65	5.46	NewpkRes	...	43	3495	8.13	−0.10
18.24	3.94	NewsCp A .12e	.8	...	37929	15.80	0.04
18.63	14.76	NewsCp B .10e	.6	29	10574	16.60	−0.06
59.94	22.88	Nexen s .20g	...	...	5925	48.83	−1.39
42.97	35.76	Nicor 1.86	4.6	15	1913	40.65	−0.01
23.40	12.98	Nidec ADS s.05	.3	...	408	18.34	−1.50
91.54	75.10	Nike B 1.24	1.5	17	11891	84.28	−0.19
16.60	8.61	99cOnlyStr lf	...	29	2393	10.38	−0.12
25.97	19.85	Nippon ADS .27e	1.2	...	3555	21.67	−0.18
25.50	19.51	NiSource .92	4.5	18	10105	20.50	−0.15
29.37	9	Nissin ADS s.06e	.3	...	55	20.20	−0.90
84.96	48.81	Noble Crp x .16	.2	34	26684	72.93	−0.46
48.75	30.90	Noble Engy s .20	.5	15	13501	40.99	−1.35
19.94	14.52	Nokia .88e	4.9	...	77512	17.95	−0.04
20.46	11.65	NmuraHldg .20e	1.1	...	5704	17.90	−0.44
56.68	28.60	NrdcAmTkr 4.47e	12.9	12	4508	34.76	−0.92
42.90	24.45	Nordstm .34	.8	23	10180	40.51	−0.39
50.17	29.60	NorflkSo .64f	1.3	16	19343	48.27	−0.73
124.90	75.90	Norsk 3.10e	2.8	...	301	112.42	−3.14
12.35	7.82	Nrtllnvr ADS	...	...	24	9.25	−0.26
3.60	2.26	NortelNtwks	...	cc	198182	2.97	0.01

图 6.1 股票报价单

图 6.1 描述了 2006 年 12 月 24 日在《华尔街日报》刊登的纽约证券交易所内部股票的报价，这些价格反映了前一日的交易情况。我们将以 Nike 公司为例进行讨论：前两个数字分别表示的是，在过去 62 周中该公司股价最高达到每股 91.54 美元，最低达到每股 75.10 美元。接下来是公司名称，即 Nike B，其中 B 说明这些是公司的 B 级普通股，即在纽约证券交易所上市与交易的普通股。(Nike 也有 A 级股，但只由公司建立者或其他几个单位持有，而没有公开发行。) 名称之后是公司每年支付的现金股利，每股 1.24 美元，股利收益率为 1.5%（由股利 1.24 美元除以收盘价 84.28 美元得到）。其后的 17 是市盈率，即当前股票价格与最近 12 个月每股收益之比。市盈率后面是交易的股票数量，以手（1 手=100 股）

为单位，因此 Nike 公司交易的普通股股数为 1 189 100 股（11 891×100）。84.28 代表股票的收盘价格，即每日最后一笔交易的价格。该日收盘价为 84.28 美元，比前一日收盘价 84.47 美元下降了 19 美分，即最后一个数据-0.19 的含义。

Nasdaq 全球市场和美国市场的股票也使用相同的报价系统，然而对于美国证券交易所内的股票和 Nasdaq、OTC 市场中较小的股票，其报价单中只包括股票名称、符号、收盘价和价格变动比率。

2. 交易成本

投资者买卖股票时产生交易成本，最主要的成本是买卖双方都需要支付的佣金。根据经纪人的种类，经纪费通常为总交易额的 1%~2%。零股交易商收取一定的零股差价，使小规模交易的成本提高，以促使更多地进行整批股交易。

投资人在股票交易中还需按照国家规定交纳一定的印花税，投资人所缴纳的税款一般由证券公司代扣代缴。除了佣金和税金外，有些国家的证券交易所还向投资者收取其他杂费。如在委托买卖没有成交时收取固定数额的委托手续费，还有过户费、结算费等，这些杂费多按实际交易额的一定比例征收。

6.2.3 普通股的价值

普通股的价值有很多形式，如票面价值（Par Value）、账面价值（Book Value）、市场价值（Market Value）、投资价值（Investment Value）等。下面对这几种术语分别进行介绍。

1. 票面价值

票面价值是指股票发行时标明的特定面值，其作用在于计算新公司成立时的资本总额和表明股东持有的股票数量。由于票面价值对投资者几乎没有什么意义，许多股票现在都以无票面价值或很低的票面价值发行。

2. 账面价值

账面价值代表公司股东权益的多少，它经常用于股票估值。公司的资产中减去公司债务和优先股价值后即得到账面价值。例如，某公司有 1 000 万美元的资产、500 万美元的各种形式的长、短期债务和价值 100 万美元的优先股，则公司的账面价值为 400 万美元。账面价值除以在外流通的普通股股数就是每股账面价值，也叫每股净资产。假如该公司拥有 100 000 股在外流通的普通股，则每股净资产为 40 美元。通常，大多数股票的市场价值高于其账面价值。

3. 市场价值

市场价值是最容易明确的股票价值之一，就是股票的当前价格。从理论上讲，市场价值应该是股票未来收益的现值，即股票的内在价值，反映市场参与者整体对股票价值的估计。股票的市场价格乘以在外流通的股数就得到公司的市场价值，即公司的市场资本值。显然，股票的市场价值对股票持有者来说很重要。

4. 投资价值

对股票持有者来说，投资价值是最重要的股票价值衡量标准，它反映了股票持有者对股票价值的估计。投资价值的决定是一个基于股票收益与风险预期基础的复杂过程。在决定投资价值的过程中，投资者对股票的收益进行预测，同时也估计持有股票的风险，最终确定股票的投资价值。投资价值反映了投资者对某股票愿意支付的最高价格。在第7章中将对投资价值进行更详细的探讨。

6.3 普通股股利

股份公司在年终结算后，将盈利的一部分作为股利（Dividend），按股额分配给股东。优先股股利常以定率来表示，普通股股利则视公司留存收益的大小和盈利状况而定。虽然股利收益不如资本利得的收益水平高（尤其是长期），但其稳定性却远高于后者，因此股利受到越来越多的重视。

6.3.1 股利分派决策

公司通过分派股利使股东分享了公司利润。董事会在对公司经营状况和财务状况进行评估后，决定是否分派股利及分派股利的数量，同时决定几个相关的重要日期。下面就介绍如何决定分派股利及几个重要日期。

1. 影响股利分派的因素

董事会在决定股利分派时需要考虑各种因素，包括公司因素和市场因素。首先是公司的盈利，对于普通股，公司的年收益通常以每股收益（Earnings Per Share，EPS）的形式衡量。每股收益衡量了股东所能获得的利润的数量。其计算公式为：

$$EPS = \frac{税后净利润 - 优先股股利}{普通股股数}$$

除了对利润的评估，董事会也会考虑公司的发展前景，公司经营需要把当前收益用于进一步的投资。此外，董事会还需要进一步关注公司的现金状况，由于股利分派可能需要一大笔现金，董事会必须确保公司有足够的现金。最后董事会还需保证股利的分派满足所有法律和合同约束。

考虑完公司内部因素后，董事会还需考虑市场因素。当公司进行好的投资时，可以留存利润减少股利分派，否则需要把更多的利润用于股利分派。

此外，董事会还需尽可能满足股东的股利期望。例如，重视当前收益的股东通常投资于支付高水平股利的公司，满足不了他们的期望则会导致市场上大量抛售该公司的股票。

2. 重要日期

一般股利的分配是按季度进行的，一年4次。这里，与分配股利有关的4个日期十分关键，需要引起持股人的注意。

（1）宣布日（Declaration Date）

在这一天，董事会发布分配股利的决定、支付数量和支付日期。

（2）除息日（Ex-dividend Date）

对许多公司而言，由于股票的不停买卖，名单处于不断变化之中，为了决定哪些股东可以获得红利，一股采用除息日方法。从这一天开始，再购买股票的人不能得到此次分配的股利。从这一天开始直到下一个登记日，在此期间购买股票的股东不能出现在公司目前所有股东的登记册上。各大交易所都规定一个除息日，一般为登记日前的2个营业日。

（3）登记日（Date of Record）

在这一天，公司核实现有股东，只有列在该日股东名单上的投资者才能得到此次分配的股利。

（4）支付日（Payment Date）

通常在登记日的2周以后，公司将股利的支票寄给所有股东。

例如，董事会在5月15日宣布发放股利，并规定6月15日（周五）为登记日，这样6月13日（周三）就是除息日。如果投资者在6月12日（周二）购买了股票，就可以得到股利（除非他又在12日晚些时候将股票售出，此时，新的购买者将有权获得股利）。但是，若投资者是在6月13日当天购买的股票，则无权获得股利。除了宣布日（5月15日）、除息日（6月13日）和登记日（6月15日）之外，还有第四个日期，称为股利"支付日"（可能是6月25日），这一天，公司便将现金股利的支票通过邮寄或电子储蓄方式转到股东的账户上。其过程如下所示：

5月15日→6月13日→6月15日→6月25日
　宣布日　　除息日　　登记日　　支付日

6.3.2 股利的种类

公司通常以现金的形式分派股利，即现金股利。有时候也以增发新股的方式分派股利，即股票股利。其他的股利分派方式有股票分离或分派公司产品。下面主要介绍现金股利与股票股利这两种主要的股利形式。

1. 现金股利

大多数公司都以现金的形式分派股利。现金股利（Cash Dividend）的一个特点是它随着公司盈利的增加而增加。评价股利数量的一个简便方法是计算股票的股利收益率。股利收益率（Dividend Yield）以百分比形式反映了投资所得股利收益的比率，其计算公式为：

$$股利收益率 = \frac{每股年股利}{股票当前市价}$$

假如某公司每年对其股东的每股股票支付 2 美元的股利，且其股票交易价格为 40 美元，则其股利收益率为 5%（2/40）。

另一个指标是股利分派率（Dividend Payout Ratio），它衡量了作为股份分派的每股收益的比例。其计算公式为：

$$股利分派率 = \frac{每股股利}{每股收益}$$

假如某公司每股收益为 4 美元，每股支付股利 2 美元，则股利分派率为 50%（2/4）。尽管股东喜欢收取股利，但通常不会喜欢高于 60% 或 70% 的股利分派率。因为过高的股利分派率通常是难以维持的，而且会使公司陷入困境。

2. 股票股利

公司有时通过增发新股的方式分派股利，即股票股利（Stock Dividend）。若宣布的股票股利率为 10%，则拥有 10 股股票的股东就可以获得额外的一股股票作为股利。股票股利看起来有利于投资者，其实是没有价值的，因为它将导致股价的调整。如上例，10% 的股票股利导致股价下跌 10%，因而股利分派前后股东持有的股票的市场价值没有变化。假如某人拥有 200 股每股 100 美元的股票，其投资的市场价值为 2 000 美元。10% 的股票股利分派后，持股数变为 220 股（200×1.1），然而股利跌至 91 美元，此时投资总价值基本不变（220×91=20020）。与现金股利不同的是，股票股利仅当股票卖出时才交税。

发行股票股利等于将公司现有的股东权益分成更多的份额，从而降低了每股股价，这样将使股票交易更加方便并吸引更多投资者。当公司留存收益很多、股票价格过高，而公司出于投资和经营的需要又不愿分派现金时，发行股票股利是降低股票价格的有效方法。

6.3.3 股利再投资计划

所谓股利再投资计划（Dividend Reinvestment Plan，DRIP）是指公司给予股东的选择，股东可以选择将现金股利进行再投资，于派息当日买入公司的股份。（共同基金也有类似的再投资计划，将在后面章节中介绍。）其基本的投资理念为，如果该股票值得投资，那么它就值得再投资。表 6.2 对使用股利再投资计划的投资行为进行分析，通过比较可以看出，这种方法对投资账户具有很大影响。

表 6.2 股利再投资计划

投资期限	持有股数	持有股票的市值（美元）	现金股利总额（美元）
以现金形式提取股利			
5 年	100	3 672	552
10 年	100	5 397	1 258
15 年	100	7 930	2 158

续表

投资期限	持有股数	持有股票的市值（美元）	现金股利总额（美元）
20 年	100	11 652	3 307
完全参加股利再投资计划			
5 年	115.59	4 245	0
10 年	135.66	7 322	0
15 年	155.92	12 364	0
20 年	176.00	20 508	0

现在美国有 1 000 多家公司提供股利再投资计划，为投资者积累资金提供了一个简便而省钱的方法。该计划中大多数再投资购买的股票都是免收佣金费用的，而且允许部分参与，即股东可以规定将股利的一定比例进行再投资，而余下的则以现金方式提取。某些公司甚至会以低于市价的价格把股票出售给进行股利再投资的股东——通常提供 3%～5%的折扣。

股东只需把填好的一份表格交给公司，大约经过 30～45 天的时间就可以参与股利再投资计划。一旦参与该计划，股东的股份就会在每个派息日增加。值得注意的是，虽然这些股利是以追加股票的形式持有的，但仍要像现金股利一样被视为股利发放当年的应纳税收入，在这一点上，它与股票股利是不同的。

6.4 普通股的种类及应用

6.4.1 普通股的种类

投资者需要了解普通股分类的市场体系。股票的分类反映了其收益的来源、公司的盈利状况、对市场风险的敏感度、收益与股利的稳定性、对不利经济环境的敏感度等。对股票准确分类有助于选择最符合自己投资目标的股票。在众多类型的股票中，以下几种是最常见的：蓝筹股、收益股、成长股、科技股、投机性股票、周期性股票、防守型股票、中盘股、小盘股等。下面对这几种股票分别进行介绍。

1. 蓝筹股

蓝筹股（Blue-chip Stocks）是指具有稳定的盈余记录、能定期分派优厚股息、被公认为业绩优良的大公司发行的普通股股票，又称"绩优股"。此类上市公司的特点是有着优良的业绩、收益稳定、股本规模大、红利优厚、股价走势稳健、市场形象良好。在以筹码作为赌注的赌场上，蓝色筹码最值钱，红色筹码次之，白色筹码最差，把绩优股称为蓝筹股正是赌场术语在股票市场上的套用。值得注意的是，大公司不一定是蓝筹公司，但规模大却是成为蓝筹公司的必要条件。

蓝筹公司都尽量维持一个稳定的、连续的和市场认可的股利支付水平。他们往往按季度或年度定期给股东派发股利，当预期业绩不足以支持的时候，他们则可能考虑用派发过去未分配利润的方法来维持股利分配的稳定性和连续性，以保持公司股票的市场形象。在投资者的心目中，蓝筹股往往是与稳定的股利收益联系在一起的，但股利稳定并不意味着它的现金股利回报率很高，事实上道指成分股的现金收益率并不很出色。同时，股利稳定并不意味着其在短期内具有最高的投资价值。作为蓝筹公司，一个重要的特征就是能够有效抵御市场波动的风险，而这些蓝筹公司抵御风险和财务危机的重要手段是通过管理债务结构和资产结构来实现的。

在我国，还存在红筹股的说法。在境外注册、在中国香港上市的那些带有中国大陆概念的股票称为红筹股。早期的红筹股主要是一些中资公司收购香港中小型上市公司后改造而形成的。近年来出现的红筹股，主要是内地一些省市将其在中国香港的窗口公司改组并在香港上市后形成的。

2. 收益股

收益股（Income Stocks）是指那些以支付高股利方式吸引投资者的股票，它们通常有定期股利支付高于市场平均水平的长期记录。对那些寻求较小风险和较高流动收入的投资者来说，收益股是很好的投资选择。并且，收益股的股利会随着时间而增长。如果某公司的股利增长率为4%，1990年对每股支付1美元的股利，则2005年每股股利会增至1.8美元，这对总收益率会产生很大的影响。

收益股最大的不足在于：很多公司支付高股利是由于增长潜力有限。事实上，很多收益股的收益增长率都是很低的，但这并不意味着这些公司利润低或前景暗淡。相反，很多收益股公司都有着很高的盈利能力和很好的前景，其中不乏某些行业中的巨头，很多也同时属于蓝筹股的范畴。收益股的商业风险与市场风险较小，但有较高的利率风险。

3. 成长股

成长股（Growth Stocks）是指这样一些公司所发行的股票，他们的销售额和利润额持续增长，而且其速度快于整个国家和本行业的增长。这些公司通常有宏图伟略，注重科研，留有大量利润作为再投资以促进其扩张。一只优秀的成长股的收益会持续以15%~18%的比率增长，而普通股的平均年收益增长率仅为6%~8%。一般来说，成长型公司在有稳定的收益增长率的同时也有很高的权益回报率和利润率，并有足够的偿债能力。有些成长股也属于蓝筹股，而有些则有很高的投机性。

成长股通常支付很少的股利，甚至根本就不支付股利，它们的股利支付率通常不会超过10%~15%。绝大部分的利润都被公司用来进行再投资以保证持续的高增长速度。因此，投资者收益主要来源于股票升值。这既有好的方面，又有坏的方面。当市场行情走强时，成长股会表现较好，但是当市场下跌时，成长股也会大幅度地下跌。成长股对那些重视资本利得并愿意承担高风险的投资者最有吸引力。

4. 科技股

所谓科技股（Tech Stocks），就是指那些产品和服务具有高技术含量，在行业领域领先的企业的股票。从事电信服务、电信设备制造、计算机软硬件、新材料、新能源、航天航空、有线数字电视、生物医药制品的服务与生产等的公司通称为科技行业公司。

大部分的科技股都在纳斯达克市场上进行交易，事实上，科技股是纳斯达克市场上的支配力量，也是纳斯达克复合指数和其他市场衡量指标的主要部分。

科技股要么属于成长股，要么属于投机股。比较常见的科技股有：微软、惠普、英特尔、戴尔、雅虎等。

5. 投机性股票

所谓投机性股票（Speculative Stocks），是指那些缺乏成功记录但仍有升值潜力的普通股。这主要是那些雄心很大，具有开发性或冒险性的公司的股票、热门的新发行股，以及一些面值较低的普通股票。一般来说，投机性股票的收益是很不确定也很不稳定的，其价格会有很大的波动性。因此，投机性股票是有高度风险性的股票，主要被用来追求资本利得。

6. 周期性股票

所谓周期性股票（Cyclical Stocks），是指经营业绩随着经济周期的涨缩而变动的公司的股票。航空工业、汽车工业、钢铁及化学工业都属于此类，这类股票多属于投机性股票。当经济从衰退中开始复苏时，周期股的价格涨得比一般成长股快；反之，当经济走向衰退时，周期股的价格跌幅可能较大。如果没有掌握好投资周期而造成损失，投资者可能要等上好几年才会回本。所以投资于周期性股票，掌握正确的时机至关重要。

7. 防守型股票

所谓防守型股票（Defensive Stocks），是指那些在面临不确定性和商业衰退时股价保持相对稳定性的股票。公用事业公司发行的普通股是防守型股票的典型代表，因为即使在商业条件普遍恶化与经济萧条时期，人们对水电、煤气、邮政、通信、食品等行业也还有稳定的需求。防守型股票通常被投资者用来在经济萧条时期存放资金，当经济复苏后则把资金转向其他的投资。

8. 中盘股

中盘股（Mid-cap Stocks）的"中"指的是市值，即股票价格乘以已发行股数。我们将市值不足10亿美元的股票定义为小盘股，而将市值逾50亿美元的股票称为大盘股。市值在10亿~50亿美元的，就是中盘股。大盘股是指巨头公司，如微软、沃尔玛等的股票，虽然大盘股的数量最少，但它占有了美国权益总市值的80%~90%。然而大并不等于好，事实上，在一定程度上小盘股与中盘股比大盘股更值得投资。

小公司增长快，但破产的也多。相比之下，大公司稳定性强，但股价有时停滞不前。中型公司则结合了小公司的高收益增长率和大公司的稳定性。这种有效结合从回报率当中即可看出。近10年来标准普尔中盘股400指数的年回报率高达14.25%，超出标准普尔大盘股500指数的10.63%，也高于标准普尔小盘股600指数的11.63%。

9. 小盘股

发行小盘股（Small-cap Stocks）的公司年收入通常不足2.5亿美元，但正因为规模小，偶然的增长会对其收益和股票价格有十分巨大的影响。大多数小盘股公司并没有发行很多股票，其股票交易并不广泛。并且，这些股票有随时消失的可能性。因此，虽然小盘股可能会有很高的收益率，投资者还应该充分考虑到它的高风险性。

小盘股中有一种类别叫首次公开发行（IPO），通常是指小型的、较新的公司首次公开向投资者发行股票以募集资金。IPO 通常可使公司股票价格提高至反映公司未来成长业绩的市价，因此对公司股份的原持有人来说是最好的获利时机。显然，IPO 是高风险的投资，只有了解公司前景并有能力承担风险的投资者才适合从事此类投资。

6.4.2 对外国股票的投资

过去 20 年中金融市场最主要的变化之一就是全球化。在国际股票市场上，6 个国家占据市场总额的 80%，它们依次为美国、日本、英国、德国、法国、加拿大。进行国外投资的原因在于某些外国股票可能具有比本国股票更高的收益率。表 6.3 总结了 1981—2005 年最大的 8 个股票市场的年收益率（以美元计算）。

表 6.3　主要股票市场的年收益率比较

年份	年收益率								
	澳大利亚	加拿大	法国	德国	日本	新西兰	英国	美国
2005	17.5	28.9	10.6	10.5	25.6	17.1	7.4	1.7
2004	32	22.8	19.2	16.7	16	15.6	19.6	5.3
2003	51.4	55.4	41	64.8	36.2	35	32.1	28.3
2002	−0.3	−12.8	−20.8	−32.9	−10.1	−10	−15.2	−14.5
2001	2.6	−20	−22	−21.9	−29.2	−21	−14	−5.3
2000	−9.1	5.6	−4.1	−15.3	−28.1	6.4	−11.5	−4.6
1999	18.7	54.4	29.7	205	61.8	−6.6	12.4	26.7
1998	7.1	−5.7	42.1	29.9	5.2	24	17.8	17.8
1997	−9.5	13.3	12.4	25	−23.6	44.8	22.6	24.4
1996	17.7	29	21.6	14	−15.3	2.8	27.2	28
1995	12.5	19.1	14.8	17	0.9	45	21.3	35.7
1994	1.4	−5.1	−7.3	3.1	21.4	30	−4.4	10.9
1993	33.4	17.4	19.6	34.8	23.9	41.7	19	16.4
1992	−6.1	−10.6	5.2	−2.1	−26	26	14	7.2
1991	35.8	12.1	18.6	8.7	9	16.8	16	23.3
1990	−16.2	−12.2	−13.3	−8.8	−35.9	−5.1	10.4	−0.4
1989	10.8	25.2	37.6	48.2	2.3	28	23.1	30.7
1988	38.2	17.9	37.1	19.8	35.4	5.8	10.1	15.5
1987	9.5	14.8	−13.9	−24.6	41	−9.2	35.2	5.9
1986	45	10.8	79.9	36.4	101.2	34.7	27.7	26.1
1985	21.1	16.2	84.2	138.1	44	109.2	53.4	31.7

续表

年份	年收益率							
	澳大利亚	加拿大	法国	德国	日本	新西兰	英国	美国
1984	−12.4	−7.1	4.8	−5.2	17.2	−11.1	5.3	1.2
1983	55.2	32.4	33.2	23.9	24.8	19.9	17.3	24.7
1982	−22.2	2.6	−4.2	10.5	−0.6	2.9	9	24.8
1981	−23.8	−10.1	−28.5	−10.3	15.7	−9.5	−10.2	−2.8
	一年以上持有期内的平均年收益率							
2001—2005	19.2	11.4	2.8	2.2	4.8	5.4	4.4	2
1996—2005	11.4	14.4	10.7	7.7	0.1	9.1	8.5	9.8
1991—2005	12.3	12	10.4	9	1.4	16.1	9.9	12.3
1981—2005	10.2	10.4	12.7	12	8.4	14.7	12.9	13.2

资料来源：摩根士丹利资本国际。

由于表中所示收益率是以美元计算的，因此美国以外市场的实际收益率还要考虑汇率影响。例如，2004年美国以外的7个市场的平均年收益率为20.3%，但是如果以各国当地货币进行衡量，该收益率则降至12.5%。对于任何国家来说，在国际市场上都具有获得更高收益的投资机会。

1. 投资外国股票的方式

以美国为例，投资外国股票通常有两种方式：直接投资和美国存托凭证。还有一种方式为国际共同基金，将在以后章节介绍。

（1）直接投资

毫无疑问，直接购买外国股票是风险很大的行为。投资者需要对这种投资有很深的了解并能够承担很大的市场风险。直接购买外国股票面临很多难题：首先，汇率波动可能对收益率产生极大影响；其次，国家之间的不同政策法规和会计准则也给投资带来困难；除此之外还有很多诸如语言障碍、税收等的问题，都对投资者购买外国股票带来了很大的障碍。

（2）美国存托凭证

美国存托凭证（American Depository Receipts，ADRs）是指美国以外的其他国家的公司在本国发行股票之后，将部分股票存入美国银行，由美国银行发行的代表所存股票的凭证。美国存托凭证在美国境内挂牌销售，以美金发放股利，而不是以该国家的货币发放股利。事实上，大多数外国公司股票都以这种方式在美国股票交易所交易。美国存托凭证由美国的存托银行发行，每个ADR代表了一个或多个外国的股票，或者一小部分股票，投资者持有的ADRs就相当于外国股票的权益凭证。ADRs所代表的实际基础股票就叫美国存托股份（American Depository Shares，ADSs）。

例如，加拿大某公司的股票在加拿大的股票交易所的交易价格为5.75加元（相当于5美元），一个美国银行购买了一定数量的该股票，然后又以2:1的比例向美国公众卖出

ADRS。所以每份 ADR 代表了加拿大公司的两份股票，因此每份 ADR 应该卖 10 美元。如果美国的投资者想投资该股票，则他让经纪人购买一定金额的该股票的 ADRs。在这种情况下，ADRs 是他所购买的股票的凭证，代表他实际投资的股票。

2. 投资外国股票的收益

不论采取以上哪种方式，投资于外国股票的风险和复杂程度都明显高于国内投资，因为进行外国投资时不仅要选择正确的股票，还要选择正确的市场。与美国股票一样，外国股票也会产生股利和资本利得（损失）两种收益，除此之外，进行国际投资的收益还受到汇率变动的影响。投资外国股票收益的计算公式如下：

$$总收益=股利+资本利得（损失）\pm 汇率变化产生的收益$$

衡量投资外国股票的持有期收益率的计算公式为：

$$总收益率 = \frac{外币计量的股票期末价值+外币计量的股利}{外币计量的股票初始价值} \times \frac{期末汇率}{期初汇率} - 1.00$$

假如某美国投资者想购买德国西门子公司在法兰克福证券交易所交易的股票，对每股支付 90.48 欧元，当时美元与欧元的汇率为 0.945，即 1 欧元等于 0.945 美元。该股票每年对每股支付 5 欧元的股利。一年后，该股票的交易价格为 94 欧元，汇率变为 1.083。即股票与欧元同时升值，说明该投资者的选择是正确的。该投资的收益率为：

$$总收益率 = \frac{94.00+5.00}{90.48} \times \frac{1.083}{0.945} - 1.00 = 1.0942 \times 1.1460 - 1.00 = 25.4\%$$

该收益的大部分来自汇率变动，而不是股票本身。由于股票股利和资本利得产生的收益率为 9.42%（1.094 2-1），而剩余的大约 16% 的收益增长率则全部是由汇率变动，即欧元升值引起的。由此可见，汇率变动对投资者收益率的影响是很大的，投资者在进行国外投资时，应该选择那些货币有升值可能的国家的股票，以获得更高的收益率。

6.4.3 股票投资策略

一般来说，普通股可以被用来存储价值、积累资金和获得收入。不同投资者有不同的投资目标，谨慎的投资者把安全性作为首要考虑因素，他们通常投资蓝筹股或其他非投机性股票；而对于长线投资者来说，其主要目的在于资金积累，通常投资于成长股或收益股；还有一些投资者为获得收益，选择高收入的收益股进行投资。投资者可以选择不同的投资策略以实现不同的投资目标，主要的投资策略有以下几种。

1. 买入并持有

买入并持有（Buy-and-Hold）策略是投资者在挑选股票并以预期价位买入后不顾及短期市场波动和技术调整而长期持有的被动投资策略，其持有期通常长达 10~15 年。除了为了获得长期收益，这种策略也经常用来为退休后积累资金或为子女未来教育费用积累资金。采用该策略的投资者会定期向其账户注入新的资金，并且通常会通过股利再投资计划对股利进行再投资。

虽然有许多事例证明选择优秀公司股票后的长期投资比频繁交易可以获得更大的回报和付出更低的交易成本，但市场上大多数投资者出于资金特性和心理因素更愿意从事短线和波段操作，期望能充分利用市场出现的机会和风险来增加回报。对于使用自有资金或拥有资金控制权，且无暇投入过多时间的投资者，选择买入并持有策略更为明智。

2．当期收入

有些投资者投资股票的目的是获得当期收入，他们投资这种股票更看重股利的增长而不是股利的现有水平。在这种股票策略中，本金的安全和收入的稳定是最重要的，资本利得是次要的，因此高质量的收益股是很好的选择。

3．长期增长

长期增长（Long-term Growth）策略把资本利得作为收益的首要来源，大多投资于高质量的成长股，其谨慎性不如前两个策略。由于对资本利得的依赖，这种策略包含较大的风险，因此通常会用到多样化投资。资本的长期积累是这种投资的首要目的，但与买入并持有策略相比，投资者要进行更多的交易、承担更多的风险，因而也要求更高的回报率。

把长期增长与高收益结合起来就是股票投资的总收益法（Total-return Approach）。这种方法不但考虑持有股票的资本利得，也考虑股票持有期的股利收入。使用这种方法的投资者十分注重股票的质量，这种策略与当期收入策略和长期增长策略的不同之处在于它更注重收益的数量，而不是来源。因此，不管是因为较好的股利增长潜力还是因为较好的升值潜力，只要能带来较高的收益，投资者就会进行投资。

4．积极股票管理

积极股票管理（Aggressive Stock Management）是指投资者通过建立投资组合，按照投资研究、市场预测和自己的判断去灵活决定买卖哪种证券，以追求高收益率的股票投资策略。主要投资的股票有蓝筹股、成长股、大品牌科技股和中盘股等，有些投资者也会投资于小盘股，包括投机性较强的科技股、外国股票和ADRs等。

积极股票管理与长期增长策略是相似的，但它包含的交易更多、投资期限更短。把握好证券交易的时机是这种策略的关键。在股市为牛市时，投资者会充分利用其资金购买股票，而当市场走弱时，他们则把大部分资金投资于防守型股票，甚至直接持有现金或其他短期债务工具。

积极股票管理策略有很高的风险和费用，并且要求投资者投入大量的时间和拥有专业的投资技能，但其收益率也很高。

5．投机和短期交易

在投机（Speculation）和短期交易策略中，投资者追求的唯一目标是资本利得，而且目标实现的时间越短越好。该策略主要投资于投机性股票、小盘股和科技股，有时候也投资于提供较高短期收益潜力的外国股票和其他形式的普通股。

由于投机包含的风险很大,投资者经常会遭受损失,进行投机的原因就在于一旦获得收益,该收益通常很大并足以弥补损失。投机和短期交易要求大量的专业知识和时间,还有很重要的一点就是投资者对巨大损失的承受能力。

知识拓展

1. 普通股是一种公司的所有权份额。在涉及公司管理事务中,实行的是每股一票的原则。股东所获红利也与持股份额成比例,股票或股权的拥有人具有公司收入的剩余索取权。

2. 优先股通常可获得固定的红利,它属于一种永久性权利。公司无法支付优先股红利并不一定使公司破产,但未付红利将被积累起来。新型的优先股包括具有可转让和可调整利率功能的形式。

3. 许多股票市场指数测度的是市场的总体表现。历史最悠久、最著名的是道·琼斯工业平均指数,它属于价格加权指数。如今,活跃着许多基础广泛的市值加权指数,这包括标准普尔500指数、纽约证券交易所指数和美国股票交易所指数、Nasdaq指数和威尔歇尔5 000指数。价值线指数是约1 700家公司的几何加权平均数指数。

投资行动

当熊市来临

熊市被定义为主要股指(如道琼斯工业平均数)下跌20%以上且前景悲观的市场。股市波动是商业周期的一部分,由于股票价格主要取决于公司收益,因此股票市场随商业周期一起波动。

1900年以来,道琼斯工业平均数下跌超过20%的情况共有21次。基本上,熊市大约5年发生一次,每次持续18个月,平均损失为35%。在1929—1933年的大萧条期间,熊市持续了34个月,道指下跌89%。1973—1974年,熊市持续了几乎两年,道指下跌45%。从那时起直到1991年,一共出现了4次时间相对较短的熊市,其中1987年10月19日股市下跌22.6%,为史上最大跌幅。

经历了20世纪90年代漫长的牛市,人们很容易忘记那些困难时期。但是期望市场总以20%的速度上涨与历史经验不符。因此,当2000年春的熊市到来时,人们开始经历一段既漫长又痛苦的时间。熊市最终在2002年10月触底,道指一共下跌38%。大量股价波动较大的科技股的S&P500和纳斯达克综合指数分别下跌了49%和77%。

以下是一些帮助投资者避免熊市损失的建议:

- 多持有现金等价产品。俗语说,熊市期间最正确的事就是"装死",就像在森林中遇见一只真正的狗熊那样。我们在投资中所说的装死是指在投资组合中持有很大比例的现金等价投资工具。
- 卖空。与抛售股票逃离股市不同,卖空是比较激进型的操作。空头使投资者在股市下跌时获利。

- 改变资产配置。在股市下跌期间，把投资组合中的部分股票转换为债券是有利可图的。
- 投资防守型行业。在萧条期，有些行业的股票表现好于市场总体。不管经济繁荣与否，人们始终需要吃喝、服药治病、刷牙、洗衣服等。

正如以上建议所示，熊市时的关键词是谨慎。通过持有现金等价产品，投资债券基金、防守型行业和适时地卖空，可使你抵御熊市损失，直至牛市到来。

思考题：导致市场下滑的因素有哪些？叙述熊市时保护投资组合的步骤。

资料来源：Jeff Fisher, "When Bear Markets End," The Motley Fool, July 25, 2002, www.fool.com; Surviving Bear Country, Investopedia, November 5, 2004, www.investopedia.com.

关键术语

股票分离 Stock Spin-off
库存股 Treasury Stock
票面价值 Par Value
市场价值 Market Value
股利 Dividend
宣布日 Declaration Date
登记日 Date of Record
现金股利 Cash Dividend
股利再投资计划 Dividend Reinvestment Plan, DRIP
收益股 Income Stocks
投机性股票 Speculative Stocks
防守型股票 Defensive Stocks
小盘股 Small-cap Stocks
美国存托股份 American Depository Shares, ADSs
买入并持有 Buy-and-Hold

拆股 Stock Split
分类普通股 Classified Common Stock
账面价值 Book Value
投资价值 Investment Value
每股收益 Earnings Per Share, EPS
除息日 Ex-dividend Date
支付日 Payment Date
股票股利 Stock Dividend
蓝筹股 Blue-chip Stocks
科技股 Tech Stocks
周期性股票 Cyclical Stocks
中盘股 Mid-cap Stocks
美国存托凭证 American Depository Receipts, ADRs
积极股票管理 Aggressive Stock Management

课后习题

讨论题

1. 假设你是一名投资咨询师，有位客户找到你，希望你给她一些投资建议。她刚满 40 岁，拥有 25 000 美元可用于投资股票，想在未来的 15 年内尽可能地获得收益，并且愿意承受一定程度的风险。

1）你认为哪种类型的股票适合该投资者？列出至少3种不同类型的股票，并说明原因。

2）如果投资金额变化，下降到了5 000美元，你会更改自己的建议吗？或者如果投资者的风险态度变为厌恶，你又会给出什么建议呢？

2．请简要描述投资者投资外国股票的3种收益来源。汇率在外国股票投资中的重要性体现在哪些方面？如果考虑汇率，投资外国证券的最佳时机是什么时候？

1）表6.4是3种货币的汇率：英镑、澳大利亚元及墨西哥比索。

表6.4　3种货币的汇率

货币	投资期初	投资期末
英镑	1.55美元：1英镑	1.75美元：1英镑
澳大利亚元	1.35澳大利亚元：1美元	1.25澳大利亚元：1美元
比索	0.1美元：1比索	0.08美元：1比索

如果你是美国投资者，手中持有外国股票（英国、澳大利亚或墨西哥），哪个汇率的变动会增加以美元表示的收益？哪个会减少？

2）ADRs是以美元计价的。这些股票的收益会受汇率影响吗？请解释原因。

计算题

1．表6.5是Truly Good咖啡公司的相关信息。

表6.5　Truly Good咖啡公司的相关信息　　　（单位：美元）

项目	金额
总资产	240 000 000
总负债	115 000 000
优先股	25 000 000
普通股股东权益	100 000 000
税后净利润	22 000 000
发行在外的优先股股数	1 000 000
发行在外的普通股股数	10 000 000
优先股股利（每股）	2.00
普通股股利（每股）	0.75
优先股市场价格（每股）	30.75
普通股市场价格（每股）	25.00

根据上面的信息计算：

1）公司账面价值。

2）每股账面价值。

3）每股收益（EPS）。

4）股利支付率。

5）普通股股息收益率。

6）优先股股息收益率。

2．表 6.6 显示的是南方城市卡车公司 5 年的每股收益。

表6.6　南方城市卡车公司5年的每股收益　　　　　（单位：美元）

年份	每股收益
2012	1.40
2013	2.10
2014	1.00
2015	3.25
2016	0.80

以下哪项能在这 5 年内给股票持有者带来更多的股利？

1）按固定比率 EPS 的 40%分发股利。

2）按每股 1 美元分发股利。

3．Bruce 购买了价值 25 000 美元的 UH-OH 公司的股票。第二天，一家大型媒体披露该公司因财务欺诈正被调查，受此影响，其股价下滑 50%。请问现在股票应该升值多少才能使 Bruce 购买的股票恢复原值？

案例分析

Sara 决定冒险一试

Sara Thomas 出生在美国爱达荷州博伊西，现在是一名在当地小有名气的儿童心理学家。在过去几年里，她努力工作，常常加班加点，获得了别人的认可，同时也为自己积累了一笔数目可观的资金。但是 Sara 并没有因为事业的成功而忘乎所以，依旧努力地工作。Sara 目前单身，生活圈子仍然是以前的老朋友。Terry 是她的好朋友之一，职业是股票经纪人，现为 Sara 的理财咨询师。

不久前，Sara 参加了一个股票市场投资方面的研讨会。从那以后，她经常会阅读这方面的文章。经过一段时间的研究，她得出结论，认为将自己的资金放在低收益的存款账户里简直是在浪费资源，因此决定将部分资金投入股票市场中。Sara 把自己的这个决定告诉了 Terry，并解释她之所以这样做，是因为发现有几只股票看起来"不错"。她对这几只股票的描述如下：

- 北大西洋泳装公司。这家公司变动性很大，而且不分配股利。Sara 觉得虽然北大西洋泳装公司的股票收益有点不确定，但是其成长前景非常好。她说："最近去海滩游玩的人越来越多。"
- Town & Country 计算机公司。这是一家成立多年的计算机公司，分配少量股利（约 1.5%），有评论认为该公司是一只优质股。Sara 阅读的一份股票报告中显示，T&C 是一家具有长期增长潜力，可能获取高资本收益的公司。
- 东南公用事业公司。该公司的股利收益率约为 5%，虽然其发展稳定，但是由于地理条件的限制，增长前景有限。

- 国际黄金矿藏有限公司。该股票一直表现非常好，即使在通货膨胀时期也没有受到影响。这让 Sara 觉得在没有通货膨胀的经济发展期，该股票应该表现更加抢眼。糟糕的是，在过去一段时间里，该股票经历了一个大幅震荡期，几乎没有任何股利收益。

问题：

1）你认为 Sara 应该将这一大笔资金继续放在银行存款账户里吗？比起存银行，股票市场是更好的投资吗？谈谈你的看法。

2）你对 Sara 推荐的 4 只股票有何看法？你觉得它们值得购买吗？为什么，说明原因。

3）你会推荐给 Sara 哪种类型的股票投资计划？你认为她应该为自己制定怎样的投资目标，如何利用股票投资达到目标呢？

Excel 运用

创建一张包含表 6.7 和表 6.8 所列数据的 Excel 表格。根据已知数据，计算该公司当前市场价值及公司净收入。

表 6.7　城市银行（CYN）股票信息

综合报价			2009 年 11 月 16 日
上次报价（美元）	变化	变化率	成交量
37.95	0.66	1.77%	658 323
开盘价（美元）	最高价（美元）	最低价（美元）	前日成交量
37.57	38.4	37.57	394 981
52 周最高价（美元）	52 周最低价（美元）		前日收盘价（美元）
48.99	22.59		37.29

表 6.8　城市银行股票其他信息

项　目	信息内容
市场价值（Mil）（美元）	1 920.56
市盈率	151.96
股息收益率	1.07%
最近股利（美元）	0.10
最近股利分发日	2009 年 11 月 18 日
上次拆股	5:4
上次拆股日	2009 年 10 月 17 日
发行股	51.5
公众持股量	43.44
所有信息都更新于开市前	

案例导读

巨人网络 305 亿元购以色列游戏公司，为何史玉柱愿加价出资

- 作者：澎湃新闻记者 包雨朦
- 时间：2016-10-21 20:46
- 来源：澎湃新闻
- 网址：http://www.thepaper.cn/newsDetail_forward_1547048

巨人网络迈出了"出海"第一步，宣布收购以色列游戏公司 Playtika。

10月20日晚间，巨人网络壳公司世纪游轮（002558.SZ）发布公告，宣布将以每股 39.34 元向财团发行新股，增发股票总价值为 255 亿元。此外，巨人网络董事长史玉柱个人以现金高于投资人价格增持 50 亿元。

Playtika 是以色列一家以休闲社交棋牌类游戏为核心业务的网络游戏公司。本次交易完成后，上市公司将合计持有 Playtika 100%股份。

该交易的报告书显示，上市公司拟向重庆拔萃、泛海资本、上海鸿长、上海瓴逸、上海瓴熠、重庆杰资、弘毅创领、新华联控股、四川国鹏、广东俊特、宏景国盛、昆明金润及上海并购基金13名交易方，非公开发行股份及支付现金购买其持有的交易标的全部普通股。

其中，255 亿股票以每股 39.34 元价格直接增发给上述 13 名交易方组成的财团，而史玉柱的 50 亿元现金，以每股 43.66 元价格向史玉柱旗下的巨人投资增发股票获得。

分析人士认为，由于收购资产规模庞大，超过上市公司上年期末资产总额的 50%，此次交易构成重大资产重组。但由于交易完成后，史玉柱依然是上市公司实际控制人，此次交易不构成重组上市。并且史玉柱个人增持的部分锁定期为 36 个月，显示了公司对该收购标的业务长期发展的信心。

巨人网络向澎湃新闻表示，公司认为 Playtika 拥有优秀的研发及技术优势、精细化的运营及大数据分析能力、卓越的行业并购整合及游戏改造能力、庞大的玩家用户群体及行业领先的品牌优势。通过本次交易，上市公司将大幅提升其在全球市场的竞争力，打造全球化的游戏发行运营平台，借助标的公司精准的用户分析及营销能力，帮助上市公司进行产业链的全面拓展升级，增强持续盈利能力与发展潜力。

"多款游戏在被 Playtika 收购后，游戏数据指标及盈利能力得到显著提升，可以说 Playtika 在资源整合和游戏改造领域有着强大的优势。"一位巨人网络的负责人向记者表示。

公开资料显示，Playtika 在 2014 年、2015 年及 2016 年 1—6 月分别实现营业收入 33.08 亿元、45.47 亿元和 29.77 亿元，分别实现扣非后归属于母公司股东净利润 6.51 亿元、10.67 亿元和 7.33 亿元。

巨人网络向澎湃新闻表示，本次交易完成后，上市公司未来几年营业收入、归属于母公司股东的净利润均将显著增加，基本每股收益将增厚，2017 年上市公司利润预

计突破 30 亿元。

巨人网络还表示，网络游戏产业处于快速发展阶段，海外游戏市场前景广阔，此举顺应中国企业通过海外收购"走出去"的大浪潮。未来两年，公司将继续深耕亚太地区，布局全球海外市场。

第 7 章

证券投资的基本分析

学习目标
- 掌握证券分析的方法。
- 了解经济分析的内容。
- 了解行业分析的过程。
- 了解公司分析的内容。
- 掌握各种财务比率的计算方法及如何通过财务报表分析衡量公司的财务状况。

7.1 证券分析概述

投资股票的主要目标是获取收益,然而很多投资都并未达到获利的目标,其原因可能有:时机未把握好、贪婪、计划不完善或其他方面的错误。以下对证券分析(Security Analysis)进行了简单介绍,虽然它们不是财富增长的魔术钥匙,但为制定长期投资决策提供了有用的原则,提供了股票投资的基本方法、技巧,有助于投资者实现更高的收益。分析和选择普通股的最常用的方法是基本分析和技术分析,通常使用这两种方法来预测股票的内在价值(Intrinsic Value),据此进行投资决策。

基本分析(Fundamental Analysis)是根据基本的经济变量确定股票内在价值的一种证券分析方法。基本分析要研究使价格变动的各种变量,包括利率、国内总产值、政府的财政和货币政策等,并且要预测经济的变化及其对股票市场、特定行业和公司的影响,最后转而对市场、行业和公司的回报进行预测。

技术分析(Technical Analysis)的目的是预测由于市场供求变化而形成的证券未来价格。它是根据过去积累的价格变动资料来预测未来市场价格的变化。换句话说,技术分析只研究市场本身而不关心价格变化的原因。技术分析的各种方法往往把过去的价格资料用图形表示,这样更直观,分析更方便。对技术分析的讨论将在第 9 章进行。

7.1.1 证券分析的前提

证券分析这一概念是建立在以下两个基本前提的基础上的:其一是投资者有能力对

股票的未来表现进行估计；其二是证券市场某一时刻存在没有准确定价的证券，通过分析可以把这些证券与那些准确定价的证券区分开来。

然而，对于有效市场理论的支持者来说，这些假设是不成立的。有效市场假设每种证券的价格完全并迅速地反映可得到的信息，所有证券都可以准确定价，因此，证券分析是无效的。

尽管如此，总体来说，证券分析在选择投资工具时是有价值的。首先，由于大量的个人和机构对大部分投资的内在价值进行了深入的分析，所以证券市场是有效的，证券趋于以接近其内在价值的价格交易。然而，证券市场又不是完全有效的，定价错误是不可避免的，当定价错误出现时，对该证券研究最深入的投资者通常最可能获利。对有效市场的研究将在第9章进行，本章中我们仍然假设传统的证券分析在选择投资工具时是有效的。

7.1.2 证券分析的方法

证券分析包括收集信息并进行整理和分析，在这些信息的基础上研究股票的内在价值。股票的内在价值是判断股票定价是否合理的标准。事实上，股票估值的基础是所有的证券都具有内在价值且长期中证券的市场价格趋近内在价值。投资者选择股票时，通常会选择那些当前市场价格低于其内在价值的股票。影响内在价值的因素如下。

1）股票未来现金流的估计。包括期望得到的股利和股票出售时的价格。
2）未来现金流转化为现值的贴现率。
3）实现预期收益水平存在的风险。

传统的证券分析通常采用由上而下的分析方法（Top-down Approach to Security Analysis），即首先对整个经济做出分析，然后是行业分析，最后是公司分析。经济分析评估经济运行的总体状况及其对证券效益的影响；行业分析是对公司所处行业进行的分析，包括行业的基本情况和行业中不同公司之间的竞争状况；公司分析是对公司的财务状况和经营情况进行的分析，包括公司的投资决策、资产流动性、债务利用情况、利润率、收益增长率及未来发展前景。基本分析的主要部分是公司分析，不仅是对公司历史表现的分析，并且要在此基础上对其未来表现进行预测。经济分析、行业分析与公司分析是本章的主要内容。

投资风险

Lahde：盆满钵满，退休！

2007—2008年，由于金融危机，全球大多数投资者都处于亏损状态，但是Lahde对冲基金的基金经理Andrew Lahde却一枝独秀，在对赌美国抵押贷款市场暴跌中获利丰厚。2007年Lahde基金的收益率接近1 000%，但2008年9月他突然宣布关闭该基金公司，理由是和美国金融机构交易风险性太高。在写给投资者的告别书中，Lahde控诉了诸如AIG、雷曼兄弟、贝尔斯登等大型金融结构的领导层的卑劣行为，称他们为"白痴"。Lahde的巨大成功来源于其对资产潜在价值的深入了解，尤其是房地产资产。通过对房地产业的透彻分析，Ladhe 发现美国房地产将会崩盘，以其作为支撑的抵押贷款也将会随之暴跌。正是建立在分析之上的投资使 Lahde 成为在短暂但辉煌的投资生涯中最成功的基金经理之一。

7.2 经济分析

经济分析（Economic Analysis）是对经济整体和证券市场之间的关系进行分析。由于股票价格反映了股票发行公司的管理和经营水平，而公司经营又受到经济状况的影响，因此证券与经济之间有很密切的关系。在经济繁荣时期，大多数股票价格随经济趋势上升；相反，在经济衰退时期，许多股票的价格都会下跌。因此，股票市场会随经济趋势变化，投资者投资时不能违反市场趋势。对证券进行经济分析的内容包括：经济周期、货币政策、财政政策和通货膨胀。

7.2.1 经济周期

股市被称作"国民经济的晴雨表"，其发展和波动同时受制于和反映着国民经济的变化。经济从来不是单向性地运行，而总是在一定波动性的周期中运行，经历着繁荣—衰退—危机—繁荣的循环过程，即经济周期（Business Cycle）。经济的周期波动直接影响整个社会的投资、生产和消费，影响上市公司的经营业绩和投资者的心理预期。显然，在经济复苏与繁荣的向好时期，投资与消费旺盛，有利于公司业绩和市场人气增长，也会带动股市交易活跃和股价上涨；反之，在经济衰退和危机时期，社会需求减少，投资利润下降，不利于公司业绩增长和市场人气维持，股市收益和股价自然会受较大影响。

更重要的是，股票市场会对可能的经济波动提前做出反应。在经济开始复苏、走向繁荣时，人们对未来的经济形势预期较好，投资者开始明智地建仓，拉动股价上扬。随着经济形势好转进一步明朗，更多的投资者对利好更加认同，市场必呈现大牛市走势，股市日渐活跃，需求不断扩大，股价不停攀升。更有大户和做手借经济形势之大利好进行哄抬，投资者在利益和乐观从众心理的驱使下极力捧场，股市屡创新高。这时一些有识之士在综合分析多方面形势后，认为经济将不会再创新点，开始悄悄离场。虽然股价还在上涨，但市场供需力量已逐步发生转变，当经济形势逐渐呈衰退迹象，供需平衡直至供大于求，股价便开始下跌，当该形势为市场完全认同时，股市即步入熊市和调整期。长期投资者如有较强的预见性和耐心，就可以在不景气的末期买入股票，在经济景气的中后期卖出股票，即低价买入、高价卖出，享受股本高收益的益处。看准长期性的大幅涨跌，多数比短期的进出股市收益更大。

对商业周期两种最广泛的衡量指标为国内生产总值和工业生产。国内生产总值反映了一国在一定时期（通常为一年）内所生产的全部产品或服务的总价值；工业生产（Industrial Production）是衡量经济中工业部门或生产部门产量的指标。通常，GDP 与工业生产指数伴随经济周期上升或下降。

7.2.2 货币政策

与股票价格密切相关的是中央银行控制的货币供应量的变化,无论它是在公开市场中买卖政府短期债券还是调整银行的准备金要求,都为了控制货币供应量。当它在二级市场上买入政府债券时,商业银行的准备金增多,表示放松银根,债券价格上涨,随后股票价格也会上涨。当它卖出政府债券,表示紧缩银根,股票价格下跌。通常,货币供应量的变化领先于股票价格变化,然后影响整个经济的变化。

有两点需要注意:一点是当货币供应量增长过多而导致较高的通货膨胀时,由于对通货膨胀的恐惧,股价可能下跌;另一点是如果股票市场正确预期货币政策的未来变化,那么股票市场可能预先反映货币政策的实际变化。这就需要区分货币政策的预期和非预期变化:如果货币政策是可预期的,那么对股票的价格没有影响;相反,如果是不可预期的,则对股票价格有影响。

7.2.3 财政政策

财政政策包括国家税收和政府开支政策,一般它对金融市场特别是股票市场有很大的影响。如果减少税收,投资者可以把更多资金投资到股票市场,拉动股价上涨,刺激经济发展;相反,政府增税,投资者收入减少,会抑制股价,结果经济收缩。政府开支增加,社会需求量变大,因而刺激经济发展;相反,政府支出减少会抑制经济。

财政政策和货币政策是政府管理经济的手段。这些政策对利率、通货膨胀率、财政赤字和股票市场都有巨大影响,投资股票市场就要研究财政政策和货币政策。只有比其他投资者更早得到有用的信息才可能获利,如果和其他投资者得到同样的信息,而价格已经反映了这些信息,就不能得到任何利益。

7.2.4 通货膨胀

投资者进行投资时实际上更关心实际利率,即最后能获得的实际回报是多少。通货膨胀对普通股的投资有非常大的影响,它决定股价的贴现率和未来现金流的大小。

长期来看,普通股投资保护投资者免受通货膨胀之害。1926—1993 年美国普通股的平均收益率为 12.34%,同期消费价格指数平均上涨 3.25%,因此实际收益率为 9.09%。普通股有较高的实际收益水平,因此长期内股票可以对冲通货膨胀。

短期来看,在通货膨胀期间,股价与所有商品和服务一样,名义价值会增加,如 1980 年美国的通货膨胀率为 12.40%,而股票的收益率为 32.42%;相反,通货膨胀较低,股票的收益率也较低,如大萧条期间的 1931 年,通货膨胀率为−9.52%,股票的收益率为 −43.34%。但是,研究 1926—1993 年的股票收益率和通货膨胀率之后,我们发现它们之间并没有显著的线性关系。也就是说,短期内股票不能很好地对冲通货膨胀。

从以上几个方面的讨论中我们可以得知:分析各种经济因素有助于投资者预测股票价格的变动。然而,从另一方面来说,股票价格的变动总是发生在经济预测变化实际出现之前,因此,股票价格的当前变化趋势实际上有助于预测未来经济发展趋势。鉴于两者之间的这种关系,要想进行正确的投资,既要关注股票价格的变化,又要关注经济的变化。

7.3 行业分析

普通股基本分析的第二步是行业分析（Industry Analysis）。投资者在确信经济和市场有一定的投资吸引力之后，就要进一步寻找未来可能提供更多投资机会的行业。例如，20世纪90年代美国投资者不会考虑20年前积极投资的基础行业，如汽车和钢铁业等，而比较热衷于改变美国生活方式的电子通信和计算机等有关行业。

行业分析与经济分析和公司分析一样要使用广泛的资料，包括销售额、盈利、股息、资本结构、产品类型、法规和革新等。这样的分析需要大量专业知识，通常由经纪公司雇用的行业分析师或其他机构投资者来执行。

行业分析第一步是分析行业处于生命周期的哪个阶段，判断行业的一般情况和现在的位置；第二步是判断与经济周期和宏观经济有关的行业特点；第三步是对行业特征的定性分析；第四步是对行业的定量分析，协助投资者评估行业的未来产品。

7.3.1 产业生命周期

产业生命周期（Industry Growth Cycle）如图7.1所示，可以分为四个阶段：创始阶段、快速增长阶段、成熟阶段和衰退阶段。下面分别描述这四个阶段。

（1）创始阶段

在创始阶段，销售额温和增长，边际利润和利润很小甚至是负值。这时的投资风险很高，而且大多数投资者都无法获得投资渠道。

（2）快速增长阶段

在这一阶段，由于行业产品需求大量增加，因而销售额和盈利快速增长。由于行业中只有少数企业，缺乏竞争，因此边际利润非常高。进入

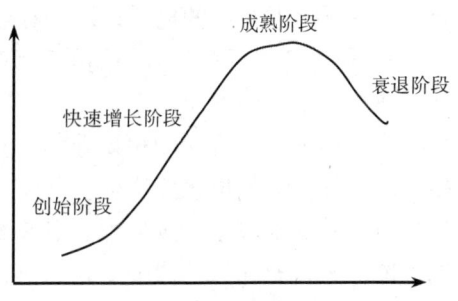

图7.1 产业生命周期

快速增长阶段的行业的销售增长率通常受经济因素影响很小。该阶段对于投资者来说具有很大的吸引力，但投资者需要进行大量工作以发现这种投资机会。

（3）成熟阶段

对于大多数行业来说，快速增长阶段并不会持续很长时间，而是会很快进入下一个阶段，即成熟阶段。在成熟阶段，销售可能继续增长，但比快速增长阶段和缓，该阶段的销售增长率受经济发展因素的影响最大。该阶段的行业通常包括食品行业、服装行业等保护性行业和汽车等周期性行业。在这一阶段，公司可能支付相对高的股利，但是它们成长的前景暗淡，因此，兴趣在于资本利得的投资者将避开成熟阶段。

（4）衰退阶段

在此阶段，由于需求转移或替代品增加，使得销售增长率下降。边际利润继续变小，企业利润降低或产生损失。资本回报非常低，可能需要考虑停业的问题。处于衰退阶段的行业的投资机会很少，尤其是注重成长的投资者不会投资于这些行业。现实中，大公

司很少会达到衰退阶段，因为它们会持续推出新产品以使自己维持在成长阶段或成熟阶段。

7.3.2 行业的经济周期分析

某些行业的变化接近经济周期，在经济扩张时期优于行业平均水平，而在经济紧缩时期劣于行业平均水平；而另一些行业可能受经济周期影响较小。在行业分析中，投资者需要了解这些关系。通常，行业分为成长（Growth）行业、保护性（Defensive）行业、周期性（Cyclical）行业和利率敏感（Interest-sensitive）行业。

1）成长行业是预期盈利增长显著且超过各行业平均水平的行业，这样的增长无论经济衰退是否发生都会持续。美国20世纪80年代的成长行业包括基因工程、微型计算机和新的医疗设备。现在和未来的成长行业包括遥控设备和移动电话。显然基本分析的主要目的是辨别最近和未来的成长行业。

2）保护性行业是受经济衰退和逆转影响相对较小的行业。典型的是食品业，因为无论经济如何，人总是要吃饭的，公用事业也可以认为保护性行业。

3）周期性行业是随经济周期变化的行业。经济繁荣期间，它们异常好，当经济逆转或衰退时，它们则很差。耐用消费品是典型的例子，如汽车、冰箱等在经济繁荣期间销售大量增长，而在衰退期间消费者会推迟购买。反周期行业与主要经济趋势的变化相反。金矿业是反周期行业的例子，因为在经济衰退期间，通常投资者购买黄金保值。

4）利率敏感行业是对预期的利率变化特别敏感的行业。显然，金融业、银行业和不动产业是利率敏感行业。

为了预测一个行业的短期业绩，投资者需要仔细分析经济周期的各阶段和利率的可能变动，并据此做出投资决策。如果经济开始衰退，周期性行业可能受较大影响，而保护性行业受影响较小；类似地，利率预期上涨对住宅建筑业将有消极的影响，而利率预期下跌对其将有积极的影响。这就是说，投资者在决定投资前需了解经济的状态，根据市场所处的状态选择或回避特定的行业。

7.3.3 行业的定性分析

定性分析是分析一个特定的行业，评估它的未来前景。

首先，要考虑行业的历史业绩，即研究销售额、盈利增长和价格业绩的历史记录。虽然过去的资料不能简单地推至将来，然而它提供了某些有用的信息。

其次，行业的竞争强度决定行业维持高于市场平均收益的能力。竞争强度取决于五个基本竞争因素：新进入公司的威胁、公司间存在的竞争、替代产品的威胁、购买者讨价还价的能力和供应者讨价还价的能力。这五个因素决定一个行业的竞争强度，因此也决定其长期可能的利润。这种分析可能要重复做，因为行业的竞争强度会随时间变化。

再次，政府的影响。投资者必须判断政府的法规和行动对相关行业的影响。例如，放宽金融业的法规使得银行与储贷会相互竞争，因为这两个行业提供消费者许多相同的服务。这一行为直接影响这两个行业的相关业绩，同时还会影响某些其他行业，如经纪业。

最后，投资者要考虑经济结构变化。当美国从工业社会继续向信息通信社会转变时，经济结构的变化将影响主要行业。大量的新兴行业不断涌现，而某些传统行业（如钢铁行业）再也不可能恢复它们以前的地位。

7.3.4 行业的定量分析

投资者的兴趣在于行业的预期业绩，而不是历史业绩，因为过去并不能代表未来。未来业绩是以对未来的估计为基础的。在行业的定量分析中，可以估计一个行业的预期盈利、预期市盈率，然后得到证券内在价值的估计值。

7.4 公司分析

在完成经济分析之后可以找到投资普通股的有利时机，然后通过行业分析选择更有发展潜力的行业，最后投资者从这些行业中挑选特定的公司进行投资。公司分析是基本分析的最后一个步骤，也是最核心的部分。

公司分析的基础是相信股票发行公司的业绩会影响股票价格。如果公司前景看好，则其股票的市场价格可能上升，反之则股价下降。然而股票的价格不仅取决于承诺的收益率，还受公司所面临风险的影响。公司分析是指对股票发行公司的财务状况进行的分析，其主要内容包括对公司各种财务报表和各种财务比率的分析，然后在这些分析的基础上形成对未来增长和盈利的预期。投资者在公司分析中关心的内容如下：
- 公司的竞争地位。
- 收入的组成与增长状况。
- 利润率。
- 资产的组成与流动性。
- 融资结构。

公司分析是需要花费很多精力与时间的分析过程。对于大多个人投资者来说，他们通常根据某些公开发表的报告进行投资而不是自己分析。这些资料包括大经纪公司的报告、金融媒体和其他一些专业性机构提供的资料。

7.4.1 财务报表分析

公司财务指标、财务数据及其变化情况直接反映着公司的运营效率和效益。对公司财务报表（Financial Statement）进行分析，可以清晰地了解企业的过去和现在，便于投资者对该股票是否具有潜在投资价值做出判断。财务报表分析的主要内容包括资产负债表、损益表和现金流量表。

1. 资产负债表

资产负债表（Balance Sheet）反映了公司在某个时点上的财务状况，描述了各项指标的数量或水平，包括公司的资产项、负债项和所有者权益项。

资产表明了公司的经济来源,它是指可能在将来给公司带来收益的项目。例如,工厂和设备可以生产产品和服务,然后销售给顾客并获取收益。负债代表公司的对外债务,通常表现为一个具体的数值,并且在将来某一时期必须偿还此项债务。在资产负债表中,资产和负债分别按照流动性和长期性排列。流动资产包括现金或其他资产,如可流动的证券、存货及应收账款。流动负债是那些有望在短期内可清偿的项目,期限通常为一年。长期资产一般可持有或使用几年,长期负债是指那些超过一年才能清偿的项目。所有者权益是指公司股东投资于公司的资产总额,是股东在公司资产抵消负债后对剩余净资产拥有的索取权。由于资产负债表表明了公司的经济资源及对这些资源的索取权,所以资产一定等于负债加上所有者权益。

资产负债表并没有告知关于公司资产和负债的一切信息。例如,管理层的能力是公司最有价值的资产之一,但是它却没有在资产负债表中体现出来。从负债来看,公司签订的运营租约的价值可能很大,然而它却被放入公司年度报告的脚注中。典型的资产负债表如表7.1所示。

表 7.1 Universal 公司资产负债表 (单位:百万美元)

	2016 年	2015 年
资产		
流动资产		
现金及其等价物	95.8	80.0
应收账款	227.2	192.4
存货	103.7	107.5
其他流动资产	73.6	45.2
流动资金总额	500.3	425.1
非流动资产		
固定资产净值	398.7	316.7
其他资产	42.2	19.7
非流动资产总额	440.9	336.4
总资产	**941.2**	**761.5**
负债和所有者权益		
流动负债		
应付账款	114.2	82.4
短期债务	174.3	79.3
其他流动负债	85.5	89.6
流动负债总额	374.0	251.3
非流动负债		
长期债务	177.8	190.9
其他非流动负债总额	94.9	110.2

续表

	2016 年	2015 年
非流动负债总额	272.7	301.1
总负债	**646.7**	**552.4**
股东权益		
普通股	92.6	137.6
留存收益	201.9	71.5
所有者权益总额	294.5	209.1
负债与所有者权益总额	**941.2**	**761.5**

2. 损益表

损益表（Income Statement）反映了公司的收益状况。损益表列出的是一段时期内的资金流量，而不是一个时点值。公司的净收益是销售额与费用之差，销售额衡量了在向顾客销售商品和服务过程中的资金流入，费用衡量了销售过程中伴随的资金流出。公司的成功与否直接与其产生净收益的多少密切相关。典型的损益表如表 7.2 所示。

表 7.2 Universal 公司损益表 （单位：百万美元）

	2016 年	2015 年
销售收入	1 938.0	1 766.2
货物成本	1 128.5	1 034.5
毛利	809.5	731.7
经营费用	497.7	445.3
折旧与摊销	77.1	62.1
其他净收入	0.5	12.9
营业收入	235.2	237.2
应交利息	13.4	7.3
税前收入	221.8	229.9
税收	82.1	88.1
净收益	**139.7**	**141.8**
每股股利	0.15	6.13
每股收益	2.26	2.17
流通的普通股股数（百万）	61.8	65.3

3. 现金流量表

现金流量表（Statement of Cash Flows）表明了公司在一年内的现金流动状况，它可以帮助投资者评估该公司的派现能力、对外部融资的需求及融资策略的效果。它分为三个部分：经营活动现金流量、投资活动现金流量和融资活动现金流量。公司的现金流可能与盈利状况有很大的差距，这是因为盈利只是收入与成本的差额，而现金流则是公司经营实际得到的现金收入。因此现金流比盈利更能反映公司的财务状况，在证券分析中具有很高的价值。从长期来看，只有公司的现金流入大于现金流出，才能保证证券持有者的利益。即使有盈利的公司也会发现有时面临现金头寸的短缺，极端的情况下甚至会导致公司破产。典型的现金流量表如表 7.3 所示。

表 7.3　Universal 公司现金流量表　　　（单位：百万美元）

	2016 年	2015 年
净收入	139.7	141.8
折旧与摊销	77.1	62.1
其他非现金收费	5.2	16.7
流动资产变动	（41.7）	14.1
流动负债变动	21.8	（29.1）
经营活动净现金流量	202.1	205.6
资本支出	（150.9）	（90.6）
投资活动净现金流量	（150.9）	（90.6）
长期借款收入	749.8	79.1
长期负债变动	（728.7）	（211.1）
股票回购	（47.2）	（9.8）
普通股股利支付	（9.3）	（8.5）
筹资活动净现金流量	（35.4）	（150.3）
现金流量	**15.8**	**（35.3）**
期初	80	115.3
期末	95.8	80

7.4.2　财务比率分析

财务比率分析（Ratio Analysis）是投资者用于考察公司财务报表的技术手段，是对财务报表不同科目之间关系的研究。投资者运用财务比率对公司财务状况和经营成果进行评估，并与历史标准和行业标准进行比较，其目的在于通过对历史信息的研究而预测股票未来走势。财务比率按其分析重点的不同可分为五大类：流动性比率、活动比率、财务杠杆比率、盈利能力比率和普通股比率。下面对每类指标中使用最广泛的比率进行介绍。

1. 流动性比率

流动性比率（Liquidity Ratio）是衡量公司偿还短期债务或支付经营费用能力的指标。最常用的流动性比率为流动比率和净流动资金。

（1）流动比率（Current Ratio）

流动比率表示每一流动负债有多少流动资产作为偿还保障。其计算公式为：

$$流动比率 = \frac{流动资产}{流动负债} \times 100\%$$

流动比率越高，对债权人的保障程度越高。但从公司来看，过高的流动比率表明企业资产利用率低，资金闲置，没有较好地利用财务杠杆，经营过于保守。国际上一般认为流动比率为 2 是比较合适的。但不同行业会有不同的标准值，应结合企业历史比率和当前流动资金补充状况区别对待。

对 Universal 公司来说，2016 年其流动比率为 1.34（500.3/374.0），即对于每 1 美元的流动负债有 1.34 美元的流动资金保证。在当前的标准下，表明该公司持有足够的流动资产。

（2）净流动资金（Net Working Capital）

净流动资金是用来衡量公司所有者权益数量的绝对指标。其计算公式为：

$$净流动资金 = 流动资产 - 流动负债$$

Universal 公司 2016 年的净流动资金为 12 630 万美元。

2. 活动比率

活动比率（Activity Ratio）是把公司经营收入与各类资产相比，以衡量该公司资源利用能力的会计指标。常用的活动比率有应收账款周转率、存货周转率、流动资产周转率和总资产周转率。

（1）应收账款周转率（Accounts Receivable Turnover）

对于大多数的资产负债表，其资产的 80%～90%，甚至更大的比例通常仅仅是由几个账户占有的。Universal 公司也是如此，从其资产负债表中可以看到，应收账款账户、存货和长期净资产账户几乎占其总资产的 80%。应收账款周转率是衡量应收账款管理水平的指标，它反映了公司从其应收账款中获利的能力。其计算公式如下：

$$应收账款周转率 = \frac{年销售收入}{应收账款平均余额} \times 100\%$$

一般来说，应收账款周转率越高，平均收账期越短，说明应收账款回收越快，企业资金循环衔接得越好。否则，企业的营运资金过多滞留在应收账款上会影响资金周转，不仅增加企业筹措、补充资金的难度，而且有可能引发债务纠纷。当然，应收账款周转率应结合公司的信用政策、生产经营特点和货款结算方式等来具体判断。

2016 年 Universal 公司的应收账款周转率为 8.53（1 938.0/227.2），即投资于应收账款的每 1 美元会产生 8.53 美元的收入。这个较高的数字说明公司有较好的信用和收款能力。

（2）存货周转率（Inventory Turnover）

存货周转率是表明存货流动性的指标，即在一年内存货可周转的次数。其计算公式为：

$$存货周转率 = \frac{年销售收入}{平均存货余额} \times 100\%$$

一般来说，存货周转率越高，则存货周转速度越快，存货的占用越低，流动性就越强，即转换为收入和现金的速度越快，存货管理业绩越好。

但是，不能绝对认为存货周转率越快越好，因为存货批量因素会对存货周转率产生圈套影响。在存货批量（包括材料采购批量、商品进货批量和产品生产批量等）很小的情况下，存货会很快地转换，但批量过小使订货成本或生产准备成本上升，甚至造成缺货成本，反而使总成本增大，产生负效应。所以，在分析存货周转率时，要与本企业历史资料、其他企业或行业平均水平比较而做出判断。

2016年Universal公司的存货周转率为18.69（1 938.0/103.7）。

（3）流动资产周转率（Current Asset Turnover）

流动资产周转率是指企业在一个经营周期（一年）内能完成多少个从投入货币资金到收回货币资金的流动资产循环，即从投入资金购买原辅料、投入生产、销售出去到收回货款的时间长短，通常以周转次数来表示，其计算公式如下：

$$流动资产周转率 = \frac{年销售收入}{流动资产平均余额} \times 100\%$$

流动资产周转率反映了流动资产周转速度，该比率越高，变现能力越强，相应的企业偿债能力和盈利能力越强；反之，延缓周转速度，就需要补充流动资产参与周转，形成资金浪费，降低企业的偿债能力和盈利能力。

2016年Universal公司的流动资产周转率为3.87（1 938.0/500.3）。

（4）总资产周转率（Total Asset Turnover）

总资产周转率是指企业销售收入总额与全部资产平均余额之比，通常由总资产周转次数来表示，其计算公式为：

$$总资产周转率 = \frac{年销售收入}{总资产平均余额} \times 100\%$$

在分析企业经营效率比率时，其标准值难以确定，应与行业平均水平、行业先进水平、本企业历史平均水平和先进水平相比较，并结合企业环境和政策变化进行分析。

2016年Universal公司的总资产周转率为2.06（1 938.0/941.2）。

3. 财务杠杆比率

财务杠杆比率（Leverage Measures）是用来衡量公司运营中债务利用比率及偿债能力的指标。常用的财务杠杆比率有产权比率和已获利息倍数。

（1）产权比率（Debt-equity Ratio）

产权比率反映股东每投入1单位资金可控制多少单位的债务融资。其计算公式为：

$$产权比率 = \frac{长期债务}{股东权益} \times 100\%$$

产权比率越高，公司无法偿还其债务的可能性越大，因此该指标有助于衡量股票风险。2016年Universal公司产权比率为0.6（177.8/294.5），说明公司的大部分资产来自所有者，即每1美元的所有者权益对应60美分的负债。

（2）已获利息倍数（Times Interest Earned）

已获利息倍数是衡量公司利息支付能力的指标。其计算公式为：

$$已获利息倍数 = \frac{息税前利润}{应付利息}$$

通常情况下，8~9的已获利息倍数被认为付息能力较强，国际上通常认为，该指标为3时较为适当，从长期来看至少应大于1。2016年Universal公司的已获利息倍数为17.55（235.2/13.4），表示该公司的付息能力相当强。

4. 盈利能力比率

盈利能力（Profitability）是指企业获得利润的能力，它可以通过企业利润额与有关的资本投入、资本占用和成本费用消耗等指标相比计算出各种不同比率，从不同角度予以反映。分析时首先看其比率大小，其次与企业历史做纵向比较，再与同行业做横向比较，判断其盈利能力高低。常见的盈利能力指标有净利润率、资产回报率和股本回报率。

（1）净利润率（Net Profit Margin）

净利润率是用来衡量销售和其他收入中利润获取能力的指标，其计算公式为：

$$净利润率 = \frac{税后净利润}{总收入} \times 100\%$$

2016年Universal公司的净利润率为7.2（139.7/1938.0），是美国大公司的平均水平。

（2）资产回报率（Return On Assets，ROA）

资产回报率是衡量在可获得资产水平上产生利润的效率的指标，其计算公式为：

$$ROA = \frac{税后净利润}{总资产} \times 100\%$$

对该公式分解可得：$ROA = \frac{税后净利润}{销售收入} \times \frac{销售收入}{总资产} =$ 净利润率×总资产周转率。

2016年Universal公司的资产利润率为14.8%（139.7/941.2），高于平均水平。该比率越高，表明公司的盈利水平越高。

（3）股本回报率（Return On Equity，ROE）

股本回报率也叫投资利润率，是衡量公司整体盈利能力的指标。该指标是投资者密切关注的，因为它与公司的利润、成长和股利直接相关。其计算公式为：

$$ROE = \frac{税后净利润}{股东权益} \times 100\%$$

2016年Universal公司的股本回报率为47.4%（139.7/294.5），即对投资者每1美元的权益可以支付其48美分的回报。这一比率对投资者具有很大的吸引力。

事实上，ROE是ROA的扩展，它表示财务杠杆可以在多大程度上增加股东收益。由于资产结构中负债的存在，即财务杠杆总是大于1的，所以ROE总是大于ROA。对

ROE 的计算公式进行扩展如下：

$$ROE = \frac{净利润}{所有者权益} = \frac{净利润}{总资产} \times \frac{总资产}{所有者权益} = ROA \times 财务杠杆$$

仍对 2016 年 Universal 公司进行分析，其财务杠杆为 3.2（941.2/294.5）。通过上式计算出 ROE 为 47.4%（14.8%×3.2）。

对 ROE 计算公式进行进一步的展开，可得到：

$$ROE = ROA \times 财务杠杆 = 净利润率 \times 总资产周转率 \times 财务杠杆$$

即投资者可以根据净利润率、总资产周转率和财务杠杆三个部分来评估公司的盈利能力。

5. 普通股比率

普通股比率（Common-stock Ratio）也叫市场比率，反映了该公司股票所代表的公司财务状况、经营业绩和市场价格的关系。常见的普通股比率有每股收益、市盈率、每股股利、股利收益率、股利分派率和每股净资产。第 5 章已经介绍过每股收益与股利收益率，以下主要介绍其余四种。

（1）市盈率（Price/Earnings Ratio，P/E）

市盈率是投资者普遍关注的指标，它是股票每股市价与每股净收益的比率，反映股票的相对价格。其计算公式为：

$$市盈率 = \frac{每股市价}{每股净收益} \times 100\%$$

其中，

$$每股净收益 = \frac{税后净利润 - 优先股股利}{流通的普通股股数}$$

市盈率高低是投资者选股的一个重要标准，同时也是许多股票估价模型的重要部分。市盈率越高，意味着股票未来价格越高，股东收益越大。然而市盈率过高也并非好事，因为它可能是股票定价过高的信号，定价过高则意味着股票价格会下跌。

评估市盈率的一个方法是把它与公司收益增长率相比较，即 PEG 比率。PEG 比率的计算公式为：

$$PEG 比率 = \frac{股票市盈率}{3 \sim 5 年的收益增长率 \times 100}$$

2016 年 Universal 公司的市盈率为 18.4，如果公司过去 5 年的年平均收益增长率为 15%，则其 PEG 比率为 1.21（18.4/15.0）。通常情况下，投资者比较乐于投资 PEG 比率等于或者小于 1 的股票。高的 PEG 比率意味着股票的市盈率超过其收益增长率，股票极有可能估价过高，投资者通常不会选择 PEG 比率高于 1.5 或 2.0 的股票。

（2）每股股利（Dividends Per Share）

每股股利的计算公式为：

$$每股股利 = \frac{普通股股利支付}{流通的普通股股数}$$

2016 年 Universal 公司的每股股利为 0.15 美元，把每股股利与每股市价相比得到股利收益率为 0.4%（0.15/41.50）。

（3）股利分派率（Dividend Payout Ratio）

股利分派率是每股股利与每股权益之比，反映股东从每股股票的全部盈利中实际分到手的比率，最直接体现了投资者的实际收益水平，其计算公式为：

$$股利分派率 = \frac{每股股利}{每股收益} \times 100\%$$

2016 年 Universal 公司的股利分派率为 7%（0.15/2.26）。通常情况下，大多数公司的股利分派率为 40%~60%，由此看来 Universal 公司的股利分派率偏低。然而，股利分派率低并不一定是坏事，因为它意味着公司把更多的收益留存起来用于长期发展。事实上，大部分成长型公司的股利分派率都是相当低的，不少知名公司（如星巴克等）都留存全部收益，即股利分派率为 0。过高的股利分派率却值得警惕，尤其当其达到 70%~80% 时，高的股利分派率通常表明公司没有能力继续保持当前股利水平，而股利的削减又会导致股价下跌。

（4）每股净资产（Book Value Per Share）

每股净资产是衡量每股股票代表的股东权益数量的指标。这里的权益指的是普通股权益，即扣除了优先股权益后的权益，其计算公式为：

$$普通股权益 = 总权益 - 优先股权益$$

$$每股净资产 = \frac{普通股权益}{流通的普通股股数}$$

通常情况下，股票售价应该高于每股净资产，否则就意味着公司的前景或盈利出现问题。把股价与每股净资产相比得到市净率（Price-to-book-value）。其计算公式为：

$$市净率 = \frac{普通股市价}{每股净资产} \times 100\%$$

市净率是投资者广泛使用的一个比率，显示了股票价格是否合理。大多数股票的市净率大于 1.0，即股票价格高于其资产净值。在强势的牛市中，以资产净值的 4~5 倍甚至更高价格进行交易也是常见的。Universal 公司的市净率为 8.72（41.50/4.76），是偏高的，说明该股票可能估价过高，会导致相对较低的所有者权益比率。

7.4.3 对数据的分析

通常情况下，大多数投资者都不会亲自去计算以上那些烦琐的比率。这些数据可以从大的经纪公司或财务公司公布的财务报告中获得。尽管如此，投资者仍需对这些信息进行分析以衡量公司的财务表现,这就需要一些衡量标准。财务分析通常使用两种标准,即历史标准和行业标准。历史标准反映公司的发展与增长状况、公司的优势与劣势;行业标准则反映出公司的行业竞争地位、竞争能力等。下面以 Universal 公司为例,利用历史标准和行业标准对其财务比率进行分析,如表 7.4 所示。

表 7.4 Universal 公司历史与行业的比较

指标	2013 年	2014 年	2015 年	2016 年	2016 年该行业平均数
流动性指标					
流动比率	1.55	1.29	1.69	1.34	1.45
活动指标					
应收账款周转率	9.22	8.87	9.18	8.53	5.70
存货周转率	15.25	17.17	16.43	18.69	7.80
总资产周转率	1.96	2.12	2.32	2.06	0.85
财务杠杆指标					
产权比率	0.70	0.79	0.91	0.60	1.58
已获利息倍数	15.37	26.22	32.49	17.55	5.60
盈利能力指标					
净利润率	6.6%	7.5%	8.0%	7.2%	4.6%
资产回报率	9.8%	16.4%	18.6%	14.8%	3.9%
股本回报率	25.9%	55.5%	67.8%	47.4%	17.3%
普通股指标					
每股收益(美元)	1.92	2.00	2.17	2.26	N/A
市盈率	16.2	13.9	15.8	18.4	16.2
股利收益率	0.3%	0.4%	0.4%	0.4%	1.1%
股利分派率	5.2%	5.5%	6.0%	6.6%	24.8%
市净率	7.73	10.73	10.71	8.72	3.54

从上表的对比中,我们可以得到以下结论。

1)Universal 公司的流动性比率略低于行业平均水平,然而在考虑了应收账款和存货后,该比率并不需要担心,因为应收账款周转率和存货周转率两个指标相对较高,说明流动资产控制得很好。因此,流动比率低于平均水平并不是因为流动负债过多,而是因为对流动资产的有效控制。

2)Universal 公司的各个活动指标都高于行业平均水平,高的周转率不但有利于公司流动性的增加,也有利于盈利能力的增强。

3)Universal 公司有很优秀的财务杠杆指标,它比同行业的其他公司使用更少的债务,因而使得其付息能力远高于行业平均水平。

4)Universal 公司的盈利能力对投资者也很具吸引力。高于行业平均水平的净利润率、资产回报率、股本回报率说明公司有很高的盈利能力。总体来说,分析表明该公司运营状况良好且有较高的盈利能力，这使得其普通股比率优于行业平均水平。Universal 公司支付的股利数额不多，而是把大量的收益用于长期发展，最终使投资者获得较高的净资产收益率。

与历史情况和行业平均水平比较之后，有必要再与 2~3 个主要竞争对手进行比较，以确定公司在行业中的竞争地位、竞争能力、优势与劣势等，如表 7.5 所示。

表 7.5 Universal 公司与竞争对手的比较（所有数据为 2016 年数据，单位为百万美元）

财务指标	Universal	Cascade	Colwyn	High Design
总资产	941.2	906.7	342.7	3 037.6
长期负债	177.8	124.2	73.9	257.8
股东权益	294.5	501.3	183.9	1 562.2
股东权益占总资产比例	31.3%	55.3%	53.7%	51.4%
总收入	1 938.0	1 789.3	642.2	3 316.1
净收入	139.7	87.4	38.5	184.2
净利润率	7.2%	4.9%	6.0%	5.5%
5 年来增长率				
总资产	14.36%	19.44%	17.25%	17.73%
总收入	18.84%	17.76%	15.91%	15.84%
每股收益	56.75%	38.90%	21.10%	24.66%
股利	1.48%	11.12%	N/A	12.02%
总资产周转率	2.06	1.97	1.88	1.09
产权比率	0.60	0.43	1.46	0.17
已获利息倍数	17.55	13.38	8.35	14.36
资产回报率	14.8%	9.5%	6.7%	6.7%
净资产回报率	47.8%	18.8%	21.8%	13.0%
市盈率	18.4	14.4	13.3	12.4
PEG 比率	1.21	2.42	1.98	1.09
股利支付率	6.6%	26.2%	N/A	32.4%
股利收益率	0.4%	1.8%	N/A	2.6%
市净率	8.72	2.71	2.93	1.59

由表 7.5 可以看出，Universal 公司虽然不是最大的公司，但它在利润率、收入和利润增长率、资产周转率、净资产收益率和市盈率等方面都比其竞争对手高。由以上两个表格及分析可以看到，Universal 公司在行业中有相当强的竞争力，其发行的股票对投资者有很大的吸引力。

知识拓展

1. 宏观经济政策的目标是使经济在零失业率附近运行，并不致引发通货膨胀的压力。这两个目标之间的权衡是争论的焦点。

2. 宏观经济政策的传统工具是包括政府购买和税收在内的财政政策以及调整货币供给的货币政策。扩张的财政政策能够刺激经济并提高 GDP，但也会使利率升高。扩张的货币政策能通过降低利率而使经济得到扩张。

3. 经济周期是指经济往复不断扩张-衰退过程。由于先行经济指标的变化会早于其他经济变量，所以它可以用来预测经济周期的变化。

4. 每个行业对经济周期的敏感度都不同。高敏感度的行业一般是那些生产高价耐用品的厂商，因为消费者可以选择购买此种商品的具体时机，例如汽车工业或耐用消费品行业。另外，为其他厂商生产资本品或设备的行业也属于敏感性的行业。营业杠杆度和融资杠杆度也会提高厂商对经济周期的敏感度。

5. 证券分析家主要关注的应是公司的实际经济收益而非报告收益。财务报表中的会计收益是对实际经济收益的估算，这个估算可能有误差，尽管实证研究表明报表中的收益显示了有关公司前景的大量信息。

6. 一家公司的股本收益率（ROE）是其收益增长率的决定因素，公司财务杠杆作用的程度对股本收益率产生着巨大影响。只有贷款利率低于公司的资产收益率（ROA）时，公司负债与股权比率的增长才会提高公司的股本收益率，并因此提高公司的增长率。

7. 除了公司的财务报表之外，另外两个利用公司普通股市价的比率是：市价与账面价值比率与市盈率比率。分析家们有时把它们的低比率值作为安全边际或股票成交条件的标志。

8. 使用从公司财务报表中得来的资料的主要问题是可比性，公司在究竟用什么方法计算各种收入与费用项目时，有很大的选择空间。因此，证券分析家有必要在比较不同公司的财务指标之前，按照统一标准调整会计收益与财务比率。

投资行动

什么是 EBITDA

在财务报表中，公司有时候使用隐秘或让人困惑的名词来公布收益，投资者需要了解这些名词的含义。

通常，衡量经营收入的传统方式是收入减去与收入相关的成本，包括销售成本、管理成本、折旧与摊销。折旧与摊销被看作该时期内对收入的收费。总体来说，EBIT（息税前利润）反映了公司的经营结果。

为了使自己的业绩看起来更优秀，有些公司开始公布 EBITDA（息税、折旧与摊销前利润），并争辩说该指标是衡量公司运营的最佳方法。然而，EBITDA 通常使公司业绩看起来比实际要好。资产密集型企业（拥有很多无形资产）和那些通过收购而扩张的企业在收入没有减去折旧与摊销时显示更优秀的收益水平。企业辩护说他们希望投资者看到用于未来发展和还债而减少的那部分现金，但折旧的扣除模糊了这一信息。

这一辩论正确吗？不全然。EBITDA 确实扣除了收入中的非现金费用。但是，损益表中的收入是在责权发生制下计算得到的，因此它反映的不是公司的实际现金收入。现金流量表更准确地描述了公司运营引起的现金流动。

公司使用 EBITDA 并没有什么错误，没有违反任何会计准则。但是在分析财务比率时，你需要了解你使用的是哪种收益率指标，要确保使用正确的数据，否则就会导致比率的错误。这一问题在对不同公司进行比较时尤为重要。

思考题：假如我们需要一个使用 EBITDA 的财务比率，你认为该如何计算？这种比率适用于何种类型的公司？

资料来源：Adapted from John Bajkowski, "EBT, EBIT, EBIDTA: Will the Real Earnings Figure Please Stand Up?" AAII Journal, August 2002, pp. 4~9.

关键术语

证券分析 Security Analysis
技术分析 Technical Analysis
由上而下的分析方法 Top-down Approach to Security Analysis
存货周转率 Inventory Turnover
总资产周转率 Total Asset Turnover
资产回报率 Return On Assets，ROA
产权比率 Debt-equity Ratio
盈利能力 Profitability
普通股比率 Common-stock Ratio
市盈率 Price/Earnings Ratio，P/E
每股股利 Dividends Per Share
股利分派率 Dividend Payout Ratio
每股净资产 Book Value Per Share
市净率 Price-to-book-value

基本分析 Fundamental Analysis
经济周期 Business Cycle
经济分析 Economic Analysis
行业分析 Industry Analysis
产业生命周期 Industry Growth Cycle
资产负债表 Balance Sheet
现金流量表 Statement of Cash Flows
损益表 Income Statement
流动比率 Current Ratio
活动比率 Activity Ratio
应收账款周转率 Accounts Receivable
流动资产周转率 Current Asset Turnover
财务杠杆比率 Leverage Measures
已获利息倍数 Times Interest Earned
净利润率 Net Profit Margin
股本回报率 Return On Equity，ROE

课后习题

讨论题

1. 投资以下种类的股票时，你会分别寻找哪方面的经济信息？
1）航空股
2）周期性产业股票
3）电力事业股
4）建筑材料股
5）与国防工业有密切合作的飞机制造商股

2. 请将左边的财务指标与其所属的正确种类连接起来。

a. 存货周转率
b. 产权比
c. 流动比
d. 净利率
e. 资产回报率
f. 总资产周转率
g. 市盈率
h. 已获利息倍数
i. 市净率
j. 股利支付率

1) 盈利能力比率
2) 活动比率
3) 流动性比率
4) 财务杠杆比率
5) 普通股比率

计算题

1. BOOKV 公司总资产 750 000 000 美元，没有优先股，总负债为 300 000 000 美元，发行在外的普通股有 300 000 000 股。该公司每股账面价值是多少？如果股票价格现为每股 5.25 美元，其市净率是多少？

2. 从 HiFly 公司的财务报告中获得以下数据（见表 7.6）。

表 7.6　HiFly 公司财务数据　　　　　　　　　　（单位：美元）

	2015 年	2016 年
营业收入	550 000 000	600 000 000
利息支付	200 000 000	250 000 000
税收	126 000 000	126 000 000
净利润	224 000 000	224 000 000

计算 2015 年和 2016 年的已获利息倍数。

3. 从 Otago Bay Marine Motors 公司（OBMM）年报中获取以下财务数据（见表 7.7）。

表 7.7　OBMM 公司财务数据　　　　　　　　　（单位：百万美元）

	2015 年	2016 年
净收入	179.30	259.59
总资产	136.30	303.94
净收益	20.20	35.44
股东权益	109.60	212.34

1）根据利润率和资产周转率计算 2015 年 OBMM 公司的资产回报率（ROA）和股本回报率（ROE）。

2）根据 2016 年 OBMM 公司财务报表提供的信息计算 2016 年 ROA 和 ROE。

3）根据你的计算结果，说明利润率、资产周转率、财务杠杆对 OBMM 公司 2015—2016 年 ROA 和 ROE 变化的影响。哪一个对 ROA 影响最大？ROE 呢？

4）你觉得这种变化通常来讲有利于公司吗？

案例分析

【案例 1】

财务比率让你恍然大悟

Jack Arnold 居住在得克萨斯州拉布克，是一名富有的牧场主和商人。他投入巨额资金构建了一个投资组合，他认为该组合内的每只股票都是经过了深入研究才进行投资的。但是 Jack 喜欢利用自己计算的数据，虽然这些数据可以从经纪人那里免费获得。（实际上，他的经纪人 Billy Bob Smith 已经免费提供这些服务好多年了。）

最近，Jack 正关注一只小型化学工业股，南部平原化学工业公司。它的化肥产品产量很大，具有一定地位，这方面 Jack 还是比较了解的。不久前，他获得了一份该公司最新的财务报表的副本（见表 7.8、表 7.9、表 7.10），于是决定进一步研究该公司的各项数据。

表 7.8　南部平原化学工业公司资产负债表　　　　　　（单位：千美元）

项　目	金　额	项　目	金　额
现金及其等价物	1 250		
应收账款	8 000	流动负债	10 000
存货	12 000	长期负债	8 000
流动资产	21 250	股东权益	12 000
固定资产和其他资产	8 750		
总资产	30 000	负债和股东权益合计	30 000

表 7.9　南部平原化学工业公司利润表　　　　　　（单位：千美元）

项　目	金　额
销售收入	50 000
货物成本	25 000
营业成本	15 000
营业收入	10 000
利息支出	2 500
税收	2 500
净收益	5 000
普通股股东股利	1 250
发行在外的普通股股数	500 万
普通股当前市场价	25

表 7.10　南部平原化学工业公司的财务比率

最新行业平均数		最新行业平均数	
流动比率		盈利能力	
a. 营运资金净额	N/A	h. 净利润率	8.50%

续表

	最新行业平均数		最新行业平均数
b. 流动比	1.95	i. 资产回报率	22.50%
		j. 股本回报率	32.20%
活动比率			
c. 应收账款周转率	5.95	普通股比率	
d. 存货周转率	4.5	k. 每股收益（美元）	2.00
e. 总资产周转率	2.65	l. 市盈率	20.00
		m. 每股股利（美元）	1.00
财务杠杆比率		n. 股息收益率	2.50%
f. 产权比	0.45	o. 股利分派率	50%
g. 已获利息倍数	6.75	p. 每股账面价值（美元）	6.25
		q. 市净率	6.4

问题：

1）使用该公司的数据计算表 7.10 中的比率。

2）将计算出的该公司的各项财务比率与行业平均数据比较，你认为该公司的优势在哪里？弱势在哪里？

3）你对南部平原化学工业公司的总体评价是什么？你觉得 Jack 还需要继续其他的股票估值吗？请说明原因。

【案例2】　　　　　　　Doris 和汽车股

Doris Wise 是一位年轻的都市白领。她现在生活在亚利桑那州的菲尼克斯，并在那里开了一家很受欢迎的模特经纪公司。Doris 制定了一个主要由高评级股票组成的投资组合。因为她年轻又是单身，没有来自家庭方面的经济压力，所以 Doris 主要投资一些能给她带来不错资本利得的股票。最近，经纪人建议她购买一只汽车股，并为她提供了一些文本和分析资料。其中，由 Doris 委托的证券公司编写的一份报告预测了整体经济走势，对汽车业进行了详细的分析，并针对几家具有代表性的汽车公司（当中包括了经纪人给她推荐的那家）做了透彻的分析。这份报告让 Doris 深深体会到证券分析的好处，使她相信在做股票投资决策之前花时间研究是非常重要的。

问题：

1）Doris 现在希望定期收到经济形势研究的报告。当前，大多数经济学家都认为经济状况很好，工业发展强劲。你认为从经济报告中 Doris 还能找到其他什么有用的信息以帮助她评估汽车业？你所举出的信息中哪 3 个你认为是最重要的？

2）在分析汽车业时，请简要阐述以下信息的重要性。

　　a. 汽车出口

　　b. 美国汽车工会

　　c. 利率

　　d. 汽油价格

3）表 7.11 是一些财务比率，但这只是其中一部分，并不完全，请计算：
a. 销售收入
b. 税后净利润
c. 流动比
d. 股票市场价格
e. 股利收益率

表 7.11　财务比率　　　　　　　　　　　　　　　（单位：美元）

财务指标	数据
净利润率	15%
总资产	250 亿
每股收益	3
总资产周转率	1.5
净营运资本	34 亿
股利分派率	40%
流动负债	50 亿
市盈率	12.5

Excel 运用

假设上级让你分析 Dayton 公司的 2015—2016 年财务报表（见表 7.12）。

表 7.12　Dayton 公司 2015—2016 年财务报表　　　　　　（单位：美元）

财务指标	历史数据	
	2015 年	2016 年
销售收入	47 715	40 363
销售成本	27 842	21 485
经营费用	8 090	7 708
折旧	628	555
应交利息	754	792
税收	3 120	3 002
现金及其等价物	2 144	2 536
应收账款	5 215	5 017
存货	3 579	3 021
其他流动资产	2 022	2 777
固定资产原值	18 956	16 707
累计折旧	5 853	5 225
无形资产	7 746	7 374
其他非流动资产	10 465	7 700
应付账款	5 108	4 361

续表

财务指标	历史数据	
	2015年	2016年
短期债务	4 066	3 319
其他流动负债	2 369	2 029
长期债务	4 798	3 600
其他非流动负债	4 837	5 020
普通股	6 776	6 746
留存收益	16 050	14 832
流通的普通股股数	2 300	2 300
股票市价	45	45

1）参照表7.1，根据以上数据创建该公司2015年和2016年的资产负债表。

2）参照表7.2，根据以上数据创建该公司2015年和2016年的损益表。

3）计算表7.13中的财务比率，并参照表7.4，创建Excel表格并将计算结果填入其中。

表7.13　Dayton公司的财务比率

比率	2015年	2016年
流动比		
速动比		
应收账款周转率		
存货周转率		
总资产周转率		
产权比		
已获利息倍数		
净利润率		
股本收益率		
每股收益		
市盈率		
每股账面价值		
市净率		

案例导读

美的33亿元吞下东芝家电，还拿到逾5000项家电专利

- 作者：澎湃新闻记者　周玲；实习生　张春楠
- 时间：2016-06-30 20:27
- 来源：澎湃新闻

● 网址：http://www.thepaper.cn/newsDetail_forward_1491797

美的的国际化又向前迈了一步。

6月30日下午，美的集团宣布收购东芝家电业务控股权的交易已经完成。这意味着美的已经获得收购东芝的所有必要的相关审批，包括日本反垄断监管机构的审批和国家发改委的备案，美的已经获得了东芝家电业务80.1%的股份。

今年3月，美的集团披露了一份与东芝签署的股份转让协议，美的将以514亿日元（约33亿元人民币）的价格收购东芝家电业务子公司80.1%的股权。同时，美的还会获得40年的东芝品牌在全球的授权及超过5 000项与东芝白色家电相关的专利。

6月30日，美的已经与东芝就本次交易的所有相关协议达成一致，并完成了协议的签署，本次交易全部514亿日元的价款也已经支付完毕。

美的收购东芝，可以借助东芝品牌更好地进军国产品牌难以进入的发达国家市场。如在日本本土市场，东芝的产品定位在高端。在欧洲和北美，东芝也拥有一定知名度。

美的收购东芝另一方面是双方的技术互补。东芝拥有如扫地机器人、充电吸尘器及冰箱变频技术等专利技术，这些技术虽然美的也有，但不够精湛，美的的优势在于制造和成本。

美的集团近年频频展开国际并购。6月29日，美的收购机器人公司库卡也获得重要进展。美的称，6月28日，库卡的监事会和执行管理委员会（管理层）达成一致意见，推荐库卡的股东接受美的这次要约收购。当天，美的与库卡签署了《投资协议》，承诺保持库卡运作的独立性，确保库卡不裁员。

第 8 章

股票估值

学习目标

- 学会如何预测股票的未来现金流,包括公司未来收入与利润、股利与股价。
- 掌握如何使用零增长、固定增长和多元增长股利贴现模型来确定股票的价值。
- 学会使用其他估值方法确定股票的价值。

8.1 股票估值过程

股票估值(Stock Valuation)是指对股票内在投资价值的评估。在某一时刻,股票的价格取决于投资者对其未来价格的预期。如果该公司及其股票的前景较好,则股票价格通常会上涨;反之,股票价格下跌。因此,股票估值中最重要的是对其未来的预期。

8.1.1 对公司未来的预期

到目前为止,我们已经介绍了证券分析的几个重要方面,包括基本分析中的经济分析、行业分析和公司分析。然而在进行投资时,重要的并不是过去,而是未来。对历史进行分析的目的在于获取对公司及其盈利能力前景的判断,历史不能确保未来是什么样子,但是可以展现公司的强势与弱势所在。由于股票价值是未来收益的函数,因此投资者需要根据可获得的历史数据推测未来的主要财务变量,并由此推算出股票的未来收益状况。该过程中最重要的是对股利和股票价格走势的预期。

1. 对未来收入和利润的预期

对未来收入和利润的预期是预期公司未来状况的主要方面。预测未来收入时,可以假设收入仍以过去的趋势发生变化。例如,如果某公司过去的收入以每年 10%的速度增长,就可以预期以后仍以该速度增长。当然,当经济、行业或公司中出现影响收入的状况时,收入增长率也应该进行一些相应的调整。在对未来收入进行预测后,接下来预测净利润率。这时需要用到统一度量式损益表(Common-size Income Statement),该表中的数据是将标准损益表中的所有事项除以净收入所得的百分比，以此分析不同项目的变化和差异。仍然使用上一章中的例子，Universal 公司 2016 年的传统和统一度量式损益表如表 8.1 所示。

表 8.1 Universal 公司 2016 年传统和统一度量式损益表

	传统度量式（百万美元）	统一度量式（%）
净收入	1 938.0	100.0
销售成本	1 128.5	58.2
毛利润	809.5	41.8
其他费用	497.7	25.6
折旧与摊销	77.1	4.0
其他净收入	0.5	0.1
未付息的税前收益	235.2	12.1
利息支付	13.4	0.7
收入税	82.1	4.2
税后净利润	**139.7**	**7.2**

统一度量式损益表帮助投资者对每年的经营结果进行比较，并确定净利润增加或减少的原因，即它帮助投资者了解公司对成本结构的管理情况，预测公司的利润率（表 8.1 的底行）。通过对过去一年或几年的统一度量式损益表的分析，投资者可以调整对不同行业或公司的投资。

对未来收入和利润率的预期完成后，可进一步计算未来利润，其计算公式为：

t 年的税后利润预期=t 年的收入预期×t 年的利润率预期

例如，今年公司收入为 1 亿美元，预期收入以每年 8% 的速度增长，利润率为 6%，则明年的预期收入为 1.08 亿美元（1×1.08），预期净利润为 0.065 亿美元（1.08×0.06）。同样的方法也可以计算出明年以后各年的收入和利润。

2．对未来股利与股价的预期

在完成对公司未来收入和利润的预期后，就可以开始对该公司普通股股东的收益进行预期。还需要的数据：未来股利分派率预期、流通股股数预期和市盈率预期。前两项可以直接根据公司过去的指标得到：股利分派率通常是比较稳定的，因此可以直接使用最近一年的数据作为对未来的预期；同样，流通股股数也可以使用最近一年的数据，或者由最近一年的增长率计算得出。下面对股利和股价的预期过程进行详细介绍。

1）市盈率。一般来说，决定市盈率的因素有收益增长率、市场行情、公司资产结构中的债务数量、当前和预期的通货膨胀率、股利水平等。收益增长率越高、市场前景越乐观、债务水平越低，则未来市盈率越高。通货膨胀率上升，则债券利息率上升，因而使得股票的必要收益率也上升，这意味着股价下跌和市盈率下跌。另外，通货膨胀率上升会对经济与公司造成不利影响，也促进了股价下跌和市盈率下跌。股利分派率越高，市盈率也会越高。然而现实中市盈率高的公司通常不会有很高的股利分派率，因为对这些公司来说，收益增长比股利更有价值。

2）相对市盈率。市场平均市盈率是指某一市场指数（如 S&P 或 DJIA）中所有股票的平均市盈率，该指标反映了市场的总体状况。在其他条件不变的情况下，市盈率越高，市场前景越乐观。把市场平均市盈率作为标准，即可衡量某股票的市盈率——把该股票的市盈率与市场平均市盈率相比得到相对市盈率（Relative P/E Ratio）。相对市盈率反映了该股票在市场中的定价状况，相对市盈率高的股票更有投资吸引力，然而该比例过高也是不可取的。

3）对每股收益的预期。对每股收益的预期有以下两种计算方式：

$$t\text{年的每股收益预期} = \frac{t\text{年的税后收益}}{t\text{年发行的普通股股数}}$$

$$t\text{年的每股收益预期} = \text{股本回报率} \times \text{每股账面价值}$$

使用第二种方式进行计算的好处在于，投资者可以清楚地看到每股收益受公司账面价值和股本回报率影响程度的大小。对股本回报率的估计通常使用上一章的计算公式：ROE=净利润率×总资产周转率×财务杠杆，即把股本回报率分解为 3 个部分进行估计。

4）对每股股利及股价的预期。计算出每股收益预期后，可以通过下式计算每股股利预期和未来股价预期：

$$t\text{年的每股股利预期} = t\text{年的每股收益预期} \times \text{股利分派率预期}$$

$$t\text{年的股价预期} = t\text{年的每股收益预期} \times \text{市盈率预期}$$

在 Universal 公司的例子中，假设公司现有 200 万只（0.02 亿）流通的普通股且这些股票在未来仍被持有，由前面得到的 0.065 亿美元的净利润预期，可以计算出公司明年的每股收益预期为 3.25 美元（0.065 亿美元/0.02 亿），由这一结果和 40%的预期股利分派率相乘得到明年的每股股利预期为 1.30 美元（3.25 美元×0.40）。如果公司预期市盈率为 17.5，则明年的股价预期为 56.88 美元（3.25 美元×17.5）。

8.1.2 对未来几年的预期

以 Universal 公司为例，进行基础分析时，不论经济分析、行业分析或公司分析对其都是有利的。因此预测 2016 年该公司收入增长率为 9.7%——高于过去 5 年的平均水平，2017 年上升至 20%，2018 年下降至 19%，2019 年下降至 15%。对 2017—2019 年各主要财务指标的预测如表 8.2 所示。

表 8.2 预期数据计算 （单位：百万美元）

	2016 年数据	2012—2016 年平均数据	预测数据 2017 年	预测数据 2018 年	预测数据 2019 年
年收入增长率	9.7%	15.1%	22%	19%	15%
净收入	1 938.0	N/A	2 364.4	2 813.6	3 235.6
×净利润率	7.2%	5.6%	8.0%	8.5%	8.5%

续表

	2016 年数据	2012—2016 年平均数据	预测数据 2017 年	2018 年	2019 年
=税后收益	139.7	N/A	189.2	239.2	275.0
÷流通股数	61.2	71.1	61.5	60.5	59.0
=每股收益	2.26	N/A	3.08	3.95	4.66
×股利分派率	6.6%	6.2%	6.0%	6.0%	6.0%
=每股股利	0.15	0.08	0.18	0.24	0.28
每股收益	2.26	N/A	3.08	3.95	4.66
×市盈率	18.4	16.8	20	19	20
=股票价格	41.58	N/A	61.65	79.06	93.23

1) 净利润率。由行业报告和公司报告可以看出收益将会提高，所以预期 2017 年利润率上升为 8.0%，高于 2016 年的 7.2%，同时预期 2018 年利润率为 8.5%，2019 年利润率为 8.5%。

2) 流通的普通股股数。我们认为公司会继续实行其股票回购计划，但其速度会低于过去 5 年。公司现有的流通股股数为 6 180 万股，所以预期 2017 年流通股股数为 6 150 万股，2018 年为 6 050 万股，2019 年为 5 950 万股。

3) 股利分派率。假设未来几年的股利分派率像过去几年一样稳定，保持 6%。

4) 市盈率。在收入和利润增长的基础上，预期市盈率会从现在的 18.4 水平上涨为 2017 年的 20。

对股利和股票价格的计算如表 8.2 所示。可以看出，2019 年股利上升为每股 28 美分，远高于现在的 15 美分；而股票价格则从现在的 41.58 美元上涨为 93.20 美元。

在对投资的未来现金流预测完成后，可以根据这些结果计算股票的内在价值。

8.1.3 估值过程

估值是投资者利用收益与风险概念计算证券价值的过程，对股票的估值是指在给定的预期收益和潜在的风险数量下，研究股票的内在价值。投资者可以使用几种不同的股票估值模型来计算股票的内在价值和收益率。满足以下两个条件的股票被认为是有价值的投资：

- 预期收益率不低于必要收益率。
- 股票的内在价值不低于当前的市场价格。

值得注意的是，尽管股票估值在投资过程中是一个很重要的部分，但并不能保证实际结果与预测结果完全相同，即使完全不同也是有可能的。因为股票的走势受经济、行业、公司和市场的影响，其中任何一项都有可能使投资者对未来的预测完全失效。证券分析和股票估值不是对盈利的保证，仅仅帮助投资者更好地了解一项潜在投资的收益与风险。以下几节介绍几种使用最广泛的股票估值模型。

8.2 股利贴现模型

股利贴现模型（Dividend Valuation Model）是现金流贴现定价法中最简单也最古老的一种定价模型。从名称中我们就可以看到，股利贴现模型将现金流定义为股利。这是因为，从所有权角度来看，对于大多数投资者，其买入的股票只占公司总股份的一小部分，并不能影响公司的利润分配，也就是说，并不能影响公司何时分配利润和分配多少利润，而只能被动地收到公司派发的股利（有些公司会通过股票回购来派发现金，这只是变相发放股利的一种方式）。从这个意义上来说，股利贴现模型适用于那些非控股股东，即中、小投资者。此外，如果公司有较为稳定的股利政策，股利贴现模型就显得更有意义了。因为股利的发放取决于董事会的决策，带有一定的随意性，如果仅仅依靠预测的话，难度很大；而当有较为稳定的股利政策时，预测起来就会相对比较容易，而且可以大大降低预测值与实际值之间的误差。

我们知道，股票是一种资本证券，其价值的大小取决于公司盈利能力的强弱。当公司盈利能力强时，股票价格就高，公司发放的股利就多；反之，当公司的盈利能力弱时，股票价格就低，公司发放的股利就少，所以股利的多少与公司的盈利能力存在一定的正相关关系。总体来说，在符合以下条件时，股利贴现模型适用于评估股票价值：

- 公司发放股利，并且有稳定的股利政策，这样才可以较准确地预测未来的股利。
- 股利的多少与公司的盈利能力存在正相关关系。
- 投资者处于非控股股东的地位，很难影响到公司的股利政策。

通常情况下，那些盈利较为稳定、股利政策比较稳定且公司增长前景一般的公司适用于股利贴现模型。公用事业类上市公司就是一个很好的例子。

8.2.1 零增长的股利贴现模型

零增长（Zero Growth）模型是股利贴现模型的一种特殊形式，它假定股利是固定不变的，即股利的增长率为零。该模型的股票估值公式为：

$$每股价值 = \frac{年股利}{必要收益率}$$

例如，如果某股票每年每股支付 3 美元的固定股利，投资者期望获得 10% 的收益率，则股票价值应该为每股 30 美元（3/0.10）。

可以看出，模型中唯一的现金流即固定的股利。在股利不变的情况下，如果必要收益率发生变化，股票价值也会随之发生变化。例如，刚才的例子中，如果必要收益率变为 15%，则股票价格下跌至 20 美元（3/0.15）。零增长模型的限制条件非常严格，将一种股票的股利假设为永远不变似乎不大合理。然而在对高等级优先股进行估值时，该模型仍然是非常有效的。这是因为大多数优先股不需要预测，它们通常按固定数目支付股利，不会因每股收益变化而变化，而且高等级优先股股利没有固定的生命期，可以预期未来都会按期支付。

8.2.2 固定增长的股利贴现模型

零增长的股票估价模型虽有道理，但缺乏应用性，因为我们很难事先知道股票每年的分红水平。因此，我们还需要对这个模型做出进一步的假设。我们首先假定公司每年分发股利，还假定股利每年以某一固定比率增长（Constant Growth），该固定增长率为 g。有了这个假定，我们就可以计算出各期的股利水平。例如，如果 $g=0.06$，$D_0=4.20$，则我们可以很简单地预测出以后各期的股利值：$D_1=D_0(1+g)=4.20\times1.06=4.45$；$D_2=D_0(1+g)^2=4.20\times1.06^2=4.72$；$D_3=D_0(1+g)^3=4.20\times1.06^3=5.00$。该模型的股票估值公式为：

$$\text{每股价值} = \frac{\text{第二年股利}}{\text{必要收益率} - \text{股利的固定增长率}}$$

即

$$V = \frac{D_1}{k-g}$$

式中，D_1 为第二年的预期股利；k 为折现率，即投资中的必要收益率；g 为股利的固定增长率。

注意，在该模型中我们假设股利是以 6% 的增长率无限期增长的，但这并不是说投资者需要无限期地持有该股票。事实上，该模型的计算结果与投资者持有股票的期限是无关的。在该模型中，通过增加 D_1 或 g 使得现金流增加，或减小必要收益率，都可以使得股票价值增加。其中 k 代表股东的总收益率，而 g 代表投资的预期资本利得。我们知道，股东的总收益是由资本利得和股利两部分构成的，因此，($k-g$) 就代表了预期的股利收益率。根据这个公式，如果 g 不变，D_1 不变，k（如果这个 k 值的水平是市场的共识，它也被称为市场资本率）较高，股票的内在价值就较小；如果 k 不变，D_1 不变，g 较高，股票的内在价值就较大；当然，如果其他因素不变，D_1 较大，股票内在价值也较大。但是，无论如何，这里不可以出现 g 大于 k 的情况，因为这意味着股票价格会无穷大，这在现实中是不可能的。

固定增长的股利贴现模型并不适合所有股票，它主要适合对比较成熟的、有稳定市场地位的公司的股票进行估值。这些公司通常有稳定的股利支付政策，他们每年的股利增长率可能会有所不同，但只在很小的范围内波动。除此之外，固定增长的股利贴现模型也用于对市场总体的衡量。分析师利用该模型和股价指数（如 DJIA 或 S&P500），对市场来年的收益率进行预期。

例如，假设某股票当前支付的股利为每股 1.75 美元，并且股利以每年 8% 的固定比率无限期增长，投资者要求的投资收益率为 12%。根据该模型的计算公式可得该股票的内在价值：

$$V = \frac{D_0(1+g)}{k-g} = \frac{1.75\times(1+0.08)}{0.12-0.08} = 47.25$$

也就是说，如果投资者期望通过该股票的投资获得 12% 的收益率，则他对该股票支付的价格不应该超过 47.25 美元。

根据固定增加的股利贴现模型，只要 k 和 g 都不变，股票价格就会随着时间增加。

事实上，未来股价的增加是由 g 决定的，如果 g 为 8%，则未来股票价格也会以 8%的速度增长，因为投资的现金流会随着股利的增加而增加。在刚才的例子中，由 D_0=1.75 美元，g=8%，k=12%，得出股票现在的价值为 47.25 美元。随着时间的增加，股票价格的变化如表 8.3 所示。可以看到，股票价格将由现在的 47.25 美元增长到 5 年后的 69.50 美元，正是以 8%的速度增长的。

表 8.3 股价随时间的变化 （单位：美元）

年	股　利	股票价格
0（现在）	1.75	47.25
1	1.89	51.00
2	2.04	55.00
3	2.20	59.50
4	2.38	64.25
5	2.57	69.50

我们可以用刚才的方法对股票现在的价值进行估算，使用同样的模型也可以估算股票未来的价值。例如，要计算表 8.3 中第三年的股票价格，只需按增长率计算出该年的股利，即 2.20 美元，则第三年的股票价格=D_3(1+g)/(k−g)=2.20×(1+0.08)/(0.12−0.08)=59.50 美元。当然，当 k 或 g 的预期发生变化时，未来的股票价格也应该做相应的调整，这就需要用到下面介绍的模型。

8.2.3 多元增长的股利贴现模型

零增长模型和固定增长模型包含这样的假设：公司的股利支付是永久性的，而且股利增长率恒等于一个常数 g（当 g=0 时为零增长模型）。但这对于大多数公司来说是不现实的，因为公司的经营状况、盈利能力等不可能保持永久不变。对大多数公司来说，其发展都会经历如下三个阶段。

1）成长阶段。处于成长期的公司，其产品市场前景广阔，销售增长较快，利润率较高，每股收益增长较快。这一阶段公司扩张很快，资本支出较大，现金流为负，公司有着强烈的融资需求，因此股利支出较少，甚至为零。

2）过渡阶段。在过渡阶段，由于越来越多的公司被高额利润吸引而进入市场，公司面临的竞争压力加大，销售增长率逐渐放慢，利润率也逐渐下降，但仍然高于宏观经济的增长率。这一阶段，公司的资本支出逐渐减少，资金需求下降，因此现金流变正，股利支出逐渐增加（或开始支付股利）。

3）成熟阶段。在成熟阶段，由于激烈的市场竞争，公司通常保持一个较低的产品销售增长率，利润率也接近宏观经济的增长率，其投资的收益仅仅能够弥补其机会成本。也就是说公司仅仅能够赚取经济利润。由于投资较少，公司仅为维持其正常经营而做一些必要的投资，如设备维护支出、设备重置支出等。这一阶段，公司的利润率保持在一个较为稳定的水平上，股利支付的增长率也保持在一个稳定的水平上。

很明显，公司在不同的阶段，其股利增长率是不同的，多元增长（Variable Growth）

模型为我们提供了一种更为一般的、也更贴近大多数公司实际情况的贴现定价方法。该模型的股票估值公式为：

股票价值=可变增长期间股利的净现值+可变增长期末股价的净现值

即 $V = (D_1 \times \text{PVIF}_1) + (D_2 \times \text{PVIF}_2) + \cdots + (D_v \times \text{PVIF}_v) + \left[\dfrac{D_v(1+g)}{k-g} \times \text{PVIF}\right]$

式中，D_v为未来第v年的股利；PVIF_v为第v年的贴现因子；v为可变增长期的年数。

对多元增长的股利贴现模型的使用需要经过以下几个步骤。

- 对初始可变增长期间每年的股利进行预测，并确定不变增长期的固定增长率。
- 计算可变增长期股利的净现值。
- 使用不变增长的股利贴现模型计算出可变增长期期末的股票价格。
- 计算上一步骤中所得股票价格的净现值，其贴现因子等于计算可变增长期股利净现值时的贴现因子。
- 把两个净现值加总，得到股票的价值。

例如，假设某公司在2016年、2017年、2018年三年期间股利以变化的速度增长，假设三年的增长率分别为20%、16%和13%。2006年实现的股利为2.21美元，则2016年的股利将为2.65美元（2.21×1.20），2017年的股利将为3.08美元（2.65×1.16），2018年的股利将为3.48美元（3.08×1.13）。根据CAPM可计算出必要收益率为14%。以下展示了根据多元增长的股利贴现模型进行股票估值的全过程，最终得到的结果为49.23美元，即表示投资者若想得到14%的收益率，则他支付的股价最高为49.23美元。

① 预期年股利： 2016年　　　2.65美元
　　　　　　　　 2017年　　　3.08美元
　　　　　　　　 2018年　　　3.48美元

2019年及以后每年的股利以8%的比率增长。

② 使用14%的必要收益率计算可变增长期股利的贴现值，如表8.4所示。

表8.4 可变增长期股利贴现值计算　　　　　　　　　　（单位：美元）

年	股利	×	PVIF（k=14%）	=	现值
2016	2.65		0.877		2.32
2017	3.08		0.769		2.37
2018	3.48		0.675		2.35

共计 7.04

③ 可变增长期末的股票价格：

$$P_{2018} = \dfrac{D_{2019}}{k-g} = \dfrac{D_{2018} \times (1+g)}{k-g} = \dfrac{3.48 \times 1.08}{0.14 - 0.08} = 62.5$$

④ 求得可变增长期末的股票价格的净现值：

$$\text{PV}(P_{2018}) = 62.5 \times 0.675 = 42.19$$

⑤ 把第二步与第四步求得的净现值相加，得到股票的价值：

$$V=7.04+42.19=49.23$$

8.2.4 预期增长率的确定

总体来说，股利贴现模型的应用是十分简单的，需要用到的数据只有三个：未来股利、未来股利增长率和必要收益率。该模型的难点之一就在于如何确定未来一段时间的股利增长率。由于股利增长率不仅影响模型中的分子，也影响其分母，因此确定合理的股利增长率对于模型是十分重要的。如果对增长率估计错误，如估计过高，会导致利用股利贴现模型计算出的股票价值高于其真实的内在价值，进而使得投资者购买了没有价值的股票而遭受损失。正如本章第一节所介绍的，对预期增长率的确定可以根据过去的增长率推出，但这种方法没有体现影响增长率的因素。下面介绍一种实践中广泛应用的确定预期增长率的方法。

$$g=股本回报率 \times 公司的留存收益率$$

其中，

$$留存收益率 = 1 - 股利分派率$$

上式中股本回报率与公司的留存收益率都是影响公司增长率的决定性因素。所谓留存收益率是指公司未分派的利润占总利润的比率，即如果公司以股利的形式分派35%的利润，则其留存收益率为65%。留存收益率反映了公司留存的收益，进而对公司的增长率产生影响。其他条件不变，留存收益率越高，公司的增长率越高。股本回报率是影响增长率的另一因素，显然，公司从其留存资本中获得的收益越多，增长率越高。由前面可知，股本回报率是由净利润率、总资产周转率和财务杠杆三个部分确定的。

8.3 其他估值方法

除了股利贴现模型以外，还有很多其他的估计股票价值的方法，其中有些方法是股利贴现模型的变形，而有些则是与它完全不同的方法。有些投资者不喜欢把公司利润作为估值的基础，而更注重其他一些因素，如现金流、收入或账面价值等。下面将介绍几种使用比较广泛的估值方法。

8.3.1 股利-收益方法

股利-收益方法（Dividends-and-earnings Approach）是一种使用预期股利、每股收益和市盈率等要素对股票进行估值的方法。该方法包含了预期收益与风险的因素，其估值的计算公式为：

$$股票价值 = 未来股利的净现值 + 股票出售价格的净现值$$

即

$$V=(D_1 \times PVIF_1)+(D_2 \times PVIF_2)+\cdots+(D_N \times PVIF_N)+(SP_N + PVIF_N)$$

式中，D_N 为未来第 N 年的股利；$PVIF_N$ 为第 N 年的贴现因子；SP_N 为预期的股票出售价格；N 为股票持有的年数。

股利-收益方法与多元增长的股利贴现模型的相似之处在于，股票价值都取决于对未来股利和股票价格的预期。两者最大的不同在于，股利-收益方法并没有把股利作为估值过程的主要因素，因此对于那些股利分派很少甚至不分利的股票也可以进行估值。同时，该方法还使用预期的每股收益和预期市盈率来预测股票未来价格。因此，股利-收益方法比多元增长的股利贴现模型具有更大的灵活性。

使用股利-收益方法进行股票估值的关键步骤在于确定可靠的市盈率，并据此预测股票的未来价格。正如多元增长的股利贴现模型中的增长率，市盈率在股利-收益方法中是最主要的因素。

仍然以 Universal 公司为例，根据表 8.2 中预测的年股利，假如必要收益率为 18%，则该公司股票的价值为：

股票价值=（0.18×0.847）+（0.24×0.718）+（0.28×0.609）+（93.2×0.609）=57.25

即通过使用股利-收益方法，估算出该公司股票的内在价值为 57.25 美元。当然，在预期收益率与每股收益发生改变时，股票价值也发生改变。假如市盈率由 20 变为 17，则股票价值会下降到每股 48.75 美元。由于该股票现在的交易价格为 41.50 美元，这说明该股票现在是一个很有吸引力的投资，通过以低于其内在价值的价格购买股票，使得投资者获得必要收益率水平的收益，甚至更高。

事实上，股利-收益方法并不是股利贴现模型的替代，而只是股利贴现模型的扩展。不考虑持有期，使用股利-收益方法估算的价值将会与使用固定增长的股利贴现模型的结果相同。回顾一下刚才介绍的固定增长的股利贴现模型中的例子，使用相同的数据——每股 1.75 美元的当前股利、8%的增长率、12%的收益率，下面使用股利-收益方法进行计算。由以上数据可计算出未来三年的股利分别为：1.89 美元（1.75×1.08）、2.04 美元和 2.20 美元，三年后股票的价格为 59.50 美元。则股票价值为：

V=(1.89×0.893)+(2.04×0.797)+(2.20×0.712)+(59.50×0.712)= 47.24

可以看出，使用股利-收益方法计算的股票价值与前面使用固定增长的股利贴现模型计算的结果几乎是相同的。

（1）对无股利股票的估值

对无股利股票的估值同样可以使用股利-收益方法进行计算。根据股利-收益方法的股票估值公式，在股利为零时，股票价值仅决定于股票未来价格的预期。也就是说，股票价值等于持有期末股票价格的净现值。

例如，投资者估计某股票在两年持有期末的价格将为每股 70 美元，假如必要收益率为 15%，则股票未来价格的净现值为 70×PVIF=70×0.756=52.92，即股票的内在价值。只要该股票现在的价格低于该价值，进行这项投资就是有价值的。

（2）确定预期收益率

有些时候，使用预期收益率比绝对的内在价值更容易确定投资是否有利可图。利用预测的股利、价格和当前股价可以求得某项投资的收益率。

以 Universal 公司为例，根据表 8.2 中的数据：未来三年的股利为 0.18 美元、0.24 美元、0.28 美元，三年后的价格预期为 93.20 美元和当前的股票价格为 41.58 美元，可以得到以下等式：

$$(0.18 \times PVIF_1)+(0.24 \times PVIF_2)+(0.28 \times PVIF_3)+(93.20 \times PVIF_3)=41.58$$

通过使用试探法，可以算出该股票的预期收益率为 31.3%，远高于必要收益率 18%，因此这是一项很好的投资。

8.3.2 市盈率方法

市盈率方法（P/E Approach）也叫每股盈余估价模型，就是把市盈率乘以每股盈余（每股净利润）所得的乘积作为普通股的预估价值，在我国通常作为新股定价的主要参考。与股利贴现模型相比，市盈率模型的历史更为悠久。

在运用中，市盈率模型具有以下几方面的优点。

- 由于市盈率是股票价格与每股收益的比率，即单位收益的价格，所以市盈率模型可以直接应用于不同收益水平的股票价格之间的比较。
- 对于那些在某段时间内没有支付股利的股票，市盈率模型同样适用，而股利贴现模型却不能使用。
- 虽然市盈率模型同样需要对有关变量进行预测，但是所涉及的变量预测比股利贴现模型要简单。

相应地，市盈率模型也存在一些缺点。

- 市盈率模型的理论基础较为薄弱，而股利贴现模型的逻辑性较为严密。
- 在进行股票之间的比较时，市盈率模型只能决定不同股票市盈率的相对大小，却不能决定股票绝对的市盈率水平。

尽管如此，由于操作较为简便，市盈率模型仍然是一种被广泛使用的股票价值分析方法。市盈率模型同样可以分为零增长模型、不变增长模型和多元增长模型等类型。

由前面介绍的市盈率等于股票价格与每股收益之比，可以得到股票价格的计算公式：

$$股票价格=每股收益 \times 市盈率$$

使用市盈率方法进行股票估值的关键在于市盈率和每股收益的估计。影响市盈率的主要因素有股利或收益增长率、贴现率、派息率及经营管理人员的能力等，影响每股收益的因素主要有宏观经济状况、行业特性、公司经营状况和财务状况及管理人员能力等。

对每股收益的预测在本章第一节已进行了介绍，现在剩下的工作就是对市盈率进行预测。市盈率取决于三个变量：股利分派率、贴现率和股利增长率。市盈率与股利分派率成正比，与股利增长率正相关，与贴现率负相关。

得到了预期每股收益和市盈率后,即可计算出股票的内在价值。例如,某股票当前的交易价格为38.7美元,预期一年后其每股收益为2.25美元。如果投资者对市盈率的估计为20,则股票价值为每股45美元(2.25×20)。把股票内在价值与当前市价相比较可以得出股票是否值得投资,本例中股票现价(38.7美元)低于其内在价值(45美元),即被低估,所以值得投资。

8.3.3 价格-现金流比率

由于现金流比净利润更能清楚反映公司的盈利能力和财务状况,因此价格-现金流比率(Price-to-Cash-Flow Ratio,P/CF)很受投资者欢迎。在使用该指标进行股票估值时,其过程与市盈率方法是相似的,即把该比率与一个预期的现金流相乘即得到股票内在价值。

估值过程中需要解决的一个难题是确定适当的现金流指标。有些投资者使用现金流量表中经营活动的现金流,有些则使用自由现金流(从经营活动现金流中减掉为了维持生产经营而投入的现金)。专业分析师通常使用的是EBITDA(Earnings Before Interest、Taxes、Depreciation、and Amortization),即未计利息、税项、折旧及摊销前的利润。我们这里使用的就是EBITDA。价格-现金流比率的计算公式为:

$$P/CF = \frac{普通股市价}{每股现金流}$$

其中,

$$每股现金流 = EBITDA / 发行的普通股股数$$

在使用价格-现金流比率对股票进行估值的过程中,首先对每股现金流进行预测,然后确定适当的价格-现金流比率。把两个数值相乘即可以得到股票的内在价值,其公式为:

$$每股价格 = 每股现金流 \times 价格-现金流比率$$

举例说明,假如某公司现在的EBITDA为3.25亿美元,且预期增长率为12.5%,则一年以后EBITDA增至3.65亿美元,该数值除以流通的普通股股数得到预期的每股现金流为6.50美元,假如价格-现金流比率为8,则股票内在价值为52美元(6.50×8)。如果该股票当前的交易价格为每股45.50美元,则股票被低估,可以进行投资。

8.3.4 价格-收入比与市净率

对于某些当前利润很少或根本没有利润的公司来说,无法根据市盈率或现金流对其估值,因此投资者通常采用价格-收入比(Price-to-Sales,P/S)与市净率(Price-to-Book-Value,P/BV)。因为即使公司没有利润,但肯定会有收入和净资产(权益)。

价格-收入比与市净率两种比率的使用与市盈率和价格-现金流比率的使用是相同的。其计算公式分别为:

$$P/S = \frac{普通股市价}{每股收入}$$

其中，

$$每股收入 = 每年净收入 / 发行的普通股股数$$

$$市净率 = \frac{普通股市价}{每股净资产}$$

一般来说，P/S 越低越好，很多投资者愿意投资该比率小于 2.0 的股票，认为这些股票升值的潜力更大。P/S 低于 1.0 时股票是最有吸引力的。值得注意的是，高的 P/S 不一定就是坏事，要根据该公司的净利润率决定 P/S 是否合理。利润率高的公司通常都会有很高的 P/S。

市净率也越低越好，但没有 P/S 那么低。当该比率低于 1，即股票市价低于每股净资产时，说明资产质量差，没有发展前景。一般来说，市净率达到 3 可以树立较好的公司形象。事实上，在市场整体被高估不存在的情况下，市净率通常会在 5 之下。除非公司资产结构中权益的数量相当小，过高的市净率通常是不正常的。通常情况下，市净率达到 8 以上，就是该股票高估的表现。

知识拓展

1. 公司估值的一种方法是重视公司的账面价值，这种账面价值不是出现在资产负债表上，就是在调整后反映目前的资产重置成本或清偿价值。另一种方法是重视预期的未来红利现值。

2. 红利贴现模型主张每股股票的价格应该等于以与股票风险相当的利率折现的每股未来红利的现值。

3. 固定增长的红利贴现模型认为，如果预计红利总是以一固定的比率增长，那么股票的内在价值由以下的公式决定：$V_0 = D_1/(k-g)$

这种形式是在假定固定的 g 值下的过分简化的红利贴现模型。在更为复杂的环境下，有更复杂的多级形式模型。当固定增长的假定成立时，该式可以转化成推导股票的市场资本化率的公式：$k = D_1/P_0 + g$

4. 股票市场分析家十分关注公司的市盈率比率，这一比率是市场评估公司增长机会的有用工具。零增长机会的公司的市盈率比率应该正好是资本化率 k 的倒数。当增长机会成为整个公司价值越来越重要的组成部分时，市盈率比率将增加。

5. 通过将未来投资的股权收益率与市场资本化率 k 的比较，你可以将任何红利贴现模型与简单的资本收益模型联系起来。如果两个比率相等，则股票的内在价值降至每股预期收益除以 k。

6. 许多分析家用估计的下一年的每股收益乘以市盈率比率得出股票的估值。P/E 值是通过一些实证的方法获得的，这一方法可能与红利贴现模型的一些形式是一致的，尽管常常存在差异。

投资行动

使用价格-收入比预测股价

很多分析师和选股人都使用价格-收入比（P/S）来识别那些更有可能上涨的股票。P/S 作为市盈率的"表亲"，是用股票当前市价除以每股收入得到的。很多分析师更喜欢 P/S 是因为其分母——公司收入，比市盈率的分母——收益，对会计操作影响的抵制能力更强。同时，P/S 在对那些收入很少或不稳定的公司进行估值时更加有用。

分析师发现，低 P/S 在辨别指定行业内估价过高或估价过低股票时特别有效（然而在比较不同行业之间的 P/S 时，必须考虑行业间的收益率差异）。此外，低 P/S 有时还表明公司有可能成为被收购的对象，并因此出现股价的迅速上涨。

James O'Shaughnessy 在《华尔街股市投资经典》一书中阐述了 P/S 与股价表现的重大关系。他只挑选那些市场资本超过 1.5 亿美元且 P/S 和市盈率都大于零的股票。这些总数为 2 395 的股票，2002 年 8 月 2 日的中位市盈率为 18.83、中位 P/S 为 1.40。通过对 1951—1996 年股价的研究，他发现 P/S 在预期第二年或长期（45 年期）股票表现时比市盈率更有效。他还发现，在其后年间股价表现最好的股票的市盈率在 10～13，P/S 在 0～0.34，比率越低，表现越好。

同样，专栏作家、投资顾问 John Dorfman 每年推荐一些股票，这些股票高于市场平均水平的收益率似乎是由较低的 P/S 带来的。例如，2005 年他推荐的低 P/S 股票的收益率为 25%（包括红利），而当年 S&P500 的收益率仅为 2.7%（查看他最新的推荐，请登录 www.bloomberg.com 搜索 Dorfman 的专栏）。

思考题：为什么行业差异对跨行业 P/S 的使用有影响？

资料来源：Richard Goedde, "The Predictive Power of Price-Earnings and Price-Sales Ratios," AAII Journal, February 2003, pp.7～9. John Dorfman, "Jumping Juniper!" Bloomberg Personal Finance, May 2000, pp.49～51; and John Dorfman, "Bunge, Borders Look Good on Price-to-Sales Ratio," www.bloomberg.com (accessed August 2006).

关键术语

股票估值 Stock Valuation
相对市盈率 Relative P/E Ratio
股利贴现模型 Dividend Valuation Model
市盈率方法 P/E Approach
统一度量式损益表 Common-size Income Statement
股利-收益方法 Dividends-and-earnings Approach
价格-现金流比率 Price-to-Cash-Flow Ratio，P/CF

课后习题

讨论题

1. 去图书馆查找一些你感兴趣的上市公司近几年的资料，然后利用这些历史数据，结合本章所学的股票定价模型试着对这些公司的价值进行估计（假设市场利率为12%，无风险利率采用3个月定期存款利率，具体参见中国人民银行网站）。比较你计算出来的价格与其市场价格相差多少。你认为这是一只值得投资的股票吗？

2. 这一章我们学习了8种不同的股票估值方法：
- 零增长模型
- 固定增长模型
- 多元增长模型
- 股利-收益方法
- 市盈率方法
- 价格-现金流比率
- 价格-收入比
- 市净率

1）你认为以下股票适合用哪种方法进行评估？

a. 不分派或只分派很少股利的成长型股票

b. 标准普尔500指数所包含的股票

c. 刚成立不久的公司，盈利方面信息较少

d. 一家发展稳定的大型公司股票，分派股利

e. 固定支付股利的优先股

f. 有大量折旧摊销的公司股票

2）上述8种方法中，你认为哪3种最好？为什么？

3）如果只让选择其中1种方法，你会选择哪种？

计算题

1. 假设Bufford公司最近一次分派的股利是每股4美元，预期明年增长到4.32美元，后年则为4.67美元，3年后涨到5.04美元。另外，股价3年后预期从56.50美元升到77.75美元。

1）假设必要收益率为15%，使用股利-收益方法计算该股票价值。

2）假设股利以后每年固定增长8%，必要收益率为15%，利用股利估值模型计算该股票价值。

3）假设3年后股利增长为5.04美元，股利增长率为8%，必要收益率为15%。利用股利估值模型计算3年末的股票价格。你的计算结果与其股票价格之间有什么相似之处吗？请说明原因。

2. 假设某 3 家公司去年均支付相同的股利,每股 2.25 美元。另外,3 家公司未来股利年增长率估计如表 8.5 所示。

表 8.5　3 家公司未来股利年增长率

Buggies_Are-US 公司	Steady Freddie 公司	Gang Buster 集团	
$g=0$	$g=6\%$	第 1 年	2.53 美元
		第 2 年	2.85 美元
(预期股利保持为 2.25 美元)	(以后一直保持)	第 3 年	3.20 美元
		第 4 年	3.60 美元
		第 5 年及以后	$g=6\%$

假设其他条件类似,这 3 家公司必要收益率也一样($k=10\%$)。

1)使用合适的 DVM 模型对 3 家公司股票进行估值。

2)比较 3 家公司股票价值,并说说造成价值差异的主要原因是什么。

3. 4W 公司是一家厨房用品器具的网上零售商。该公司成立已经有一段时间了,而且市场定位不错。实际上,它去年已经开始盈利,虽然赚得不多。在对该公司做了一些基础分析后,你打算进一步研究其各项数据。你选取的估值方法是价格-收入比,于是从网上获取了以下 3 家网上零售商的价格收入比(见表 8.6)。

表 8.6　3 家网上零售商的价格-收入比

公司名	价格收入比
Amazon.com	4.5
Really cooking.com	4.1
Fixture & Appliances Online	3.8

计算这 3 家公司的平均价格收入比。假设 4W 公司的明年预期销售收入是 4 000 万美元,流通股为 1 000 万股,利用刚刚计算的价格收入比估计 4W 公司的价值。

案例分析

【案例 1】 Chris Norton 的投资计划

Chris Norton 是好莱坞一位年轻的作家,正朝一流剧作家大步迈进。在写出几部相当卖座的电视专题片剧本后,最近他开始承担一部收视率相当高的情景喜剧的剧本编写工作。但是 Chris 知道自己的职业不确定性太多,因此在爸爸和经理的建议下,他决定建立一个投资组合进行投资。Chris 今年收入预计达到 50 万美元,考虑到自己的年纪、收入水平,同时也希望从投资组合中尽可能地获利,他决定投资一些投机性的高成长型的股票。Chris 现在的经纪人是业界口碑很好的 Beverly Hills,在其指导下,Chris 正在构建自己多样化的投机性股票组合。经纪人最近给了他一家新上市公司的资料,她建议 Chris 仔细研究这些数据,如果觉得合适,至少购买 1 000 股。该公司未来 3 年的销售收入如表 8.7 所示。

表8.7　公司未来3年的销售收入　　　　（单位：百万美元）

年	销售收入
1	22.5
2	35.0
3	50.0

该公司在流通的普通股有250万股，市价每股70美元，不发放股利，净利润率20%，市盈率40倍左右，并且未来将会一直维持这样的水平。

问题：

1）首先来看这只股票。

a. 计算该公司未来3年每年的净利润和EPS。

b. 计算3年后的股价。

c. 如果Chris以每股70美元的价格买入该股票，计算他这笔投资的预期收益率。

d. 购买该股票有哪些风险？请列举。

e. 你认为这只股票值得购买吗？为什么？

2）我们再来看Chris的投资计划。

a. 你认为他的投资组合如何？你觉得有什么优点和缺点？

b. 你有什么改进建议吗？

c. 你认为Chris应该在组合内加入一些外国股票吗？为什么？

【案例2】　　　　　　　　飙涨的股票值得购买吗

Marc Dodier是个刚毕业的大学生，在堪萨斯一家经纪公司做证券分析员。Dodier在跟进一家最近在华尔街很热的股票——C&I医药供应公司，其当前表现相当抢眼，更重要的是表现出了巨大的增长潜力。该公司流通股500万股，每股年股利5美分。Dodier打算对C&I做进一步的分析，看看是否还有投资空间。假设该公司过去5年的销售收入如表8.8所示。

表8.8　C&I医药供应公司过去5年的销售收入　　　　（单位：百万美元）

年份	销售收入
2012	10.0
2013	12.5
2014	16.2
2015	22.0
2016	28.5

但Dodier比较关注其未来发展前景，而不是过去。因此，他仔细研究了该公司未来的预期数据（见表8.9）。

表 8.9 C&I 医药供应公司未来的预期数据

预期净利润率	12%
估计年每股收益	5 美分
流通股数量	不变
2017 年年末市盈率	35
2018 年年末市盈率	50

问题：

1）计算过去 5 年销售收入的年平均增长率（假设 2011 年销售收入 750 万美元）。
a. 利用平均增长率估计 2017 年及 2018 年的收入。
b. 计算该公司 2017 年和 2018 年的净利润和每股收益。
c. 最后，计算 2017 年年末和 2018 年年末股票预期价格。

2）综合考虑各项因素后，Dodier 认为预期收益率定为 2.5%比较合适。
a. 假设预期收益率为 2.5%，利用 1）的计算结果，计算股票合理价格。
b. 如果 C&I 现价每股 32.5 美元，Dodier 是否应该入手该股票？为什么？

Excel 运用

估值过程的基本步骤是找出证券的内在价值，也就是未来预期现金流的现值之和。对于股票，未来现金流包括预期股利支付及潜在的价格增值，另一种简单但实用的计算股票价值的方法是让它等于未来无限期内所有预期股利的现值。

根据后面一种定义，DVM 模型发展出来，它包括零增长模型、固定增长模型和多元增长模型。

创建 Excel 表格，利用多元增长模型估计 Rhyhorn 公司股票价值。假设该公司未来 3 年（2016—2018 年）的股利增长率不固定，但从第四年起则一直维持在 7%的水平上。2015 年 Rhyhorn 公司股利每股 2 美元，预期 2016 年股利增长率是 18%，2017 年 14%，而 2018 年则为 9%，这之后降到 7%，还假设其必要收益率至少为 12%。

1）计算 2016 年、2017 年和 2018 年的年股利额及现值。
2）你认为 2018 年年底（可变增长期末）该公司股价为多少？
3）将上题计算出的股价进行折现，求出现值。
4）计算 Rhyhorn 公司的股票内在价值。

案例导读

COSCO 正式接管希腊比雷埃夫斯港，拉近中国与东南欧的距离

- 作者：澎湃新闻记者 薛雍乐
- 时间：2016-08-11 16:14
- 来源：澎湃新闻
- 网址：http://www.thepaper.cn/newsDetail_forward_1512195

据法新社报道，中国远洋运输集团（COSCO）于8月10日宣布，他们已经完成了从管理希腊比雷埃夫斯港的比雷埃夫斯港口管理局手中购买多数股份的程序。COSCO在网站上发布声明表示，集团下属的中远海运（香港）正式成为比雷埃夫斯港口管理局的控股股东，将接管该港口管理局的经营。

在今年7月由希腊议会批准的协议中，COSCO以3.685亿欧元的价格从比雷埃夫斯港口管理局手中购得67%的股权，COSCO将可以管理经营比雷埃夫斯港直至2052年。

比雷埃夫斯港口管理局表示，新任命的11人管理委员会中有7名中国代表，包括主席和首席执行官。

COSCO是本次唯一的投标者。据集团网站介绍，这是集团成立之后最重要的海外收购项目之一，是推进全球化战略布局的重要举措。

COSCO希望将地处雅典南部几英里之外的比雷埃夫斯港发展成为欧洲最大的集装箱港口及世界最大邮轮母港之一。按协议，COSCO将投资2.94亿欧元进行邮轮码头扩建、改善修船码头、新建滚装船码头多层存车库等一系列设施。此外，集团将加快中欧海路快线的建设，拉近中国与东南欧的距离。

2008年，COSCO已经获得了比雷埃夫斯港二号、三号集装箱码头的35年特许经营权。据新华社报道，比雷埃夫斯港的运输能力已在过去几年中大幅提高，从2010年到2015年，每年港口吞吐量由88万标准箱（TEU）上升到336万标准箱，其全球排名由第93名上升到第39名。

希腊左翼总理齐普拉斯在去年上任前曾一直反对该港的私有化。但今年7月，在希腊议会批准与中国的交易之际，他前往中国进行了历时6天的访问，寻找投资合作机会，并前往COSCO访问。当时他曾表示，比雷埃夫斯港将升级为一个国际港口，从而成为中国贸易进入欧洲的第一站，也是进入欧洲的大门，这标志着中国同希腊之间互惠互利的关系。

第 9 章

有效市场与行为金融

学习目标

- 掌握随机游走假说和有效市场假说，了解这些理论对证券分析的影响。
- 了解弱有效市场、半强有效市场和强有效市场的含义及什么是市场异象。
- 了解行为金融学如何对有效市场的概念产生挑战。
- 了解技术分析的目的及前提。
- 掌握技术分析的方法，包括道式理论、图表分析、移动平均线，以及各种衡量市场行情的指标。

9.1 随机游走假说与有效市场假说

9.1.1 随机游走假说

随机游走假说（Random Walks Hypothesis）的内容为：股票价格的变动是随机的、不可预测的，因此任何证券分析在预测未来市场行为方面都是无效的。这样看来，随机游走假说与股票的技术分析理论是完全矛盾的。价格的随机游走是投资者非理性且冲动做出投资决策的结果，然而事实上投资者并非是如此非理性的。股价的随机波动为有效市场假说（Efficient Market Hypothesis，EMH）提供了证据。

9.1.2 有效市场假说

资本市场最主要的作用就是重新分配经济体的资本所有权，因此理想的资本市场价格应是资源分配的正确信号。在证券价格任何时候都充分反映所有可得信息的情况下，企业可以做出正确的生产投资决策，投资者可以正确选择代表企业所有权的证券。如果一个市场的证券价格总能充分反映所有可以得到的信息，则该市场就是有效的，这就是有效市场假说。从经济意义上讲，有效市场假说是指没有人能持续获得超额利润。该学说在现代证券理论中占有重要的位置，它为股票价格的形成机制和期望收益率变动构建了一个科学、严密、规范的模式。许多现代金融投资理论，如资本资产定价模型（CAPM）、套利定价理论（APT）等都是建立在该理论基础之上的。

1. 有效市场假说的理论基础

有效市场假说的理论基础是由三个逐渐弱化的假设组成的。

第一个假设提出，有效市场假说是理性投资者相互竞争的均衡结果。当投资者是理性的，他们能准确地确定每种证券的内在价值（未来现金流的贴现值），并据此调整交易。这样一来，他们把信息迅速融入价格，消除了获利机会。在市场无摩擦、交易无成本的理想状态下，价格必然反映所有信息，投资者从基于信息的交易中无法获得超额利润。

第二个假设提出，即使部分投资者非完全理性，市场仍然是有效的。这是因为非理性投资者的交易是随机的，如果存在大量的非理性投资者，而且他们的交易行为是不相关的，他们的交易很可能相互抵消。在这样的市场中，非理性投资者相互交易，交易量即使很大，也不会影响资产价格。这一论点有很大的局限性，因为它必须依赖于非理性投资者的交易策略没有相关性这一关键假设。

第三个假设则认为，即使在投资者的交易策略相关时，有效市场假说也成立。这是因为套利者对非理性交易者具有抵消作用。套利是指在两个不同的市场以有利的不同价格同时购买和出售相同的（或本质上相似的）资产以获取利润。假设某股票的价格由于非理性投资者的相关购买行为而高于内在价值，聪明的投资者一旦发现这一事实，就会出售甚至卖空该股票而同时买入一个近似替代资产来规避风险。如果套利足够迅速和有效，套利者相互竞争以获取利润，资产价格绝不会远离内在价值，而套利者也不能获得很大的无风险利润。因此只要资产之间具有相似的替代关系，即使部分投资者不理性或他们的需求具有相关性，套利也可以将资产价格保持在内在价值附近。可见，可替代资产的存在性和有效市场假设紧密联系，这对套利十分重要，因为它允许投资者从不同的金融资产中获得相同的现金流。此外，套利行为还有更多的含义。从某种意义上说，相对于理性套利者，非理性投资者总是在亏钱。就像 Friedman 指出的那样，他们不可能永远在亏损，这些人的财产会一天天减少，最终他们会从市场中消失。即使套利者不能及时消除这些人对证券价格的影响，市场力量也会减少他们的财富拥有量。所以从长期来看，由于套利的存在和竞争的选择，市场的有效性会一直持续下去。

2. 有效市场的分类

根据反映信息的不同，有效市场分为弱、半强和强有效市场。

1）弱有效（Weak Form）市场假设资本市场上交易资产的价格充分、及时、准确地反映所有历史有关信息，包括价格、收益和交易量等，但未来的价格变化与历史的价格变化无关，是随机游走的，也就是说投资者不可能使用证券的历史价格预测未来价格。在这种假设下，投资者不能使用历史价格来赚取反常回报，采用买入并持有的股票投资策略相对来说更好。

2）半强有效（Semi-strong Form）市场假设证券市场价格完全反映所有公开可得到的信息，包括微观（财务信息、并购、投资、分红、拆细、人事或股权变动等）和宏观（经济增长、失业、利率、税收等）公开披露的信息。信息一公布，证券价格即迅速调整，除非投资者了解内部信息并从事内部交易，否则他不可能得到比买入并持有投资策略更高的回报。

以对拆股的研究为例，由于拆股并没有改变公司的价值，因此也不应该对股价产生影响。研究表明，拆股前股价通常会有较大的上涨，但拆股后的股价变化则是随机的。因此，除非投资者在拆股公告发布之前就购买股票，否则是无法获得反常利润的。

3）强有效（Strong Form）市场假设证券市场价格完全并及时反映所有公开的和内部的信息。证券价格的变化是独立的随机变量，投资者不可能使用已获得的所有公开的和内部的信息在短期证券价格变动时获得比使用买入并持有投资策略更高的回报，即投资者不可能找到一种好的方法使已得到的信息得到反常回报。

有效市场假设不是说证券投资者没有希望获得高于市场平均水平的回报。他们需要研究证券组合的资产构成，最好能去掉个别证券或行业以回避风险，而且使佣金成本保持合理。投资者虽然不能通过短期买卖交易获得反常回报，但在预期牛市时较长时期地持有好的证券组合，当预期显著下跌时出售，仍能获得不凡的回报；同时还要谨慎选择经纪公司，防止经纪公司不是根据市场变动的预测为顾客牟利，而是通过频繁交易来获取更多的佣金收入。

3. 有效市场假说与证券分析

有效市场假说对传统的证券分析有很大影响。有效市场假说的一些支持者认为，投资者应该较少地进行证券分析，而把更多的时间用在研究如何减少应缴税、交易成本和风险及如何进行投资多样化等事宜上；反对有效市场假说的人则认为通过证券分析选择高风险证券的投资组合进行投资可以获得更高的收益。

（1）有效市场假说与技术分析

有效市场假说带来的最大挑战是针对技术分析的，即如果价格波动是完全随机的，那么对过去价格的分析不会对以后的盈利产生任何帮助。在有效市场，即使弱有效市场上，证券供求变化都如此之快，以至于任何图表或技术指标只能成为事后衡量，而完全丧失预测功能。但是如果市场是无效的，新信息吸收的速度就会相对较慢，供求变化也会相对较慢，因此就为有预见的投资者提供了盈利的机会。尽管有大量事实证明随机游走假说和市场有效假说的正确性，大多数投资者仍会认为技术分析可以在一定程度上改善投资结果，因此仍会使用技术分析方法。

（2）有效市场假说与基本分析

在有效市场上，价格对信息的反应如此之快，以至于证券分析无法使投资者获得超额收益，这一假说对于从事基本分析的投资者来说是不准确的。事实上，证券分析无法带来反常回报不是由于基本分析做得不够好，而恰恰是因为基本分析做得太好了。由于证券市场上所有投资者都想获得超额的盈利机会，激烈的竞争使证券分析极为深入和准确，因而使得证券价格总在很接近证券内在价值的范围内波动，由此证券市场上很少存在超额盈利的机会。

■ 9.1.3 市场异象

尽管有大量事实证明有效市场假说，但仍存在一些该假说无法解释的现象。所谓市场异象（Market Anomalies）就是指对有效市场中应该发生的行为的偏离，大多数市场异象都发生于半强有效市场中。常见的市场异象有以下几种。

1)期间效应(Calendar Effects)。股票收益率与一年内或一周内的不同时期密切相关的现象。研究结果表明,股票价格在年末下降2%~3%,在新年1月初回升;这种"年末效应"对小公司来说尤其明显。另外,"周末效应"是指股票价格在周一较低、周五较高。虽然周一买入、周五卖出有利可图,但是盈利很少。到目前为止,对这种现象还没有令人满意的解释。一种解释认为那些要公布坏消息的企业总是在周五市场关闭之后才公布其坏消息,这样就导致周一股票价格的下跌;另一种解释是由于收益差额不足以抵消交易成本,因此没有人去利用这一机会牟利。这些解释都难以令人信服。

2)公司规模效应(Small-firm Effect)。自20世纪80年代以来,许多研究结果表明在排除风险因素以后,小公司股票的收益率要明显高于大公司股票的收益率,因此许多投资者在证券市场上都把小盘股当作市场的热点板块对待。这种收益率随着公司规模(以公司普通股的市值来衡量)的增大而减少的趋势即公司规模效应。

3)市盈率效应(P/E Effect)。一些研究显示,选择那些不被市场看好的股票进行投资,可以明显获得高额投资利润。如选择低市盈率的股票,即股票市场价值与账面价值比值低、历史收益率低的股票,往往可以获得比预期收益率高很多的收益。这种效应告诉人们,应采取反向投资策略,即选择那些最近表现不佳的股票而放弃那些近来表现优异的股票,以获得超额的投资收益。

4)公告效应[Post Earnings Announcement Drift (or Momentum)]。另一个市场异象是股票价格对财报公告的反映。显而易见,财报公告中会含有一些可以影响股票价格的重要信息,但通常大多数会被市场预见,所以,如果有效市场假设是正确的,股票价格应该只对人们未预见到的部分有所反映。研究表明,当某公司有一项让人意外的正面(负面)效应的公告公布后,会带来股价的快速上扬(下挫),而且将会在同一方向上持续一段时间。例如,某公司公布的季度财报好于预期,其股票会马上飙升,并且这种增长势头还将保持数周。这是因为市场或多或少不能立即消化这一信息,会存在一定的时滞,然后又做出过度反应。

9.1.4 产生市场异象的原因

许多学者试图为市场异象的出现做出解释。最常见的一种解释是,那些获得异常高收益的股票比其他股票承担的风险大,因此高收益实际上反映的是风险溢价而不是市场定价偏差。例如,大多数学院派和从业者会认为小公司比大公司的股票风险大,因此,购买小公司股票获取高额收益不足为奇。但问题是小公司的风险高出多少,其风险溢价又如何决定呢?根据CAPM模型,如果一家小公司的贝塔值是2,另一家大公司的贝塔值是1,那么小公司的风险溢价就应该大概是大公司的两倍。但根据公司规模效应,小公司的收益并不是按贝塔值测定的,可能只比大公司多出一倍,这就出现了市场异象。而有效市场假设的支持者则认为这是因为贝塔值不是一个完美的风险测定指标,一旦出现更好的指标,公司之间的收益差异将就取决于它们的风险差异。

另一种市场异象的解释认为,即使在股价可随意变动的有效市场,一些赚取异常高额收益的交易规则似乎只是偶然,并没有理论性可言。例如,其中一个比较有趣的市场异象称为"超级杯"异象,它说的是如果某个队伍在某个年份赢得了超级杯,而它又恰好是美国国家美式足球联盟(NFL)的原有队伍,那么股票市场将会大涨,否则将会大跌。这项"交易规则"成功预测了过去 40 年 80%的市场趋势。但是投资者应该依靠这项"规则"进行未来投资吗？大多数投资者认为股票市场和超级杯得主之间的关系只是偶然的，不太可能在未来的 40 年里还能保持相似的预测记录。所以一些有效市场假设理论的支持者觉得大多数市场异象只是一种偶然现象，但是这种解释在诸如公司规模效应和价值效应等全球市场都出现的异象面前却站不住脚。

正是这些市场异象的发现让人们用全新的角度来看待金融市场，导致行为金融学的出现和发展。

9.2 行为金融学

传统金融学以投资者理性为基础建立了其核心内容——有效市场假说。根据有效市场假说，传统金融学建立了包括现代投资组合理论、资本资产定价模型、套利定价模型、期权定价模型等一系列理论，从而构筑起传统金融理论的宏伟大厦。然而，最近二十多年来，研究者发现金融市场上存在大量异象，不能被传统金融理论所解释。另外，实证研究者也不断对投资者的理性假定提出越来越多的质疑。针对传统金融理论的缺陷，行为金融学（Behavioral Finance）迅速崛起。

9.2.1 行为金融学与有效市场假说

行为金融理论以心理学对人类决策心理的研究成果为依据，以人们的实际决策心理为出发点讨论投资者的投资决策对证券价格变化的影响。它注重人类决策心理的多样化，突破了经典现代金融理论只注重最优决策模型并简单地认为理性投资决策模型就是决定证券市场价格变化的实际投资决策模型的假设，使人们对证券市场价格行为的研究由人们应该怎样做投资决策进入人们实际上怎样进行投资决策的领域，从而使这方面的研究更加多样化，也更加接近实际。行为金融理论是第一个较为系统地对有效市场假说提出挑战并能够有效地解释证券市场异象的理论。针对有效市场理论提出的三个理论基础，行为金融学都提出了质疑。

首先，投资者完全理性的假设很难成立。实际上，投资者行为并不像理论模型中预测的那样理性，而是带有某种情绪，许多投资者在决定自己对资产的需求时受到无关的信息影响，现实世界的人其实是有限理性（Bounded Nationality）而不是完全理性的。如果有效市场理论完全依赖于个人投资者的理性，那么投资者的非理性心理将对有效市场假说形成致命的挑战。

再考虑到有效市场中的第二个命题——投资者的随机交易使得非理性交易者对市场不形成影响。事实上，人们的行为偏差其实是系统性的，许多投资者倾向于在相同的时间买卖相同的证券。如果噪声交易者通过流言或跟从他人的决策而决策时，这种状况将更加严重。投资者情绪实际上反映了许多投资者的共同判断误差。个人投资者不是唯一的非理性投资者，在西方发达的金融市场中，大量的资金由代表个人投资者和公司的共同基金、养老基金的专业管理人员控制，他们也会产生个人投资者可能的误差。同时，他们又是管理他人资金的代理人员，这种授权实际上带来了决策中更大的偏差。专业管理人员可能选择与他们的评估业绩标准一致的资产以减少比标准低的风险；同时他们也倾向于选择其他管理人员所选择的资产以避免落后。在年末时，他们会不约而同地买入最近业绩好的股票，抛掉业绩差的股票，以使基金的业绩看上去好一些。但是这些决策实际上偏离了资产价值的最大化。这时基金的偏差行为实际上也是具有系统性和群体性的。

有效市场理论的最后一道防线是基于套利的有效市场。如果套期保值能够抵消非理性投资者的偏差，市场依然有效。但实际市场的套利是有限的、有风险的。套期保值的有效性取决于是否存在近似的替代资产。一般而言，金融衍生资产（如期货、期权）可以获得近似替代资产，但是许多资产并没有替代资产。这时对套期保值者而言不存在无风险的套利策略，他们将价格保持在内在价值附近的能力也受到了限制。即使存在完全替代资产，套利者还面临来自未来资产价格的不确定性。资产价格偏差在最终消失前，未来可能更加偏离内在价值。价格偏高的更加上升，价格偏低的更加下降。虽然最终资产价格会收敛到内在价值，但是套利者至少面临着短期的损失。如果套利者可以在损失中保持头寸，他最终将获得收益，但是如果他不能坚持下来，这时套利者就受到了限制。这种风险就是噪声交易风险。

9.2.2 行为金融理论模型

行为金融学有两个重要的理论基础：有限套利和投资者心态。根据有限套利，行为金融学提出了 DSSW 模型；根据投资者心态（反应过度与反应不足），行为金融学提出了 BSV 模型、DHS 模型和 HS 模型。

1. DSSW 模型

DSSW 模型解释了噪声交易者对金融资产定价的影响及噪声交易者为什么能赚取更高的预期收益。噪声即市场中虚假或误判的信息。模型认为，市场中存在理性套利者和噪音交易者两类交易者，后者的行为具有随机性和不可预测性，由此产生的风险降低了理性套利者进行套利的积极性，这样金融资产的价格明显偏离内在价值，而且噪声会扭曲资产价格，但他们也可因承担自己创造的风险而赚取比理性投资高的回报。

2. BSV 模型

BSV 模型解释了金融资产的价格如何偏离有效市场假说。模型认为，投资者在决策时存在两种偏差：选择性偏差和保守性偏差。由于收益变化是随机的，上述两种偏差会使投资者做出两种错误的判断：判断一，投资者认为收益变化是一种暂时现象，未能及时调整自身对未来收益的预期，即反应不足；判断二，投资者认为近期股票价格的同方向变化反映公司收益的变化是趋势性的，并对这一趋势外推，导致反应过度。

3. DHS 模型

DHS 模型解释了股票回报的短期连续性和长期的反转。该模型认为，市场中的投资者分无信息和有信息两类，前者不存在判断偏差，后者表现出过度自信和自我偏爱两种判断偏差。过度自信（Over Confidence）导致投资者夸大对股票价值判断的私人信息的准确性；自我偏爱导致对私人信息的反应过度和对公共信息的反应不足。因此，股票价格短期内会保持连续性，但从长期来看，当投资者的私人信息与公共信息不一致时，股票价格会因前期的过度反应而回调。

4. HS 模型

HS 模型解释了反应不足和反应过度。与 BSV 模型和 DHS 模型不同的是，HS 模型把市场中的投资者分为消息观察者和动量交易者两类。在对股票价格预测时，消息观察者完全不依赖当前或历史价格，而根据其获得的关于股票未来价值的信息；动量交易者则把他们的预测建立在一个历史价格的简单函数上。同时，模型假设私人信息在消息观察者中是逐步扩散的。HS 模型认为最初消息观察者对私人信息反应不足，动量交易者试图利用这一点进行套利，但结果恰恰导致股价的过度反应。

9.2.3 行为金融学与证券分析

从以上内容中我们可以看到，心理因素对投资者进行投资决策有很大的影响，即行为金融学在投资中起着很重要的作用。下面介绍行为金融学与证券的基础分析和技术分析的关系。

股票的基础分析包括对股利和收益增长率的预测、对市盈率等财务指标的分析。在进行各种预测时，应该避免过度乐观。一个方法就是进行重复分析，如果在更为保守的预测下投资决策仍未发生改变，则该决策可以采取。进行证券分析需要注意的另一个问题是错误发生的可能性，尤其对比较新的公司进行分析时，由于其历史数据不够充分，极有可能发生错误。

在使用市盈率等指标进行股票估值时，需要将该股票的指标与该行业很多公司的平均指标进行比较。如果该行业是规模比较大的、有良好基础的行业（如银行业），则行业内可供比较的公司很多；但是如果该行业是相对较新的或比较特殊的行业（如视频网络行业），则同行业内可供比较的公司数量就会很少，那么它们的平均指标实际上就没有多大意义，因此应广泛选择比较公司。另外，如果认为大多数投资者都对该行业的公司前景过于乐观，可以适当下调平均指标以抵消过度乐观因素产生的影响。

正如本章第一节所介绍的，技术分析可以采用不同的方法，使用不同的指标。行为金融学中的不同因素对投资者选择不同的分析方法有一定的影响。例如，如果投资者相信股票收益的动态性，则他会倾向于使用趋势型指标，如移动平均线，来分析买卖信号；如果投资者相信过度反应，则他会使用相对强弱指标。

9.3 技术分析

每个投资者在预测股票市场价格时运用的方法可能不尽相同，但不外乎基础分析和技术分析这两种方法之一，或者同时运用而侧重其中一种。技术分析的目的是预测由于供求变化而形成的股票未来价格。它是根据过去积累的价格变化资料来预测未来市场变化的证券分析方法，换句话说，技术分析研究的是价格本身而不关心价格变化的原因。技术分析的各种方法往往把过去的价格资料用图形表示出来，因为这样更直观、分析更方便。但技术分析仅能帮助投资者做中短期决策，对长期决策无能为力。

进行技术分析有三个前提：首先，市场的任何变化总是反映在现行价格水平上，就是说，价格是供给和需求关系变化的反映。如果供给超过需求，价格就下跌；反之则上涨。因此，无论什么原因使价格变化，如利率的变化、失业率的变化、发生战争或新的国家领导人上台等，都反映在现行交易价格中。其次，价格总在既定的方向变化，直到发生某种事情才会改变，价格趋势本身不会反转，只有在外界影响下才可能发生。因此，价格趋势的继续总是比反转的可能性大，这是用图形进行预测的基础。最后，历史事件往往会重复发生。从心理学角度看，投资者在相同的市场条件下会做出同样的决策，这些决策形成市场中的买卖交易。市场中有大量的投资者进行交易，虽然每个投资者对买和卖的选择是偶然的，但总体上，价格还是有规律可循的。

技术分析包括不同的图形、价格模式、交易量、趋势、滑动平均和振荡等方法。这些方法既可以应用于股票市场，也可以应用于期货市场，本节主要讨论股票市场中的技术分析。为了说明方便，选用的有些例子可能是其他证券。

9.3.1 市场总体状况

技术分析是对证券价格未来变化趋势进行的预测，首先要了解当前市场的总体状况。对市场总体状况的研究有以下几种途径。

1. 道氏理论

Charles H. Dow 的主要贡献是创立了股票平均数，就是现在的道琼斯指数。William P. Hamilton 将他研究股票市场行为的思想整理成道氏理论（Dow Theory），作为现代技术分析的基础。道氏理论的内容如下。

（1）平均指数

平均指数反映了影响供给和需求的各种可能因素，因此人们可以不理会这些因素而只考虑平均指数。道琼斯常用工业平均指数（DJIA）和铁路平均指数（DJRA）两种指数。他认为，当两种指数都有相同的走向时，才出现涨市（牛市、多头）或跌市（熊市、空头）；如果只有一个平均指数给出信号，那还不能确定是涨市还是跌市。

（2）市场的三种趋势和主要趋势的三个阶段

1）主要趋势（基本趋势）。主要趋势是指持续一年以上（通常是几年）的价格趋势，它是投资者关心的市场主要方向。一般而言，从主要趋势的分析来看，多头市场大约维持 27 个月，而空头市场则平均持续 15 个月。道氏理论认为只要在短时间内（1~4 年），DJIA 及 DJRA 一致上涨或下跌，则可证实主要趋势属于多头或空头。主要趋势经历三个阶段（以涨势为例）。

第一阶段，也就是"积累"阶段，当价位相对低时，精明的投资者开始购买，价格开始上涨。

第二阶段，大批投资者进场，价格迅速上涨，各种看涨的消息越来越多，交易量激增。

第三阶段，价格似乎高得站不住，当精明的投资者和随之而来的少数投资者开始大量抛售时，价格下跌，由此跌市（熊市）或分配阶段开始，即卖者分配他们持有的股票给愿意买的人。

2）次要趋势。次要趋势表示主要趋势中的短期修正，通常持续3周到3个月。一般来说，主要趋势上升（下降）修正为下降（上升）趋势，幅度是主要趋势的1/3、2/3或1/2，但是这种反转修正是暂时的，最后主要趋势还会占上风。

3）日常波动。股价的日常波动大部分是无法预测的，也是没有规律的。日常波动一般都由于当天的利多或利空消息，如国际股市下跌、美国公布贸易赤字或其他谣言。一旦经过一段时间，这类消息已不被重视时，其对股价的影响就自然会消失；当消息被认为对股价影响很大时，则其带来的涨跌波动就会变成次要趋势。

（3）交易量

交易量（Market Volume）是指成交的股票数量，它是市场中的一个重要指标。价格继续上升时交易量增加，反映购买证券的需求增长，说明主要趋势会继续上涨；价格下跌时交易量增加，说明主要趋势会继续下跌。相反，价格下跌时交易量也减少，说明需求还相对低，然而在市场价格可能快要达到底部时，会吸引新的投资者，结果使价格止跌；价格上涨时交易量减少则会吸引新的投资者抛售，使价格停止上涨。

尽管道氏理论被认为是技术分析理论的基础，但它仍有下列几项缺点。

1）道氏理论对于两种平均数互证的时间虽无限制，但对何时产生新高峰或新低潮的预估，并不能获得答案。

2）投资次数太少。道氏理论太注重长期趋势，对欲增加投资次数者而言，其回转过迟，故无很大帮助。

3）该理论太浅薄。道氏理论仅依赖铁路股和工业股两种平均数来观察市场股价变动，而实际上市场变动因素很多，不能只以少数股票代表全面市场波动的实况。

4）道氏理论对长期变动判断有很高的准确度，但对中期波动不能提出任何警告。如果该理论能正确地掌握中期变动的方向，对投资者而言或许将比长期变动获取的利益更多。

5）道氏理论虽然对股市长期变动指明了方向，但并不能指示应购买何种股票。

2. 信心指数

信心指数（Confidence Index）是衡量市场总体状况的一个重要标准。信心指数是指高级公司债券平均收益率与不同等级公司债券平均收益率之比，该指数每周计算一次并由 Barron 公布，其计算公式为：

$$信心指数 = \frac{10 种高级公司债券的平均收益率}{道琼斯平均数中 40 种公司债券的平均收益率}$$

由于高级公司债券的平均收益率低于不同等级公司债券平均收益率，所以信心指数不会大于 1.0。当该指数趋近 1.0，即两个平均收益率差距变小时，是一种对市场有利的征兆。例如，高级公司债券的平均收益率为 4.50%，而不同等级公司债券平均收益率为 5.15%，则收益率差额为 65 个基本点（5.15%–4.50%），信心指数为 87.38%。当收益率变化时，信心指数的变化如表 9.1 所示。

表 9.1　信心指数

	收益率（差额）	
	下　降	上　升
高级公司债券平均收益率	4.25%	5.25%
不同等级债券平均收益率	4.50%	6.35%
收益率差额	25b.p.	110b.p.
信心指数	94.44%	82.68%

由表 9.1 可以看出，收益率差额低则信心指数高，因为收益率差额低表明投资者对低等级（高风险）债券要求的收益率贴水比较低，即对经济更有信心。信心指数的提高意味着投资者信心的增加和市场行情走强，信心指数下降则意味着市场走弱。

3．其他市场行情衡量指标

（1）市场宽度

许多技术分析者强调市场的宽度。所谓市场宽度（Breadth of Market），是指某日交易的股票中价格上升的股票数量与价格下降的股票数量的差额。价格上升的股票多，即市场宽度大，市场强劲；反之，价格下降的股票多，即市场宽度小，则说明市场疲软。

（2）卖空数量

当投资者预期市场走弱时，通常会进行卖空交易，即卖出借来的股票。某一时刻市场上卖空的股票数量即卖空数量（Short Interest）。卖空使市场股票的供应量超出正常数量，因而价格下跌。同时，卖空通常是由专业性投资者进行的，卖空数量大反映了投资者对当前市场的悲观，即市场疲软。但是，由于所有卖空的股票必须在将来偿还，所以卖空又会引起未来对股票的需求并促使其价格上涨。因此，如果与历史标准相比较的卖空数量相对较大，说明未来市场将会走强。

（3）零股交易

华尔街有一种奇怪的说法，即认为正确的投资是进行与散户（进行零股交易的投资者）相反的操作。其理由是，很多散户在选择交易时机时总会做出错误的决策——在牛市快要结束时才开始买进、熊市快要结束时才卖出股票。这种说法是逆向选择理论（Theory of Contrary Opinion）的基础，该理论认为，零股交易的种类与数量反映了当前的市场行情。即如果市场上零股交易的买入操作远远多于卖出操作，则意味着牛市的结束；反之，则意味着熊市的结束。

9.3.2　市场技术指标与交易法则

认为供求关系决定股票价格的技术分析师会计算出不同的指标来衡量市场行情，并以此为根据进行投资决策。在决策中通常会用到多个指标，以提高决策的准确性。市场技术指标与交易法则很多，本书只介绍使用最广泛的几种。

1．腾落线

股票价格腾落线（Advance-Decline Line）是一种大盘盘面的衡量方法，它反映了涨跌股票数量之差。其计算方法为：首先计算上涨股票与下跌股票的数量之差。例如，某日 1 000 只股票上涨，450 只股票下跌，则该日净数值为 550（1 000–450）；如果 450 只股票上涨，1 000 只股票下跌，则该日净数值为 –550（450–1 000）。把每日的净数值与以前的总值相加，并把得到的结果标注到图上，就形成腾落线。当腾落线呈现出向上趋势时，股市处于牛市的概率就增大；如果腾落线呈向下趋势，那么市场疲软的概率就增大。很多投资者把腾落线作为买卖股票的信号。

2. 新高新低指标

新高新低指标（New Highs-new Lows Indicator）是衡量较长时期价格变动的指标。新高是指当前股价是过去 52 周中的最高水平，新低是指当前股价是过去 52 周中的最低水平。新高新低指标是达到新高的股票数量与达到新低的股票数量之差，该指标可以为正也可以为负。为减缓每日波动，以上计算的差额通常加到 10 日移动平均数上，再把结果画入图中。如果该线上升，说明市场强劲，是买入股票的信号；反之则说明市场疲软，是卖出股票的信号。

3. 阿姆士指标

阿姆士指标（The Arms Index）又称 TRIN 指标，是一种判断整体股市反转点的短线技术指标。其计算公式为：

$$\text{TRIN} = \frac{\text{上涨股票数}}{\text{下跌股票数}} \div \frac{\text{上涨股票的交易量}}{\text{下跌股票的交易量}}$$

当该指标为 1 时，说明市场做多和做空力量处于势均力敌的状态；当指标高于 1 时，表明做空力量占主导，该指标越大，说明做空力量越强；当该指标低于 1 时，表明做多力量走强，越接近 0，多头势力越大。需要注意的是，该指标同样一个数值在牛市和熊市中会代表不同的投资讯号。例如，0.5 的 TRIN 在牛市中出现是很强的买入信号，但如果出现在熊市里，极有可能是虚假的多头走强信号，可考虑择机卖出。

以 S&P500 进行分析，假如某天这 500 只股票中有 300 只价格上涨，另外 200 只价格下跌；上涨股票的总交易量为 4 亿美元，下跌股票的总交易量为 8 亿美元。则该日的 TRIN 为：

$$\text{TRIN} = \frac{300}{200} \div \frac{4}{8} = 3.0$$

假如上涨股票的总交易量为 7 亿美元，下跌股票的总交易量为 3 亿美元，则该日的 TRIN 为：

$$\text{TRIN} = \frac{300}{200} \div \frac{7}{3} = 0.64$$

TRIN 值高对市场是不利的，因为它说明尽管上涨股票的种类比较多，但下跌股票的成交额更大。所谓的强市是指股价上升的股票种类多于下跌的种类，且前者的成交额大于后者，即上面的第二个例子。

4. 相对强弱指标

相对强弱指标（Relative Strength Index，RSI）是用于预测市场供需关系和买卖力道的方法及指标，它反映了股价变动的四个因素：上涨的天数、下跌的天数、上涨的幅度、下跌的幅度。它对股价的四个构成要素都加以考虑，所以在股价预测方面较为可信。其计算公式为：

$$RSI = 100 - \frac{100}{1+RS}$$

其中，RS 称为相对强弱值，它等于 N 日内收市价上涨幅度总和除以 N 日内收市价下跌幅度总和。

相对强弱指标的变化幅度被限定在 0～100。在股市的长期发展过程中，绝大多数时间里相对强弱指标的变化范围介于 30～70，其中又以 40～60 的机会最多，超过 80 或低于 20 的机会较少；而出现机会最少的是高于 90 及低于 10。

RSI 给出的买入信号有：当 RSI 低于 15 时，市场处于超卖状态，即股价随时有可能反弹；当 RSI 在 50 以上时，为强势市场，投资者可考虑买入。

RSI 给出的卖出信号有：当 RSI 值高于 85 时，市场处于超买状态，即股价随时有可能反转下跌；当 RSI 在 50 以下时，为弱势市场，投资者可考虑卖出。

5. 共同基金现金比率

共同基金现金比率（Mutual Fund Cash Ratio，MFCR）是指共同基金总资产中以现金持有的比率。其计算公式为：

$$MFCR = 共同基金现金头寸 \div 总资产$$

MFCR 越高，市场越强劲。当该比率高于 12%时，认为市场看涨；低于 5%时，认为市场看跌。其原因为：当 MFCR 较高，即基金经理持有大量的现金时，他们会把这些现金用于购买股票并使得股票价格上升、市场看涨；反之，当 MFCR 很低，即基金中现金很少时，对股票的需求则减少，市场出现下滑时还会导致投资者提取投资资金。

6. 能量潮

能量潮（On Balance Volume，OBV）是由格兰维尔于 1963 年提出的，是将成交量数量化，制成趋势线，配合股价趋势线，从价格变动及成交量增减关系推测市场气氛。其主要理论基础是市场价格变化必须有成交量的配合，股价的波动与成交量的扩大或萎缩有密切的关系。通常股价上升所需的成交量总是较大，下跌时则成交量总是较小。价格升降而成交量不相应升降，则市场价格的变动难以为继。

能量潮的计算方法为：以某日为基期，逐日累计每日上市股票总成交量，若隔日指数或股票上涨，则基期 OBV 加上本日成交量得到本日 OBV。隔日指数或股票下跌，则基期 OBV 减去本日成交量得到本日 OBV。一般来说，只观察 OBV 的升降并无多大意义，必须配合 K 线图的走势才有实际效用。

举例说明，假如某股票昨日收盘价为每股 50 美元，基期 OBV 为 50 000。股票今日成交量为80 000股，收盘价为49美元。由于股价下跌，所以从基期OBV中减去今日成交量，得-30 000，即当前OBV。如果明天交易量变为120 000且收盘于52美元，则明天的OBV值为90 000（-30 000+120 000）。这一过程持续进行，并把每日OBV标在图中，得到的曲线趋势向上，说明市场强劲；向下则说明市场疲软。

9.3.3 图表分析

图表分析是股票技术分析中使用最为广泛的方法之一，由于图表能直观地反映出市场总体或单独某只股票在一段时间内的价格变动情况，因此很受投资者偏爱。通常使用的三种最基本的图表类型为柱状图、直线图和点形图。

1．柱状图

柱状图（Bar Charts）是最简单、使用最广泛的图形。柱状图的横轴表示时间，纵轴表示股票价格。对应横轴给定的一天将会有一条垂线，它的顶部和底部代表股票当天的最高价和最低价。在这条垂线的某处将会有一小段水平直线，代表当日的收盘价。柱的长度越长，说明多空双方争夺的范围越大，市场越激烈。若收盘价高过开盘价，说明该时段中买气更旺；若收盘价低于开盘价，则表明卖气更旺。

例如，某只股票过去5天的交易情况如表9.2所示。

表9.2　某股票交易情况

日　期	最 高 价	最 低 价	收 盘 价	交 易 量
$t-5$	11	9	10	200
$t-4$	12	9	11	300
$t-3$	13	12	12	400
$t-2$	11	10	11	200
$t-1$	14	11	12	500

则其对应的柱状图如图9.1（a）所示，图9.1（b）通过在底部增加交易量来表明这一柱状图是如何扩展的。

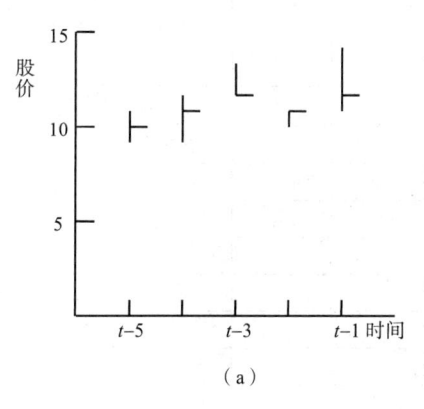

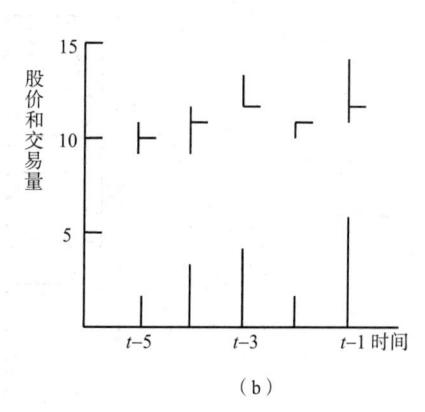

图9.1　柱状图

2. 直线图

直线图中的横、纵轴与柱状图一样，但只描述了收盘价，并以直线顺序相连，如图 9.2 所示。与柱状图相比较，直线图不仅可以表示数量的多少，而且可以反映股价在不同时间里的发展变化情况。

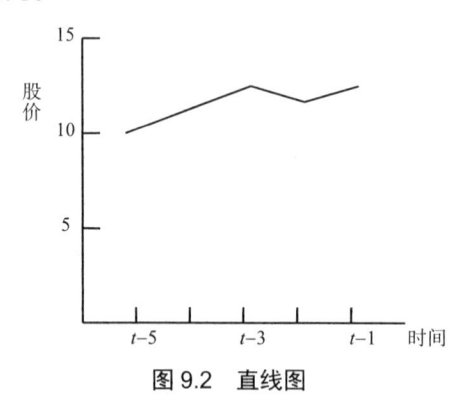

图 9.2 直线图

3. 点形图

在构造点形图（Point-and-figure Charts）时具体细节会有所不同，但基本上都是画出收盘价，使其在单独一列上形成同一趋势，只有在趋势发生逆转时才移向下一列。收盘价可能围绕某一价格以极小的幅度波动，此时在图上画出一个初始的四舍五入的价格，只要下一个价格四舍五入后没有变动，什么都不用再做。当记录下一个不同的价格时，需将它画在图上。高于初始价格的价格用×表示（无论价格差多大都用相同的×表示），低于初始价格的价格以同样的方式用○表示。当记录与上一个价格不同的价格时，只有当它在同一变动方向时才将它画在同一列上，否则标在下一列上。

图 9.3 为以上描述股票的点形图。初始收盘价为 10，第二个价格高于初始价格，所以以×画在初始价格的上面；第三个价格仍然是上升的，因此画在同一列上一个价格之上；第四个价格下跌，则以○画在另一列；第五个价格又上升，再以×画在新的一列。

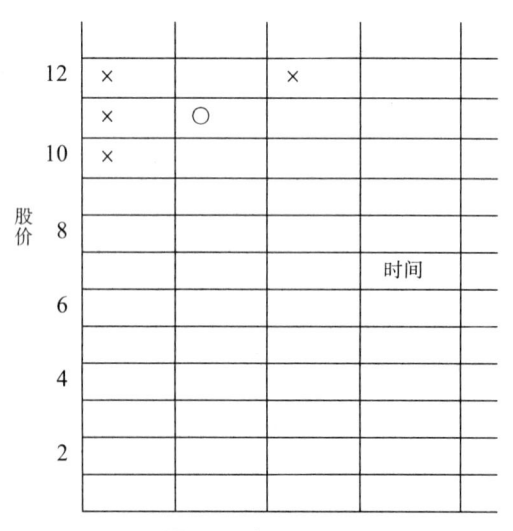

图 9.3 点形图

4. K线组合的基本形态

一根 K 线记录的是股票在一天内的价格变动情况。将每天的 K 线按时间顺序排列在一起，就组成了股票价格的历史变动情况，叫作 K 线图。K 线组合多以三个时段（如三日或三周）的 K 线及其之前的趋势相结合来判断市场走势。K 线组合的基本形态有以下几种。

（1）多重顶形态

这里以双重顶（M 头）为例来说明多重顶形态，其基本特征是：在上升趋势中，股价创出新高后回落整理，之后继续上行，但达到前期高点后回落，并跌破前次回落形成的支撑线，即双重顶。它一般意味着上升趋势遭到破坏，形成反转下跌走势，如图 9.4 所示。

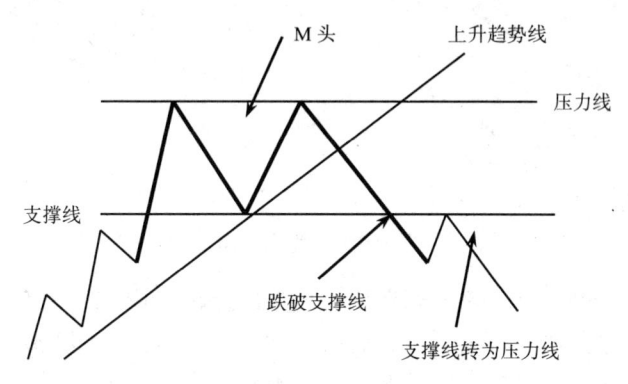

图 9.4 双重顶形态

由双重顶形态所得到的操作建议是：持仓者抛出、空仓者观望。此外该形态有两次出货机会：一是反弹没有突破前期高点，出货；二是下跌跌破支撑线，坚决出货。

（2）多重底形态

这里我们同样以双重底（W 底）为例。双重底形态的基本特征是：在下降趋势中，股价创出新低后反弹，之后再次下挫，但到前期低点之前大幅反弹，并突破前次反弹形成的压力线，形成双重底，如图 9.5 所示。

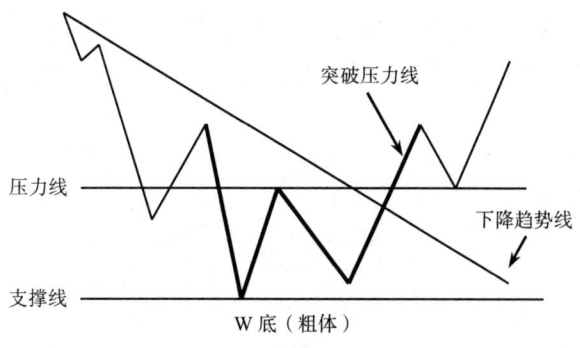

图 9.5 双重底形态

双重底形态所含的操作建议是：为反转上升形态，可买入或持有。该形态有三次买入时机：一是突破下降趋势线后；二是突破压力线后；三是回调后受到压力线支撑时。

（3）三角形形态

三角形形态可分为上升三角形、下降三角形和对称三角形。这里我们介绍既包括上升三角形又包括下降三角形的对称三角形形态。对称三角形的形成特点是：如果在形态形成之前是上升趋势，则形态完成后一般继续上升；反之则会继续下降。对称三角形可分为上升三角形［见图9.6（a）］和下降三角形［见图9.6（b）］两种情况。

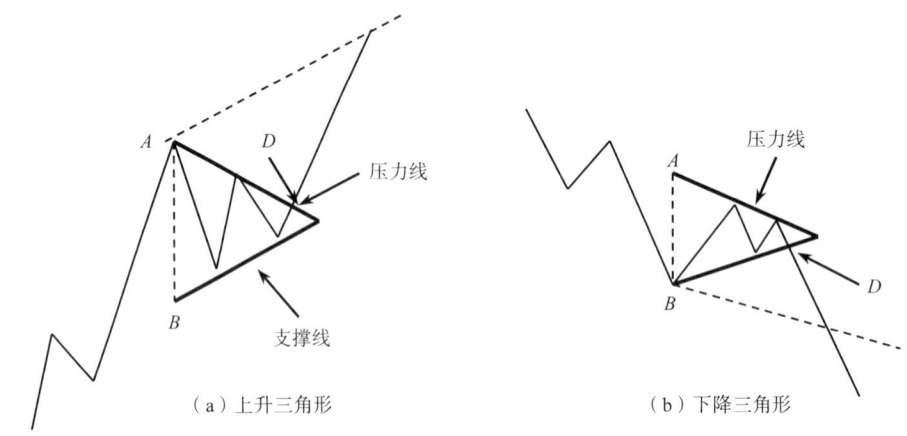

(a) 上升三角形　　　　(b) 下降三角形

图 9.6　三角形形态

利用对称三角形可以测算该形态形成后股票价格的升降幅度。有两种测算方法，其一是边线测算法，即突破压力线后（如 D 点，这是测算起点），升幅（降幅）至少是 AB 边线的长度。其二是平行线测算法，即在上升三角形由三角形的顶点 A 做支撑线的平行线，在下降三角形中由 B 做压力线的平行线，升幅（降幅）至少达到平行线。

一旦股价走势形成对称三角形，即可能是一个较好的进出时机：当延续前期走势上升时，可在突破整理（突破压力线）后买入；当延续前期走势下降时，可在突破整理（跌破支撑线）后卖出，等待抄底。这里需要注意的是，结束整理应在顶点较远处，越接近顶点越可能形成反转走势。

（4）旗形

旗形是一个较常见的整理形态。它可分为上升旗形和下降旗形两种形态。以上升旗形为例，其基本特征是：旗形形成前，一般有一旗杆；旗形从左至右成交量逐渐减少，但在形成之前和突破之后，成交量较大；一般旗面向右下方倾斜，如图 9.7 所示。

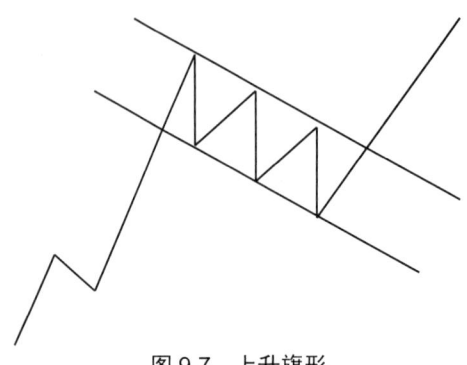

图 9.7　上升旗形

满足上述特征，再加上旗形持续的时间不能太长这一要求（否则可能破坏原有趋势），则可判断为标准上升旗形。那么，一旦其突破压力线，即可做出买入决策。旗形一般会延续形成前的上升趋势，因此是上升过程中的整理、蓄势阶段。

9.3.4 移动平均线

移动平均线（Moving Average，MV）利用统计学上的原理，将每天的股价予以平均，剔除数列中的不规则波动，显示出该种数列的真正动向并用于判断股价的未来走势。

移动平均线的计算方法通常有算术平均法、加权平均法和指数平滑移动平均法三种。算术平均法是把指定时间内（如 5 天或 10 天）的股价相加，然后除以该时间段的天数；加权平均法是将近期和远期的股价分配不同的权数，近期股价所占的权数比远期的大，进而计算出平均值。这两种方法都具有一定的局限性，所以现行的移动平均线的计算方法采用的是指数平滑移动平均法。平滑异同移动平均线（Moving Average Convergence Divergence，MACD）是利用短期（通常为 12 日）移动平均线与长期（通常为 26 日）移动平均线之间的聚合和分离状况，对买进、卖出时机进行判断的技术指标。

1. 移动平均线的特征

当股价向上突破短期移动平均线后，又突破中期移动平均线时，短期移动平均线才会向上倾斜而与中期移动平均线相交，这可以成为短期指标的"底部确认"。如果股价继续上行，突破长期移动平均线之后，中期移动平均线才开始向上倾斜并与长期移动平均线相交，因而构成中期指标的"底部确认"。

从趋势分析来看，越长期的移动平均线，其震荡幅度相对越小，只有股价的涨势真正明朗了，移动平均线才会向上延伸；同理，当股价刚开始回落时，移动平均线还是向上的，只有股价跌落显著时，移动平均线才开始走下坡路。由此可见，移动平均线的变动趋势（时间越长越明显）是滞后于股价变化的。

但移动平均线仍然会对股价产生一定的助涨或助跌作用。短期移动平均线与中长期移动平均线朝同一个方向运行时，通常会持续一段时间，然后才会改变移动方向。因此，当股价在底部开始向上穿越移动平均线时，移动平均线也开始向右上方移动，此时移动平均线就可以被看作买方的防守线。股价回跌至移动平均线附近时，自然地产生支撑力量，推动股价再度上涨，这就是移动平均线的助涨功能。当买方力量转弱，即涨势缓慢下来，而移动平均线向上移动开始减速运行时，此时如果股价再跌回到移动平均线附近，则移动平均线的助涨功能将逐渐减弱，股价随时可能跌破移动平均线，不适宜买进。

同样的道理，当股价在顶部开始向下穿越移动平均线时，移动平均线也开始向右下方移动，此时移动平均线就可以被看作空头的防守线。股价反弹至移动平均线附近时，自然产生阻力，抑制股价再度上涨。这就是移动平均线的助跌作用。当卖方的力量转弱，即跌势缓和下来，而多头力量逐渐加强时，移动平均线向下移动开始减速，此时如果股价向上变动，再朝移动平均线接近，则移动平均线的助跌功能将逐渐减弱，股价随时可能上穿移动平均线，发出买入信号。

在短、中、长期移动平均线里，对助涨和助跌起很大作用的是中长期移动平均线，尤其是中期移动平均线。它既具有短期移动平均线的移动速度，又具有长期移动平均线持续朝固定方向变动的特性。这两个特性的结合，使得助涨和助跌成为可能。至于长期移动平均线，是投资者进行中长期投资股票时决定买进和卖出时机的一个重要指标。

2. 移动平均线的操作原理

（1）移动平均线的组合理论

移动平均线的组合理论是将几条不同天数的移动平均线画在同一张图上，它显示短期移动平均线将随价格的上升而上升，随价格下降而下降，波动较为敏感；中期移动平均线则较落后；长期移动平均线最不敏感。以各种不同期限的移动平均线与股价趋势线排列成为关联的组合，再用这组组合的变动趋势去判断买卖时机，可避免移动平均线反映股价趋势较为缓慢的缺陷。同时，从移动平均线的排列组合中，也比较容易捕捉完整的股价趋势。股价由下向上升破移动平均线时，是买入时机；股价由上向下跌破移动平均线时，是卖出信号。

（2）黄金交叉和死亡交叉

两条不同天数的移动平均线互相交叉，如果是短期移动平均线由下向上升破中长期移动平均线，呈现多头排列的形态，称为"黄金交叉"，后市一般应看好；如果短期移动平均线由上向下跌破中长期移动平均线，呈现空头排列的形态，则为"死亡交叉"，后市应当看淡。但移动平均线只是技术指标中的一种，因此究竟应当看好还是看淡，还应结合其他的技术指标一同分析研究。

（3）买进时机和卖出时机

如前所述，买进和卖出时机的掌握对投资者最大限度地获得收益具有十分重要的意义。买进时机通常有下面几种情况：移动平均线从下降逐渐走平，且股价从下方上穿移动平均线；股价连续上扬远离移动平均线时，如果股价突然下跌，但未跌破上升的移动平均线，股价又再度上升；股价跌破移动平均线，突然暴跌且远离移动平均线，此时股价会产生强劲反弹的动能，并且有可能反弹至移动平均线；股价虽然一时跌破移动平均线，但移动平均线仍在上扬，且股价马上又恢复到移动平均线。

卖出时机有：移动平均线从上升转为走平并转弯下跌，而股价从移动平均线的上方往下跌破平均线；股价跌落于移动平均线之下然后反弹，但未突破移动平均线就告回落；股价急速上扬远超过上升的移动平均线时，由于超买将出现短期的回调压力；股价虽一时上升突破移动平均线，但随即又跌回到移动平均线以下，而此时移动平均线又继续下跌。

移动平均线指标是一项比较常用的技术信号，尽管移动平均线只是多项指标中的一个，但它对买进和卖出时机的选定仍具有一定的指导意义。总体来说，移动平均线处于上升趋势时，尤其短、中、长期趋势线处于多头排列的初期，或者股价在低位上穿移动平均线的时候，均可以成为多头建仓的时机，但投资者应当根据具体的情况进行短、中、长线操作，力争获取最大的收益。另外，当移动平均线处于下降趋势时，尤其短、中、长期趋势处于空头排列的初期，或者股价在高位下穿移动平均线的时候，均是空头获利的好时机。

移动平均线的优点在于，当市场明显处于上升或下降的趋势时，能够自动发出买入或卖出的信号，根据移动平均线的趋势选择买卖时机能够获取可观的利润。但在价格幅度变化不大的牛市行情中，不甚清晰的买卖信号会令投资者产生无所适从的感觉，因此投资者一定要配合其他技术指标，决定最佳买卖时机。

知识拓展

1. 有效市场的概念，最初是由 Fama 在 1970 年提出的。Fama 认为，当证券价格能够充分地反映投资者可以获得的信息时，证券市场就是有效市场，即在有效市场中，无论随机选择何种证券，投资者都只能获得与投资风险相当的正常收益率。

2. 行为金融从微观个体行为及产生这种行为的心理等动因来解释、研究和预测金融市场的发展。这一研究视角通过分析金融市场主体在市场行为中的偏差和反常，来寻求不同市场主体在不同环境下的经营理念及决策行为特征，力求建立一种能正确反映市场主体实际决策行为和市场运行状况的描述性模型。

3. 有效市场假说的核心命题是投资者的理性决策，基于投资者的追求个人效用最大化的理性行为；行为金融理论则认为投资者的决策过程并不符合理性人的假设。

4. 技术分析是通过分析市场运动的历史数据，以图表为主要手段，归纳总结出在过去历史中所出现的典型的市场行为特点，用以预测市场未来价格变化趋势的一种证券投资分析方法。

5. 技术分析的理论基础基于三大市场假设：市场行为涵盖一切信息；股票价格的变动沿一定的趋势运动；历史会重演。

投资行动

寻找强势股的一种方法

购买股票时使用最广泛的指标之一是相对强弱指标（RSI），它衡量的是股票在一段时间内上涨和下跌的力量。该指标还有助于识别市场中达到价格上限或下限且即将逆转走势的股票，在较短的交易期限内使用更有效。

在使用 RSI 进行交易时，投资者需要设定买卖范围，当股价达到设定的标准时采取相应的买卖措施。投资者还可以把 RSI 与股价趋势图结合起来进行投资决策。RSI 与股价在大多时候都会向同一个方向运动，两者的背道而驰是股价趋势逆转的征兆。

与其他技术性指标一样，RSI 也不应该单独使用。在与其他一些工具，如股价趋势图、移动平均线等一起使用时，其效果更好。提供 RSI 的网站有 BigChart (www.bigcharts.com)、雅虎财经（www.finance.yahoo.com）和 Stockcharts（www.stockcharts.com）等。

思考题：RSI 是如何帮助投资者识别股价趋势变动的？

关键术语

随机游走假说 Random Walks Hypothesis
有效市场假说 Efficient Market Hypothesis，EMH
弱有效 Weak Form
半强有效 Semi-strong Form
强有效 Strong Form
市场异象 Market Anomalies

行为金融学 Behavioral Finance
道氏理论 Dow Theory
信心指数 Confidence Index
柱状图 Bar Charts
点形图 Point-and-figure Charts
移动平均线 Moving Average，MA

课后习题

讨论题

1. 本章我们学习了有效市场的相关知识。可能一些同学认为市场是有效的，而有些同学则不这么认为。将你的同学分成两组，一组支持，一组反对，两组之间可以根据以下3个方面进行辩论：

1）有效市场的定义是什么？现实生活中存在吗？

2）市场能给出股票的合理定价吗？如果是这样的话，是不是意味着投资者几乎找不到被市场低估的股票？

3）谈谈你为什么使用技术分析来选择股票，如果不用的话，你如何选择股票呢？

2. 描述下述几个技术分析方法，并说明如何使用。

1）信心指数
2）阿姆士指标
3）交易行为
4）零股交易
5）图表分析
6）移动平均线
7）能量潮

计算题

1. 根据表9.3所列的数据，计算3天标准普尔指数的阿姆士指标，并比较这3天的市场行情。

表9.3　某3天的标准普尔指数　　　　　　　　（单位：美元）

天数	股价上升的股票数	股价下降的股票数	股价上升的股票交易量	股价下降的股票交易量
1	350	150	8.5亿	4.2亿
2	275	225	4.5亿	7.25亿
3	260	240	8.5亿	4.2亿

2. 根据表 9.4 中的数据计算每周的共同基金现金比率，根据结果说明股市的基本行情。

表 9.4　股市基本行情　　　　　　　　　　（单位：美元）

周数	共同基金现金头寸	共同基金总资产
1	281 478 000.00	2 345 650 000.00
2	258 500 000.00	2 350 000 000.00
3	234 800 000.00	2 348 000 000.00
4	211 950 000.00	2 355 000 000.00
5	188 480 000.00	2 356 000 000.00

案例分析

Deb 的市场分析

几个月前，Deb Forrester 将已过世的姑姑的房产变卖，获得了一大笔资金。Deb 起初只是将这笔资金存在银行里，因为她不知道该怎么处置。不过，事情发生了变化。Deb 参加了社区大学的投资学课，使用的正好是这本教材，并且她刚刚学完第 9 章。受到教材的启发，Deb 决定投资股票。但是在行动之前，她想运用自己学到的技术分析方面的知识来决定现在是不是进入市场的最佳时机。Deb 打算利用以下的 5 种方法帮助自己：

- 道氏理论
- 股票价格腾落线
- 新高新低指标（假设当前 10 天移动平均线是零，后面 10 个时期也为零）
- 阿姆士指标
- 共同基金现金比率

Deb 在网上寻找各种数据，最后经过不懈的努力，制作出了表 9.5。

表 9.5　Deb 的数据分析

	时期 1	时期 2	时期 3	时期 4	时期 5
道琼斯工业平均数	8 300	7 250	8 000	9 000	9 400
道琼斯运输业平均数	2 375	2 000	2 000	2 850	3 250
新高	68	85	85	120	200
新低	75	60	80	75	20
成交量上升数	600 000 000	836 254 123	275 637 497	875 375 980	1 159 534 297
成交量下降数	600 000 000	263 745 877	824 362 503	424 634 020	313 365 599
共同基金现金（万亿美元）	0.31	0.32	0.47	0.61	0.74
管理总资产（万亿美元）	6.94	6.4	6.78	6.73	7.42
股票上涨数	1 120	1 278	1 270	1 916	1 929
股票下跌数	2 130	1 972	1 980	1 334	1 321

问题：

1）根据表9.5中数据，分别利用上面的5种方法计算时期1至时期5的值，然后将结果绘制成图表。

2）分别讨论每种方法，说明其能带来市场方面的什么信息。这5种方法计算出来的值分别说明市场处于什么状态？根据这些值，现在是Deb进入市场的良好时机吗？

3）现在来看表中所用的时期期间长短。请说明期间长短对这些方法有什么影响？

案例导读

17亿欧元：三峡集团从黑石购得德国一海上风电项目八成股权

- 作者：澎湃新闻记者 杨漾
- 时间：2016-06-14 22:15
- 来源：澎湃新闻
- 网址：http://www.thepaper.cn/newsDetail_forward_1483753

中资企业从未停止过海外收购清洁能源项目的脚步。北京时间14日消息，全球最大的水电开发企业、中国最大的清洁能源集团之一长江三峡集团从美国私募股权巨头黑石集团手中购得德国Meerwind海上风电项目80%股权。

黑石集团通过竞标方式转让其所持股权。三峡集团与黑石集团的官方声明中均未披露该项交易的具体财务条款。彭博社援引两位知情人士的说法称，这笔交易的价格约为17亿欧元（含债务）。双方在德国总理默克尔为期三日的访华行程中签署了投资合作协议。

德国Meerwind海上风电项目是该国目前最大的已投运海上风电项目之一，位于欧洲北海德国湾海域，离岸距离53公里，总装机28.8万千瓦，可为多达36万户家庭供电，已于2015年2月并网发电。该项目是德国首家获得挪威船级社（DNV.GL）完全认证的海上风电项目，同时也是全球第一个获得投资级信用评级的海上风电项目。

该交易也是三峡集团继英国市场后，在欧洲海上风电领域的又一落子。去年10月国家主席习近平访英期间，三峡集团与葡萄牙国家电力公司（以下简称葡电）签署了《关于合作开发英国Moray海上风电项目的合作协议》。根据协议，三峡集团将与葡电共同开发苏格兰马里湾海域116万千瓦海上风电，项目预计总投资近40亿英镑。

德国是全球领先的海上风电市场之一，2015年以330万千瓦的装机总量位列世界第二。该项目是中国企业首次在德开展的海上风电领域投资项目，也是中国企业目前在德开展的最大规模风电行业投资项目。收购完成后，三峡集团将成为中国第一家控股海外已投运海上风电项目的企业。

官网资料显示，三峡集团在海外投资方面布局甚广。目前已开发或正在开发的国际投资市场有如下。周边市场：缅甸、巴基斯坦、泰国、老挝、尼泊尔、印度尼西亚、俄罗斯等；欧美新能源市场：葡萄牙、希腊、巴西、厄瓜多尔、秘鲁、美国等；澳大利亚和非洲的刚果（金）市场也在开展过程中。除老本行水电业务之外，三峡集团也一直在谋求其他能源投资项目。

针对不甚熟悉的欧美市场，找好伙伴很重要。2012年经国家批准，三峡集团成功收购葡电21.35%的股权，成为其单一最大股东。葡电是葡萄牙最大的电力公司和最大的企业，业务分布在葡萄牙、西班牙、巴西、美国等13个国家和地区，是欧洲最大清洁能源企业之一。三峡集团借助投资葡电公司的全球业务优势，加快对欧美等高端电力市场的投资开发步伐。

彭博新能源数据显示，2015年中国再次成为全球清洁能源产业的最大投资国，2015年投资额增长了17%，达到1 105亿美元，稳固了中国在该产业的领先地位。投资增长的主要驱动因素是：中国政府大力倡导可再生能源的发展，并积极持续出台政策以疏通风电和光伏发展瓶颈。中国政府的国际承诺直指未来关键目标：更大幅度摆脱对高污染火电厂的依赖，而提高可再生能源利用的比重。

CFA 练习题

1. 最适合衡量偿债能力的财务比率是（　　）。
   a. ROA　　　　b. 总资产周转率　　　　c. 偿付固定费用能力比
2. 某分析师收集到了某公司以下数据信息：

	2015 年	2016 年	2017 年
ROE	19.8%	20%	22%
总资产回报率	8.1%	8%	7.9%
总资产周转率	2.0	2.0	2.1

   根据上述信息，2015—2017年该公司最好的描述是（　　）。
   a. 净利率和财务杠杆降低了　　　　b. 净利率和财务杠杆增加了
   c. 净利率降低了，财务杠杆增加了
3. 财务比率中（　　）降低对债权人而言是一个好消息。
   a. 利息偿付率　　b. 总资产负债比　　c. 资产回报率
4. 如果某公司的权益回报率（ROE）高得离谱，它可能采取（　　）行动。
   a. 将收益全部用来支付股利　　　　b. 保留大部分收益
   c. 无所谓是用来支付股利还是保留
5. 市盈率衡量的是（　　）。
   a. 市场价格与EPS的比　　　　b. 股利与市场价格的关系
   c. 每股收益
6. 假设必要收益率是12%，那么每年支付股利7.5美元，面值为100美元的优先股的价值是（　　）。
   a. 100美元　　　b. 62.5美元　　　c. 72.5美元

7. 市场预期收益率 16%，无风险利率 6%，Zebra 公司贝塔值比市场总体高出 20%，公司必要收益率是（   ）。

  a. 14%   b. 15%   c. 18%

8. 关于无限期股利折现模型的假设，正确的是（   ）。

  a. 增长率 < 股票必要收益率   b. 增长率 > 股票必要收益率

  c. 增长率 = 股票必要收益率

9. 某公司具有下述特征：去年该公司每股支付股利 4 美元，市场预期该公司在未来 5 年收入和股利将增长 25%，之后增长率降到 6% 左右，并一直维持下去。假设必要收益率 12%，那么股票价值为（   ）。

  a. 145.67 美元   b. 150.52 美元   c. 165.45 美元

10. 假设某公司去年每股收益 4 美元，每股股利 1 美元。多年来该公司维持不变的股利支付率，并且预计将一直保持此政策。市场预期该公司明年每股收益 4.4 美元，投资者预计持有该股票 3 年，假设必要收益率 12%，第三年年末股票价格为 45 美元。预计内含预期增长率将保持不变，那么股票当前价值是（   ）。

  a. 34.92 美元   b. 38.82 美元   c. 55.00 美元

11. 预计某股票明年每股支付股利 2 美元，并且年末价格将达到 40 美元。如果必要收益率是 15%，则股票价值是（   ）。

  a. 33.54 美元   b. 36.52 美元   c. 43.95 美元

12. 某分析员认为，不管是市净率还是市销率，在估计盈利异常高（低）公司价值时都没用。该分析员观点正确的是（   ）。

	市净率	市销率
a.	错误	错误
b.	错误	正确
c.	正确	错误

13. 麦当劳公司股票现价每股 44 美元。该公司去年每股收益（EPS）2.02 美元，预期今年 EPS 是每股 2.42 美元，明年则为 2.68 美元。麦当劳公司股票预期市盈率是（   ）。

  a. 16.42   b. 18.18   c. 21.78

14. 下面选项所代表的异象不是发生于半强有效市场的是（   ）。

  a. 1 月效应（The January Effect）   b. 市盈率效应

  c. 股票分割

15. 公司某个时点的财务状况由（   ）表示。

  a. 资产负债表   b. 利润表   c. 现金流量表

16. 某分析员为了计算市盈率搜集了以下信息：

预期每股支付率	40%
权益回报率	15%
必要收益率	12%
当前股价	75 美元

市净率最接近（　　）。

   a. 6.7 b. 13.3 c. 20.0

17. 对于成长型公司，权益回报率（ROE）中最有可能先下降的是（　　）。

   a. 净利率 b. 财务杠杆 c. 总资产周转率

18. 无风险利率是 5%，市场组合收益率是 8%，贝塔值 0.5，预期收益率 7%的股票是（　　）。

   a. 高估 b. 低估 c. 正确估值

19. 下列选项不是机会成本的是（　　）。

   a. 施行新的生产工艺而节约的资金
   b. 一台即将被替换的旧设备产生的现金流
   c. 将被用来建物流中心，但现阶段空置的土地市场价值

20. 公司增长率达到两位数，并且预计未来 3 年或以后仍将保持该比率，数据如下：

当前每股股利	2 美分
未来 3 年的股利增长率	前两年每年 30%，第三年 20%
第四年及以后	8%
加权平均资本成本	12%
权益成本	15%

该公司每股价值最接近（　　）。

   a. 48.68 美分 b. 50.68 美分 c. 85.93 美分

答案：

1~5： ccbba　　6~10：bcaba　　11~15：baaca　　16~20：babaa

第 4 部分

债券投资

▶ 第 10 章　固定收益证券
　　Fixed-Income Securities

▶ 第 11 章　债券的定价模型
　　Bond Valuation

第 10 章

固定收益证券

学习目标
- 掌握债券的概念。
- 掌握债券价格的影响因素。
- 了解债券的基本分类及各自可以实现的投资目标。
- 掌握可转换证券的概念、特点及价值的衡量。
- 了解国际债券市场和不同的外国债券。
- 了解债券评级的作用及等级划分。

10.1 债券概述

固定收益证券是一个笼统、宽泛而又不太严格的定义。一般而言,固定收益证券代表对未来发生的一系列确定收入流的要求权。固定收益证券不仅包括债券、优先股,还包括商业票据、银行承兑票据、回购协议、大额可转让存单及抵押贷款担保证券等多种债务性工具。另外,许多嵌有选择权的债券(如可转换债券)或具有特殊现金流的债券(如浮动利率债券),尽管它们未来现金流的数额和日期都不是固定的,但也被称为固定收益证券。本章主要介绍债券。

10.1.1 债券的概念

债券(Bonds)是政府、金融机构或公司等各类经济主体为筹集资金而向特定或非特定投资者发行的约定在一定时期内还本付息的证券,是表明投资者与筹资者之间债权债务关系的书面债务凭证。债券只是一种凭证,债权人的权利并不产生于债券的制作,而产生于债权人对债务人投资的行为。

投资风险

利差接近历史记录

利差是衡量经济运行状况的一个比较有趣的指标,它是低风险的政府债券与高风险的公司债券（有时称为垃圾债券）的利率差额。1990—1991 年的萧条时期，利差达到了历史记录值 10.5%。这意味着如果投资者要求政府债券的收益率为 5% 的话，那么他们要求风险最高的公司债券的收益率必须达到 15.5%。2008 年，垃圾债券的信用利差再一次加大，达到了 10.4%，几乎和 20 世纪 90 年代的记录值持平。有趣的是，这两次事件的发生都伴随投资银行业的巨大危机。1990 年，因为德崇证券公司雇员迈克尔·米尔肯（被称为垃圾债券之王）在垃圾债券市场（Junk Bond Market）上的违规操作，被美国证券交易委员会（SEC）罚款 6.5 亿美元，间接导致其破产。受此影响，垃圾债券利差加大。而 2008 年，同样由于雷曼兄弟的破产、几家大型金融机构接受政府援助等投资银行业危机而造成利差的增加。

10.1.2 债券与股票的比较

债券与股票是证券的主要品种，两者既有相同点又有不同点。

1. 债券与股票的相同点

1）债券与股票都是有价证券，是一种虚拟资本，本身无真实价值，但都是代表资本的凭证；都可凭此获取一定量的收益，并能进行权利的发生、行使和转让活动；都处于证券市场这个统一体中，都在证券市场上发行和交易。

2）债券与股票都是发行者筹集资金的手段，是能为投资者带来一定收益的投资工具。

3）投资于债券和股票都要承担风险。

2. 债券与股票的不同点

1）所体现的经济关系不同。股票是一种所有权凭证，购买股票的投资者（公司股东）有参加企业经营管理的权利；债券则是一种债权凭证，购买债券的投资者不具有公司所有权，没有参加企业经营管理的权利，债券体现的是债权债务关系。

2）发行者不同。股票只有股份有限公司才能发行；只要经过批准，任何有预期收益的机构，如国家和地方政府、工商企业，都可发行债券。

3）期限不同。股票一般是永久性的，因而是无须偿还的；债券是有期限的，到期时必须偿还本金，且每半年或一年支付一次利息。因而对于公司来说，发行过多的债券可能因资不抵债而破产，而发行的股票越多，其破产的可能性就越小。

4）收益不同。股票的收益是不确定的，股票持有者尤其普通股的持有者，其股息红利要视公司经营绩效而定，盈利多则可以多分，亏损则不分配。公司一旦破产，还要看公司剩余资产清盘情况，甚至连股本都会尽失。债券的收益是确定的，不论发行单位是否盈利，都要按债券标明的利率还本付息，在公司破产时债券持有者享有优先受偿权。因此债券的收益较股票更有保障。当然，在发行股票的公司盈利很大时，股票持有人则可以比债券持有人获得更多的收益，而债券持有人获得的收益却不能随之增加。

5）价格波动规律不同。股票价格受国家政治环境、宏观经济环境、公司经营状况、公众心理及供求状况等各种因素影响，变动比较频繁，投机性很强。债券价格一般变动不大，投机性很小。

6）计税方式不同。在公司缴纳所得税时，公司债券的利息已作为费用从收益中减除，在所得税前列支；公司股票的股息属于净收益的分配，不属于费用，在所得税后列支。这一点对公司的筹资决策影响很大。

7）在求偿等级上，股东的排列次序在债权人之后。当公司由于经营不善等原因破产时，债权人有优先取得公司财产的权利，其次是优先股股东，最后才是普通股股东。但通常，破产意味着债权人要蒙受损失，因为剩余资产不足以清偿已有债务，这时债权人实际上成了剩余索取者。尽管如此，债权人亦无权追究股东个人资产。同时，债券按索取权的排列次序也区分为不同等级，高级（Senior）债券是指具有优先索取权的债券，而低级（Junior）或次级（Subordinated）债券是指索取权排名于高级债券之后的债券，一旦公司破产清算时，先偿还高级债券，然后才偿还次级债券。

10.1.3 债券的收益与风险

1. 债券的收益

债券收益的形式有以下几种。

1）利息收入。利息收入的多少取决于债券票面利率的高低，计算方式是单利还是复利，付息时间是到期支付利息还是附息票的分期付息，票面利率的表现形式是固定利率、浮动利率还是累进利率，债权人是不是有特别的权益（如可以转换成公司的普通股、可以参加公司的股利分配、利息可以再投资）等。

2）特殊权益性收益。如可转换的权利和可提前赎回的权利，还有参加权、分红权等。

3）偿还差益，又称为资本利得或买卖差价，是指归还的本金与买价或买价与卖价之间的差额。

2. 债券的收益率

对债券收益的衡量通常要使用收益率的概念，债券的收益率包括以下几种形式。

（1）当期收益率

当期收益率（Current Yield）是年息票利息与市场价格的比率。其公式是：

$$当期收益率 = \frac{年息票利息}{市场价格}$$

（2）到期收益率

到期收益率就是使债券的剩余现金流的现值等于债券当前市场价格的贴现利率，它对债券买入者来说是利润百分比，对债权卖出者来说是成本百分比。设债券面值为 M，每年支付 m 期利息，每期支付额为 C/m，还有 n 期需要支付，债券目前价格为 P，则到期收益率 λ 由下式求出：

$$P = \frac{M}{[1+(\lambda/m)]^n} + \sum_{k=1}^{n} \frac{C/m}{[1+(\lambda/m)]^n}$$

其中，公式右侧的第一项为面值的现值，第二项为各期利息的现值。

（3）持有期收益率

持有期收益率是指在一定时期内持有某种债券所获得的收益率，该收益率的计算所隐含的假定是投资者在期初买入债券，在期末卖出债券。其计算公式为：

$$Y=(EMV-BMV+I)/BMV$$

其中，EMV 是债券在持有期期末的市场价值，它等于债券当时的市价乘以债券持有量；BMV 是期初的债券市场价值，它等于债券在期初的市价乘以债券持有量；I 为债券持有期内所获得的利息收入。

3. 债券的风险

债券投资者可能遭受以下一种或多种风险：利率风险、通货膨胀风险、违约风险、流动性风险、提前赎回风险和汇率风险等。其他风险，如波动性风险、收益率曲线风险、事件风险和税收风险等只有在特定的场合才比较突出。

（1）利率风险

利率的变化有可能使债券投资者面临两种风险：价格风险和再投资风险。

1）价格风险。债券的价格与利率变化呈反向变动：当利率上升（下降）时，债券的价格便会下跌（上涨）。对于持有债券直至到期日的投资者来说，到期前债券价格的变化并没有什么影响；但是，对于在债券到期日前出售债券的投资者而言，如果购买债券后市场利率水平上升，债券的价格将下降，投资者将遭受资本损失。这种风险就是利率变动产生的价格风险，是债券投资者面临的最主要的风险。

2）再投资风险。投资者进行债券投资的收益有三个来源：利息支付，当债券被偿还、出售或到期时的资本利得（或资本损失），利息再投资收入。利息再投资收入的多少主要取决于再投资发生时的市场利率水平。如果利率水平下降，获得的利息只能按照更低的收益率水平进行再投资，这种风险就是再投资风险。债券的持有期限越长，再投资的风险就越大；在其他条件都相同的情况下，债券的票面利率越高，再投资风险越大。

（2）通货膨胀风险

通货膨胀风险也称购买力风险。对于投资者而言，更有意义的是实际购买力。通货膨胀风险是指由于存在通货膨胀，债券的名义收益不足以抵消通货膨胀对实际购买力造成的损失。例如，某投资者购买 1 年期债券，债券的票面利率是 10%，面值为 100 元，该年度的通货膨胀率为 20%。实际上，年末总收入 110 元的购买力小于年初 100 元的实际购买力。

（3）违约风险

违约风险又叫信用风险，是固定收益证券的发行者不能按照契约如期足额偿还本金和支付利息的风险。一般而言，政府债券没有违约风险，这主要是由于政府具有征税和发行货币的权力，而非政府债券或多或少都存在违约风险。在金融市场上，风险和收益呈正向关系，因此，公司债券、金融债券的收益率要高于同类政府债券。在债券市场上，只有那些违约风险很高、濒临破产的公司的债券，投资者才会关注其可能发生的违约行为。而对于其他债券，投资者更关心的是债券可以被觉察到的风险变化，以及这种风险变化对债券收益率的影响。这是因为，即使公司实际违约的可能性很小，公司违约风险变化导致的收益率变化也会极大地影响债券的市场价格。在债券市场上，可根据评级公司所评定的质量等级来估计债券发行者的违约风险。

（4）流动性风险

流动性是指一种金融资产迅速地转换为交易媒介（货币）而不致遭受损失的能力。在实践中，债券的流动性通常用该债券的做市商报出的买卖差价来衡量。差价越大，说明债券的流动性越小。债券的流动性风险是指一种债券能否迅速地按照当前的市场价格销售出去而带来的风险。一般而言，债券的流动性风险越大，投资者要求的回报率越高。而债券的流动性风险主要取决于该债券二级市场参与者的数量，参与者越多，债券的流动性就越强，流动性风险也相应越小。另外，债券的交易结构越复杂，投资者的计划投资期限越长，债券的流动性风险就越不重要。

（5）提前赎回风险

某些债券赋予发行者提前偿还的选择权。可赎回债券的发行者有权在债券到期前"提前偿还"全部或部分债券。这种选择权对于发行者是有利的：如果在未来某个时间市场利率低于发行债券的票面利率时，发行者可以赎回这种债券并以按较低利率发行的新债券来代替它，即这种在到期前赎回债券的选择权可以使发行者将来用更低的成本对债务进行再融资。从投资者的角度看，提前偿还条款有三个不利之处：第一，可赎回债券的未来现金流是不确定的，风险也相应增加；第二，当利率下降且发行者要提前赎回债券时，需要对所得收入按照更低的利率进行再投资；第三，减小了债券获得资本利得的潜力。当利率下降时，债券的价格将上升。然而，因为债券可能被提前偿还，这种债券的价格就不可能大大超过发行者所支付的价格。

（6）汇率风险

如果债券的计价货币是外国货币，则债券支付的利息和偿还的本金能换算成多少本国货币还取决于当时的汇率。如果未来本国货币贬值，按本国货币计算的债券投资收益率将会降低，这就是债券的汇率风险，又称货币风险。

10.2 债券的要素

10.2.1 债券的基本要素

债券的基本要素有四个：票面价值、债券价格、偿还期限和票面利率。债券的这四个要素可能并不记载在票面上，如在很多情况下，债券发行者以公布条例或公告的形式向社会公开宣布债券的期限和利率，只要发行人具备良好的信誉，投资者也会认可。另外，债券还可能有其他的要素，如可赎回性、担保等。

1. 票面价值

票面价值（Par Value）简称面值，是指债券发行时所设定的票面金额，代表发行人借入并承诺未来某一特定日期（债券到期日）偿付给债券持有人的金额，是债券的本金。

为了便于债券统一标准化发行，在各国的金融市场上，债券面值一般都是一个固定值。目前，我国发行的债券一般每张面值为100元人民币，美国债券面值一般为1 000美元。在债券的面值中，还要规定票面价值的币种，即以何种货币作为债券价值的计价标准。

2. 债券价格

债券价格包括发行价格和交易价格。债券第一次公开发售时的价格就是发行价格；已经公开发售的债券可以在投资者之间买卖、转让，债券的持有者可以在到期日前按照当时的债券交易价格将债券销售出去。债券的价格不一定等于债券面值。实际上，债券价格是由债券的面值、票面利率、偿还期限及贴现率等多种因素共同决定的。根据债券价格和面值的关系，可以将债券划分为以下三种类型。

- 平价债券（Par Value Bond）：债券价格等于债券面值。
- 溢价债券（Premium Bond）：债券价格大于债券面值。
- 折价债券（Discount Bond）：债券价格小于债券面值。

债券价格的特点可用图10.1表示。债券息票率为10%，当市场利率为8%时，息票率高于市场利率，债券为溢价债券；当市场利率为10%时，息票率等于市场利率，债券为平价债券；当市场利率为12%时，息票率低于市场利率，债券为折价债券。债券价格的变动与息票率和到期日有关。

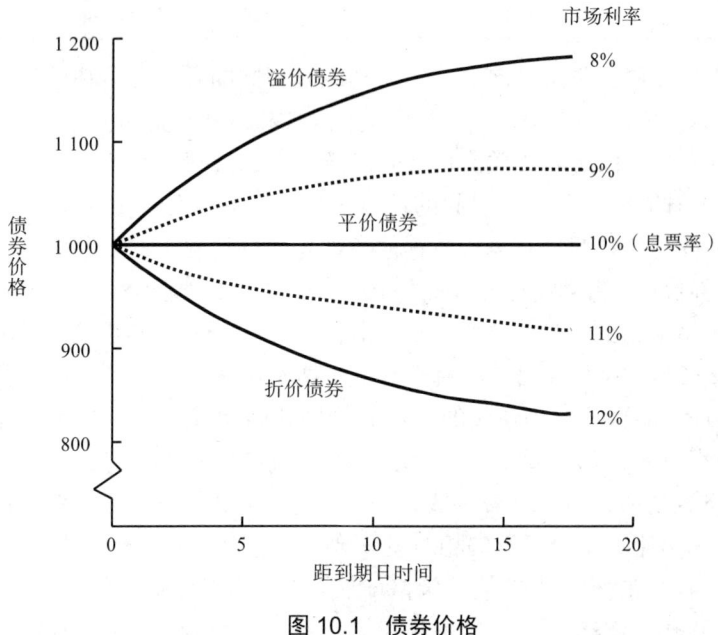

图 10.1 债券价格

债券的价格受到三个因素的影响：到期日、息票率和必要收益率。表10.1给出了相同息票率、不同到期日和不同必要收益率的债券价格，表10.2给出了相同到期日、不同息票率和必要收益率的债券价格。接下来分别分析三个因素对债券价格的影响。

表 10.1　10%的息票，面值 1 000 美元的债券价格

到期日（年）	必要收益率				
	6%	8%	10%	12%	14%
1	1 038.27	1 018.86	1 000	981.67	963.84
5	1 170.60	1 081.11	1 000	926.40	859.53
10	1 297.55	1 135.90	1 000	885.30	788.12
15	1 392.01	1 172.92	1 000	862.35	751.82
20	1 462.30	1 197.93	1 000	849.54	733.37
25	1 514.60	1 214.82	1 000	842.38	723.99
30	1 553.51	1 226.23	1 000	838.39	719.22

表 10.2　面值 1 000 美元，5 年期的债券价格

年息票率	必要收益率				
	6%	8%	10%	12%	14%
6%	1 000.00	919.33	845.66	778.80	718.72
8%	1 085.20	1 000.00	922.88	852.40	788.96
10%	1 170.60	1 081.11	1 000.00	926.00	869.53
12%	1 255.80	1 162.66	1 077.22	1 000.00	929.77
14%	1 331.10	1 243.77	1 254.44	1 073.60	1 000.00

1）债券价格与必要收益率反向变化。在到期日相同的条件下，必要收益率越高，债券价格越低。比如，在表 10.1 中选取 15 年债券，如果必要收益率由 10%下降到 8%，则债券价格上升 17.29%；而必要收益率由 10%上升到 12%，则债券价格下降 13.77%。必要收益率下降和上升同样百分数，引起的债券价格上升的百分数大于下降的百分数。

2）债券价格波动和到期日有关。在其他条件相同的情况下，当利率变化时，长期债券价格比短期债券价格变化大。比如，在表 10.1 中，如果必要收益率从 10%下跌到 8%，则 15 年期债券价格上升到 1 172.92 美元，上升了 17.29%；而 30 年期债券价格为 1 226.23 美元，上升了 22.62%。到期日相差一倍，但价格增长比率相差不到一倍，所以债券价格随到期日增加而增长的百分数是递减的。债券价格和到期日之间的关系也可以由图 10.1 看出：当市场利率由 8%变为 10%时，到期日越长，价格差距越大。

3）债券价格波动和息票率有关。从表 10.2 可以看出，当市场利率变化时，低息票债券（到期日相同）比高息票债券的相对变化要大。例如，市场收益（必要收益率）从 10%下降到 8%，年息票率为 6%的债券价格增加了 73.67 美元（919.33-845.66），8%增加了 77.12 美元（1000-922.88），10%的增加了 81.11 美元（1081.11-1000），12%的增加了 85.44 美元（1162.66-1077.22），14%的增加了 89.33 美元（1243.77-1254.44）。但是债券价格分别增加了 8.7%、8.4%、8.1%、7.9%和 7.7%。就是说，在市场利率变化时低息票债券的相对价格波动大。

从上面的讨论可以得到一个重要结论：利率下降（上升），使得债券价格上升（下降）。长期债券和低息票债券的价格相对变化大。因此，投资者预期利率下降，可购买低

息票的长期债券，充分利用到期日和息票对债券价格的影响。相反，如果投资者预期利率上升，可购买高息票或短期或兼有这两种特点的债券。

3. 偿还期限

债券的偿还期限通常简称为期限，它是个时间段，其起点是债券的发行日期，终点是债券票面上标明的偿还日期，也叫到期日（Maturity Date）。在到期日，债券代表的债权债务关系终止，债券发行者偿还所有的本息。一些债券，如可赎回债券或可反售债券，其发行者或持有者在债券发行以后可以改变债券最初的偿还期限。

但是，对于债券投资者而言，更重要的是从债券购买日起至债券到期日止的期限长度，即债券的剩余期限。例如，某种债券发行时的偿还期限为 10 年，从发行日已整整过了 3 年，则这个债券就是 7 年期债券，而不是 10 年期债券。如果不做特别强调，本书所指的偿还期限都指债券的剩余期限。

根据偿还期限的不同，债券可分为长期债券、短期债券和中期债券。一般来说，偿还期限在 10 年以上的为长期债券；偿还期限在 1 年以下的为短期债券；偿还期限在 1 年以上（包括 1 年）10 年以下（包括 10 年）的为中期债券。我国国债的偿还期限划分与上述标准相同，但我国企业债券的期限划分与上述标准有所不同。短期企业债券的偿还期限在 1 年以内，中期企业债券的偿还期限在 1 年以上 5 年以下，长期企业债券的偿还期限在 5 年以上。

债券的期限之所以非常重要，主要有三个原因：第一，债券的期限决定了债券投资者能获得利息的年数，以及在最终获得债券面值之前所经历的时间长度，这是决定债券价格的重要因素；第二，债券的期限决定了债券收益率的高低，债券期限对收益率的影响取决于收益率曲线的形状；第三，债券价格的波动性与债券的期限密切相关，说得更具体一些，如果其他因素都一样，在相同的市场收益率变化幅度下，债券的期限越长，债券价格变化的幅度就越大。

4. 票面利率

票面利率是印制在债券票面上的固定利率，通常是年利息收入与债券面额之比率，又称名义收益率、息票率。投资者获得的利息就等于债券面值乘以票面利率。例如，某种债券的面值为 100 元，票面利率为 8%，则投资者每年能获得 8 元的利息。

按照利息支付方式的不同，债券可分为附息债券（Coupon Bonds）和零息债券（Zero-coupon Bonds）。附息债券是指在债券票面上附有息票的债券，或者按照债券票面标明的利率及支付方式支付利息的债券。以前很多附息债券的票面上都附有息票，息票上标有利息额、支付利息的日期等内容。债券持有人可以从债券上剪下息票，凭息票领取利息。今天，对于大多数附息债券而言，投资者不必通过呈递息票领取利息了，而是可以定期收到发行者支付的利息。

附息债券利息的支付有按年支付、按半年支付、按季支付，甚至按月支付等多种形式。在美国和日本，绝大多数债券都每半年支付一次利息，而在欧洲国家的债券市场和欧洲债券市场（Eurobond Market）上，绝大多数债券每年支付一次利息。目前，我国大多数附息债券都按年支付利息。

与每隔一定时期支付利息的附息债券不同，零息债券并不定期支付利息，它既可以贴现发行，也可以按照面值平价发行。贴现发行的零息债券也称贴现债券，其发行时按一定的折扣率，以低于债券面值的价格发行，到期时发行者按面值偿还。实际上，贴现债券的利息在到期日一次性支付，其数额正好等于债券面值和购买价格的差额。例如，投资者以 70 元的发行价格认购了面值为 100 元的 5 年期国债，那么在 5 年到期后，投资者可兑到 100 元的现金，其中 30 元的差价即为国债的利息。我国 1993 年开始发行贴现债券，期限分别为 3 个月、6 个月和 1 年。另一种零息债券则按照面值销售，债券偿还期限内不支付利息，利息累积计算，在到期日利息随本金一次性支付。

根据债券的票面利率是否固定，还可以将债券划分为固定利率债券和浮动利率债券。固定利率债券就是在偿还期内票面利率保持固定不变的债券。浮动利率债券是指在偿还期内票面利率可以变动的债券。浮动利率债券的票面利率等于某个参考利率加上一个固定的利差，并随着参考利率的变化而定期进行调整，票面利率随着参考利率的升降而同方向升降。浮动利率债券的参考利率通常是一些重要的金融市场利率，如美国浮动利率债券主要以 3 个月期的国库券利率为参考利率，欧洲国家的浮动利率债券的参考利率则多为伦敦银行同业拆借利率（LIBOIR）。1999 年 3 月，我国国家开发银行在银行间债券市场首次推出长期浮动利率债券。根据我国国情，该浮动利率债券以一年期定期存款利率作为参考利率，每年支付一次利息。

如果债券按照固定名义金额支付利息，那么投资者所得利息的实际购买力就会受到通货膨胀的侵蚀。为了保护债券投资者的实际购买力不受通货膨胀影响，国外金融市场上出现了通货膨胀指数化债券（Inflation-indexed Bonds）。该种债券的利息支付额与某种通货膨胀指数挂钩，每次支付的利息都要按照当时的通货膨胀指数进行调整。例如，英国政府 1999 年 1 月发行了一种 10 年期、票面利率为 3.6%、面值为 100 英镑的通货膨胀指数化债券。1999 年通货膨胀指数为 160.422 4、2000 年 1 月为 164.325 7，则该债券在 2000 年 1 月支付的利息为：

$$100 \times 3.6\% \times (164.3257/160.4224) = 3.69（英镑）$$

10.2.2 债券的附加要素

1. 债券的可赎回性（Call Feature）

公司的管理层通常愿意在债券到期之前的任何时候平价收回公司的债券，因为这样做能给管理层提供通过资金调度削减公司债务和改变公司债务期限的灵活性。更重要的是，如果利率下降，就可以用较便宜的低利率债券来代替利率较高时发行的成本较高的高利率债券。

但是，投资者对此却持完全不同的观点。发债者这种能在债券到期之前任何时候平价收回债券的能力消除了价格超过票面价格的可能性，进而使投资者损失了在利率下降时通过债券价格升值获利的机会。不仅如此，这种做法还导致了一种新的不稳定性，因此带有赎回条款的债券肯定比不带有赎回条款的债券价格要低。

尽管为了获得这种灵活性必须付出不菲的代价，但许多公司的债券契约中仍然包含了这类赎回条款。从某种意义上说，赎回条款意味着公司在卖出债券的同时，又从投资者那里购买了一个期权。债券的净价值实际上就是债券与期权两者的价值之差。

债券契约通常给投资者两种类型的赎回保护。首先，在债券发行之后最初几年，发债公司不能收回所发债券；其次，在赎回条款中具体规定一个赎回溢价（Call Premium），如果债券被提前赎回，发行者必须支付给债券持有人一笔事先确定的高于债券面值的赎回价格（Call Price）。通常，随着时间的推移及离债券到期日越来越近，债券的赎回价格越来越接近其面值。或者全部债券提前赎回，或者由受托人随机地选择一些特定的债券提前赎回。无论是全部提前赎回还是部分提前赎回，都必须提前在新闻媒体上进行公布。

2. 偿债基金

债券面值的支付发生在债券生命期结束时，本金支付构成了发行人的巨额现金流出。为了确保不会造成现金流危机，公司承诺建立偿债基金（Sinking Fund），将支付的负担分摊在几个年度中。偿还基金债券的合同约定，发行公司每年拿出一定资金存入信托基金，定期偿还本金，即从债券持有人手中购回一定量的债券，这种债券通常可在到期之前全部收回。发行这种债券的目的就是如果公司有能力便允许它尽早偿还债务。这里又有两种不同的条款：如果债券合同里有偿债基金条款，那么公司就必须每年收回一定量债券；如果仅有提前赎回条款，那么公司有权选择（而没有义务）收回一定量的债券。这种基金的运用方式主要有以下两种。

1）公司每年在公开市场上购回一部分未偿付的债券。

2）公司按特定的赎回价格赎回一部分未偿付的债券。赎回价格是在偿债基金条款中规定的。公司有权选择按照市场价格或按照偿债基金价格赎回债券，一般偿债基金的价格较低。为了将偿债基金的赎回公平地在投资者之中分摊，作为赎回对象的债券的选择是根据债券序列号随机抽取的。偿债基金的赎回与一般债券的赎回不同，主要体现在以下两个方面。

首先，在偿债基金赎回价格下，发行人只能赎回特定数量限制下的债券。最好的情况是，有些债券契约规定公司享有"双倍选择权"（Doubling Option），即允许发行公司按照偿债基金赎回价格购回两倍数量的债券。其次，偿债基金的赎回价格通常低于债券契约中其他赎回条款规定的价格，偿债基金的赎回价格通常就是债券的面值。

虽然偿债基金的本意是要增强本金偿还的安全性，保护投资者的利益，但是它也给投资者带来了一定的伤害。如果利率下跌，债券价格上涨，公司就可以按照偿债基金条款，以低于市场价格的赎回价格购回债券并获得收益，而公司的收益恰好就是投资者的损失。

序列债券发行（Serial Bond Issue）没有偿债基金的规定。在序列债券发行中，公司发行的债券有不同的到期日，从而将公司本金偿还的负担分摊在各个时间段上，这与偿债基金十分相似，但是序列债券发行中没有赎回的规定。与偿债基金不同，序列债券发行中的债券持有人不会面临可能被赎回的风险。序列债券的缺点在于，到期日不同的债券是不同的债券，因此其流动性被大大降低，所以这些债券的交易成本就较高。

10.3 债券的种类

10.3.1 债券的基本分类

1. 按照发行主体分类

按照发行主体的不同,债券可以分为政府债券、金融债券和公司债券三种。

1)政府债券即公债券,是指中央政府和地方政府为筹集财政资金和建设资金而发行的债务凭证。政府债券又分为两种:中央政府发行的债券称为国债,地方政府发行的债券称为地方债券。国债发行的目的主要是筹集资金解决由政府投资的公共基础设施或重点建设项目的资金需要,或者弥补国家财政赤字;地方债券发行的目的主要是筹集资金用于地方公共基础设施建设,地方政府债券多称为市政债券。另外,由政府所属的公共事业机构、公共团体机构发行的债券,以及由政府提供担保、公司或金融机构发行的债券,即政府担保债券,也属于政府债券。

政府债券以政府信用为担保,信用程度高,风险较小,因而流通性较好。其期限有长短,期限1年以内的称为短期政府债券,1~10年为中期政府债券,10年以上为长期政府债券。这是为适应不同性质的资金需要而设计的,短期政府债券是为了满足财政先支后付的临时需要,中长期政府债券是为了弥补财政赤字和满足重点建设项目的需要。

2)金融债券是指银行或非银行性金融机构为筹措中长期资金向社会公开发行的债务凭证。金融债券可通过直接公募发行,申请认购额达不到预计发行额并不影响发行的正常进行。发行这种债券的金融机构一般具有雄厚的资金实力,资信度很高,债券利率也比同期市场利率高,因而发行量大,交易活跃,流动性和信用仅次于政府债券。

3)公司债券是指公司依照法定程序发行并约定在一定期限还本付息的有价证券,期限大多为10~30年。公司债券的发行一般受到严格的限制,有时要求有抵押或担保。它要求发行人向持有人定期付息,到期还本。有的公司债券上附有息票,持有人凭息票定期领取利息;有的公司债券是记名债券,由公司按时将利息寄给债券持有者。在美国,公司债券的发行面额是1 000美元,利息收入是不免税的。每张债券上须注明公司的名称、支付债券利息的日期、利息率和到期年限。一般公司债券的利息率比向银行贷款的利率低,因为公司直接向投资者筹资省去了中间环节,节省了交易费用。另外,银行一般不愿意用固定利率进行长期贷款,因为利率风险较大。因此,公司要筹集长期性资金扩大生产,通过初级市场发行债券直接融资是较好的方法。

公司债券比股票的风险要小。因为债券持有人与股东不同,他有优先于股东的讨债权:公司向股东支付股息前,必须先付清所有到期的债券利息;当一个公司破产时,它必须先清偿所有的债务,而股东只能得到公司偿还完债务之后剩余资产中的一份。

不同公司债券的债务合同不尽相同,它们规定各种债券的不同特征。例如,有的债券叫作高级债券,它在公司违约破产时给持有人第一优先权;有的则叫作次级债券,在清偿债务时它只能排在高级债券的后面,拥有第二优先权。债券合同还规定作为债券基础的有形资产——不动产或机器设备等。在公司破产清偿时,不动产抵押债券要由清理不动产的资金来清偿,设备信托债券则以机器设备的价值来抵偿。

2. 按有无担保分类

按有无担保，债券可以分为信用债券和担保债券两种。

1) 信用债券是指仅凭发行者信用发行的、既无抵押品做担保也无担保人的债券，这类债券一般包括政府债券和金融债券。一些信用良好、资本实力雄厚的大公司也可发行信用债券，但必须签订信托契约，对发行者的有关行为进行约束，以保障投资者的利益。

2) 担保债券包括如下几种。

- 抵押债券。指以土地、设备、房屋等不动产作为抵押担保品所发行的债券。当筹资人不能履行还本付息义务时，债券持有人（一般由其受托人代表）有权变卖抵押品而抵付。
- 质押债券。指以其他债券（如政府公债）或股票等有价证券作为担保品所发行的公司债券。发行这种债券的公司须将作为担保品的有价证券交给作为受托人的信托公司，当筹资人到期不能偿债时，即由受托人质押的证券代为偿债。
- 保证债券。指由第三者担保偿还本息的债券，担保人可以是政府、银行、母公司等。发行这种债券可以提高筹资人的信誉，扩大债券销路，并可减轻筹资人的利息负担。

10.3.2 其他类型的债券

1. 零息债券

贴现发行的债券不如按面值发行的债券那么普遍，但是息票率比较低的债券一般会采取贴现发行的方式，有关这种债券的一个极端的例子就是零息债券。零息债券不是没有利息，而是"零息票债券"的简称，即在发行时明确了债券的票面利率和期限等要素，到期时一次偿还全部本金和利息的债券。也就是说，零息债券只向投资者提供一次现金流，即债券到期时的支付。美国国库券是典型的短期零息债券，它的发行价格与销售价格都低于1 000美元，而承诺到期时支付1 000美元。

较长期限的零息债券一般都脱胎于财政部发行的付息票据与债券。购买财政息票债券的经纪人可能要求财政部将该债券支付的现金流分为 n 个独立的证券，每个证券都享有对该债券每次支付的要求权。例如，一个10年期的债券，每半年支付一次利息，那么20次的利息支付和一次本金支付就可以被看作21个独立的零息债券，这些债券的到期日从6个月到10年不等。在美联储的通信网络上可以进行这些债券的电子交易。这些零息债券的支付同样是美国财政部的义务，被称为本息剥离式国债，我们通常将这种分离交易的财政计划称为STRIPS。

随着时间的推移，零息债券的价格会如何变化呢？在到期日，零息债券的价格肯定等于其面值。由于资金时间价值的因素，在到期日以前债券价格是低于其面值的。随着时间的推移，债券价格逐渐接近面值。事实上，如果利率保持不变，债券价格的上升速度应当与利率水平相当。

为了解释这个特点，我们来考虑一个还有30年到期的债券。假定市场年利率为10%，目前债券价格就应当是$1000/(1.10)^{30}=57.31$（美元）。下一年，债券距离其到期日还有29

年，价格应当是 1000/(1.10)^{29}=63.04（美元）。在这一年里，债券价格上涨了 10%。由于债券面值的贴现期减少了 1 年，因此，其价格上涨的幅度应当是 1 年期贴现因子。

2．垃圾债券

垃圾债券（Junk Bonds）也叫高收益债券，是指有较高违约风险、较低债券等级（低于投资等级，即 Moody 的 Baa 或 S&P 的 BBB 级）的公司债券。与价格受市场利率影响的投资级债券不同，垃圾债券的价格波动像股票一样具有很大的不稳定性和不确定性，因此其收益也具有高度的不可预见性，主要适合那些敢于承担风险以追求高额利润的投资者。

垃圾债券的发行和交易是在 20 世纪 70 年代末 80 年代初兴起的。在此之前，人们在初级市场上很少见到这种债券，而在二级市场上的垃圾债券多属于"沦落的天使"，即由投资等级降到非投资等级的企业债券。

为什么在 20 世纪 80 年代初垃圾债券得以兴起呢？原因之一是那些中小企业和正在兴起、未成熟的企业发现直接在初级市场上筹资的成本低于从银行贷款筹资的成本。同时投资者，特别是人寿保险公司、退休基金和共同基金等金融组织发现，尽管垃圾债券有很大的违约风险，但它们的收益率按风险调整后仍比 A 级公司债券还高。这是由于 80 年代经济情况有利于新兴企业的发展，违约情况相对较少。而到了 80 年代末、90 年代初，违约事件急剧增加，垃圾债券的违约造成了许多金融机构、保险公司的倒闭，加剧了金融体系的危机。当然，关于垃圾债券的作用目前仍在争论之中，有些经济学家认为它支持和资助了中小企业的发展，不应限制它的发展，其他人则主张制定新的立法来加以管理。

3．住房抵押贷款证券

住房抵押贷款证券（Mortgage-Backed Securities，MBS）是指商业银行或其他金融机构为加速资金的融通，将缺乏流动性但具有未来现金收入流的住房信贷资产集中起来，进行结构性重组，并通过信用增强将其变成可在资本市场上出售和流动的证券。

对单个抵押贷款而言，由于借款人存在提前偿付、延迟拖欠甚至欺诈等风险，导致抵押贷款现金流不稳定。对一组贷款而言，尽管整个组合在很大程度上依赖于每一贷款的现金流特征，但如果这组贷款满足一定条件，则根据大数定理，整个组合的现金流将呈现一定的规律性，因此可以对该现金流进行可靠的预测和控制，这就是 MBS 的理论基础。

4．可转换证券

可转换证券（Convertible Securities）是指可以在一定时期内按一定比例或价格转换成一定数量的另一种证券的特殊公司证券。可转换证券在发行时附有专门条款，规定债权人可选择对自己有利的时机将债券兑换成公司的股票；不希望换成股票时也可继续持有，直到偿还期满时收回本金；还可以在需要时售出。可转换证券具有公司债券和股票的双重性质：在转换之前，公司债券是纯粹的债券，债权人到期领取本金和利息收入，其利息是固定的，不受公司经营状况的影响；在转换之后，原来的持券人就成为公司的股东，参加公司红利的分配，其收益多少就要受到公司经营状况的影响。当股利收入高于债券收入时，将公司债券兑换成股票对债权人有利。可转换证券可以流通转让，其价格受股票价格的影响。股票价格越高，可转换证券的价格也随之上升；反之，则下跌。

例如，某 1 000 美元的可转换证券规定可以转换成股价为 62.55 美元的股票，则可转换的股票数量为 15.98 股（1 000/62.55）。如果转换时公司的股票价格上涨为每股 125 美元，则投资者手中的可转换证券的价值由 1 000 美元上涨到 1 997.50 美元（15.98×125），投资者获利。可转换特权的代价是低于普通债券的息票率，转换可能获得的收益越高，息票率越低。

可转换证券的价值主要包括以下几种形式。

（1）可转换证券的投资价值

可转换证券的投资价值是指当它作为不具有转股选择权的证券时的价值。估计可转换证券的投资价值，首先应估计与它具有同等资信和类似投资特点的不可转换证券的必要收益率，然后利用这个必要收益率折算出它未来现金流的现值。假定投资者当前准备购买可转换证券，并计划持有该可转换证券到未来某一时期，且在收到最后一期的利息后便立即实施转股，那么可用下述公式计算该可转换证券的投资价值：

$$P = \sum_{t=1}^{n} \frac{C}{(1+r)^t} + \frac{CV}{(1+r)^n}$$

式中，P 代表可转换证券的投资价值；t 代表时期数；n 代表持有可转换证券的时期总数；r 代表必要收益率；C 代表可转换证券每期支付的利息；CV 代表可转换证券在持有期期末的转换价值。

例如，某可转换证券的面值为 1 000 美元，票面利率为 8%，剩余期限为 5 年，同类债券的必要收益率为 9%，到期时要么按面值还本付息，要么按规定的转换比率或转换价格转股，那么该可转换证券当前的投资价值为：

$$P = \sum_{t=1}^{5} \frac{80}{(1-0.09)^t} + \frac{1000}{(1+0.09)^5} = 961.11 \text{（美元）}$$

（2）可转换证券的转换价值

对于可转换证券投资者来说，最重要的信息为转换比率和转股价格。所谓转换比率（Conversion Ratio）是指事先规定的可转换债券可以转换为普通股票的数量；转股价格（Conversion Price）是指事先规定的投资者把债券转换为普通股票时的股票价格。对于某一可转换债券，已知其转换比率可以计算出转股价格，由转股价格也可以得出转换比率。例如，1 000 美元的可转换债券的转换比率为 20，则说明它可以转换成 20 只普通股，即转股价格为每股 50 美元。

可转换证券的转换价值（Conversion Value）是指实施转换时得到的标的股票的市场价值，它等于标的股票每股市场价格与转换比率的乘积，即：

$$转换价值 = 标的股票每股市场价格 \times 转换比率$$

例如，若假定某可转换债券的转换比率为40，实施转换时标的股票的市场价格为每股29美元，那么，该可转换债券的转换价值为CV=29×40=1 160（美元）。

1）转换溢价。可转换债券通常不以其转换价值进行交换，而以一个高于该价值的价格进行交易。交易价格高出转换价值的部分就叫转换溢价（Conversion Premium）。转换溢价的绝对形式和相对形式的计算公式分别为：

$$转换溢价（美元）= 可转换债券的市价 - 转换价值$$

$$转换溢价率（\%）= \frac{可转换债券的市价 - 转换价值}{转换价值}$$

举例说明，如果某可转换债券的交易价格为1 400美元，转换价值为1 200美元，则转换溢价为200美元（1 400-1 200），转换溢价率为16.7%（200/1 200）。

转换溢价存在的原因在于可转换债券的投资者不必立即转换债券。相反，投资者可以通过等待并在将来利用普通债券价值和转换价值孰高孰低来选择对己有利的策略，即当作普通债券持有还是转换成普通股，这种可以选择等待而获得的期权也是有价值的，这种价值即表现为转换溢价，使可转换债券的价值超过转换价值。转换溢价一般为30%~40%，甚至更多。

2）溢价回收期。人们之所以购买可转换公司债券而放弃股票，是因为可转换公司债券的利息收入将超过等量股票的股息收入，而这个差额将在一定时期内补足投资者因购买可转换公司债券而承担的溢价。我们把这里的"一定时期"称为溢价回收期（Payback Period）。溢价回收期是衡量溢价是否合理的重要标准，其计算公式为：

$$PEG 比率 = \frac{转换溢价（美元）}{债券年利息 - 标的股票年股利}$$

例如，某面值为1 000美元的可转换债券的转换溢价为200美元，转换比率为20，息票率为8.5%，标的股票去年的每股年股利为0.5美元。则溢价回收期的计算为：

$$溢价回收期 = \frac{200}{85-(20 \times 0.5)} = 2.7（年）$$

一般来说，溢价回收期越短，可转换债券的投资价值就越大。通常投资的可转换债券的溢价回收期为5~7年或更短，过高的溢价使得回收期很长。值得注意的是，有些可转换债券溢价回收期长主要是因为其息票率低，而不是转换溢价高。

（3）可转换证券的市场价值

可转换证券的市场价值也就是可转换证券的市场价格，它一般保持在可转换证券的投资价值和转换价值之上。如果可转换证券市场价值在投资价值之下，购买该证券并持有到期，就可获得较高的到期收益率；如果可转换证券市场价值在转换价值之下，购买该证券并立即转化为标的股票，再将标的股票出售，就可获得该可转换证券转换价值与市场价值之间的价差收益。

5．国际债券

国际债券是一国政府、金融机构、工商企业或国际组织为筹措和融通资金，在国外金融市场上发行的以外国货币为计价货币的债券。国际债券的重要特征是发行者和投资者属于不同的国家，筹集的资金来源于国外金融市场。一般来说，国际债券主要包括两类：一是外国债券，二是欧洲债券。

1）外国债券是指某国借款人在本国以外的某个国家发行的以发行市场所在国货币为计价货币的债券。例如，1982年1月，中国国际信托投资公司在日本东京发行的日元债券就是外国债券。

2）欧洲债券是借款人在外国市场发行并以第三国货币为计价货币的国际债券。例如，法国一家机构在英国债券市场上发行的以美元为计价货币的债券即欧洲债券。欧洲债券的发行人、发行地及计价货币分别属于三个不同的国家。

主要的国际债券有以下几种。

（1）扬基债券

扬基债券（Yankee Bonds）是在美国债券市场上发行的外国债券，即美国以外的政府、金融机构、工商企业和国际组织在美国国内市场发行的以美元为计价货币的债券。扬基债券具有：期限长、数额大的特点。扬基债券的期限通常为5~7年，一些信誉好的大机构发行的扬基债券甚至可达20~25年。近年来，扬基债券发行额平均每次都在7 500~1亿美元，有些大额发行甚至高达几亿美元；美国政府对其控制较严，申请手续远比一般债券烦琐；发行者以外国政府和国际组织为主；投资者以人寿保险公司、储蓄银行等机构为主。

（2）武士债券

武士债券是外国发行人在日本债券市场上发行的以日元计价的中长期债券。武士债券为无担保发行，典型期限为3~10年，一般在东京证券交易所交易。第一笔武士债券是亚洲开发银行在1970年12月发行的。早期武士债券的发行者主要是国际机构，1973—1975年由于受到世界石油价格暴涨的影响，日本国际收支恶化，武士债券的发行相应中断。20世纪80年代以后，日本经常出现巨额顺差，国内资金充裕，放宽了对外国债券的发行限制，武士债券发行量大幅增加。

（3）龙债券

龙债券是亚洲国家或地区(日本除外)发行的以非亚洲货币或日元标价的外国债券。龙债券是东亚经济迅速增长的产物，从1992年起，龙债券得到了迅速发展。龙债券在亚洲地区和国家（中国香港或新加坡）挂牌上市，其典型偿还期限为3~8年。龙债券对发行人的资信要求较高，一般为政府及相关机构。龙债券的投资人包括官方机构、中央银行、基金管理人及个人投资者等。龙债券一般是一次到期还本，每年付息一次的长期固定利率债券；或者是以美元计价，以伦敦银行同业拆借利率为基准，每季度或每半年重新制定一次利率的浮动利率债券。龙债券发行以非亚洲货币或日元标定面额，尽管有一些债券以加元、澳元和日元标价，但多数以美元标价。

10.4 债券评级

债券评级（Bond Ratings）是指由专门的信用等级审定机构根据发行者提供的信息材料，通过调查、预测等手段，运用科学的分析方法，对拟发行债券的资金使用的合理性、按期偿还债券本金的能力及其风险程度所做的综合评价。

债券评级的对象是信用风险而不包括其他类型风险，如利率风险等，债券评级对投资于何种债券不提出任何建议。需要特别注意的是，债券评级是针对公司发行的某种特定的债券进行的，而不是对发行债券的公司进行评级。例如，某家公司的整体财务状况不佳，但是如果它发行的债券有足额的资产作为抵押或有实力雄厚的机构作为担保人，则该公司发行的债券仍是高等级的。

10.4.1 债券评级的作用

对债券的发行者来讲，债券的信用级别对债券的顺利发行具有重要意义。如果其发行的债券获得了很高的信用等级，就可以提高发行者的知名度，为其树立良好的形象。在发行市场上，该债券的发行不仅可以顺利进行，而且还可以以较低的利率发行从而降低成本。在流通市场上，由于其风险较低，会受到更多投资者的追求，因而其流通价格也会维持在较高的水平上。反过来，如果某种债券的信用等级较低，那么它不仅发行困难，而且筹资成本高，二级市场价格也会受到负面影响。

对于投资者来说，债券的信用评级为其提供了决定投资取向的参考指标。尽管债券与股票相比是一种较为安全的金融资产，但它毕竟包含着各种各样的风险。而债券市场上的债券为数众多，虽然发行者要进行有关的信息披露，但一般投资者因为时间、专业知识等方面的限制，很难对债券进行全面、客观、公正的评价，这就给投资者选择债券带来了困难。而由专业证券评级机构做出的公开的、具有权威性的债券信用评级，为投资者进行投资选择提供了重要的依据，有利于广大投资者正确合理地选择投资对象，提高其债券投资的安全性和收益水平。

对于债券市场的管理者来说，债券信用评级不仅为其提供了一种较为客观公正的管理与考核的依据，也对整个债券市场的资金走向起到了引导的作用，克服了由于信息不对称而造成的不公平性，也有利于证券市场的稳定。

10.4.2 债券评级的步骤

债券评级主要包括以下六个步骤。

1）由债券发行人或其代理人向证券评级机构提出评级申请，并根据评级机构的要求提供详细的书面材料。

2）证券评级机构与发行单位的主要负责人见面，就书面材料中值得进一步调查的问题和其他有关情况提出询问。

3）证券评级机构对申请评级单位各方面的情况进行分析。分析的内容主要包括：发行人所属行业的发展状况及发行人在该行业中的地位；发行人的经营管理情况、内部审计体制、资本构成的安全性和偿付本息的能力；信托合同中规定的财务限制条款和债券的优先顺序；对发行人所属国家或地区做出评价，分析其政治风险和经济风险；分析发行人在国家政治经济中的重要性和国家与发行人的关系。

4）在调查分析的基础上，证券评级机构会通过投票决定发行人的等级，并与发行人联系，征求其对评级的意见。如果发行人不同意评级机构的评定结果，可提交书面理由，申请变更信用等级，但这种变更申请只能进行一次。

5）证券评级机构评定其债券信用级别后，一方面通知评级申请人，另一方面将评级结果汇编成册，通过媒体公开发行。

6）证券评级机构根据各申请评级单位的财务、经营活动变化，定期调整债券等级。

10.4.3 债券评级的等级划分

目前国际上公认的最具权威性的债券评级机构，主要有美国的标准普尔公司（S&P）和穆迪投资服务公司（Moody's）。上述两家公司对多种类型的固定收益证券进行评级，既包括各种类型的债券，也包括短期商业票据等。债券评级结果用具有一定编码规则的字母组合表示，两家机构等级划分大同小异。表10.3 提供了两公司的债券等级分类和相应说明。

表 10.3 公司债券的等级划分

Moody's	S&P	符号意义	说　　明
投资级			
Aaa	AAA	最高级	还本付息的能力很强
Aa	AA	高级	还本付息的能力强，程度上略逊于最高级债券
A	A	中高级	还本付息的能力强，但受不利环境和经济条件变化的影响要大于上两个等级
Baa	BBB	中级	具有足够的能力还本付息，一般在债务合约中规定了充分保护债权人的条款。但与上述三个级别相比，不利的经济条件和经济环境变化有可能削弱该级别债券还本付息的能力
投机级			
Ba	BB	垃圾债券	一般认为这些等级的债券具有显著的投机性。从 BB 级到 CC 级，投机性逐级递增。这些债券都能还本付息，但是当不利的经济状况、经济环境或财务状况出现时，这些债券还本付息能力将会被极大地削弱，甚至出现违约
B	B		
Caa	CCC		
Ca	CC		
C	C	垃圾债券	已经提出了破产申请，但是仍在进行本息支付
D	D	违约	已经提出了破产申请或发生了违约。如果认为即使经过宽限期也无法还本付息，只要该公司一旦发生本金利息不能如期足额支付的情况，就被评为 D 级

知识拓展

1. 固定收益证券向投资者承诺支付一固定收入或一特定的收入流。息票债券为其典型形式。

2. 中长期国债的期限大于一年。它们按照或接近于面值发行，其价格考虑了应计净利息。长期国债在整个生命期的最后五年内可能被赎回。

3. 当债券有可能违约时，到期拟定收益率就是债券持有人有可能得到的到期收益率的最大值。不管什么原因，只要发生了违约，承诺的收益就会落空。为了补偿投资者的这一违约风险，债券必须提供违约溢价。也就是承诺付给比无违约的政府证券更高的收益。如果公司经营业绩良好，公司债券就可提供高于政府债券的回报。否则，公司债券的回报就低于政府债券。

4. 通常使用财务比率分析测定债券的安全性。债券契约是另一种保护持有人权利的措施。一般的契约，对于偿债基金的数额要求、贷款的抵押化、红利限制及未来债务的降级处理等都做出规定。

5. 赎回债券应提供更高的到期收益率，以补偿投资者在利率下降和发生债券以赎回价被赎回时所遭受的资本利得损失。债券发行时，经常制定一赎回保护期。除此以外，折扣债券以远低于赎回价的价格销售，这实质上体现了赎回保护。

6. 赋予债券的持有人而不是发行人以终止或延长债券寿命期的权利。

7. 可转换债券的持有人可自行决定是否要将手中的债券换成一定数量的股票，可转换债券持有人获得这一期权的代价是接受较低的息票利率。

8. 浮动利率债券支付一个超过短期参照利率的固定溢价。风险是有限的，因为支付的利率与当前市场条件紧密相连。

投资行动

TIPS 小议

通货膨胀对于债券持有人来说就像氪石对于超人一样。当遇到这一令人恐惧的物质时，超人能力变弱；当通货膨胀出现时，债券价格的下跌和固定收入购买力的变弱使债券持有人遭受损失。为了鼓励投资者购买债券而不必担忧通货膨胀，美国政府在1997年创造了TIPS——通货膨胀保护债券。

TIPS的运作方式为：政府发行面值为1 000美元、利率为2%的10年期债券，在债券期限内利率保持不变。但如果消费者物价指数（CPI）上升，债券账面价值也上升。例如，2005年CPI上升2.8%，则债券的新面值调整为1000×1.028=1 028美元。因此2006年收到的支付利息为30.84美元（1028×3%）。当TIPS 10年后到期时，投资者得到那时的通货膨胀调整面值，在通货膨胀率很高的情况下，面值甚至可以高达2 000美元。TIPS也可以使投资者避免通货紧缩带来的损失，债券面值不会低于其原始面值1 000美元。

虽然 TIPS 帮助投资者免受债券价格波动影响，但当通货膨胀一直不怎么明显的时候，TIPS 的表现并不好。现在，TIPS 投资者的年收益率为 2%～2.8%。

TIPS 的另一缺陷是税收方面的。投资者需要为债券的增值部分纳税，但这一增值只在债券到期时才真正得以支付。也就是说，你每年都要为那些你赚到的但还没有实际收到的收入缴税。从这点来看，TIPS 对个人退休账户（IRAs）和其他延税账户来说是最有利的。你可以从经纪人处购得 TIPS，也可以购买一些投资于 TIPS 的基金。

思考题：投资者为什么对 TIPS 感兴趣？从投资者角度来看，TIPS 的优点和缺点都有哪些？

资料来源：TreasuryDirect, Bureau of the Public Debt, wwws.publicdebt.treas.gov.

关键术语

债券 Bonds
票面价值 Par Value
溢价债券 Premium Bond
到期日 Maturity Date
零息债券 Zero-coupon Bonds
赎回溢价 Call premiUm
垃圾债券 Junk Bonds
可转换证券 Convertible Securities
转股价格 Conversion Price
转换溢价 Conversion Premium
扬基债券 Yankee Bonds

当期收益率 Current Yield
平价债券 Par Value Bond
折价债券 Discount Bond
附息债券 Coupon Bonds
赎回价格 Call Price
偿债基金 Sinking Fund
住房抵押贷款证券 Mortgage-Backed Securities, MBS
转换比率 Conversion rAtio
转换价值 Conversion Value
溢价回收期 Payback Period
债券评级 Bond Ratings

课后习题

讨论题

1. 简述以下债券种类。
1）政府债券
2）零息债券
3）垃圾债券
4）国际债券
5）住房抵押贷款证券
2. 为什么公司喜欢发行可转换证券？它有什么优点？

计算题

1. 某票面利率12%，面值为1 000美元的20年期债券现在价格为1 250美元，请问它的当前收益率为多少？

2. Red Electrica公司为了偿还银行债务，决定在美国发行以欧元为面值的欧洲债券。你打算购买价值10 000美元的该债券，利息收入为5%。同时，你也在考虑购买一只同风险、利息为6%的美国债券。预期利息率明年之前都稳定不变。

1）不考虑汇率影响，如果明年以10 000美元将两种债券卖出，分别给你带来多少收益？

2）如果美元/欧元汇率从1.11下降到0.98，会给欧洲债券的收益带来什么影响？（假设你收到利息后才将债券卖掉。）

3. 某年利息6%的20年期可转换证券可转换为普通股，转换比率为20，当前市价为800美元。其转换的股票（每年股利是每股75美分）当前市价是每股35美元。

1）可转换证券转换价格是多少？
2）可转换证券转换价值是多少？
3）可转换证券的转换溢价是多少美元？转换溢价率是多少？
4）溢价回收期是多少？

案例分析

评定债券等级

不可否认，衡量债券发行公司的财务状况和经营状况是评定债券等级最合适不过的方法。财务比率可以用来分析公司股票价值，自然也可以用来分析债券，这个过程我们称为信用等级分析。在信用等级分析中，重点集中于债券流动性、公司营利性、公司债务利用效率和偿债能力。

表10.4列示的财务比率通常有助于信用分析：流动比率和速动比率衡量公司流动性，净利率和总资本收益率两种衡量公司营利性，长期负债对资本总额比率和所有者权益比率衡量公司债务负担，税前利息衡量公司偿债能力。表10.4列出了6家不同公司的这些比率值。

表10.4　6个公司的财务比率值

财务比率	公司1	公司2	公司3	公司4	公司5	公司6
流动比率	1.13	1.39	1.78	1.32	1.03	1.41
速动比率	0.48	0.84	0.93	0.33	0.5	0.75
净利率	4.6%	12.90%	14.50%	2.80%	5.90%	10%
总资本收益率	15.0%	25.90%	29.40%	11.50%	16.80%	28.40%
长期负债对资本总额比率	63.3%	52.70%	23.90%	97%	88.60%	42.10%
所有者权益比率	18.6%	18.90%	44.10%	1.50%	5.10%	21.20%
税前利息	2.3	4.5	8.9	1.7	2.4	6.4

续表

财务比率	公司1	公司2	公司3	公司4	公司5	公司6
现金流量对负债总额比率	34.7%	48.80%	71.20%	20.40%	30.20%	42.70%

注：所有数据均为真实公司的实际值。

问题：

1）6家公司中，有3家被评为"投资"级，另外3家则为"垃圾"级。利用上述信息判断哪3家公司是"投资"级，哪3家是"垃圾"级，并说明理由。

2）6家公司中，有一家是AAA级，一家是B级，找出这两家公司并说明理由。

3）剩下的4家公司里，一家是AA级，一家是A级，剩下两家是BB级，分别进行判定。

Excel 运用

债券投资的现金流包括每期支付的利息跟到期收回的本金。如果其他货币时间价值分析一样，需要将债券的现金流折现以确定其当前的价值。

为了将债券和股票相比较，许多投资者着眼于它们各自的收益。债券市场的总收益含有当前收入和资本利得两部分，因此债券投资分析就应该包括判定当前收益率及持有期收益。2016年1月13日，你获得由General Pineapple Corp公司（以下简称GPC）发行的以下3种公司债券的相关信息（见表10.5），之前提到，公司债券的报价是按其面值的百分比进行计算的。假设每种债券的面值是1 000美元，按表10.5的形式创建Excel表格，并将计算结果填入表中。

表10.5 3种公司债券的相关信息

债券名称	当前收益率	成交量	收盘价（美元）
GPC 5.3 13	?	25	105.875
GPC 6.65s 20	?	45	103
GPC 7.4 22	?	37	104.75

1）计算GPC这3种公司债券的即期收益率。

2）根据下面描述的情况，分别计算持有期收益率。

a. 2015年1月13日以990美元的价格购入5.3债券。

b. 2015年1月13日以988美元的价格购入6.65s债券。

c. 2013年1月13日以985美元的价格购入7.4债券。

3）2016年1月13日GPC的普通股收盘价是26.20美元，2015年1月13日则为25.25美元。该股票2013—2015年每年支付股利每股0.46美元。

a. 计算2016年1月13日该股票的即期收益率。

b. 假设你在2013年1月购入股票，2015年1月的持有期收益率是多少？

案例导读

美的与德国库卡集团签署投资协议

- 作者：澎湃新闻记者 王心馨
- 时间：2016-06-29 09:57
- 来源：澎湃新闻
- 网址：http://www.thepaper.cn/newsDetail_forward_1490878

中国美的集团收购德国机器人公司库卡（KUKA）终于尘埃落定。

美的集团（000333,SZ）29日早间公告，6月28日，德国库卡集团监事会及执行管理委员会达成一致意见，推荐库卡集团股东接受本次要约收购。同日，就本次要约收购相关的特定事宜及要约收购交割后公司对库卡集团的相关承诺及安排，公司与库卡集团签署了《投资协议》，该协议的有效期为7年半，自签署之日起生效。

除了公告协议签订外，美的集团还公布了部分协议涉及内容：

第一，公司没有与库卡集团签署控制协议、促使库卡集团退市或对库卡集团进行重组的意愿。

第二，公司支持库卡集团监事会及执行管理委员的独立性，并保持库卡集团融资策略的独立性。

第三，公司尊重库卡集团的品牌及知识产权，并准备订立隔离防范协议承诺保密其商业机密和客户数据，以维持库卡与其客户及供应商的稳定关系。

第四，公司尊重库卡集团员工、员工委员会及工会的权利。公司承诺并明确表示不会促使现有全球员工人数改变、关闭基地或有任何搬迁行动的发生。

第五，公司支持库卡集团的战略计划，包括进一步拓展中国市场和工业4.0业务。另外，公司支持库卡增加研发人员及扩展现有科研设施，并致力加深与库卡在物流自动化及服务机器人等业务的合作。

今年5月，美的集团对外宣布，拟以每股115欧元要约收购德国工业机器人公司库卡，从而将对库卡的持股比例从13.5%提升至30%以上。若收购成功，美的将成为库卡的第一大股东。

美的对库卡公司的收购引起了德国政府官员的注意。考虑到关键技术流失问题，德国经济部长加布利尔曾表示，德国政府正在试图协调，安排对工业机器人制造商库卡集团提出另一个收购要约，对抗中国美的集团的45亿欧元收购出价。

不过他随后也表示，政治界无法阻止这个交易的进行，因为其中并不涉及安全利益问题。"我们可能施加的影响被限制在口头上。"他表示。

除了政府官员反对外，目前库卡最大的股东福伊特（Voith）总裁兼首席执行官Hubert Lienhard也对此次收购表示不能理解。他说："库卡回复这一控股提案的方式让我们很惊讶，令我个人震惊。相关考核必须要完全在结果未知的情况下进行。"作为大股东，Voith在股东大会上有权否定管理层的路线。

面对这些质疑，美的集团在宣布收购方案后重申美的不以库卡退市为目标，要约收购的目标是对库卡的持股从13.5%增至30%以上,将尽力维持库卡在德国的上市公司地位、业务独立性和管理团队的稳定性。

对于美的来说,库卡的核心优势在于机器人综合制造实力强、下游应用经验丰富。美的希望通过此次收购布局机器人领域的中游总装环节,并积累下游应用经验,为其在中国推广做足铺垫。同时,白色家电企业属于劳动密集型企业,用机器人代替人工已经逐渐成为制造领域的趋势之一。

拥有百年历史的库卡公司总部在德国南部城市奥格斯堡,是全球主要的工业机器人生产厂商之一。库卡同时也是全球领先的机器人、自动化设备及解决方案的供应商,专注于工业机器人制造、自动化控制系统两大业务。2015年收购瑞士Swisslog之后,其在自动化系统集成上更进一步。目前,库卡50%的机器人与控制系统应用于汽车行业。

第11章
债券的定价模型

学习目标
- 学会解释利率的市场行为，并辨认影响利率的因素。
- 学会什么是利率的期限结构，如何运用收益率曲线研究利率的期限结构。
- 了解如何对市场上的债券估值。
- 了解各种衡量收益率的方式及它们在债券估值模型中的应用。
- 理解久期的概念、如何计算及如何将其应用于债券投资组合的管理中。

11.1 利率的市场行为

对于一名债券的持有者来说，他所期望的收益率由以下三个部分组成。
- 无风险的真实利率。
- 期望之中的通货膨胀溢价。
- 风险溢价。

因此，期望收益率可以表示为如下等式。

$$r_i = r^* + IP + RP$$

其中，r^*为无风险的真实利率；IP 为通货膨胀率，这两项合在一起就是我们通常所说的无风险利率；RP 为债券的风险溢价，它是债券的主要特征，与债券的类型、到期时间等因素直接相关。

公式中的三项一起组成了债券资产的收益率。回顾前一章，我们知道债券面临着五种风险，这五种风险都包含在债券的风险溢价里。从整个市场的角度来看，所有投资者的总体收益情况决定了现行的市场利率。

11.1.1 各种市场利率

正像我们并没有一个单一的债券市场一样，我们也没有一种单一的适用于所有市场的利率水平。但不同的市场都有自己的收益水平。在这里，我们对一些比较重要的市场收益率进行介绍。

1）市政债券由于享受免税的优惠，通常拥有最低的收益率。一般情况下，它的市场收益率比公司债券低 20%~30%。在需要缴税的债券中，国库券的收益率最低（因为它拥有较低的风险），（美国联邦）机构债券和公司债券的收益较高。

2）债券发行时通常包含规定好的票面利率。一般情况下，票面利率越低，债券的收益率越高。

3）一般来讲，债券的分红和债券收益率之间也有直接的关系。折价债券收益率低，溢价债券收益率高。

4）在市政债券中，收益债券（Revenue Bonds）要比一般责任债券（General Obligating Bonds）收益率高。

5）发行机构可随时赎回（Freely Callable）的债券一般有较高的回报率，其次是可延期赎回的债券，而不能赎回的债券回报率最低。

6）一般来讲，长期债券的收益率高于短期债券，但是，有时短期债券的收益率等于或高于长期债券的收益率。

作为一名投资者，你应该密切关注利率和债券收益率。尝试着掌握市场目前的收益情况和将来收益发展变化的方向。因此，如果你是一个保守型的投资者且认为现在的收益率已经在高点，那你就应该使用"回购保护（Call Protection）"来保护现有的高收益率（选择不可赎回的债券或有较长赎回保护期的债券）。相反，如果你是一个激进的债券交易者，当认为现在的收益率已经到达高点，你会寻找升值潜力最大的债券去购买（一些距离到期日还有较长时间的低贴现率债券）。

一般来讲，你的经纪人会提供给你交易所需要的信息。同时，网络上也会有大量的资源。除此以外，还有许多经济金融类出版物（如《华尔街周刊》、《福布斯》、《商业周刊》及《财富》等），上面公布了现行市场利率的水平及对市场利率走势的预测。通过经常阅读这样一些出版物及报告，你可以掌握专家对于未来 6~9 个月，甚至更长时间市场利率情况的预测。

11.1.2 影响利率的因素

虽然利率是一个比较复杂的经济现象，但我们可以找出几项影响利率的比较重要的因素。投资者应该把熟悉并监控影响利率变动的主要因素作为一项重要工作来对待。

在所有变量当中，通货膨胀率是最重要的一个。通货膨胀率的变动，甚至预期通货膨胀率的变动都会对利率造成直接且深远的影响。例如，如果人们预期通货膨胀会减缓，利率也会随之回落。

除了通货膨胀，还有其他五个经济变量对利率水平有重要的影响。

1）货币供给量的变动。货币供给量的增加会使利率下降（如它会使可贷资金的数量增加）。当然，货币供给量的过度增加会引起通货膨胀。

2）联邦财政赤字的规模（美国）。当联邦政府（美国）需要发行大量的国库券来弥补财政赤字时，对资金的大量需求会对利率造成上行的压力。这正是债券市场的参与者密切关注赤字规模的原因。

3)国家中央银行的政策。中央银行应对通货膨胀或通货紧缩的政策往往对利率水平有很大影响。当中央银行需要抑制通货膨胀时,它会通过提高利率水平来达到这一目的。当出现通货紧缩时则降低利率水平。

4)国民经济情况。当经济处在高涨期时,商业就需要更多资金来进行扩张。这一需要导致了对资金的需求,引起利率上升;当经济进入萧条期时,利率就会下降。

5)国际市场利率。现在的投资者会跨越国界的限制寻找投资机会,国际市场上利率的提升会造成国内市场利率上升的压力。如果国内不随国际市场提升利率,国内的投资者很可能去购买外国债券。

11.1.3 利率的期限结构和收益率曲线

虽然有许多因素会影响到市场利率,但最流行并被广泛学习的是债券的到期期限。我们将相同风险等级债券的收益率与到期时间之间的关系称为利率的期限结构。它描述了在给定时点债券到期收益率和到期期限之间的关系。收益率曲线(Yield Curve)的形状和坐标会随市场情况的改变而变化。图 11.1 为 2006 年 8 月 31 日及 2007 年 6 月 22 日我国国债收益率曲线图,它反映了债券收益率与到期期限之间的关系。

(a)2006 年 8 月 31 日国债收益率曲线　　(b)2007 年 6 月 22 日国债收益率曲线

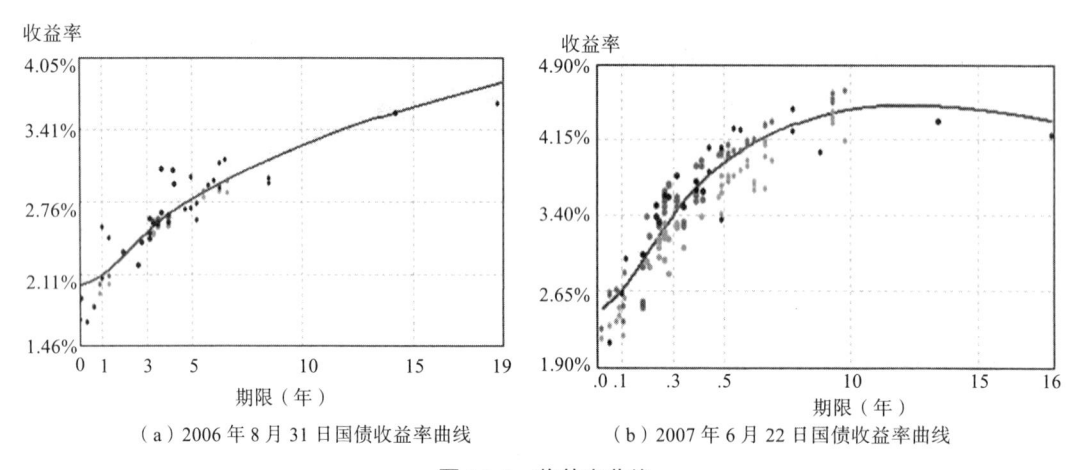

图 11.1　收益率曲线

1. 收益率曲线的类型

图 11.2 展示了收益率曲线的两种类型:上升型曲线和下降型曲线。最常见的收益率曲线是曲线 1——上升型曲线。它表现了收益率随期限的延长而增加的情况。这是因为,距到期日时间越长,价格发生变动的可能性越大,风险也相应变大。因此,投资者要求有较高的风险溢价来吸引他们购买长期的、风险较高的债券。当短期利率高于长期利率时,收益率曲线就会呈现出曲线 2 的形

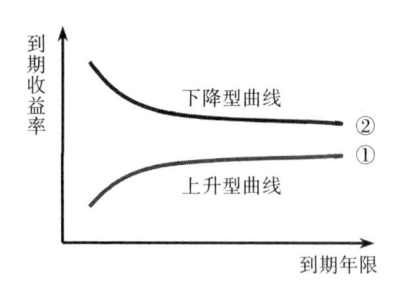

图 11.2　两种类型的收益率曲线

态，这通常是由政府需要抑制通货膨胀而提高短期利率引起的。还有另外两种类型的收益率曲线有时也会出现，它们分别是水平型收益率曲线——当长期利率等于短期利率时出现，以及驼峰形收益率曲线——当中期利率高于短期和长期收益率时出现。

收益率曲线展示了债券的到期年限与到期收益率之间的关系。虽然收益率曲线有很多种形态，但上升型曲线是最常见的形态，它表示收益率随到期时间的增加而增加。

2. 对利率的期限结构的解释

正像我们在前面所提及的，收益率曲线的形状会随时间而变化。三种利率期限结构的理论假说解释了收益率曲线形状形成的原因。这三种假说分别为预期假说、流动性偏好假说及市场分割假说。

（1）预期假说

预期假说（Expectations Hypothesis）是指投资者的预期决定未来利率走向的一种理论。该理论认为，远期利率等于市场整体对未来通货膨胀率的预期。如果投资者认为未来短期利率会升高，那么他就会要求得到一个比较高的长期利率，反之亦然。

我们以美国国债来举例说明预期假说在实践中的应用。由于美国国债基本上可以视为无风险债券，因此，影响债券利率的因素只有两个：实际利率水平和预期的通货膨胀率。无论债券期限如何，实际利率水平都是一定的，因此，债券的收益率主要取决于市场对通货膨胀的预期。我们以2006年3月23日的四份到期期限分别为3个月、1年、5年、10年的美国国债举例来说明这一理论。我们假设真实利率为3%，在债券持有期预期的通货膨胀率如表11.1所示。

表11.1 预期的通货膨胀率

到期时间	3月23日收益 （1）	真实利率 （2）	预期的通货膨胀率 （1）-（2）
3个月	4.65%	3.00%	1.65%
1年	4.80%	3.00%	1.80%
5年	4.73%	3.00%	1.73%
10年	4.73%	3.00%	1.73%

根据预期假说，表格第四列的数值说明在2006年3月，投资者并不为通货膨胀感到担忧——也许因为联邦近期的政策重点是预防一切可能的通货膨胀的发生，因此通货膨胀率一直维持在较低的水平，债券的收益率曲线很平滑。

根据预期假说，预期通货膨胀率的上升会引起收益率曲线向上倾斜，预期通货膨胀率的下降会引起收益率曲线向下倾斜，而不变的预期通货膨胀率带来的则是平滑的收益率曲线。虽然有很多理论解释收益率的变动原因，但通货膨胀率与利率水平之间紧密的联系有力地支持了这一被广泛接受的理论。

（2）流动性偏好假说

流动性偏好假说（Liquidity Hypothesis）认为，相对长期债券而言，投资者通常更偏好短期债券。因为长期债券的流动性比短期债券要差,持有长期债券的投资者担负着更大的市场风险——价格波动和难以变现的风险,因此债券持有者必须要求相应的、更高的收益补偿。这种由于增加市场风险而产生的对长期债券收益的报酬称为流动性贴水。

流动性偏好假说所揭示的收益率曲线是一条稍微向上的倾斜曲线。虽然即期利率不一定呈现上升趋势,但是加上流动性贴水后,债券收益率曲线就会变得向上倾斜。

(3)市场分割假说

市场分割假说(Market Segmentation Hypothesis)认为,固定收益证券市场根据不同的到期日进行细分,短期利率与长期利率相对独立进行运动。这一假说认为,长期债券市场的投资者群体不同于短期债券市场中的投资者群体,如商业银行倾向于参与期限较短的债券市场,而保险公司和养老基金等投资者则倾向于参与期限较长的债券市场。收益率曲线的形状就是由这些不同的偏好综合而成的。这样,在每个期限区间内,市场参与者的供求偏好就决定了均衡利率,从而导致两种金融工具价格之间并不存在必然的联系,因而两种利率是相对独立变化的。其中,一种极端的观点认为即期利率曲线上的所有点都是相互独立的,它们都是由各自的市场供求力量所决定的。可见,在市场分割假说的框架下,期限结构的形状并非由市场对未来利率走势的预期或流动性溢价所决定,而是由资金在不同市场上的参与者间流动的方向及投资项目的性质所决定。

总之,上述三种假说都含有合理性成分,但没有一种理论可为我们实际所观测到的现象提供完全的解释。相比较而言,预期假说最具有解释性,它提供了预期的具体数值,因此可以对这一理论进行检验。相关检验结果显示,预期假说相对有效,而其偏差可以归结为流动性偏好。因此,预期假说结合流动性偏好假说考虑的风险因素可为收益率曲线提供一种简单可靠的解释。

3. 利用收益率曲线进行投资决策

债券投资者经常利用收益率曲线来进行投资决策。通过分析收益率曲线的变化,投资者可以得到利率未来走势的相关信息及它们对价格的影响程度。举个例子,如果收益率曲线急剧上升,则意味着通货膨胀开始加速,投资者会预期利率将要上升。因此,很多经验丰富的投资者都比较偏好短期或中期(3~5年)债券,这类债券既提供了比较理想的收益,又使由于利率上涨而可能发生的资本损失最小化。下降型的收益率曲线一般是政府为抑制通货膨胀而提高利率造成的。这意味着当前利率已经在高位,即将回落。

另一个影响收益的因素是收益率曲线的斜率。一条斜率很大的收益率曲线意味着长期利率已到达最高点,即将回落,以减小长期利率与短期利率之间的差距。它常常被人们视为牛市的信号。对于激进型的投资者来说,这可以视为买入长期债券的信号。相反,平缓的收益率曲线则减小了人们购买长期债券的动力。

11.2 债券的定价

不论债券的发行者是谁,发行的债券属于哪种类型,它们的定价过程都极其相似,都以债券所带来的未来现金流的净现值作为定价基础。

债券的价格取决于其市场收益率。在债券市场上，债券的收益率首先被确定，之后，这一收益率将被用来确定债券的价格。债券收益率的确定中包含了特定市场和经济因素的影响，也包括了发行条件及发行特点（如发行期的长短及发行利率）等因素的影响。所有这些因素构成了债券的必要回报率。这一回报率水平使投资者愿意投资于债券市场，它决定了债券收益率，进而影响到债券的定价过程。

11.2.1 债券估值模型

一般来讲，债券的投资者将得到两种不同类型的现金流：持有期内定期的息票收入；到期回收的债券本金（债券票面价值）。

因此，债券的估值公式可以表示为如下形式：

$$P_0 = \sum_{t=1}^{n} \frac{I_t}{(1+i)^t} + \frac{PV_n}{(1+i)^n} = 贴现收入的现值 + 到期本金收入的现值$$

式中，P_0 为债券的现价；I_t 为年息票（利息）收益；PV_n 为债券的到期价格；n 为距到期日的年限；i 为现行的市场利率。

在这一公式中，如果给出了期望收益率（一般为现行的市场收益率，或预期未来市场的收益率），即 i，我们可以计算出债券的当前价格，或者说投资者愿意为债券支付的价格。在已知债券市场价格的时候，我们也可以运用此公式求出债券的到期收益率。

在现值因子表的帮助下，我们还需要三个已知条件就可以对债券进行估值，它们是：每期的利息收入；债券的票面价值；距到期日的年限。

已知这三个条件后，就可以根据现行的市场利率进行债券估值。在下面的讨论中我们将展示两种不同付息方式下债券的估值过程。在第一种方式中，我们假设付息是每年进行一次的。在第二种方式中，我们则假设债券是每半年付息一次的。

11.2.2 年付息债券的估值

假设为一份 20 年期，票面利率为 9.5% 的债券进行定价，以达到 10% 的市场收益率。债券的定价公式如下：

债券价格=年付息收入的现值+债券票面价值的现值

即 $BP = (I \times PVIFA) + (PV \times PVIF)$

式中，I 为年息票（利息）收益；PVIFA 为债券年利息的贴现因子；PV 为债券的票面价值（在本例中为 1 000 元）；PVIF 为单一现金流的贴现因子。

我们来看已知条件：债券的票面价值为 1 000 元，由于票面利率为 9.5%，因此，每年的利息收益为 95 元。我们可以通过 10% 的市场利率与 20 年的到期期限从现值因子表中找到对应的现值因子，并将所有条件代入公式中，可得：

债券价格=（95×20 年期 10%利率的年息收入的现值因子）+
（1000×20 年期 10%利率的单一现金流的现值因子）
=（95×8.541）+（1000×0.149）
=957.83

由于这是一张付息债券，因此，我们需要计算出 20 年内每年 95 元利息的现值及到期日收回的 1 000 元债券本金的现值，并将两者加总求出这份债券的现值。在这一案例中，如果你对 10%的年收益率满意的话，958 元就是你购买该债券的可接受价格。

11.2.3 半年付息债券的估值

虽然年付息债券的定价在计算过程上相对简单，但它不是市场上实际应用的债券估价方式，因为大多数债券是以 6 个月为一个付息周期进行付息的①。因此，比较常用的债券定价公式是半年付息债券的定价公式。在构建半年付息债券的定价公式时，我们只需将原公式中的年息票收益除以 2，同时将现值因子的选取加以调整，就可以得到半年付息债券的定价公式。其公式如下：

债券价格=半年付息收入的现值+债券票面价值的现值
$$BP=(I/2 \times PVIFA^*)+(PV \times PVIF^*)$$

式中，I 为年息票（利息）收益；PVIFA*为经调整后的债券半年利息的贴现因子（现值因子）；PV 为债券的票面价值（在本例中为 1 000 元）；PVIF*为经调整后的单一现金流的贴现因子。

注意，在上面的公式中，我们对两项现值因子都做了调整，使其能够适合半年期债券现值的计算。这一调整是将必要收益率（在例子中都默认为现行市场利率）除以 2，同时将到期年限乘以 2，再通过现值因子表找出对应的现值因子。以我们举例中的债券来说明，我们期望达到 10%的市场收益率，因此，债券的半年期收益率为 10%/2=5%，到期期限为 20 × 2=40。把对应因子代入公式得：

债券价格=（47.5×40 年期 5%利率的年息收入的现值因子）+
（1000×40 年期 5%利率的单一现金流的现值因子）
=（47.5×17.159）+（1000×0.142）
=957.02

经计算，债券的价格为 957.02，稍小于我们之前计算的 957.83。虽然这一差异会随着期限的缩短或收益率的降低而增加，但很显然，这样的微小差异对于债券定价过程的影响是可以忽略的。

---

① 美国债券市场上大多数国内债券是以半年付息方式进行付息的，但很多国家并非如此。

11.3 债券收益的衡量

在债券市场上,投资者的决策取决于债券的收益率而不是债券的票面价值。债券的收益率不仅影响了债券的交易价格,还是债券收益的一个重要度量。为了衡量投资收益率,我们利用 11.2 节介绍的估值公式求解收益率。在现实中,有三种被广泛应用的收益率衡量方式:即期收益率、到期收益率及赎回收益率。

11.3.1 即期收益率

即期收益率(Current Yield)是最简单的一种收益率衡量方式,它的适用范围也最小。这种衡量方式仅着眼于每年的贴现收入,它的计算公式如下:

$$即期收益率 = \frac{每年的贴现收入}{债券现行的市场价格}$$

例如,一张票面价值为 100 元,年利息率为 5% 的债券。它的市场价格是 90 元,那么它的即期收益率就为 $5 \div 90 \approx 0.0556$,即它的即期收入为市场价格的 5.56%。

11.3.2 到期收益率

到期收益率(Yield-To-Maturity,YTM),也称承诺收益率(Promised Yield),是最重要并被广泛应用的收益率衡量指标,它对贴现收入、债券溢价及到期前的所有现金流收入进行了综合衡量。这一收益率体现了在债券持有到期且每次贴现都能及时发放的前提下,投资者得到的总体收益。另外,由于 YTM 计算的是收益的净现值,所以,在计算时我们假设对每笔利息收入都在剩余的到期期限内以现行的市场利率进行了再投资。

到期收益率不仅是衡量某一单一证券的尺度,也可以用来评估整个市场的表现。换句话说,市场利率表现的是市场中所有证券到期收益率的平均水平。因此,到期收益率可以用来作为观察自身投资优势及评估替代投资工具表现的尺度。很明显,到期收益率越高,投资价值越大。

虽然有很多方法都可以计算到期收益率,但最好且最准确的方法是使用前面介绍的债券估值模型。假设我们购买了一份年付息债券,则可以用年付息债券的估值公式计算债券的 YTM。我们将原公式要求解的债券价格作为已知数,来寻找能够使债券带来的现金流的现值等于债券当前价格的期望收益率。这一过程与我们在前面章节介绍的求解证券内含收益率的过程很相似,在这里,我们所求出的结果即债券的到期收益率。

在没有计算器或计算机软件帮助的情况下,求解 YTM 是一个比较烦琐且容易出错的过程。假设有一份距到期日还有 15 年、票面收益率为 7.5% 的 1 000 元面值债券正以 809.5 元的价格交易,利用年付息债券的估值公式,我们可以算出它的 YTM:

$$债券价格 = (I \times PVIFA) + (PV \times PVIF)$$

在此例中,债券的票面价值 PV 为 1 000 元,年利息收益 $I = 1000 \times 7.5\% = 75$(元),

距到期日期限还有 15 年。我们所要做的是根据这些条件寻找到能使债券价格为 809.5 元的 i。已知条件可以表示如下：

$$BP = (I \times PVIFA) + (PV \times PVIF)$$
$$809.50 = (75 \times 15\text{年期}?\%\text{利率的年息收入的现值因子}) +$$
$$(1000 \times 15\text{年期}?\%\text{利率的单一现金流的现值因子})$$

到目前为止，我们只知道债券的到期收益率一定大于 7.5%（由于债券折价发行，因此实际收益率一定高于票面收益率），我们可以依次将 8%、9% 等收益率对应的现值因子代入公式中，使价格最接近 809.50 的收益率即债券的到期收益率。通过多次验证，我们发现当将 10% 代入公式时，我们得到债券的价格为 809.45。

$$债券价格 = (75 \times 15\text{年期}10\%\text{利率的年息收入的现值因子}) +$$
$$(1000 \times 15\text{年期}10\%\text{利率的单一现金流的现值因子})$$
$$= (75 \times 7.606) + (1000 \times 0.239)$$
$$= 809.45$$

计算结果 809.45 相当接近债券的市场价格 809.50，因此 10% 就是这一债券的到期收益率。

同样，我们可以使用半年付息债券的估值公式计算半年付息债券的到期收益率。仍然以一份距到期日还有 15 年、票面收益率为 7.5% 的 1 000 元面值债券为例，假设债券为每半年付息一次，使用 10% 的收益率进行计算。由于半年付息一次，我们将 5%（10%/2）作为折现率，并将到期期限调整为 30（15×2），以寻找合适的现值因子：

$$债券价格 = (75/2 \times 30\text{年期}5\%\text{利率的年息收入的现值因子}) +$$
$$(1000 \times 30\text{年期}5\%\text{利率的单一现金流的现值因子})$$
$$= (37.5 \times 15.373) + (1000 \times 0.231)$$
$$= 807.49$$

通过观察结果，我们看到半年期折价率为 5% 的债券的目标价格要小于 809.50 现值。我们知道，在债券的估值中，如果需要一个更高的价格，我们应该去尝试使用一个更低的收益率（或称折价率），因此，上例中债券的半年期收益率应该低于 5%。如果运用软件进行计算，我们得到这一债券的半年期收益率为 4.97%。在计算中我们使用的是半年期收益的现金流，从技术上讲，为了使到期收益率的计算结果更准确，我们应该找出"有效的"年收益并以此作为实际现金流进行计算。但在实践中，人们常常将半年期收益乘以 2 作为债券的到期收益率。这一近似的收益率被称为债券等价收益率。例如，在以上的例子中，我们已经算出债券的半年期收益率为 4.97%，我们就可以近似地认为将债券持有到期的年收益率为 9.94%（4.97%×2）。

1. 收益的特征

实际上，在到期收益率的计算中包含着许多关键的假设条件。对于债券承诺收益率的衡量——无论是以半年还是一年付息的形式计算得到——基于收益现值的概念。因此，对所有债券持有期的利息收入都进行再投资是计算到期收益率的一个非常重要的假设条件。只有债券发行者按时发放每笔债券利息及本金，并且投资者及时地把每笔收入以不低于债券承诺收益率的利率水平进行再投资，才能实现债券的到期收益率不低于发行时所承诺的收益率。如果没有进行再投资，或者只以一个较低的利率进行了再投资，必然会使真实收益率较承诺收益率有所下降。

所以，当我们使用以现值为基础的收益衡量指标时，如 YTM，实际收益是由三个部分组成的，分别是利息收入、资本增值（或损失）和息上息（每笔债券利息收入再投资所产生的利息）。这种将每年的利息收入进行再投资的原则适用于所有的付息债券，并且每次的付息额越大，债券的到期年限越长，再投资所产生的息上息对债券的影响越大。在实践经验中，高折现率的长期债券的息上息有时能占到债券整体收益的一半以上。

2. 零息债券的收益率

我们同样可以用前面介绍的方法计算零息债券的到期收益率，不同的是我们可以把公式中付息收入的现值计算部分省略掉。

举个例子：假设你可以以 315 元的价格购买一份票面价值为 1 000 元的 15 年期零息债券，用债券的现价 315 元除以债券的票面价值 1 000 元，你可以得出这张债券的利息因子为 0.315。通过现金流贴现因子表找到期限为 15 年的等于或最接近 0.315 的现值因子，这一现值因子所对应的收益率即为零息债券的到期收益率。通过这一方法，我们得出该例中的到期收益率为 8%；如果该债券是半年付息的，那么我们只需从期限为 30 年的一行中寻找接近的现值因子，并找到对应的收益率，将该收益率乘以 2 即得到债券的到期收益率。

11.3.3 赎回收益率

债券分为可赎回和不可赎回两种。对于不可赎回的债券，由于投资者必须将该种债券持有到期，因此我们可以用标准的到期收益率的公式求解到期收益率。相反，可赎回债券则给予发行者在到期日前赎回债券的权利。因此，YTM 就不能恰当地对债券进行估值。我们必须考虑债券提前赎回的影响。

赎回收益率（Yield-To-Call，YTC）经常被用于带有延期赎回条款的债券，这类债券以不可赎回的形式发行，但经过一个延期后（5~10 年）就可以自由赎回。我们可以通过对标准的 YTM 公式做两处修改得到 YTC 的计算公式。首先，我们将投资期的长度定义为从债券发行到首次可赎回的年数（N）。其次，我们将公式中的债券票面价值替换为赎回期的赎回价格。（赎回价格是事先写在赎回条款中的，一般会高于债券的票面价值。）

举个例子，假设你想要计算一份目前正以 1 024 元的价格交易的、票面利率为 10.5% 的 20 年期延期赎回债券。现在距离可赎回日还有 5 年的时间，债券标明的赎回价格为 1 085 元。我们将已知条件代入下面公式：

$$BP = (I \times PVIFA) + (CP \times PVIF)$$
$$1024.00 = (105 \times 5\ 年期?\%利率的年息收入的现值因子) +$$
$$(1085 \times 5\ 年期?\%利率的单一现金流的现值因子)$$

式中，CP 为债券的赎回价格；PVIFA 为债券年利息的贴现因子；PV 为债券的票面价值

（在本例中为 1 000 元）；PVIF 为单一现金流的贴现因子。

我们注意到，在公式中到期年限的取值为 5 而不是 20，同时 1 000 元的债券面值也被替换为赎回价格 1 085 元。经过试错法计算，我们发现当收益率为 7% 时，债券的价格与现价最为接近，其计算结果如下所示：

$$BP = (I \times PVIFA) + (CP \times PVIF)$$
$$债券价格 = (105 \times PVIFA_{5年, 7\%}) + (1085 \times PVIF_{5年, 7\%})$$
$$= (105 \times 4.100) + (1085 \times 0.713)$$
$$= 430.50 + 773.61$$
$$= 1204.11$$

因此，债券的赎回收益率为 7%，相反，如果进行计算，我们会发现该债券的到期收益率为 8.36%。在实践中，债券的投资者往往会同时计算可赎回债券的 YTM 和 YTC，从而找出哪种收益率适合作为收益的衡量标准。在我们所举的这个例子中，使用 YTC 可以更好地反映债券的收益情况。因为如果债券的到期收益率高于可赎回收益率，那么债券的发行者将会在第一时间将债券赎回。需注意的是，YTM 和 YTC 的比较仅限于在溢价债券中使用，因为所有的折价债券的到期收益率都会小于其赎回收益率。因此赎回收益率的概念在折价债券中没有任何意义，它只作为衡量溢价债券收益的一个尺度。

11.3.4 预期收益率

投资者并不总是购买债券并持有到期，很多时候人们会通过买卖债券进行短期投资。这时 YTM 和 YTC 就只能作为债券定价的一个工具，投资者需要一个新的、可以指导他们买卖的收益衡量标准。这一标准就是预期收益率（Expected Return）。它表示了投资者持有债券一段时间所得到的收益（在另一些地方，预期收益率也称实现收益率，它是从债券投资中实际获得的收益）。

预期收益率不像 YTM 或 YTC 那样准确，因为预期的现金流收入是投资者的估测值，并且持有时间的长短及未来售出的价格都是不确定的。但在实际应用中，我们依然可以应用计算到期收益率的原理来计算债券的预期收益率。其公式如下：

债券价格=持有期利息收入的现值+期末债券出售价格的现值
即
$$BP = (I \times PVIFA) + (FV \times PVIF)$$

其中，利率的现值因子的到期时间是指债券的持有期，而不是距到期日的时间；FV 则为债券预期的售价，它代替了债券的票面价格。

从公式中我们知道，要想计算预期收益率需要已知债券的未来售价 FV，它可以通过债券估值的标准公式求得。而预测出决定债券的未来售价的未来市场利率水平是一个比较复杂的过程。

我们继续使用前面票面利率为 7.5% 的 15 年期债券的例子。假设目前债券正处于折价交易中，但你认为在接下来的几年内市场利率可能急剧下滑，从而使债券价格上升。具体来说，假设目前债券的交易价格为 810 元（因此，到期收益率为 10%），你预计你还将持有此债券 3 年。在这段时间内,你希望市场利率下滑使债券价格能在 3 年的持有期内上升至 960 元[在这里,我们通过假设在 3 年的持有期中市场利率将会回落至 8%计算出债券的持有期末价值:将 8%的到期收益率、75 元的年利息收入及 12 年的到期期限(15–3)代入公式,求出债券 3 年持有期末的预估市场价值]。在这种情况下,我们将以 810 元的市价买入一份债券,并在 3 年后以 960 元的价格将其出售,预期收益率为 14.6%。预期收益率的整个计算过程如下。

(1)使用公式计算债券预期售出价格

$$BP=(I \times PVIFA)+(PV \times PVIF)$$
$$债券价格=(75 \times PVIFA_{12年,8\%})+(960 \times PVIF_{12年,8\%})$$
$$=(75 \times 7.536)+(1000 \times 0.397)$$
$$\approx 563+397$$
$$=960$$

在第一步,我们运用债券估价的标准公式,计算出在市场利率为 8%的情况下,3 年后债券的预期售价 FP。

(2)求解出债券的预期收益率

$$BP=(I \times PVIFA)+(PV \times PVIF)$$
$$810=(75 \times 3\text{年期}?\%\text{利率的年息收入的现值因子})+$$
$$(960 \times 3\text{年期}?\%\text{利率的单一现金流的现值因子})$$

通过试错法,我们发现,当收益率为 14.6%时,债券收入的现值与现价最接近,因此,债券持有 3 年的预期收益率为 14.6%。

$$BP=(I \times PVIFA)+(PV \times PVIF)$$
$$债券价格=(75 \times PVIFA_{3年,14.6\%})+(960 \times PVIF_{3年,14.6\%})$$
$$=(75 \times 2.31)+(960 \times 0.664)$$
$$=810.02$$

需注意的是,预期收益率仅仅是我们预估的一个收益水平,它的准确性取决于市场变动情况是否与预期相符合。另外,如果投资者打算持有债券一年,那么他可以使用简单的到期收益率公式进行计算。

投资者可以根据其投资目标来确定是以到期收益率还是预期收益率来为债券估值。保守的、以获取利息收入为目标的投资者会选择 YTM 或 YTC,因为他们往往将债券持有到期。激进型的投资者会选择预期收益率,他们的目标是通过买卖债券来获得资本收益。因此,购买债券时的预期收益率就成了他们关注的焦点。

预期收益率或到期收益率的高低是我们选择有投资价值的债券的一个衡量工具,但在关注收益率的同时,我们也要把不同债券所承担的风险考虑在内。所承担的风险越大,就越需要有更高的收益率来弥补这一风险。当债券所提供的收益不能弥补其风险时,我们就要考虑投资于其他金融工具了。

11.3.5 久期和免疫

使 YTM 这一衡量标准成立的假设条件之一是将每次所得的利息收入都及时地以同一利率进行再投资。一旦没能及时地进行再投资或再投资利率降低，投资者的真实收益就将小于 YTM。计算 YTM 时另一个假设条件是投资者将债券持有到期，如果没有将债券持有到期，债券的价格将会受到当时利率的影响而变化，从而使投资者的收益偏离 YTM。当市场利率高于购买时利率时，债券将折价销售，当市场利率低于购买时利率时，债券将溢价销售。

概括来说，到期收益率没有将再投资的风险和价格（市场）风险考虑在内。所以我们需要一个可以将价格和再投资风险包括在内的债券收益衡量指标，久期则为我们提供了这样一个衡量工具。它捕捉了不同利率条件下价格的变动幅度，帮助你根据预期的利率变动情况调整手中的债券资产。

1. 久期的概念

1938 年，麦考利（Macaulay）为评估债券平均还款期限，引入了久期概念。债券久期（Duration），又称存续期，指的是债券的平均到期时间，它从现值角度度量了债券现金流的加权平均年限，将每次支付现金所用时间加权平均，而权重为每次支付的现金流的现值占现金流现值总和（债券价格）的比率。

它具有以下几个特点。

1）到期日不变时，债券的久期随着票面利率的降低而延长。由于票面利率越高，较早支付的权重就越大，从而支付的加权平均期限也就越小。

2）当票面利率不变时，债券的久期直接与到期时间（Maturity）的长短相联系。除零息债券外，大多数债券都具有期限越长、久期越长的特性。但这并不意味着长期债券一定有较长的久期，因为久期不仅仅受到期限的影响。若投资者希望延长久期，那么他就应选择票面利率较低而期限较长的债券。

3）其他因素都不变，债券的久期和到期收益率呈反方向变化。收益率较高时，较长期的现金流将用较高的贴现率进行贴现。因此，远期现金流获得的权重将变小，久期变短。

2. 久期的计算

久期衡量了固定收益证券的有效期限而非实际到期日。只有像零息债券这样仅在到期日获得一笔单一收入的债券，其久期和债券的期限是相等的，其他债券的久期都比债券的到期日要短。

我们可以通过以下公式来计算久期：

$$D = \frac{\sum_{t=1}^{T} PV(C_t) \times t}{P_0}$$

其中，D 是麦考利久期（Macaulay Duration）；$PV(C_t)$ 表示在时间 t 可收到现金流的现值，计算时所用的贴现率为该债券的到期收益率；P_0 表示当前债券的市场价格；T 表示债券到期所剩余的时间年限。

例如，某 3 年期债券的面值为 1 000 元，票面利率为 8%，每年付息一次，现在市场收益率为 10%，其市场价格为 950.25 元，则其久期的计算如表 11.2 所示。

表 11.2 债券期限与现金流

债券到期时间	现金流数量	现值（贴现）因子	现金流现值	平均期限的计算现金流现值×时间
1	80	0.909 1	72.73	72.73
2	80	0.826 4	66.12	132.23
3	1 080	0.751 3	811.40	2 434.21
			950.25	2 639.17

$$D = \frac{2639.17}{950.25} = 2.78$$

以上是单个债券久期的计算，对于投资组合的久期计算，可以用组合中所有债券的久期的加权平均来计算，权重即各个债券在组合中所占的价值的比率。用公式表示为：

$$D_P = W_1 D_1 + W_2 D_2 + \cdots + W_i D_i$$

其中，D_p 为债券组合的久期；W_i 为债券的价值在组合总价值中所占的比率；D_i 为债券 i 的久期。

3．债券的久期和价格变动

债券的价格变化与到期时间和付息额有一定的关联，但其变动并不是一一对应的。而债券的久期与价格变化的联系则紧密得多。当然，这一紧密关联的前提是债券的收益率不会大幅度变化。因为久期是价格与收益率之间的线性关系，而债券的价格——收益率曲线本身是有一定曲度的。

为了更准确地衡量债券的价格与收益率之间的关系，我们使用修正的久期这一概念。我们可以通过（Macaulay）久期公式得到修正的久期：

$$\text{修正的久期} = \frac{（\text{Macaulay}）久期}{1 + \text{到期收益率}}$$

继续使用前面的例子，某 3 年期债券的面值为 1 000 元，票面利率为 8%，每年付息一次，我们算得其久期为 2.78，其到期收益率为 10%（10%的到期收益率保证了现在的价格为 950.29），假设利率从 10%上升到 10.5%，我们计算价格变动的幅度。首先，我们可以求得修正的久期：

$$\text{修正的久期} = 2.78/(1+0.1) = 2.53$$

接着，通过下面公式求得利率变化对债券价格的影响：

$$债券价格变动的百分率 = -1 \times 修正的久期 \times 利率变化百分率$$
$$= -1 \times 2.53 \times 0.005$$
$$= -0.013$$

所以当利率上升 0.5% 时,债券价格将下降 1.3%。

4. 有效久期

到目前为止,我们学习的久期方法存在一个问题,那就是它不能很好地衡量含有如赎回权等嵌入权利的债券。也就是说,我们之前学习的久期计算方法是假设债券在期限内的现金流都能按预定方式流入,但这并不适用于可赎回债券(或可转换债券、其他含有嵌入权利的债券)。对这些债券的久期计算方法就是采取有效久期(Effective Duration,ED)。其计算公式为:

$$ED = \frac{P(i\downarrow) - P(i\uparrow)}{2 \times P \times \Delta r}$$

式中,$P(i\uparrow)$ 为市场利率上升时的债券价格;$P(i\downarrow)$ 为市场利率下降时的债券价格;P 为利率变动前的债券价格;Δr 为利率变动率。

假设现在你想知道某 25 年期,每半年支付 6% 利息的债券的有效久期。该债券当前价格 882.72 美元,市场利率 7%。假设市场利率上升 0.5% 到 7.5%,债券价格将变为 831.74 美元;如果利率下降 0.5%,价格将变为 938.62 美元。现在利用有效久期公式计算得:

$$ED = (938.62 - 831.74) / (2 \times 882.72 \times 0.005) = 12.11$$

这表示如果市场利率上升或下降 0.5%,那么其价格将会相应地下降或上升 12.11%。

5. 债券久期的应用

债券的久期有许多用途。

1)利用久期来衡量债券价格的潜在变动幅度。

2)利用久期来建立个人的债券投资组合。在预期利率可能上涨时,投资者可以通过出售高久期债券、买进低久期债券来调整个人的投资组合;如果认为利率将下降,则进行相反的调整。

久期的一个重要应用就是债券组合的免疫策略,下面我们将对债券的免疫进行介绍。

我们知道,债券的收益率来自三个部分:利息收入、将利息继续投资所带来的再投资收益、资本利得(损失)。当利率上升时,利率的再投资收益会增加,但是债券的价格趋于下降,使资本受到损失。当利率下降时,利息的再投资收益会减少,不过由于债券的价格上升,产生了资本利得。

可见,利率风险和再投资风险对于投资者的收益作用是相互抵消的,那么我们就有可能找到一种债券或债券组合使投资者在购买债券时就可以锁定收益率,而不论未来利率如何变化,也就是使债券组合对于利率免疫。免疫的方法就是使债券的麦考利久期等于投资期限。

例如,某投资者希望在 6 年后支付一笔 177 万元的投资,他可以用 100 万元投资于一种到期收益率为10%，期限为6年的债券，6年后可以得到$100\times(1+10\%)^6=177.1561$万元。如果市场收益率曲线呈下降趋势，一两年内市场利率下跌，则再投资收益就会下降，到期就无法获得177万元的收入。因此，投资者就需要选择适当的债券使得再投资收益和资本利得的变化恰好抵消。

如前所述，投资者应该考虑持有久期为6年的某种债券来实现对利率风险的免疫。例如，现在考虑下面一种债券：面值为1 000元，票面利率为8%，每年付息一次，当前市场利率为10%，当前价格为893.3元，则根据久期公式，它的久期为6。

现在对其免疫能力进行验证。假设市场利率向高于或低于10%的方向运动，来观察其6年后的收益变动情况。假定利率向低变动5%，向高变动到15%，其结果如表11.3所示。

表11.3 债券免疫的验证（1）

	利率5%	利率10%	利率15%
再投资收益	$80\times(1.05\%)^5=102.1$	$80\times(1.1\%)^5=128.84$	$80\times(1.15\%)^5=160.91$
	$80\times(1.05\%)^4=97.24$	$80\times(1.1\%)^4=117.13$	$80\times(1.15\%)^4=139.92$
	$80\times(1.05\%)^3=92.61$	$80\times(1.1\%)^3=106.48$	$80\times(1.15\%)^3=121.67$
	$80\times(1.05\%)^2=88.2$	$80\times(1.1\%)^2=96.8$	$80\times(1.15\%)^2=105.8$
	$80\times(1.05\%)^1=84$	$80\times(1.1\%)^1=88$	$80\times(1.15\%)^1=92$
	$80\times1=80$	$80\times1=80$	$80\times1=80$
再投资收益小计	544.15	617.15	700.30
6年后债券的市场价格	1 055.78	965.29	866.21
两项合计	1 599.93	1 582.44	1 586.51

从上述验证可以看出，不管利率如何变化，这种债券的收益在6年后都能保持不变，完全符合投资者的预期要求。由于该债券的价格为893.3元，投资者用100万元可以购买1 119份该债券，6年后可以稳定地获得177万元左右的收益。计算结果如表11.4所示。

表11.4 债券免疫的验证（2）

收 益 率	利率5%	利率10%	利率15%
购买份数	1 119	1 119	1 119
6年后收益	1 599.93	1 582.44	1 586.51
总收益	1 790 321	1 770 750	1 775 304

知识拓展

1. 涉及各期利率的利率期限结构理论体现在无违约风险的零息票债券的价格之中。

2. 在确定的环境下，投资者在任一投资期的投资都要求相等的回报率。各种短期债券在持有期内的收益在无风险的经济中是相等的，并都等于可在市场实现的短期债券利率。同理，短期债券将总收益再投资于长期的回报，与长期债券所得到的总回报应相等。

3. 到期收益率是一个与到期价格现金流的现值相等的单一利率。债券价格与收益率是负相关的。对于溢价债券来说，息票利率高于现行收益率，现行收益率高于到期收益率。对于折扣债券来说，这一顺序是相反的。

4. 到期收益率常常被解释为投资者购买并持有一种债券到期的平均回报率的估计，但这个解释是错误的。与此相关的测度是赎回收益率、已实现的复利收益率和预期（相对于承诺）的到期收益率。

5. 零息债券的价格随时间变化呈指数型上升，它提供了一个与利率相等的增值率。国内税务署将这一价格升值作为对投资者按利息收入估算的税收基础。

6. 通常预期假设理论认为远期利率是预期的未来利率的公正评估。然而，有充足理由可说明远期利率不同于预期的短期利率，这是因为存在着被称为流动溢价的风险溢价甚至于在没有短期利率上升迹象的情况下，流动溢价仍可导致收益率曲线向上倾斜。

7. 流动溢价的存在使从收益率曲线预测未来利率的工作特别困难。如果我们能假设流动溢价不随时间变化是正确的，就可使这一工作容易些。但经验和理论都对流动溢价的固定不变表示怀疑。

投资行动

开始你的债券投资

如果你希望将债券加入你的投资组合，首先你需要决定是投资于单个债券（Individual Bonds）还是投资于债券基金（Bond Mutual Fund）。最近的一项研究对这两种投资方式的风险收益情况进行了分析。

投资于单个债券具有很明显的优势：其一，你会清楚地知道债券的利息率及到期时的收益情况。其二，进行直接的债券交易可以降低交易成本，因为投资者不必支付管理费之类的费用。其三，投资于单个债券，尤其适合那些以固定收益为投资目标或在某一固定日期需要资金的投资者。总的来讲，购买单个债券实现了投资者对固定收益证券类投资组合收益的掌控。

当然，选择单个债券进行投资也存在一定缺陷。首先，投资者很难获得债券的全面信息。相对于股票，对公司债券和市政债券的信用评级要更为复杂。同时，投资者还需要了解债券是否具有赎回条款等其他特性。其次，由于债券每年的利息额是固定的，这笔收入很可能被通货膨胀吞食掉。此外，根据 Schwab 的一项研究，投资者若想在投资公司债券时达到完全分散化（Well-diversified），大概需要 50 000 美元的投资额；若想购买市政债券并达到完全分散化，则需要至少 100 000 美元。若投资资金达不到这个额度，那么投资于债券基金也许是更为明智的选择。

当你投资债券基金时，会有专业的基金经理帮你打理你的投资资金，控制投资组合。与单个债券不同的是，投资者无法得到固定收益率的保证。债券的投资回报会随市场利率而变动，使未来的收益出现不确定性。另外，由于基金经理通常在二级市场进行债券交易而不是持有债券到期获得收益，债券基金比一般的单个债券投资更容易受到市场波动的影响。

债券或债券基金的久期为我们显示了债券对于利率的敏感性。货币市场基金的久期接近0，一个短期债券基金的久期可能为1~3年，中期债券基金的久期可能为4~6年，而长期债券基金的久期可能为7~10年。如果利率增加了1个百分点，一份久期为12年的长期债券基金的价格将下降12%，即久期越长，利率波动对债券组合的影响越大。在晨星的网站 www.morningstar.com 上你可以找到以债券组合的久期作为标准划分的所有应税（Taxable）和免税（Tax-exempt）的债券基金。

最后要提到的一点是债券的信用，或称违约风险。无论你是投资于单个债券还是债券基金，如果你寻求的是风险最小化，那么你应该选择国库券、政府国民抵押贷款协会（GNMA）的抵押债券或政府资助的公司发行的债券；如果你是有一定风险承受能力的投资者，你可以选择评级在投资级（BBB级以上）的债券；高收益的债券或垃圾债券则是风险偏好最强的投资者选择的品种。

思考题：直接购买债券的优势及劣势各是什么？购买债券基金的优势及劣势各是什么？

资料来源：Scott Berry, "Tips for Choosing a Bond Fund", Morningstar. com October 9, 2002, www.news.morningstar.com; Peter Di Teresa, "Should You Buy Bonds Or Funds", Morningstar. com, August 24, 2000, www.news.morningstar.com.

关键术语

收益率曲线 Yield Curve
预期假说 Expectations Hypothesis
即期收益率 Current Yield
到期收益率 Yield-To-Maturity，YTM

承诺收益率 Promised Yield
赎回收益率 Yield-To-Call，YTC
预期收益率 Expected Return
久期 Duration

课后习题

讨论题

1. 简要阐述以下利率期限结构理论。
1）预期假说。
2）流动性偏好假说。
3）市场分割假说。

2. 以下情况的发生对债券久期会产生怎样的影响？
1）债券到期收益率从8.5%降至8%。
2）债券到期时间减少1年。
3）市场利率由8%升至9%。
4）债券修正久期减少半年。

计算题

1．如果每半年付息一次，请计算下列债券的价格。

1）年利率 10.5%，15 年期的债券，市场收益率 8%。

2）年利率 7%，10 年期的债券，市场收益率 8%。

3）年利率 12%，20 年期的债券，市场收益率 10%。

2．Stacy 是个积极型债券交易员，她喜欢利用利率的波动获取收益。当前市场利率是 9%，她预期在一年内将降到 7%。因此，Stacy 正在考虑一些投资机会：一个是投资 25 年期的零息债券；另一个是 20 年期，票面利率 7.5%的债券。（两种债券面值均为 1 000 美元，评级也相同。）假设 Stacy 希望尽可能获取资本利得，她应该选取哪种债券？如果希望尽可能获得足够多的收益呢（包括利息收益和资本利得）？为什么不同的债券会获取不同的资本利得？结合债券的久期说说哪种债券的价格波动性比较大。

3．Elliot 是一名银行管理人员，35 岁，刚刚继承了一大笔财产。因为在银行投资部门工作了几年，他对久期比较熟悉，因此决定构建自己的债券组合。Elliot 想将继承的 100 万美元资金用来购买以下 4 种国债。

1）票面利率 8.5%，13 年期的国债，当前价格 1 045 美元，市场收益率 7.47%。

2）票面利率 7.875%，15 年期的国债，当前价格 1 020 美元，市场收益率 7.60%。

3）20 年期本息剥离式国债，当前价格 202 美元，市场收益率 8.22%。

4）票面利率 7.5%，24 年期的国债，当前价格 955 美元，市场收益率 7.90%。

问题：

1）计算每种债券的久期和修正久期。

2）假设 Elliot 每种债券投资 25 万美元，计算整个投资组合的久期。

3）假设 Elliot 前三种债券每种投资 26 万美元，第四种投资 14 万美元，计算该组合的久期。

4）如果预期市场利率将上升，并且 Elliot 想规避价格波动性，那么他应该选择怎样的投资组合？请说明原因。

案例分析

Grace 计划构建免疫组合

Grace 是芝加哥一家很受欢迎的女士时装店的店主。虽然她的最爱是追求前沿的流行趋势，但这并不影响她对投资的喜爱，尤其是投资债券和其他固定收益证券。她采取的策略是积极主动地管理自己的投资组合，经过几年的努力，投资组合价值得到了很大的提升。她对最新的投资技术相当熟悉，也不害怕将这些技术应用到她的投资中。

Grace 现在正在考虑将债券组合构建成免疫组合。她打算在 7 年后将这些债券变现，然后用这些钱在家乡投资一个度假村。她计划收回投资到下列 4 种债券的 20 万美元（假设每种债券投资 5 万美元）构建免疫组合：

a. 12 年期，票面利率 7.5%的债券，当前价格 895 美元。

b. 10 年期，零息债券，当前价格 405 美元。

c. 10 年期，票面利率 10%的债券，当前价格 1 080 美元。

d. 15 年期，票面利率 9.5% 的债券，当前价格 980 美元。

（均不可赎回、非转换，评级相等。）

问题：

1）根据已知条件，计算每种债券的当前收益率。

2）计算每种债券的麦考利久期和修正久期。如果利率上升 0.75% 的话，每种债券价格如何变化？下降 0.75% 呢？

3）计算上述 4 种债券组成的组合的久期。假设 Grace 的目标时间是 7 年，你认为这是一个免疫组合吗？

4）如何减少或增加组合的久期？最短的组合久期是多少？最长的呢？

5）利用上面的债券，能够构建出 Grace 需要的久期吗？

Excel 运用

所有的债券定价都是将未来的现金流折现求值的。债券定价的关键因素是面值、票面利率、期限和市场利率（市场收益率）。市场收益率会影响债券的价格，在债券市场中，适当的市场收益率会被先决定，然后利用该收益率计算债券价格。市场收益率也称必要收益率，这也就表示只有在该收益率以上，理性的投资者才会进行投资。创建 Excel 表格回答下面的问题。

1）H&W 公司发行的一种债券，年利息率 5.625%，到期退还本金 1 000 美元，剩余期限还有 23 年，同等级的证券必要收益率是 6.76%。该债券的当前价值是多少？

2）H&W 公司债券的即期收益率是多少？

3）在 1）的条件下，如果利息以半年为付息期，其当前价值是多少？

4）市场收益率会对 H&W 公司债券产生什么影响？债券价格如何对到期收益率（YTM）的变动做出反应？当 YTM 分别为 5.625%、8% 和 4.5% 时，债券价格是多少？

5）Jay&Austin 公司发行了一种债券，半年利率是 6.5%，面值 1 000 美元，剩余期限 22 年，现价 878.74 美元，计算该债券的到期收益率。

案例导读

GE 宣布完成对阿尔斯通电力与电网业务的收购

- 时间：2015-11-03 22:15
- 来源：澎湃新闻
- 网址：http://www.thepaper.cn/newsDetail_forward_1483753

11 月 2 日，GE 宣布完成对阿尔斯通电力与电网业务的收购。GE 在包括欧洲、美国、中国、印度、日本和巴西在内的 20 多个国家和地区通过了监管批准，从而完成了交易。这是 GE 迄今为止在工业领域最大的一笔收购。GE 坐拥全球燃气轮机市场半壁江山，带来全球电力装备格局大变动。

阿尔斯通

阿尔斯通（Alstom）成立于1928年，经营项目涵盖电力、机电、高速铁路，著名的TGV法国高速列车就由阿尔斯通打造；在中国台湾，台北捷运高运量系统的号志也出自阿尔斯通之手；在中国大陆，阿尔斯通经营的项目包括三峡大坝的水力发电机组、和谐号CRH5型电力动车组、岭澳二期核电站、南京地铁1号线及2号线列车、北京机场线的全自动信号系统，以及上海地铁的列车与信号系统等。在能源领域，阿尔斯通在燃气发电涡轮领域仅次于德国西门子与美国GE，是世界第三大厂；而在电网输配系统领域，仅次于德国西门子与瑞士ABB，也是世界第三大厂。阿尔斯通被称为法国工业界明珠，属于法国的国宝级企业。

阿尔斯通的断臂求生

受累于法国封闭的经济政策，阿尔斯通一直挣扎在生存边界。早在2004年，阿尔斯通便陷入财务危机面临破产，法国政府出手买下21%的股份，帮助阿尔斯通渡过难关。2006年，法国政府把持股卖给法国房地产巨头布依格（Bouygues）集团，稍后布依格集团又继续增加持股，至2014年为29%。但获得新注资的阿尔斯通并没有再度雄起，反倒将布依格集团深度套牢。2008年的经济危机更给阿尔斯通带来了灾难性打击，股票当年就跌了30%。此后虽然通过大规模裁员和出售旗下资产增加现金流的方式试图补救，但仍然止不住下滑趋势，到了2014年，该公司再陷破产危机。

这次，阿尔斯通CEO柏珂龙没有求救于政府，而是私下密会美国GE公司洽谈收购方案。而当时恰逢GE公司正试图调整全球战略，加强能源等核心业务，因此双方一拍即合，很快议定了收购价格和相关事宜，并在2014年4月，开始向法国政府申请并同时向媒体"透露消息"。这一"先斩后奏"的举动当时令法国总统及经济部长相当不满。

西门子的半路杀出

同样作为燃气轮机巨头的德国西门子看到GE公司要收购阿尔斯通，这样会对其未来竞争地位产生重大威胁，于是也宣布参与竞购，但西门子与阿尔斯通的业务具备高度相似性，让法国方面很担心二者一旦合并会引发大量裁员。另外，在2004年，阿尔斯通经营惨淡，西门子曾"游说法国政府不要出手相救，干脆卖给西门子"这一段历史也使得阿尔斯通公司上下表示对西门子不欢迎。西门子方面提出"资产置换"方案，以其运输设备生产业务（主要生产火车）及现金换取阿尔斯通的发电设备生产业务，而且愿意提出与GE相同的财务条件，并保证不裁撤阿尔斯通员工、管理层人士，工厂地址也保持不变。虽然这套方案看起来会形成二者双赢局面：西门子可加强能源优势，阿尔斯通可做大交通产业，甩掉相对较弱的资产，但这套方案会使得两家企业的轨道市场份额占据欧洲2/3的市场，欧盟的反垄断部门可能表示反对，反垄断风险过高。另外，西门子的杀出，或者本身就只是一场政治演出而已。

GE对此迅速调整战略，首先在价格上做出让步，将收购价从94亿欧元提高到了123.5亿欧元，并在条款上也做出了一定让步，包括承诺法国政府不裁员，保证法国能源独立，同时配合舆论手段打击对手。两个月后，2014年6月22日，阿尔斯通内部邮件宣布董事会接受 GE 公司收购，并认为"GE 的方案不仅满足了阿尔斯通和股东利益，同时也针对法国政府的疑虑提供了保证"。

欧盟的反垄断调查

欧盟监管机构提出，担心收购交易将导致欧洲的燃气轮机和大型汽机等能源设备价格上涨。GE 公司展开了积极谈判，主动让步，告知欧盟监管机构愿意转让阿尔斯通的部分燃机给其竞争对手意大利公司安萨尔多能源公司（Ansaldo Energia），也愿意出售部分知识产权，其中包括：阿尔斯通的 GT26 型（F 级燃气轮机）产品线以销售新机组；阿尔斯通的 GT36 技术开发项目，该项目的完成将会带来一款 H 级的燃气轮机产品；34 台 GT26 型燃气轮机的服务合同，阿尔斯通燃气轮机机队的其他机组（大约 720 台）的服务将留在 GE。通过谈判和让步，最终欧盟点头通过。

中国上海电气在去年买下了安萨尔多 40% 的股份，而且交易协议中签有安萨尔多向上海电气转让燃气轮机全部，包括热端部件和控制系统等核心技术。而且中国目前也在积极筹备航空发动机和燃气轮机两机重大专项的实施，以求推动国内两机的自主设计、制造和销售。通过此次交易，上海电气是否也间接获得了 GT26 型 F 级燃机和 GT36 型 H 燃机设计技术，还有待进一步观察。

中国业务的处理

在去年收购案发起时，正值中国的反垄断调查进行得如火如荼，而阿尔斯通在中国有大量业务，亚太地区收入超过 40 亿美元。据新华网消息，阿尔斯通通过与中国东方电气集团有限公司的合作，占有中国核电站汽轮发电机组超过 50% 的市场份额，通过与陕柴重工公司的合作，占有核电站应急发电机组超过 50% 的市场份额。而 GE 在华年收入超过 50 亿美元，并且在燃气轮机和汽轮机上有业务重叠。

因此，GE 与阿尔斯通的交易必须获得中国政府的审批。而且，就在 2014 年 6 月 17 日，由马士基、地中海航运、达飞设立的 P3 的联盟，虽然已经获得美国联邦海事委员会和欧盟委员会的审查通过，但最终被中国商务部以反垄断而否决。可能正是考虑到这一不确定因素，中国区业务不含在此次收购交易中。

结局

GE 无疑是这次收购交易的最大赢家，通过收购阿尔斯通，其已拿下燃机的半壁江山。此外，它将：

- 拥有约 1 500GW 的发电装机量，比 GE 当前装机量增长 50%。
- 具有更大的竞争规模优势，全面渗透火电厂总体设计，拥有更广泛的电网产品线。
- 具有更强的产品垄断能力，因为阿尔斯通曾是 GE 燃机改造和备件最大供货商。

此次 GE 对阿尔斯通的收购主要集中在热电、可再生能源和电网业务。阿尔斯通 CEO 柏珂龙曾对《国际金融报》表示："在热电领域，阿尔斯通和 GE 在蒸汽轮机及燃气轮机技术方面存在互补。阿尔斯通可以为合并后的实体注入电厂配套设施和交钥匙项目的能力，从而提升其在电力领域的实力。风电领域，阿尔斯通的陆上风电业务规模较小，海上风电业务极具竞争力，GE 则更专注陆上风电；水电领域，阿尔斯通是全球领军企业，GE业务不涉及这一领域；服务领域，阿尔斯通全面的产品组合很好地契合了GE的全球业务布局。"

GE董事长兼首席执行官伊梅尔特也公开表示："在技术、运营和地域方面，阿尔斯通的业务是我们发电与电网业务的良好补充。"GE认为，"快速的合作性整合将提高供应链、服务基础设施、业务范围和新产品开发的效率。预计这些措施的整合效应到第五年可以实现超过12亿美元的年度成本节约，并马上为GE的股东创造更高的价值"。GE官方预计此次收购在"第一年即会增加收益"，到2016年，将增加0.08~0.10美元的每股收益。

对于阿尔斯通来说，本次交易价格也高出原始估值20多亿欧元，同时也甩掉了多年并不景气的电力电网业务包袱，保证其战略调整，将集中力量继续做强交通领域。"此次提出的要约将使阿尔斯通重新聚焦其交通业务，并为加快轨道交通业务在快速增长市场的发展提供了财务实力，以把握由经济增长、城市化的深入及环境问题所驱动的市场需求。"阿尔斯通称，在现有管理层及长期股东布依格集团的带领下，"轨道交通业务将为未来增长做好准备"。

法国政府通过数轮博弈，在政府持股、核能独立自主和保证就业等关键问题上获得了不少话语权和承诺，也是赢家之一。

西门子的几声"吆喝"令竞争对手GE深掏腰包，貌似也稳赚不赔。

安萨尔多从中捞到一块肥肉，我国的上海电气或也将从中间接获益。

但是，此次交易大动全球电力装备市场格局，GE坐拥中国以外全球一半的燃机市场，这对广大的燃机电厂用户而言是极大的不利。竞争力量的进一步集中和强化，对于正在走出国门的中国电力装备行业也尤为不利。中国电力市场高投入、大规模建设几十年期间，虽然中国的电力装备在生产数量上已经稳居世界第一，在技术上也取得了长足进步，但在众多核心零部件和关键技术等方面仍受制于人。电力事业黄金发展时期没能培育出一个进入国际第一梯队的电力装备企业实属可惜。未来，随着发达国家重塑制造业，中国电力装备企业在国际上面临的竞争压力只增不减。

CFA 练习题

1. Alfred 以 91.16 美元的价格购买了一种半年付息，票面利率 7%，剩余期限 19 年的债券，该债券在他购买的前一天支付了利息。两年以后，他卖掉了该债券，YTM 维持不变。Alfred 卖出债券时的收益率接近（　　）。

  a. 0.483%　　　　　b. 0.733%　　　　　c. 0.931%

2. 某可售回债券的修正久期是 7，有效久期为 6，凸度是 62.5。（凸度是衡量价格-收益率曲线弯曲程度的指标。价格-收益率曲线越弯曲，则凸度越大，用久期来衡量债券价格变动的偏差就越大。）如果利率增加 0.25%，债券价格可能变化（　　）。

  a. 1.46%　　　　　b. 1.5%　　　　　c. 1.54%

3. 如果市场收益曲线向下平移 0.5%，收益最高的债券是（　　）。

   a. 4 年期，票面利率 8%，YTM 是 8%

   b. 5 年期，票面利率 8%，YTM 是 7.5%

   c. 5 年期，票面利率 8.5%，YTM 是 8%

4. 会降低债券到期收益率的条款是（　　）。

   a. 赎回权　　　　　b. 转换权　　　　　c. 浮动利率上限

5. 某 10 年期的零息债券价格为 39.91 美元，当前到期收益率 9.4%。如果 YTM 增加 9.9%，那么价格将会降低到 38.05 美元。如果 YTM 降低 8.9%，价格将会增加到 41.86 美元。有效久期最接近（　　）。

   a. 9.38　　　　　　b. 9.48　　　　　　c. 9.55

6. 修正久期为 7.87，利用久期计算当收益率下降 1.1%时，价格变动比为（　　）。

   a. −8.657%　　　　b. +7.155%　　　　c. +8.657%

7. 利率下降会对含有提前还款权和可回售权的债券产生的影响描述正确的是（　　）。

   提前还款权债券　　可回售债券

   a. 增加　　　　　　降低

   b. 降低　　　　　　增加

   c. 降低　　　　　　降低

8. 年利息率 14%的有息债券剩余期限是 6 年，每半年支付一次利息。其当前价格为面值 100 美元，如果收益率变动 0.25%，有效久期为（　　）。

   a. 0.389　　　　　　b. 3.889　　　　　　c. 3.970

9. 以下关于投资固定收益证券的风险描述中，最不准确的是（　　）。

   a. 信用风险只包括违约风险和降级风险

   b. 债券价值越高，投资者流动性风险越小

   c. 可赎回债券、可提前偿付债券比没有这些权利的同等级债券的再投资风险低

10. 某 20 年期债券面值 1 000 美元，票面利率 6.5%。如果必要收益率保持不变，3 年后债券价值增加（　　）。

    a. 13.62 美元　　　　b. 13.78 美元　　　　c. 13.96 美元

答案：

1~5：aabbc　　　　　6~10：cbcaa

第 5 部分

投资组合管理

▶ 第 12 章　共同基金和其他投资公司
　　Mutual funds and other Investment Companies

▶ 第 13 章　个人投资者的投资管理
　　Managing Your Own Portfolio

第 12 章
共同基金和其他投资公司

学习目标
- 掌握投资公司的概念、类型、功能。
- 了解封闭式基金、开放式基金的异同。
- 了解基金的不同种类,以及各种类型基金的投资目标。
- 了解共同基金所提供的各种服务,以及这些服务的优势。
- 了解共同基金的用途,能够从众多基金筛选出满足个人投资需求的基金品种。
- 了解共同基金的收益来源,学会衡量基金的收益率。

12.1 投资公司概述

投资公司(Investment Companies)是一种金融中介,它从个人投资者手中汇集资金,并将这些资金投资于有潜力的、范围广泛的证券或其他资产。隐藏在投资公司背后的关键理念是资产集合,每位投资者都对投资公司的投资组合有一个符合自己投资份额比例的要求权。这样,这些投资公司就为小投资者们提供了一种联合协作获取大规模投资利益的机制。

广义的投资公司,既包括信托投资公司、投资银行和基金公司等金融机构,也包括涉足产权和证券的各类企业。其业务包括购买企业的股票和债券,参加企业的创建和经营活动,提供中长期贷款且经营本国及外国政府债券,基金管理等。资金来源主要是发行自己的债券、股票或基金单位,对其他银行取得贷款,接受委托存款等。

狭义的投资公司则专指公司型投资基金的主体,这是依法组成的以营利为目的的股份有限公司,投资者经由购买公司股份成为股东,由股东大会选定某一投资管理公司来管理该公司的资产。

对投资者来说,投资公司可发挥以下几种重要功能。

1)记录保存与管理。投资公司出具阶段性管理情况报告,记录资本的分配、股利、投资及本金赎买等情况;同时,它们可以替投资者对利息及股利收入进行再投资。

2)多样化可分割性。通过资产的集中,投资公司使投资者持有许多证券的一部分。

个人投资者不能像大投资者那样运作，投资公司却使他们实现了这一点。

3）专家管理。多数（但不是全部）投资公司都有专职的证券分析人员和证券管理人员，对证券进行操作，以获取最优的投资效果。

4）低交易成本。因为投资公司进行的是大宗交易，所以，它们可以在经纪费用及佣金方面节省出一大笔钱来。

尽管投资公司把个人投资者的资产都集中在一起，他们仍需要对这些资产的要求权在不同的投资者中进行划分。投资者购买投资公司的股份，他们得到的公司所有权份额与他们所购买的股份占投资公司总股份的比例是一致的。每一股份的价值称为资产净值（Net Asset Value，NAV），资产净值等于资产减负债，并以每一股份为基础来表示，计算公式为：

$$资产净值 = （资产市值-负债）/已售在外的股份$$

假定有一共同基金，管理着价值 1.2 亿美元的投资组合，假设该基金欠其投资顾问 400 万美元，并欠租金、应发工资及杂费 100 万美元。该基金发行在外的股份为 500 万股，则有：

$$资产净值 = （1.2 亿美元-500 万美元）/500 万股 = 23 美元/股$$

概念检验

问题：以下为前卫集团发起的指数信托 500 投资组合共同基金在 2017 年 12 月 31 日的资产负债表。该投资组合的资产净值是多少？

资产：30 376 657 000 美元

负债：44 805 000 美元

股份：438 518 428 股

12.2 投资公司的类型

在美国，《1940 年投资公司法》（Investment Company Act of 1940）将投资公司分成单位投资信托与投资管理公司两类。单位投资信托的投资组合基本是固定的，因而被称作"无管理"的投资。相比较，投资管理公司之所以这样命名，是因为他们的投资组合被不断地买卖，处于持续变动之中，投资组合是有管理的。投资管理公司还可以进一步分为开放式或封闭式。开放式公司就是我们通常所说的共同基金。

12.2.1 单位投资信托

单位投资信托（Unit Investment Trusts）是在基金寿命期内由货币组合成固定的一种资产组合进行投资。为了成立一个单位投资信托，信托的发起人（通常为一家经纪公司）购买一个证券投资组合并将其存入信托中，然后在公开市场上出售股份或"单位"。在单位投资信托中，它被称作"可赎回的信托凭证"。所有本金与有关收入的支付，由基金的受托人（银行或信托公司）承担，由他们向股份的持有人进行支付。大多数单位信托持有固定收益的证券，并一直持有到证券的到期日。如果单位信托投资于如货币市场工具这样的短期证券，到期日可短至只有几个月；如果单位信托持有的是长期资产，如固定收益证券，到期日则可长达几年。固定收益证券的固定期限非常适合有固定生命期的单位投资信托。事实上，大约90%的单位投资信托投资于固定收益的投资组合，并且大约90%的固定收益单位投资信托投资于免税债券。

单位投资信托一旦成立，由于投资组合的构成固定不变，因此它不需要多少积极的管理活动，所以这些信托被称为无须管理的基金。单位投资信托倾向于投资类型相对一致的资产，如一家单位投资信托可能投资于市政债券，而另一家则可能投资于公司债券。一致的投资组合通常无须进行管理。单位投资信托为投资者提供了一个购买投资组合中某一特定类型资产的工具，由于不需要积极的管理，单位投资信托的管理费用低于那些需要进行积极管理活动的基金。

单位投资信托的发起人通过以资产成本溢价的价格出售该信托的股份而获得收益。例如，一家购买了500万美元资产的单位投资信托，可以按每股1 030美元的价格公开出售5 000股（假设该单位投资信托没有负债）。这表示存在一个超出单位投资信托所持证券资产净值的3%的溢价，这个3%的溢价就是受托人设立该单位投资信托的收入。

希望变现手中单位投资信托股份的投资者，可以按照资产净值再将股份卖回给单位投资信托的受托人。受托人要么出售投资组合中的证券以获得必要的现金支付给投资者，要么将股份出售给新的投资者（也按资产净值加一个小的溢价出售）。

12.2.2 投资管理公司

有两种类型的投资管理公司——开放式与封闭式的投资管理公司。在这两种公司中，基金的董事会都由股东选举产生，并聘用一家管理公司对投资组合进行管理，向管理公司支付的年费约为全部资产的0.2%~1.5%。在许多情况下，管理公司就是组织基金的公司。例如，忠诚管理与研究公司就是许多忠诚共同基金的发起人，它负责管理基金的投资组合，并负责确定各忠诚基金的管理费用。在其他情况下，共同基金会聘用一位外部的投资组合经理，如前卫公司曾聘用韦林顿管理公司作为它的韦林顿基金的投资顾问。多数管理公司都签约管理着数家基金。

开放式基金（Open-End Funds）是随时可以以基金的资产净值赎回或发行股份（虽然购买与赎回都发生销售费用）的基金。当开放式基金的投资者希望变现他们的股份时，他们就以资产净值把股份再卖回给基金。相反，封闭式基金（Closed-End Funds）不能赎回或发行股份，希望变现的投资者必须将股票出售给其他投资者。封闭式基金的股票在有组织的交易所里进行交易，像其他普通股一样可通过经纪人进行购买，因此其价格也就与资产净值不一样了。

通常情况下，股份价格与资产净值偏离幅度较大。为什么会出现这种情况？这是个还没有找到答案的难题。为了解释为什么这是个难题，假设一封闭式基金以资产净值打折的价格出售，如果该基金出售其投资组合中的所有资产，其所得收益将与资产净值相同。在基金市值与基金资产净值之间的差异代表基金投资者每一股份财富的增长。尽管存在这种明显的获利机会，但大幅度的打折在很长时间内似乎仍在持续。

有趣的是，许多封闭式基金按资产净值打折出售，而这些基金当初发行时都是以高于资产净值的价格出售的。为什么投资者愿意以资产净值溢价来购买新发行的基金，而这些基金的股份在发行后不久又打折销售？这更是一个难解的问题。

许多投资者认为封闭式基金按资产净值打折出售后成了廉价货，即便市场价从未上升到资产净值水平，在该价位的基金投资上所获红利也将超过持有基金以外的同价证券的红利。为了说明这一点，设想有一基金，它的投资组合的每股资产净值为10美元，每年的股利为每股1美元。也就是说，投资者直接持有这一投资组合的股利收益率为10%。现在假设该封闭式基金的市场价格为9美元，如果管理公司支付的每股股利与每股所得相同，那么持有该基金的投资组合的股利收益率为1美元/9美元或11.1%。

关于封闭式基金，最近的新种类有间隔封闭式基金（Interval Closed-End Funds）与离散封闭式基金（Discretionary Closed-End Funds）。间隔封闭式基金是指那些可以按3个、6个或12个月为间隔期从投资者手中购买5%~25%发行在外的股份的基金。离散封闭式基金可以从投资者手中购买部分或全部发行在外的股份，但购买次数以每两年一次为限。这两种基金的回购定价，都是资产净值加一个不超过2%的回购重购费。

与封闭式基金相比，开放式基金的价格不能降至资产净值以下，因为这些基金的股份随时准备以资产净值的价格被赎回。当然，如果该基金承担手续费（Load），其报价将超过资产净值。这个手续费实际上是付给出售者的销售费用。这种收手续费的基金由证券经纪人出售，或者直接由共同基金集团出售。

与封闭式基金不同，开放式的共同基金不在有组织的交易所中进行交易。相反，投资者仅仅通过投资管理公司以资产净值购买与变现其股份。因此，这些基金发行在外的股份数量每天都在发生变化。

12.2.3 其他投资机构

有一些中介，它们不像投资管理公司那样具有正式的组织或规范化的管理，然而它们的服务功能却与投资管理公司相似。其中两个较重要的机构为综合基金和不动产投资信托。

综合基金（Commingled Funds）是集中投资者资金的合伙制企业，由管理公司（如银行或保险公司来组织、管理这个合伙制企业，并获取管理费用。综合基金的典型合伙人通常为信托或退休账户，它们拥有的投资组合比大多数个人投资者的大得多，但是如果要进行独立的管理，投资组合的规模仍嫌太小。

综合基金在形式上与开放式的共同基金相似，不同之处在于，综合基金提供以资产净值进行买卖的基金单位而不是发行股份。银行或保险公司可提供大量不同的综合基金供信托或退休账户选择，如货币市场基金、债券基金和普通股基金。

不动产投资信托（Real Estate Investment Trust, REIT）与封闭式基金相似。不动产投资信托投资于不动产或由不动产担保的贷款。除了发行股份之外，它们通过从银行借款及发行债券或抵押来筹集资金。它们多数运用很高的财务杠杆，通常情况下的负债率达

70%。

不动产投资信托有两个基本类型。产权信托直接投资于不动产,而抵押信托则主要投资于抵押与工程贷款。通常由银行、保险公司或抵押公司组建不动产投资信托,这些机构如同投资公司那样提供服务并获取费用。

不动产投资信托只要将不少于95%的应税收入分配给股份持有人就可以免税,然而,对股份持有人来说,股利的性质与他们的个人收入是一样的,二者均需缴税。

12.3 共同基金

自从有了有组织的证券市场后,如何选择债券和股票、什么时候应该购买、什么时候应该卖出等一些问题一直困扰着投资者。大部分投资者缺少时间或专业知识来管理自己的投资,所以他们希望可以由专业的资金管理者来进行投资。在这个时候,大部分人会求助于共同基金。

简单地说,共同基金是一类金融服务组织,他们集合起投资者的资金并将其投资于选定的投资组合。因此,当投资者购入共同基金时,他实际上拥有了一个多样化投资组合中的部分份额。由于有专业的基金经理人进行资产配置,投资者需要做的仅仅是选择投资于哪种类型的基金,其余部分都可以交由基金经理来完成。

12.3.1 基金概览

1. 基金的发展历史

(1)基金公司的产生

18世纪的产业革命与海外扩张为英国积累了大量的社会财富,使得国民收入大幅增加,居民储蓄迅猛增长,国内资金出现过剩的局面。国内存贷款利率较低,投资收益率不断下降,迫使剩余资金到海外寻求投资出路,以实现资本的保值与增值。投资基金因此在英国社会经济发展的全盛时期产生。1863年,伦敦金融联合会和国际金融会社成立了第一批私人投资信托;1867年,苏格兰成立的投资信托向股东提供贷款基金,投资于全球各稳步发展的企业所发行的有价证券;1868年,英国海外和殖民地政府信托成为第一个公众投资信托基金,它以投资于国外殖民地的公司债券为主,总额达48万英镑,信托期限为24年。从该基金的实际运作情况来看,投资者得到的实际回报率达7%以上,远远高于当时3.3%的英国政府债券利率。

19世纪70年代,受当时债务危机的刺激,英国出现了依据1879年《英国股份有限公司法》建立起来的公司型基金。此外,设立的投资基金也取消了对投资者支付事先确定股利的条款。

(2)证券投资基金在美国的迅速发展

虽然美国在1893年成立了第一家封闭式基金"波士顿个人投资信托",但美国基金业的真正发展是在第一次世界大战后。在1924年组建了第一家开放式互惠基金"马萨诸塞投资信托基金"后的几年中,美国基金业迅猛发展。1929年基金资产高达70亿美元,为1926年的7倍多。20世纪30年代，基金受大萧条的影响，发展陷入低谷。美国1933年颁布了《证券法》，1934年又颁布了《证券交易法》，特别是1940年颁布的《投资公司法》详细规范了共同基金的组成及管理要件，为基金投资者提供了完整的法律保护，从而奠定了美国共同基金规范发展的基础。第二次世界大战之后，美国的共同基金出现了高速成长的势头。

（3）投资基金扩散到世界各地

投资基金专业化管理、分散投资的优势在第二次世界大战后很快扩散到世界各地。其中，日本1948年颁布了《证券投资公司法》，并于1951年颁布了《证券信托法案》，联邦德国于1957年颁布了《投资公司法案》。20世纪60年代，很多发展中国家开始借鉴发达国家基金发展的经验，基金在发展中国家迅速普及。

2. 中国基金的发展情况

中国投资基金市场依附于证券市场的发展而起源。1987年，中国银行和中国国际信托投资公司首创中国基金投资业务，标志着中国投资基金市场的诞生。20世纪90年代，基金业务进入实质性阶段，依主管机关管辖权利的过渡可分为两个阶段。

第一阶段是1992—1997年的摸索阶段。该阶段为中国人民银行作为主管机关的阶段。在沪深交易所上市的基金有25只，在大连、武汉、天津证券交易中心联网的基金有28只，此时基金规模很小，运作也很不规范，而且专业性的基金管理公司也很少，不足10家，这时的基金俗称"老基金"。

第二阶段是1997年之后的规范阶段。1997年11月14日，《证券投资基金管理暂行办法》正式颁布。1998年3月，按照新法规规定，分别以国泰证券和南方证券为主发起人的基金金泰和基金开元招股说明书在各大证券报刊公布，从而拉开了中国证券投资基金业的新纪元。当年发行了5只新基金，净值107.40亿元。1999年3月，中国证券监督管理委员会发出了对原有投资基金进行清理规范的通知，各证券交易中心交易的基金逐渐摘牌，交易所上市基金也进行了清理和规范。全国原有投资基金的运作逐步纳入了规范化发展的轨道。清理规范工作于2000年6月底完成。

1999年也是基金业大发展的一年，基金迅速增加到22只，资产规模跃升为484.20亿元。2000年继续快速发展，基金增加到33只，总资产845.90亿元。2001年开始开放式基金试点，诞生了3只开放式基金，基金增加到54只，总资产达到818亿元。2002年，基金增加到71只，其中封闭式54只，开放式17只，总资产达到1 330亿元。2003年10月28日，第十届全国人民代表大会常务委员会第五次会议通过《中华人民共和国证券投资基金法》，并于2004年6月1日起正式实施。法规出台，基金规模迅速增长，2003年年底达102只，基金资产规模1 782亿元。截至2017年3月底，我国境内共有基金管理公司109家，其中，中外合资公司44家，内资公司65家；取得公募基金管理资格的证券公司或证券公司资管子公司12家，保险资管公司2家。以上机构管理的公募基金资产合计9.3万亿元。

在基金规模迅速增长的同时，基金品种创新也呈加速趋势。从基金品种来看，2001年至今逐渐推出了开放式基金、债券基金、保本基金、指数基金、系列基金、货币市场基金、上市开放式基金（LOF）、交易型开放式指数基金（ETF）、中短期债券基金等多个创新品种。从基金投资对象来看，基金的投资范围从股票逐步扩展到债券、短期融资券、存款、权证、资产支持证券等多个投资品种。

3. 基金的优势和局限性

（1）优势

1）分散化投资（Diversification）。共同基金为投资者提供了一种简便的分散化投资途径。由于共同基金能够集中大笔资金，所以对资金管理者来说，把这些资金广泛分散投资于一系列不同的证券上并不困难。

图 12.1 列出了嘉实主题精选基金持有的近 200 种证券中比例最大的 20 种证券。可以看出，即使持有比例最大的证券，其价值也少于其资产净值的 7%。只有 6 种证券的价值高于其资产净值的 5%。显然，这种分散化水平是小投资者所难以做到的。

序号	持股名称	持股代码	持仓市值(元)	持仓数量(股/张)	占净资产比例(%)
1	上海机场	600009	1,008,004,522.56	26,519,456.00	6.6200
2	中国国航	601111	895,784,060.16↑	91,499,904.00↑	5.8800↓
3	华侨城A	000069	876,631,616.00↑	22,025,920.00↑	5.7600↓
4	青岛海尔	600690	850,743,536.00↑	53,171,471.00↑	5.5900↑
5	天津港	600717	806,264,040.63	32,032,739.00	5.2900
6	安阳钢铁	600569	786,690,982.08	93,209,832.00	5.1700
7	唐钢股份	000709	700,356,511.62↑	54,800,979.00↑	4.6000↑
8	冀东水泥	000401	587,057,988.48↑	42,664,098.00↑	3.8500↓
9	长江电力	600900	574,556,114.16	37,999,743.00	3.7700
10	金融街	000402	418,925,735.00	14,445,715.00	2.7500
11	民生银行	600016	348,207,909.12↑	30,464,384.00↑	2.2900↓
12	招商银行	600036	309,867,229.24↑	12,606,478.00↑	2.0300↓
13	太阳纸业	002078	256,936,923.90	9,878,390.00	1.6900
14	津滨发展	000897	252,968,902.56	16,909,686.00	1.6600
15	万科A	000002	245,202,700.08	12,824,409.00	1.6100
16	潍柴动力	000338	237,512,426.00	3,025,636.00	1.5600
17	鞍钢股份	000898	221,122,806.44	12,499,876.00	1.4500
18	云南白药	000538	197,051,183.40	5,504,223.00	1.2900
19	华联综超	600361	196,549,739.49	7,098,221.00	1.2900
20	云南白药	000538	197,051,183.40	5,504,223.00	1.2900

图 12.1　嘉实主题精选基金持仓细目

2）专业管理（Professional Management）。许多单个投资者并不希望花费时间来学习如何参与金融市场。因此，他们宁愿把资金委托给某些受过专业训练的人去管理。共同基金可以使单个投资者获得专业化资金管理者的管理，代表他们在不征求其意见的前提下进行资产配置，并做出证券选择决策。

3）减少交易费用（Reduce the Costs）。由于共同基金的规模很大，所以可以使证券交易的成本大幅度减少。这一优点使一些投资者选择了共同基金而不选择单个证券。特别当投资者为了达到分散化的要求而更多地购买零星股（Odd Lots）时，这种策略的费用非常高；单交易费用一项就足以抵消分散化投资所获得的利润。

4）系统化的累积及提款计划（Systematic Accumulation and Withdrawal Plans）。许多基金都向投资者提供如下便利条件：既可以直接从私人银行存款账户中提取资金，又可以有规律地把资金存入私人银行存款账户（许多投资者都选择按月存入的方式，但也有一些投资者使用其他的时间分期存款）。这对于那些缺乏自我主动储蓄意识的人及那些需要按月取得收入的退休人员是有好处的。

（2）局限性

1）基金只是进入证券市场的众多方式之一，只对中小投资者具有吸引力。

2）投资者面对不同基金也有选择的问题，因为每种基金的盈利率是有差别的，所以投资于不同基金其收益率也不相同。例如，1990年香港景泰欧洲基金增值率为76.9%，太平洋证券基金增值率为128%，而东协香港基金却负增长3.3%。

3）投资基金的投资者与经营者既有一荣俱荣、一损俱损的一致性，又有利益上此消彼长的对立性。因此，一些投资基金发展较快的国家都制定一整套法案来保护投资者，以及缓和投资者和基金经营者之间的利益冲突。进一步完善各项相关的法律法规也是我国基金业面临的一个问题。

4．共同基金的构成和运作

虽然共同基金看起来像一个大的整体，但其实这并不准确。基金将它的各种功能——投资、记录、安全保证等——分配到了两个或两个以上的公司。首先，基金自身是一个独立的公司或信托；其次，它为股东所拥有，而不是经营它的公司；再次，基金还有其他一些重要的角色。

1）管理公司。负责基金的日常运作，通常是基金的创立者，也常作为投资顾问。

2）投资顾问。买卖股票或债券，对基金进行监控。通常由以下三个主体参与：基金经理，负责经营投资组合，做出买卖的决定；证券分析师，分析证券，寻找切实可行的投资机会；交易员，在可能的最佳时机买卖大量证券。

3）发行人。销售基金份额，或者直接面向公众销售，或者通过授权的证券经销商来发行。

4）第三方托管人。负责基金的证券和其他资产的安全，在投资管理中没有决策权。为了防止不公平的出现，一般由独立的第三方（通常是银行）来充当这个角色。

5）交易代理人。负责记录股东的购买和赎回要求，并负责维护其他股东记录。

这种职责分离的设计是为了保护共同基金的股东。这样投资共同基金唯一的风险就是作为一个投资者的风险（你投资的股票或债券价值下跌），而不存在其他风险。原因除了上述职责分离的设计，还有共同基金与管理公司的合同条款中的其中一条规定——管理公司不能控制基金资产。另一层保险是，每份基金都必须有由股东选举出来的董事会或受托管理人来监督基金管理公司。尽管如此，一些共同基金仍然参与了一些不道德交易。

12.3.2 封闭式与开放式基金

1．封闭式基金

封闭式基金在19世纪20年代起源于欧洲，19世纪曾风行英国，在1929年经济大萧条之前一直是美国最受欢迎的投资工具。近期，封闭式基金再次被人们所喜爱。

封闭式基金发行限定数额的股份，在这之后不再发行额外股份，除非再进行一次限额公开发行。因此，封闭式基金的特点与普通股很相似。当某种特定基金变得流行之后，需求随之增长，封闭式基金份额的市场价值也随之增长。投资者并不直接同投资公司交易共同基金股份。

封闭式基金比开放式基金容易管理。在首次发行之后，投资基金经理不必关心股东的变动情况。它与开放式基金不同的地方在于，开放式基金允许投资者随时赎回股份，因此基金管理公司在平时必须备有一定数额的现金以支付给投资者，封闭式基金则不需要备有大量的流动资金。封闭式基金主要分散投资于各种公开交易证券，其股份在交易所上市交易。

封闭式基金的定价与单个证券的定价不同。封闭式基金定价时，既要考虑市场价格，又要估计该基金中包含的所有证券的现行价值，这一现行价值被称为资产净值。具体来说，每单位净值是用该基金中持有的所有证券的市价总值，减去所有净负债所得的值，再除以流动在外的总股数。

2. 开放式基金

开放式基金与封闭式基金不同，它能够随时发行股份，并且当投资者在希望抛出基金拥有现金时还可以赎回股份。这样，开放式基金就可直接同投资者交易。每股价格直接与资产净值相关。开放式基金可以大体分为免手续费型和应收手续费型两种。免手续费型基金并不在基金价格中附加任何销售佣金；应收手续费型基金则附加销售佣金（手续费），因此其基金卖价（Offer Price）比其资产净值高。

3. 封闭式基金与开放式基金的区别

1）发行规模限制不同。封闭式基金的份额数量是固定的，在封闭期内未经法定程序认可不能增加发行。开放式基金的份额是不固定的，没有发行规模限制，投资者可随时提出申购或赎回申请，基金规模随之增加或减小。

2）期限不同。封闭式基金有固定的封闭期，通常在5年以上，一般在10年或15年，经收益人大会通过并经主管机关同意还可以适当延长期限。开放式基金没有固定期限，投资者可随时向基金管理人赎回基金，若大量赎回则可能导致清盘。

3）基金份额交易方式不同。封闭式基金在证券交易所进行交易，即持有人在封闭期内不能赎回基金份额，只能在证券交易所出售给第三者，基金交易是在基金持有人之间完成的。开放式基金一般在基金管理公司或托管人（商业银行）柜台进行交易，即投资者可随时向基金管理人或代理人提出申购或赎回申请，基金交易是在投资者与基金管理人或其代理人之间完成的。

4）基金份额的交易价格计算标准不同。封闭式基金和开放式基金的基金份额除了首次发行价都按面值加一定百分比的购买费计算外，以后的交易计价方式不同。封闭式基金的交易价格是由市场供求关系决定的，常出现溢价或折价现象。开放式基金的交易价格则取决于每一基金份额资产净值的大小，不直接受市场供求关系影响，一般申购价是基金份额净资产加一定的申购费，赎回价是基金份额净资产减一定的赎回费。

5）交易费用不同。封闭式基金在基金价格之外支付手续费；开放式基金支付申购费和赎回费。

6）基金份额资产净值公布的时间不同。封闭式基金一般每周或更长时间公布一次，开放式基金一般在每个交易日结束后都要连续公布。

7）投资策略不同。封闭式基金在存续期内不得要求赎回，故信托资产稳定，基金资产的投资组合能有效地在预定计划内进行，可进行长期投资，便于基金管理人稳定运作基金。开放式基金的单位总数是变动的，开放式基金随时面临投资者赎回的压力，使得基金资产相对封闭式基金来说不稳定。基金资产的稳定性会对基金的投资战略产生重要影响，开放式基金的管理人为应付投资者随时赎回兑现，往往需要保留较大份额的流动性和变现性较强的资产，且投资理念相对短期化，即必须保持基金资产的流动性，这给基金管理人稳定运作基金带来挑战。而封闭式基金则有条件投资于一些变现性相对较差、投资期限较长的资产。

8）投资风险不同。封闭式基金的投资者投资风险较大，当基金业绩好时，投资者可享受超过资产净值的证券收益；若有亏损，则投资者最先遭受损失。开放式基金每日公布份额资产净值，透明性强，便于投资者控制风险。

世界投资基金的发展历程基本上遵循了由封闭式基金逐渐转向开放式基金的发展规律。在投资基金业兴起之初，封闭式基金是基金业的主要形式。但是，由于允许投资者随时以基金净资产购买或赎回基金单位，与封闭式基金相比，开放式基金具有三方面的优势：其一，基金投资人通过赎回基金单位的方式能"用脚投票"，对基金管理人形成直接的监督约束机制；其二，投资人手中的增量资金流向业绩优良的基金能推动基金市场优胜劣汰的进程，形成对基金管理人的激励机制（基金管理人的报酬与基金净资产挂钩）；其三，基金随时公布资产净值并以资产净值为基础进行交易，提高了基金运作的透明度，有助于基金的规范运作。因此，随着金融市场的成熟与金融自由化的深入，开放式基金在第二次世界大战以后逐渐成为基金业发展的主流。

12.3.3 交易所交易基金

交易所交易基金（Exchange-Trade Fund, ETFs），是指交易所交易的开放式指数基金。基金发行结束后，投资者既可以在指定网点申购与赎回基金份额，也可以在交易所买卖该基金。ETFs 是以复制和追踪某一市场指数为目标，通过充分分散化的投资策略降低非系统性风险，以通过消极管理方式最大限度地降低交易成本而取得市场平均收益水平的一种金融衍生产品。它是开放式基金在产品上的创新。它既与某一市场指数相联系，又与开放式基金、封闭式基金相联系，是一种取众基金之长、去众基金之短的混合型基金新产品。ETFs 最初的产生是金融中介机构为大的机构投资者提供对冲工具而创设的新产品。

上海证券交易所于 2004 年推出了上证 50ETFs，就是以上证 50 特定股价指数为基准指数，以一揽子特定价值的股票组合为基础而设立的被动性投资基金产品。投资者购买 1 个基金单位，就等于按权重购买了这个指数的全部股票，是一种成本低、流动性高、跟踪误差低的指数化投资工具。

◼ 12.3.4 共同基金投资潜在的费用

当你买卖封闭式基金或 ETFs 时，你只需要交付佣金，这一佣金和你买卖股票时交付的佣金类似。在购买开放式基金时则不同，基金公司会向投资者收取一定的费用，不同国家的基金收取的费用不尽相同。在美国，所收取的费用主要有手续费（Load）、管理费用（Management Fees）、12b-1 费用（12b-1 Fees）、交易费用（Transaction Costs）、会计、分派和其他杂项费用（Accounting, Distribution, and Other Costs）等；在中国，主要有基金管理费、基金托管费和其他费用。下面对国内基金所收费用加以介绍。

1) 基金管理费。是指从基金资产当中提取的、支付给为基金提供专业化服务的基金管理人的费用，也就是管理人为管理和操作基金收取的费用。基金管理费通常按照每个估值日基金净资产的一定比率（年率）逐日计提，累计至每月月底，按月支付。管理费率的大小通常与基金规模成反比，与风险成正比。基金管理费一般从基金的股息利息收入或从基金资产中扣除，不另向投资者收取。

2) 基金托管费。是指基金托管人为保管和处置基金资产而向基金收取的费用。托管费通常按照基金资产净值的一定百分比收取，逐日计算并累计，按月支付。托管费从基金资产中提取，费率也会因基金种类而不同。我国投资基金的年托管费最初为基金资产净值的 0.25%，随着基金规模的扩大和竞争的加剧，托管费也呈现出下降的趋势。

3) 其他费用。是指基金的设立、销售和赎回时的费用。该部分费用由投资者直接承担，包括证券交易费，基金信息披露费，与基金相关的会计师、律师等中介机构的费用，分红手续费，清算费用等。

12.4 不同种类的基金和服务

一些共同基金主要投资于股票，另一些主要投资于债券；一些共同基金将最大化其资本收益（寻求资本增值）作为投资目标，另一些则将获取较高的即期收益作为投资目标。每种基金都有自己的投资策略和投资目标，在整个投资过程中，它们也一直贯彻着自己的投资方式和目标。所以，以投资策略和投资目标对基金进行分类是最基本的分类方式，这一分类方式可以反映基金的资金运作方式及风险收益特性。最常见的几种基金分别为成长型基金、积极成长型基金、价值型基金、收益型基金、平衡型基金、成长-收益型基金、债券基金、货币市场基金、指数基金、行业基金、社会责任基金、资产配置基金及国际投资基金等。

当然，基金还有一些其他的分类方式，其最根本的依据还是基金的投资风格（成长型、价值型或混合型），目标市场（权重板块或中小板块），以及一些其他因素。在本节中我们将以基金的投资目标为依据，对比较常见的共同基金的类别加以介绍。

12.4.1 共同基金的种类

1. 成长型基金（Growth Fund）

成长型基金是基金中较常见的一种，它追求的是基金资产的长期增值。为达到这一目标，基金管理人通常将基金资产投资于信誉较高、有长期成长前景或长期盈余的公司的股票。在成长型基金中也有更为进取的基金，即积极成长型基金及投资于特定行业的特殊性基金。通过分析这些基金的选股思路、持仓比例及净值变化，可以归纳出成长型基金主要有以下几个特点。

1）选股注重上市公司的成长性。上市公司的成长性既可以表现为上市公司所处行业发展前景好，属朝阳行业，行业利润率远远高于其他行业的平均水平，该行业在财政税收方面享受优惠或在其他方面受到国家政策的倾斜；也可以表现为上市公司主营业务具有突出的市场地位，或者由于兼并收购等资产重组行为导致企业基本面发生重大变化，企业经营状况发生实质性改善，从而实现上市公司的快速成长。当前具有较高成长性的行业非高科技板块和生物医药板块莫属，所以成长型基金在选股时也较为青睐上述两个板块的股票。

2）持股相对比较集中。成长型基金在进行分散风险、组合投资的同时，对某些重点看好的股票也保持了较高的持仓比例。2016 年年底，偏股基金重仓股合计 1 935 只，2017 年三季度末，偏股基金重仓股仅有 1 610 只，较 2016 年年底减少 325 只。与此同时，2016 年年底，被超过 100 只偏股基金重仓持有的股票仅有 8 只，而到了 2017 年三季度末，28 只个股被超过 100 只偏股基金重仓持有。这 28 只个股集中在银行、非银金融、电子和食品饮料板块中，分别有 8 只、5 只、5 只和 4 只。

3）收益波动两极分化。从理论上讲，成长型基金在获得较高收益的同时，也承担了较高的风险。一般来说，随着市场行情的上涨和下跌，成长型基金收益波动性比较大。从单位净值变化上看，部分成立时间较短的成长型基金净值变化幅度较大，但是那些"老牌绩优"的成长型基金却能在强势中实现净值较快增长，在弱势中表现出较强的抗跌性。

2. 积极成长型基金（Aggressive-Growth Fund）

积极成长型基金以追求资本的最大增值为操作目标，通常投资于价格波动大的个股。择股的指标常常是每股收益成长、销售成长等数据，最具冒险进取特性，风险/报酬最高，适合冒险型投资人。在美国，积极成长型基金也会投资于期权等具有对冲功能的投资工具，有时还会进行卖空操作，以追求高的资本增值及有吸引力的收益率。在所有基金当中，积极成长型基金是投机性最强的基金，同时它的净值波动幅度在各种基金中也最大。当市场形势良好时，积极成长型基金通常会有很高的收益率；相反，当市场下跌时，该类型基金的损失也会相当大。

3. 价值型基金（Value Fund）

价值型基金以追求价格被低估、市盈率较低、分红较高的个股为主要策略，希望能够发现那些暂时被市场所忽视、价格低于价值的个股。与成长型基金不同，在选择股票时，价值型基金既注重股票的升值潜力，还注重股票被低估的内在价值。没有被投资者发现的、具有增值潜力的公司是它们的主要目标。

实现价值投资并非易事，它需要基金管理者大量阅读公司的财务报表及其他相关资料，来寻找没有被其他投资者发现的价值。一般来讲，价值型基金的投资风险低于成长型基金（低市盈率、高分红率及良好的基本面等因素都在一定程度上减小了投资风险），但对投资者来说，价值型基金的长期收益率往往能有与成长型基金甚至积极成长型基金相当的收益率。因此，对于长期投资者，尤其那些寻求高收益的保守型投资者来说，价值型基金是一个相当不错的基金投资选择。

4．收益型基金（Equity-Income Fund）

收益型基金通过投资于高收益的普通股以取得较高的即期收益。虽然资本增值不是收益型基金的主要目标，但在实现资本保护的前提下，收益型基金也会追求资本收益。这类基金主要投资于资质好的普通股，以及一部分可转换证券和优先股。有时，收益型基金也会投资一部分公司债券及高评级的外国债券。

在选股时，这类基金钟情于蓝筹股、公用事业及金融类股票。它们会挑选有高的即期分红，同时在长期内又有增值潜力的股票加入自己的投资组合。由于蓝筹股和评级较高的股票的价格波动幅度一般都小于市场的波动，因此收益型基金经常被视为一种低风险的投资方式。

5．平衡型基金（Balanced Fund）

在维持股票投资与债券投资一定比例范围的基础上，基金经理可以根据需要使投资有所偏重。很显然，投资于证券部分的比例越大，基金就越偏向于收益型。大多数情况下，平衡型基金会投资于高评级的证券，包括成长型的绩优股（Blue-Chip）、高付息的（高贴现率）投资级（Investment-Grade）债券等。平衡型基金一般被看作一种比较安全的投资形式，同时它对于期望保本和期望资本增值的投资者均具有吸引力。注意，有时收益型基金、偏重于即期收益的平衡型基金及一些债券基金被合称为"收益型基金"，因为它们都将追求高的即期收益率作为首要投资目的。

6．成长-收益型基金（Growth-and-Income Fund）

成长-收益型基金也像平衡型基金一样，寻求即期收益与长期资本增值间的平衡，但成长-收益型基金更注重资本的增值。一般来说，成长-收益型基金会将大多数资金投资于股票市场，有时这一比例可达到80%～90%。因此，成长-收益型基金投资组合中包含大量的成长型绩优股及高分红收益的股票，这类基金的吸引人之处在于它在长期内有一个比较高的收益水平。由于其配置于股票市场中的资金较多，它适合能够承受风险和较大波动的投资者。

7．债券基金（Bond Fund）

债券基金即债券投资基金，是基金市场的重要组成部分，其规模仅次于股票基金，主要以政府公债、市政债券、公司债券等债券品种为投资对象。债券是一种获利稳定、风险较小并具有一定期限结构的有价证券，因此债券基金可以获得稳定收益，风险也较小，可见债券基金基本上属于收益型基金。债券基金按投资地域可划分为国际债券基金、欧洲债券基金、美国债券基金、英国债券基金等。债券基金按币种可划分为美元债券基金、英镑债券基金、日元债券基金等。债券基金按发行主体可划分为政府公债基金、市政债券基金、公司债券基金等。

与直接投资债券相比，投资于债券基金有以下三点明显的优势。

1）投资于债券基金比直接投资于债券具有更好的流动性。

2）债券基金可以使投资者用较少的资金完成债券投资的多样化（在美国，大多数债券的最小购买单位都在 1 000~5 000 美元，而债券基金的初始投资额可以很小）。

3）债券基金拥有自动再投资的功能，让投资者得到复利的收益。

债券基金与利率的走势紧密相关。市场利率的波动会导致债券价格和收益率的变动，债券基金投资于债券，其收益水平受到利率变化的影响。这一点在利率高度市场化的美国表现得尤为明显。1985 年，由于美国当年利率下调，增加了债券投资的吸引力，当年流入美国政府公债基金的新增资金从 74 亿美元激增到 428 亿美元，比上年增加了 6 倍。而 1996 年由于利率上调，债券投资的吸引力下降，当年流入政府公债基金的资金比上年减少了 135 亿美元。

一般来讲，债券基金被视为一种非常保守的投资方式，但其中仍包含一定风险，利率的变动会引起债券价格的波动。同时，在今天的市场上也有一些高风险的债券基金，它们大量投资于垃圾债券（如标准普尔 3B 以下、穆迪 Baa 以下的债券），甚至一些高波动性的衍生金融工具。

由于债券基金分类很广，所以无论投资者想投资于哪种类型的固定收益证券，都可以找到满足他需要的债券基金进行投资。

8．货币市场基金（Money Market Fund）

货币市场基金是指在全球的货币市场上从事短期有价证券投资的一种基金，它的主要投资对象有国库券、银行可转让大额存单、商业票据、银行承兑汇票、同业拆借及回购协议等。它于 1972 年创设于美国。

与传统的基金比较，货币市场基金具有以下特点。

1）货币市场基金与其他投资于股票的基金最主要的不同在于基金单位的净资产值是固定不变的，通常是每个基金单位 1 元。投资该基金后，投资者可利用收益再投资，投资收益就不断累积，增加投资者所拥有的基金份额。

2）衡量货币市场基金表现好坏的标准是收益率，这与其他基金以资产净值增值获利不同。

3）流动性好、资本安全性高。这些特点主要源于货币市场是一个低风险、流动性高的市场。同时，投资者可以不受日期限制，随时可根据需要转让基金单位。

4）风险性低。货币市场工具的到期日通常很短，货币市场基金投资组合的平均期限一般为 4~6 个月，因此风险较低，其价格通常只受市场利率的影响。

5）投资成本低。货币市场基金通常不收取赎回费用，并且其管理费用也较低。货币市场基金的年管理费用大约为基金净资产值的 0.25%~1%，比传统的基金年管理费率 1%~2.5%低。

6）货币市场基金均为开放式基金。货币市场基金通常被视为无风险或低风险投资工具，适合资本短期投资生息以备不时之需，特别在利率高、通货膨胀率高、证券流动性下降、可信度降低时，可使本金免遭损失。

9. 指数基金（Index Fund）

指数基金是指通过复制所跟踪指数中的股票而形成的基金。简单地说，就是基金跟踪的指数中有哪些股票，基金就主要买哪些股票，而且指数基金中每只股票配置的比例大致与指数中每只股票在指数中占的比例相同。

从国际上来看，指数基金可以分为两种，一种是纯指数型基金，另一种是指数增强型基金。纯指数型基金的资产几乎全部投入所跟踪的指数的成分股中，而且基本是满仓操作。纯指数型基金是一种完全被动操作的基金。一般来说，即使市场可以清晰地看到在未来半年将持续下跌，它也保持满仓状态，不做积极性的行情判断。与纯指数型基金相比，指数增强型基金略有不同，它不是完全的被动投资，而是在纯指数化投资的基础上，根据股票市场的具体情况进行适当的调整。调整主要包括以下几个方面。

1）调整权重。基金经理在对行业、个股进行深入研究的基础上，可能对一些预计收益超过平均水平的行业或个股增加投资比例，而调低业绩较差的行业或个股投资比例。

2）股票替代。基金经理通过申购新股，适量投资于预期被纳入成分股的股票，或者用非成分股替代流动性很差的成分股等方法替代一些股票。

3）仓位调节。一般来说，基金将以一个固定百分比的仓位作为股票目标仓位，但在基金经理能够明确判断市场将经历一段长期下跌过程时，基金经理可调低股票投资仓位。

指数基金的优势主要表现在以下几个方面。

1）费用低廉。这是指数基金最突出的优势。费用主要包括管理费用、交易成本和销售费用三个方面。管理费用是指基金经理进行投资管理所产生的成本；交易成本是指在买卖证券时发生的经纪人佣金等交易费用。由于指数基金采取持有策略，不用经常换股，这些费用远远低于积极管理的基金，这个差异有时达到了 1%~3%。虽然从绝对额上看这是一个很小的数字，但是由于复利效应的存在，在一个较长的时期里累积的结果将对基金收益产生巨大影响。

2）分散和防范风险。一方面，由于指数基金广泛地分散投资，任何单个股票的波动都不会对指数基金的整体表现构成影响，从而分散风险。另一方面，由于指数基金所盯住的指数一般都具有较长的历史可以追踪，因此，在一定程度上指数基金的风险是可以预测的。

3）延迟纳税。由于指数基金采取了一种购买并持有的策略，所持有股票的换手率很低，只有当一只股票从指数中剔除的时候，或者投资者要求赎回投资的时候，指数基金才会出售持有的股票，实现部分资本利得。这样，每年所交纳的资本利得税（在美国等发达国家中，资本利得属于所得纳税的范围）很少，再加上复利效应，延迟纳税会给投资者带来很多好处，尤其在累积多年以后，这种效应就会愈加突出。

4）监控较少。由于运作指数基金不用进行主动的投资决策，所以基金管理人基本上不需要对基金的表现进行监控。指数基金管理人的主要任务是监控对应指数的变化，以保证指数基金的组合构成与之相适应。

10．行业基金（Sector Fund）

行业基金是指将投资固定于某一特定行业或部门的一类共同基金。这类基金持有的资产都集中于一个或几个主要选定的目标行业。例如，一个医疗健康行业基金就很可能从制药、医药供应、生物研究、医疗等公司中选取有成长潜力的股票。比较常见的行业基金大多投资于科技、金融服务、不动产、自然资源、通信、医疗健康等"热门"行业。

行业基金最主要的投资目标是追求资本收益。行业基金与成长型基金很相似，因此被视为一种投机性的投资工具。行业基金的概念来源于人们对"有吸引力的利润只来源于市场中的某几个行业或部门"这一论断的信任。有这一观念且愿意接受一定风险的投资者往往选择这类基金。

11．社会责任基金（Socially Responsible Fund）

对于一些人来说，投资的含义不仅仅是计算投资收益。这类投资者认为证券的选择过程应该包括对于道德、伦理、环境等因素的考虑。他们认为在进行投资决策时，对于社会责任的考虑与对于金融因素的考虑有同等重要性。对于这样的投资者，社会责任基金便是他们可选的投资方式之一。这类基金将道德因素与盈利同时融入投资决策中。

只有一部分公司可以进入社会责任基金的视野。如果一家公司不能符合基金对于公司在环境保护、社会道德等方面设立的标准，那么即使这只股票的收益再好，都不会得到基金经理的青睐。这类基金拒绝投资于烟草、酒、赌博或武器制造等类型的公司，它们愿意选取那些经常从事公益事业，有良好的雇佣关系，以及对社会做出贡献的公司。

12．资产配置基金（Asset Allocation Fund）

研究表明，正确决定如何分配投资资产是投资过程中至关重要的一环。资产配置是决定如何将投资资产配置于不同种类的证券的过程。例如，你的投资中有多大比例投资于货币市场证券？多大比例投资于股票、债券？资产配置是投资者选择投资证券种类的过程，它不注重同一种类资产中具体的证券筛选过程。

由于很多投资者没有时间和精力来完成资产配置的过程，因此基金行业便创造出了满足投资者这一需求的产品。资产配置基金将投资者的资金分配于不同种类的市场中。其他基金将投资者的资金投入股票市场、债券市场或货币市场中的一个，而资产配置资金投资于所有市场。许多资产配置基金的投资范围包括外国证券，还有些投资于黄金、不动产等实物资产。

这类基金是为那些希望基金经理既能为投资者进行资产配置，又能选择具体证券的投资者而设计的。我们来看一下一个标准的资产配置基金是如何工作的。一位资金经理建立了一份资产配置方案，假设方案包括50%的美国股票、30%的债券、10%的外国证券，以及10%的货币市场证券。之后按照这一比例，基金经理将会从每类资产中筛选合适的品种买入。在操作过程中，基金经理会对不同种类的资产分别进行买卖。当整个市场发生变化时，各类资产的比例也会得到相应的调整。例如，如果美国股市步入疲软状态，基金经理就会降低美国股票占总资产的比例，比如降到35%，并同时提高外国股票的例至25%。我们没有办法保证基金经理总是判断正确，并对资产进行及时调整，但这是我们投资于资产配置基金所希望达到的目标。

13. 国际投资基金（International Fund）

为了得到较高的收益，越来越多的投资者将视野放在国外证券市场之中，在这种情况下，国际投资基金——一种主要投资于海外证券市场的基金应运而生，并迅速发展。以美国为例，1985年，美国仅有40只国际投资基金，而到2005年，国际投资基金的数量已经接近2 500只。很多投资者有意愿投资于国外证券，但不清楚如何才能实施这一操作。国际投资基金则为这类投资者提供了了解国际经济情况，实现国际投资的途径。

从技术上讲，国际投资基金是一种主要投资于国外证券市场的基金，这类基金经常投资于某一特定的地理区域（如墨西哥、澳大利亚、欧洲）。相反，全球投资基金（Globe Fund）则同时投资于海外和国内市场——如投资于一些大型跨国公司。由于全球投资基金的资本全球化配置，它为投资者提供了更多样的投资途径。无论是国际投资基金还是全球投资基金（在下文中，我们都称其为国际投资基金），它们包含了从股票基金到货币市场基金，从积极成长型基金到平衡型基金的所有类型来满足投资者的不同投资要求。

这类基金通过两种方式来获得国际化投资优势：市场本身的价格变动带来的资本收益；由于本国货币贬值带来的间接收益。在一般情况下，这类基金都会通过使用外汇期权、期货等工具作为保值手段来防止汇率变动给投资者带来的风险。由于国际投资基金自身的特性，它是一种包含较高风险的投资工具，适合风险承受能力比较强的投资者。

12.4.2 基金服务

毋庸置疑，投资者选择基金时最关注的因素是基金的业绩情况，但基金所提供的服务也是投资者在选择基金时考虑的因素之一。比较常见的基金服务包括自动投资计划、自动再投资计划、定期收入服务及转换特权。

1. 自动投资计划（Automatic Investment Plan）

自动投资计划又称基金定投计划，是指在一定的投资期间内，投资人以固定时间、固定金额申购某只基金产品的业务。简单地说，它是类似于银行零存整取的一种基金理财业务。开通基金定投后，系统会根据你申请的扣款金额、投资年限，每月自动将预先确定数额的资金从投资者指定的银行账户转至投资者的基金账户进行投资。

基金定投计划有如下几个优点。

（1）利用平均成本法摊薄投资成本，降低投资风险

对于单笔投资，定期定额属于中长期的投资方式，每月固定扣款，不管市场涨跌，不用费心选择进场时机，运用长期平均法降低成本。当基金净值上扬时，买到较少的单位数，反之，在基金净值下跌时，买到较多的单位数。长期下来，成本及风险自然摊低。

表12.1可以很清楚地看到，每个月固定投资1 000元的结果是，不论多头或空头市场，所取得基金的平均成本都比平均市价低，所以投资者利用定期定额方式投资开放式

基金，即使面临空头市场也不必惊慌，因为在这段时间里，以一样的成本反而可以买到较多的单位数，一旦空头市场结束，多头市场来临，获利则更为可观。

表 12.1　资金定投计划　　　　　　　　　　　　（单位：元）

定期投资金额	多头市场（股票上涨时）		空头市场（股票下跌时）	
	单位价格	购得单位数	单位价格	购得单位数
1 000	1.00	1 000.00	1.00	1 000.00
1 000	1.02	980.39	0.98	1 020.41
1 000	1.05	952.38	0.95	1 052.63
1 000	1.05	952.38	0.95	1 052.63
1 000	1.08	925.93	0.92	1 086.96
合计 5 000	合计 4 811.08 单位		合计 5 212.63 单位	
平均单位成本	1.039 2（5 000/4 811.08）		0.959 2（5 000/5 212.63）	
平均市价	1.040 0		0.960 0	
	（1.00+1.02+1.05+1.05+1.08）/5		（1.00+0.98+0.95+0.95+0.92）/5	

（2）不必考虑投资时点

投资的要诀就是"低买高卖"，但很少有人可以在投资时掌握最佳的买卖点获利，其中最主要的原因就是，一般人在投资时常陷入"追高杀低"的盲点中。在市场行情处于低迷时，即使投资人知道是一个可以进场的时点，但市场也会陷入悲观的气氛当中，使许多投资人望而却步；同样，在大盘指数处于高位时，许多人即使已从中获利，也容易因为难以理性判断投资行情而将资金再次投入。因此，为避免这种人为的主观判断，投资者可通过"定投计划"来投资股市，不必在乎进场时点，不必在意市场价格，无须为股市短期波动改变长期投资决策。

（3）积累小笔资金

定期定额投资的另一大特色就是在不加重投资人负担的条件下，使小笔资金不断得到积累。投资人不必筹措大笔资金，只需用每月生活必要支出以外的闲置资金进行定期定额投资，这样既强迫投资人储蓄，又不会造成额外的经济负担。投资者通过这种投资方式可以积少成多，以应付未来对大额资金的需求。

（4）复利效果长期可观

"定投计划"收益为复利效应，本金所产生的利息加入本金继续衍生收益，通过利上加利的效果，随着时间的推移，复利效果越发明显。定投的复利效果需要较长时间才能充分展现，因此不宜因市场短线波动而随便终止。只要长线前景良好，市场短期下跌反而是累积更多便宜单位数的时机，一旦市场反弹，长期累积的单位数就可以一次获利。理财目标则以筹措中长期的子女教育金、退休金较为适合。

当然，任何投资都是有风险的，定期定额投资也不例外，只不过它把这种风险降到较低的位置。定期定额虽然是很好的投资方式，但绝不能不理不睬、放手不管，否则市场下跌时赔的钱很可能与市场上升时赚到的钱相等，甚至更多。在定期定额投资计划中，赎回点的选择非常重要。投资者可以在适当的价位，且已经完成或接近完成投资目标时，考虑部分赎回的问题。

2. 自动再投资计划（Automatic Reinvestment Plan）

自动再投资计划是共同基金的另一个重要优势，基本所有的开放式基金都提供这一服务。自动投资计划处理的是你将投入基金的资金，自动再投资计划则针对基金分派给投资者的红利。类似于股票分红再投资计划[①]，基金的自动再投资计划会自动地用投资者每次收到的分红购买新的基金份额，这样的购买允许有"碎片"份额（可以不足一份），同时，大部分基金都免去了再投资时的佣金费用。

自动再投资计划可以使你享有分红带来的叠加式收益。在比较长的投资期间内，这样一项计划可以为你带来一份非常可观的资本收益。图 12.2 展示了这一计划的长期影响，在本例中我们假设初始投资为 10 000 美元，且使用了自动再投资计划。在 1991—2005 年 15 年的时间中，投资金额从 10 000 美元增长至 135 000 美元，在这 1 250%的资本增值中，有 18.94%来自分红的再投资。

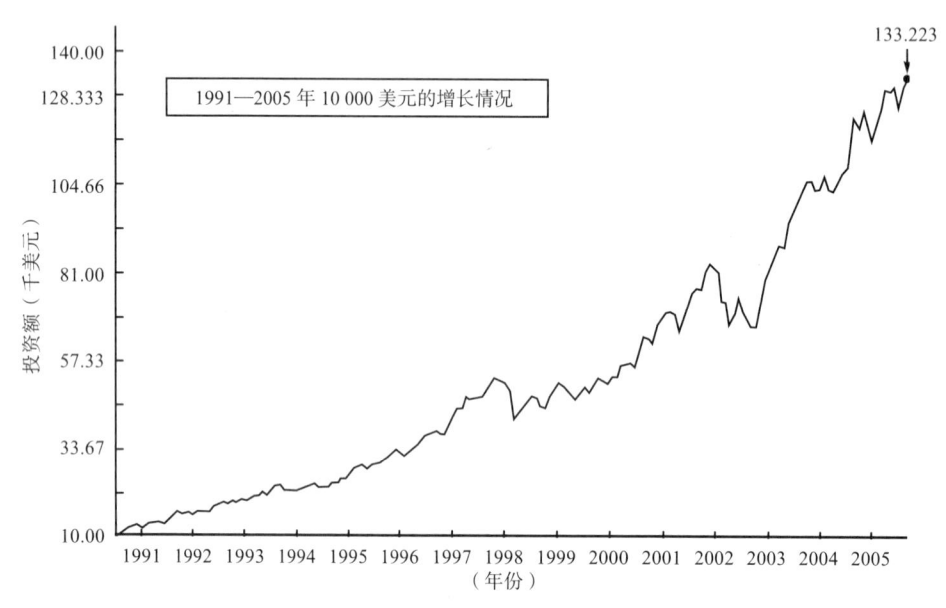

资料来源：Morningstar Principia For Mutual Funds, Dec,31,2005。

图 12.2 再投资的影响

3. 定期收入服务（Systematic Withdrawal Plan）

自动投资及再投资计划都是长期投资者相当不错的选择。但对于一个寻求稳定收入流的投资者来说，有没有合适的投资服务呢？共同基金提供的定期收入服务满足了这类投资者的需求。采用这一计划的投资者可以每月或每季度收到一笔事先约定好额度的资金。大多数提供这一计划的基金公司都要求有 5 000 美元或更多的初始投资额，同时每期的付息额在 50 美元或更多。使用这一计划的基金公司会首先从基金分红和已实现资本

---

① 与美国市场不同，目前我国暂时没有股票分红再投资计划。

收益中支付定期所付的金额。如果这两项不够，那么基金公司就会从原始的投资额中拿出一部分资本来支付每期的取款支出。

4．转换特权（Conversion Privilege）

一些投资者认为，适时地进行基金的转换是非常必要的，特别当投资者的投资目标或市场的投资环境改变时，转换特权使得这一转换过程既方便又经济。拥有多只基金的投资管理公司经常提供转换特权，使投资者可以通过电话或互联网完成基金的转换，而唯一的限制条件是你只能在同一"家族"的基金中进行转换。举个例子，假设你现在拥有一定份额的"嘉实沪深 300"基金，那么你可以转换为"嘉实成长"或"嘉实服务增值行业"等基金，却不能转换成"易方达成长"等其他公司的基金。

在许多基金"家族"中，基金的转换基本不受任何限制。很多大型的基金公司可以提供上百种基金供投资者选择。例如，美国的 Fidelity 旗下的基金"家族"中，有将近 200 种基金，从高收益的股票型基金到债券基金，几十种行业基金和货币市场基金等。它基本上可以满足任何偏好的投资者需求。

转换特权是一项很有利于投资者的服务，它能够满足投资者调整长期投资目标的需求，同时也使投资者有机会对基金进行更积极的管理，以便在市场整体下滑时及时转移高风险资产。这一服务的一项不完美之处在于，频繁地转换会增加投资者的手续费用，造成一定的资产损失。这是投资者在进行转换时需考虑的问题。

12.5 投资于共同基金

假设投资者有一部分资金，并准备寻找一个合适的地方进行投资。很显然，投资者希望找到符合其风险收益需求的投资工具，所以投资者不得不从成千上万的投资品种中去挑选适合投资者的投资品种，这一过程对于一般的投资者来说相当复杂也相当困难。同样，从上百种基金中去挑选满足投资者要求的基金也一样。为简化选择，可以按照以下步骤来选择基金。

1）了解不同基金所提供的功能。
2）衡量各种基金的业绩表现。
3）选择与投资者的投资目标相同的基金。

以下如无特殊说明，"基金"均指共同基金。

12.5.1 共同基金的用途

一般来讲，投资基金存在三种主要功能：财富积累、资产储存、投机和短期交易。

1）财富积累。这是基金应用最广泛的功能。一部分投资者使用基金来积累资产，他们的主要目标是实现资本的稳固与增值。一方面，通过投资基金，他们实现了资产配置的多样化，很大程度上避免了个人投资所面临的不确定性和风险；另一方面，通过投资基金，投资者能分享到基金经理的资产管理和运作经验，从而获得比较好的收益。

2）资产储存。一部分投资者将共同基金作为资本的储藏室。他们希望找到一个有较好流动性、可以安全地存放资金，并且能获得一定收益的投资工具。对于这类投资者来说，中短期的债券基金及货币市场基金都是不错的选择。投资者也可以将货币市场基金作为一个在没有发现好的投资机会时的资金"临时存放处"。

3）投机和短期交易。由于基金长期性的天然属性，它不适于作为激进型交易工具。但目前以投机或短期交易为目的的激进型基金投资者的数量正在增多。

一部分投资者利用市场环境发生变动时的买卖机会来达到投资目标。另一部分投资者通过选择投资策略比较激进的高收益型基金进行长期投资，这类基金包括期权基金、新兴市场基金和小型积极成长基金等。

12.5.2 基金的选择过程

当谈及共同基金，有一个问题是所有投资者在一开始就需要面对的："为什么要投资于基金，而不是直接投资于股票和债券？"对于初级投资者或资金较少的投资者来说，答案很简单：共同基金提供了多样性的投资组合途径。另外，投资者只需为专业性的投资管理支付很低的费用。对于中级投资者来说，原因更为复杂一些：首先，共同基金提供了有广度的资金配置和专业性的资金管理；其次，共同基金还提供了可观的收益水平和周到的投资服务。因此，一部分中级投资者利用有发展潜力的优质基金来提高个人的收益水平；一部分投资者则将现金资产投资于股票等证券市场，另一部分资金投入他所不了解的领域的基金。基金的选择过程如下。

1. 确定投资目标

要开始基金投资，首先要了解个人的投资目标。为什么要投资于基金？希望从中收获什么？很显然，有吸引力的投资回报是必需的，但前提是基金所带来的风险在投资者所能承受的范围内。当在不同类型的基金中进行选择的时候，会找到适合自己风险收益水平的基金。例如，积极成长型基金往往对保守型投资者没什么吸引力。另一个影响基金选择的因素是投资者打算用基金来做什么。投资者希望通过投资于基金来进行财富积累、资产储存，还是为获取高收益而进行投机交易？最后是基金提供的服务。如果投资者希望得到某项特殊的基金服务，那么在选择基金时，投资者应该关注适合自己的基金品种是否包含这项服务。

2. 删减基金列表

在明确了对基金的需求后，投资者就可以从基金列表中进行删减，以排除那些不符合你需要的基金，从而把注意力从上百种基金集中到2~3个基金类型中。之后，投资者可以再通过一些额外的考虑因素从已选的2~3类的基金中进行筛选，这些因素包括基金的交易费用、辅助投资者达到投资目标的特定基金服务等。

基金选择过程的最后一个环节是衡量基金的业绩表现，这方面的信息如下。

1）这只基金在过去5~7年的业绩表现。
2）在好的和不好的市场环境下，基金的收益率分别是多少。
3）基金分红的稳定性和分红水平如何。

4）基金收益的风险有多大（收益的波动幅度）。

其中，分红不仅是衡量即期收益率多少的一个指标，也影响着基金的税收效益（Tax Efficiency）。一般来讲，分红率和换手率较低的基金给投资者带来较低的税收负担（存在资本利得税的情况下），因此具有较高的税收效益。同时，在选择基金时还需要重视基金的费用结构，要警惕那些管理费用很高的基金，因为它们会抵减投资者的投资回报。

另一个需要注意的地方是投资者所选择的基金是否适合其已有的投资组合。如果投资者正在使用一种资产配置的策略，那么当投资者向投资组合中加入新基金时，要考虑它是否符合原有的投资策略。

在本书介绍的基金选择的过程中，我们给予基金过去的表现以一定权重。传统上，基金过去的表现并不被给予过多考虑，因为基金的未来走势才是关键。基金的成功与否依赖于投资经理的投资管理能力，而过去基金的表现在一定程度上反映了投资经理的资金管理能力。还要注重基金的管理人是否变动。

12.5.3 衡量基金业绩

在任何投资决策中，收益率的高低都是投资品种选择过程中一个非常重要的因素。收益的相关信息可以帮投资者了解基金的业绩，便于投资者将其与其他基金或投资工具的收益进行对比。这里我们将介绍一些评估共同基金业绩的指标。同时，由于投资的风险水平也是衡量基金表现的一个重要方面，我们对共同基金风险的测度也做简单的介绍。

1. 收益的来源

开放式基金潜在的收益来源有三种：红利收益、资本利得分配和未实现资本收益。不同类型的基金，其收益的主要来源也不相同。

开放式基金会定期公布其投资表现，基金公报涵盖了基金收益和资本变动情况。

1）红利收益（Dividend Income）。红利收益来自共同基金所持证券的分红或利息收入，是投资净收益减去运营费用后的所得。当基金从股票或债券投资中获得红利或利息收益后，它会以分红的方式将每期所得按比例分配给基金持有人。

2）资本利得分配（Capital Gains Distribution）。这部分收益来自基金投资资产的实际资本利得，它同样以分红的形式按比例分配给基金持有者。举例说明，某只基金一年前以 50 元/股的价格买入一只股票，而现在股票的价格为 75 元/股，基金经理将其出售，每股收益 25 元，基金原来持有 10 万股该股票，而基金发行份数为 100 万份，那么每份基金的收益为 25×100000/1000000=2.5（元）（不考虑基金操作产生的手续费用）。需注意的是，这项分配仅适用于已实现的资本利得（真实售出证券后得到的收益）。

3）未实现资本收益（账面收益）（Change in NAV）。当基金所持资产的价格有所浮动时，基金净值也会有所变化。假设投资者购买基金时，基金的价格为 10 元/份，而一段时间后，每份基金的净值变为 12.5 元/份。这 2.5 元的差额是基金的未实现资本收益。它体现了基金持有者在售出基金时将会得到的收益。

封闭式基金的前三个收益来源与开放式基金相同，另外，它有第四个收益来源：基金折价率或溢价率的变动。这一变动将反映在基金价格的变动中，所以也可以认为，封闭式基金的第三个收益来源——价格变动——由两部分组成：基金净值变化及基金折溢价幅度的变化。

2. 收益的衡量

从收益的三个来源来衡量基金的表现是一种简单且有效的方式。当我们要观察投资期小于或等于一年的短期收益情况时，我们可以使用持有期收益率（Holding Period Return，HPR）这一指标。表 12.2 显示了一只无申购、赎回费用的开放式基金 2014—2016 年的一些数据。

表 12.2　共同基金 A 收益及资本变动报告（从 2014 年年末到 2016 年年末每股变动）　（单位：元）

	2016 年	2015 年	2014 年
投资初期净资产	24.47	27.03	24.26
投资收益			
投资净收入（证券分红）	0.60	0.66	0.50
资本净收益（包括实现与未实现部分）	6.37	-1.74	3.79
投资总收益	6.97	-1.08	4.29
分红支出			
投资净收入中的分红	-0.55	-0.64	-0.50
已实现收益的分红	-1.75	-0.84	-1.02
总分红支出	-2.30	-1.48	-1.52
期末资产净值	29.14	24.47	27.03
总收益率	28.48%	-4.00%	17.68%
补充数据	307 951	153 378	108 904
每单位净资产费率	1.04%	0.85%	0.94%
每单位净资产收益率	1.47%	2.56%	2.39%
投资组合周转率[①]	45%	144%	74%

注：投资组合周转率表示基金进行买卖的证券份额占总资产的比例，高的周转率说明基金管理者进行了大量频繁的基金交易。

从表 12.2 中我们可以看到，2016 年每份基金获得了 0.55 元的分红收益和 1.75 元的资本利得分配。同时基金价格由年初的 24.47 元增至 29.14 元。经计算，总收益为 6.97 元，通过持有期收益率的公式，我们得出这只基金 2016 年的年收益率为 28.48%。

（1）红利和资本利得再投资后的持有期收益

很多基金投资者会将红利和资本利得收益进行基金再投资。在这种情况下，使用简单的持有期收益率计算公式就不能准确反映收益情况，但我们可以通过对公式的修正来解决这一问题。

我们用上文的例子加以说明。假设投资者在年初购买了 200 份共同基金，并且将期间收益以 26.50 元/份的平均价格进行再投资。因此，在持有期获得的 460 元［(0.55+1.75)×200=460］红利和资本利得收益使投资者增持了 17.36 份基金（460/26.5），期末持有

217.36 份基金（200+17.36）。变动后的公式如下：

$$持有期收益率 = \frac{(期末持股数 \times 期末价格) - (期初持股数 \times 初始价格)}{(期末持股份额 \times 初始价格)}$$

$$持有期收益率 = \frac{(217.36 \times 29.14) - (200 \times 24.47)}{(200 \times 24.47)}$$

$$= \frac{6\,333.87 - 4\,894}{4\,894}$$

$$= 29.4\%$$

因此，该份基金的持有期收益率为 29.4%，投资者可以利用这一收益指标将自己的基金表现与其他基金或另外的投资工具进行对比。

（2）长期收益的衡量

当我们想要衡量一只基金在长期内的表现时，使用持有期收益率这一指标进行衡量是不合适的，因为它没有考虑到资金的时间价值。此时，我们使用以资金现值为基础的内部收益率指标来衡量收益情况。

仍然以上述例子说明，假设我们考察这只基金三年的收益情况（2014—2016 年），基金每年的分红情况如表 12.3 所示。

表 12.3　共同基金分红情况统计　　　　　　　　　　　　　　　　（单位：元）

	2016 年	2015 年	2014 年
分红收益	0.55	0.64	0.50
资本利得分配	1.75	0.84	1.02
总分红	2.3	1.48	1.52

假设基金在期初（2014 年 1 月 1 日）的交易价格为 24.26 元，在 2016 年年末的价格为 29.14 元，持有期间基金带来的现金流如表 12.4 所示。

表 12.4　共同基金现金流统计　　　　　　　　　　　　　　　　（单位：元）

初始现金流出	后续现金流		
	第一年	第二年	第三年
24.26	1.52	1.48	2.3+29.14

通过算式 $24.26 \times (1+r)^3 = 1.52 \times (1+r)^2 + 1.48 \times (1+r) + 2.3 + 29.14$，我们可得到基金的收益率为 13.1%。即当收益率为 13.1% 时，第一年、第二年及第三年收益的现值将等于初始的投入资金 24.26 元。

（3）封闭式基金的收益

习惯上，封闭式基金的收益率是以其净值为基础公布的，即在计算收益率时，没有把基金的折溢价情况考虑在内。但在实际中，折溢价率的大小及变动情况直接关系到持有期收益率的高低。以净值为基础计算收益率时，封闭式基金与开放式基金持有期收益率的计算方法相同，而以市场真实价格为基础计算时，只需把净值替换成市场价格。

一些封闭式基金的投资者同时关注以净值为基础和以市场价格为基础的收益率，以观察折溢价的变动对于基金收益的影响。当然，作为一种规则，以净值为基础的收益率仍被优先视为衡量收益的工具，因为基金经理很少能控制基金的折溢价变动，所以以净值为基础的收益衡量方式比较真实地反映了基金的表现。

3. 风险因素

基金投资的多样性使投资者在很大程度上避免了单个股票的商业或金融风险，但基金仍包含一定的市场风险。事实上，正因为基金的投资面广泛，所以基金的表现往往反映了一个市场或基金所投资的领域的整体表现。所以，投资者必须注意市场整体对于基金的影响。举个例子，如果整个市场都处于下降的趋势中，并且你预计这一趋势还将持续，那你就应该将任何新的投资投入货币市场基金一类的低风险投资工具中，直到市场恢复。

基金的另一个风险来自基金本身的管理。如果采取保守型的管理策略，投资组合受到损失的风险就会比采取激进型管理策略时小得多。很明显，基金的投机目的越强，它的净值稳定性就越差。但并不是说是用保守型投资策略就可以规避所有风险，因为投资组合中的证券会受到诸如通货膨胀、利率变动及市场整体风险等因素的影响。只是在保守型的投资管理中，这些因素对投资组合收益的影响会小得多。

知识拓展

1. 单位投资信托、封闭式基金管理公司以及开放式基金管理公司都是把投资公司按类别与法规划分后形成的。从本质上来说，单位投资信托是不用管理的，它的投资组合一旦确立就固定不变。相反，管理投资公司，当其投资组合的经理认为有必要时就改变其投资组合的构成。封闭式基金的交易与其他证券相同，投资者不能赎回股份；而开放式基金可按投资者的要求，以资产净值赎回股份。

2. 资产净值等于基金所持有的资产市值减去基金的负债，再除以发行在外的基金股份数。

3. 共同基金在很大程度上免除了个人投资者管理自己证券的麻烦，为他们的投资组合提供了专业化服务，也为他们带来了通常只有大投资者才有的优势，譬如节约交易成本等。另外，投资于共同基金，也要支付管理费用与其他费用，这减少了投资者的收益率。基金也减少了某些投资者变现资本利得的机会。

4. 共同基金通常按照投资策略进行分类，主要分为货币市场基金和股权基金。对于股权基金，再按照对收入和增长不同的重视程度进一步分为：固定收入型基金、平衡和收入型基金、资产配置型基金、指数化基金及特定行业基金。

5. 投资于共同基金的成本包括前端费用，它属于销售费用；撤离费用，它是回购费用，或更恰当地说，是延期销售费用；基金运作费用；12b-1费用，这是二次发生的费用，用于支付将基金公开上市的支出。

6. 共同基金的收入不必按基金级别缴税，相反，只要基金符合一定的转手要求，收入就被视为投资者在基金中获得的收入。

投资行动

将ETFs加入你的投资组合

交易所交易基金（ETFs）形式上类似于指数基金，在交易方式上则与股票类似。在美国，有120多种模拟各种指数的ETFs可以供投资者选择。

每份ETFs都代表了模拟某一特定指数的一揽子股票。可以通过市场经纪人账户很便利地对其进行买卖。ETFs是由计算机管理而不是由基金经理管理的，因此它的交易费用非常低。同时，由于ETFs没有主动的买入、卖出操作，它几乎不会引起资本利得税等相关税金支出，投资者只有在卖出ETFs并获利的前提下，才需要负担一定的税赋。ETFs在收益上的出色表现，也使ETFs低成本的优势得到进一步显现。美国的一项研究表明，模拟标准普尔500指数、道琼斯工业平均指数等的ETFs比主动性管理基金的平均业绩高了75%。

ETFs也存在一些不足。虽然ETFs的经纪人佣金费率很低，但相对于股票交易来说，这仍然是一笔额外的支出，而且进行ETFs交易还存在一定的买卖价差（Bid/ask Spread）。另外，传统的共同基金可以将获得的股利和出售股票得到的收益及时进行再投资，从而产生复利式的连续收益。而ETFs只能以月或季度为单位进行红利再投资。

尽管存在以上一些不足，ETFs仍然是一个非常好的投资途径，它使投资者有了接近市场中任一板块的途径。这些板块可能是以行业划分的，可能是以地域划分的，也可能是以任意其他标准划分的。在美国，投资者可以找到模拟价值型股票或成长型股票价格指数的ETFs；也可以找到模拟大型、中型或小型上市公司股票价格指数的ETFs；同样，也能找到模拟某一特定行业股票价格指数——如能源行业、公用事业等——的ETFs。另外，ETFs还帮投资者实现了地域的分散化（Geographical Diversification），投资者可以购买模拟欧洲标准普尔500指数、欧洲货币市场指数等的ETFs。

因为ETFs存在做空机制，投资者可以将其作为套期保值的工具来保护投资组合头寸，应对市场下跌的风险。例如，可以通过做空一只模拟蓝筹股指数的ETFs来保护投资组合中的此类股票。这样，当市场下行时，在股票市场上受到的部分甚至全部损失，就可以被ETFs的盈利所弥补。

思考题： 投资ETFs有哪些优势？我国有哪些ETFs？

关键术语

资产净值 Net Asset Value，NAV
开放式基金 Open-End Fund
积极成长型基金 Aggressive-Growth Fund

封闭式基金 Closed-End Fund
不动产投资信托 Real Estate Investment Trust，REIT

收益型基金 Equity-Income Fund
货币市场基金 Money Market Fund
指数基金 Index Fund
自动投资计划 Automatic Investment Plan
定期收入服务 Systematic Withdrawal Plan
交易所交易基金 Exchange-trade Fund, ETF

成长型基金 Growth Fund
平衡型基金 Balanced Fund
债券基金 Bond Fund
行业基金 Sector Fund
国际投资基金 International Fund
自动再投资计划 Automatic Reinvestment Plan
转换特权 Conversion Privilege

课后习题

讨论题

1. 你认为一个典型的开放式固定收益型共同基金的营运费用与固定收益单位信托投资公司的营运费用相比是低还是高？为什么？

2. 开放式基金很有必要将总投资的一定百分比，一般为 5%左右投入流动性极强的货币市场资产上，而封闭式基金却无须保持这样一个"现金等价物"的证券头寸。是什么原因导致两者策略上的不同？

3. 平衡型基金和资产配置基金都投资于股票市场和债券市场。这两种基金有何差别？

4. 比较以下方式投资，相对的优势各是什么？
   a. 单位信托投资公司
   b. 开放式共同基金
   c. 自己选择的个股

计算题

1. 一开放式基金资产净值为每股 10.70 美元，销售的前端费用为 6%。它的发行价是多少？

2. 如果一开放式基金的发行价为每股 12.30 美元，销售的前端费用为 5%，其资产净值是多少？

3. 假设你得到一份如表 12.5 所示的 A 基金的相关数据。
   1）请计算 2016 年和 2013 年的持有期收益率。
   2）请计算 2012—2016 年 5 年期及 2007—2016 年 10 年期的收益率。
   3）假设有（净值的）5%的申购手续费，请计算问题 1）和 2）中提出的问题。

表 12.5　A 基金的相关数据　　　　　　　　　　　　（单位：美元）

	2016年	2015年	2014年	2013年	2012年	2011年	2010年	2009年	2008年	2007年
期初资产净值	58.60	52.92	44.10	59.85	55.34	37.69	35.21	34.25	19.68	29.82
投资收益										
投资净收入（证券分红）	1.39	1.35	1.09	0.63	0.42	0.49	0.79	0.37	0.33	0.38
资本净收益（包括实现和未实现部分）	8.10	9.39	8.63	(6.64)	11.39	19.59	5.75	2.73	15.80	(0.02)
投资总收益	9.49	10.74	9.72	(6.01)	11.81	20.08	6.54	3.10	16.13	0.36
分红支出										
投资净收入中的分红	0.83	(1.24)	(0.90)	(0.72)	(0.46)	(0.65)	(0.37)	(0.26)	(0.33)	(0.58)
已实现收益的分红	(2.42)	(3.82)	—	(9.02)	(6.84)	(1.78)	(3.69)	(1.88)	(1.23)	(9.92)
总分红支出	(3.25)	(5.06)	(0.90)	(9.74)	(7.30)	(2.43)	(4.06)	(2.14)	(1.56)	(10.50)
期末资产净值	64.84	58.60	52.92	44.10	59.85	55.34	37.69	35.21	34.25	19.68

4．一个封闭式基金 A 的相关信息如表 12.6 所示，回答相关问题。

表 12.6　封闭式基金 A 的相关信息

	2016 年年初	2016 年年末
资产净值	7.50	9.25
基金份额的市价	7.75	9.00
每年分红	—	1.20
资本利得收入分配	—	0.90

1）2016 年此基金基于资产净值的持有期收益率是多少？

2）计算此基金在年初和年末交易时的溢价或折价百分比。

3）2016 年此基金基于市场价格的持有期收益率是多少？市场溢价和折价对此基金的持有期收益率有影响吗？请解释原因。

🔍 案例分析

王晨是否应投资共同基金

王晨是天津一所初中的教师，有一个即将上小学的孩子。虽然王晨的收入不多，但比较稳定，所以王晨希望拿出一部分资金进行投资。他的投资目标有两个：一方面，他希望可以通过现在的投资为他退休后提供一定的收入来源；另一方面，他希望可以为他的孩子积累一笔上大学的费用（当然，这一目标距现在大约还有12年的时间）。

经过计算，王晨觉得他们夫妇可以每月拿出500元左右的资金进行投资（如果幸运的话，这一数字还有可能逐渐增加）。同时，他现在的活期存款账户的余额为12 000元。鉴于他的投资目标，他不想购买高风险的投资产品。现在，王晨向你咨询一些建议。

问题：

1）考虑王晨的长期投资目标，你觉得对于王晨来说，共同基金是一项合适的投资工具吗？

2）你觉得王晨是否应该将活期账户上的12 000元存款全部用于他的投资计划？

3）考虑王晨的投资目标，你认为哪种共同基金可以加入他的投资计划？请解释你选择这一类型共同基金的原因。同时，你认为有什么样的共同基金服务可以帮助王晨来满足他的投资目标？请你推荐一些作为参考。

Excel 运用

在《华尔街日报》上，开放式基金是被单独列出来的。它们有自己独特的报价系统，主要有两组数据，一组是基金净值，另一组是收益率。

请创建Excel表格来分析关于MoMoney共同基金这3年的数据（见表12.7），包括红利收入、资本利得分配及基金净值的变化。

表12.7　MoMoney共同基金的3年相关数据　　　　　　（单位：美元）

	2016年	2015年	2014年
资产净值（最初）	35.24	37.50	36.25
净投资收入	0.65	0.75	0.60
净证券利得	5.25	4.75	-3.75
净投资收益红利	0.61	0.57	0.52
已实现收益分配	1.75	2.01	1.55

1）这笔投资的总收益是多少？

2）分配给投资者的总收益是多少？

3）分别计算这3年年末的基金净值。

4）分别计算这3年的持有期收益率。

案例导读

海航集团65亿美元收购希尔顿约25%股权，成单一最大股东

- 作者：澎湃新闻记者　陶宁宁
- 时间：2016-10-25 07:13
- 来源：澎湃新闻
- 网址：http://www.thepaper.cn/newsDetail_forward_1548776

热衷于在海外"买买买"的海航集团又一次出手了，这回它看中的是大名鼎鼎的酒店业集团希尔顿。

2015年10月24日，澎湃新闻记者从海航集团证实，海航集团将以65亿美元价格（约合440亿元人民币）从黑石集团的关联公司收购希尔顿约25%股权，由此海航集团将成为希尔顿单一最大股东。该交易预计于2017年第一季度完成。

海航集团方面表示，此举是为了建立在希尔顿及希尔顿分拆后的企业Park Hotels & Resorts（下文简称"Park"）和Hilton Grand Vacations（下文简称"HGV"）中的长期战略投资。

分别向希尔顿、Park和HGV的董事会指定两名董事

希尔顿酒店集团是目前全球最大的酒店管理集团之一，旗下拥有13个酒店品牌，并在全球104个国家和地区拥有4 700多家酒店、度假村和分时度假酒店，总计超过77万间客房。

2016年6月，希尔顿宣布预计于年底开始实施Park和HGV的分拆。因此，分拆后海航将在所有公司中拥有约25%股权。

海航集团透露，作为此项交易的组成部分，希尔顿已与海航签订一份股东协议。该协议允许海航分别向希尔顿、Park和HGV的董事会指定两名董事。交易完成后，黑石集团在希尔顿中的股权减少至约21%，并将继续在希尔顿董事会中拥有两个席位。

对于此次交易，海航集团董事局副董事长兼首席执行官谭向东表示："希尔顿是一家标志性的全球酒店管理集团，拥有无可比拟的优质品牌组合及卓越运营的声誉。此次投资符合我们提升全球旅游业务的战略需要。"

希尔顿总裁兼首席执行官Christopher J. Nassetta则表示："该互惠关系将为我们全球各地的品牌和宾客开启新的机会，尤其中国已成为全世界最大的出境旅行和旅游市场，以及海航在快速增长的出入境旅行和旅游市场中具有的强势地位。"

每一两个月就有一笔海外并购

事实上，海航集团由于多次在海外大手笔"买买买"，早已被外媒认定为中国海外收购的"主力"。

彭博在2016年年中时统计，海航集团在全球拥有的资产价值已经超过910亿美元。从2015年至2016年，几乎每隔一两个月，海航就会有一笔海外并购交易：
- 2015年7月，以25亿美元收购在纽约上市的飞机租赁集团Avolon；
- 2015年7月，以28亿美元收购地勤服务集团瑞士空港（Swissport）；
- 2015年8月，海航旗下渤海租赁以26.6亿美元并购爱尔兰飞机租赁公司Avolon Holdings Ltd. 100%股权；
- 2016年2月，以60亿美元收购美国科技公司英迈（Ingram Micro）；
- 2016年4月，海航集团旗下海航旅游集团宣布收购卡尔森酒店集团（Carlson Hotels）100%的股权，以及后者持有的瑞德酒店集团（Rezidor Hotel Group, AB）51.3%的多数股权；
- 2016年4月，宣布收购英国外币兑换运营商International Currency Exchange

（ICE）；
- 2016年5月，法航荷航集团称，正在就出售旗下餐配公司Servair 49.99%的股权与海航集团谈判；
- 2016年5月，以1.59亿澳元收购澳大利亚第二大航空公司澳洲维珍航空（Virgin Australia）13%的股权。

在2016年7月海航集团表示海外并购不会停

不过，在海航"购物车"里的海外公司或许远不止这些。在2016年7月接受英国《金融时报》采访时，当记者问到海航会不会继续并购时，海航集团董事局主席陈峰的回答是："当然！"

他表示，如果能得到一个机会，通过并购获得有益于海航核心业务的全球优质资产，当然必须并购，否则将错失良机。在采访中陈峰还预计，在中国政府"一带一路"政策带动下，中资企业会进行更多的海外交易。他看好中国国民的消费能力及航空业相应利好的前景。

"中国人口袋里的钱多了，他们环游世界。哪个国家没有中国游客，那个国家就有问题。"陈峰说。

然而，海航如此频繁的海外收购也并非每次都一帆风顺，水土不服现象也偶有发生。

就在2016年6月，海航此前收购的西班牙NH酒店在年度股东大会上通过决议，罢免其最大股东海航集团任命的四位董事。海航旗下的海航酒店集团对投票表决结果表示"深感失望"，并称将对此"不遗余力地维护海航酒店集团的合法权益"。

第 13 章

个人投资者的投资管理

学习目标

- 学会使用资产配置方案组建符合个人投资目标的投资组合。
- 了解计算收益率需要用的数据,会比较不同资产的收益情况。
- 会应用夏普、特雷诺及詹森比率。会比较不同投资组合的市场表现,并对其进行修正。
- 了解并学会如何应用几种不同的公式化交易计划。

13.1 利用资产配置方案组建投资组合

首先我们将分析投资者的特点、资产组合的目标和策略,之后据此设计出不同的资产配置方案。这些方案将为我们选取合适的资产作为投资工具提供有用的框架。为了将风险与分散化的概念融入投资策略中,我们使用将传统与现代投资管理模式相融合的管理方式。

13.1.1 投资者的特点

投资者的经济及家庭情况在组建投资组合时是需要着重考虑的因素,包括收入的稳定性、家庭情况、净资产数量、年龄、投资经验、风险承受能力等。具体来说,工作较稳定的投资者风险承受能力比不稳定者强;收入较高的投资者对投资组合的避税功能较为注重;投资者以往的投资经历也会影响投资策略,进入投资市场是一个循序渐进的过程,初入市场者与有经验的投资者对市场的认识是不同的。

组建投资组合前,投资者要先问自己:"我期望从投资组合中得到什么?"因为你需要在高的即期收益和长期的资本升值潜力中进行选择。高资本升值潜力的证券往往伴随较低的即期收益水平。

13.1.2 投资组合的目标和策略

组建投资组合是一项系统性的工作,它要求你对个人需求及可获得的投资工具进行分析后再做出决策。在计划并组建投资组合时,你需要关注以下几个因素:即期收益、资产保值、资本增值、税收减免及风险。

以上几个因素在决定投资组合的类型时起着很重要的作用。我们将其归纳如下:前两个因素——即期收益和资产保值,被视为低风险的保守型投资策略,这类投资组合一般由低 β 系数的债券组成;第三个因素——资本增值,意味着风险的增加和即期收益的降低,风险较高的成长型股票、期货、期权及其他投机式投资工具可加入这一组合;第四个因素——税收减免,会影响投资者的投资策略,高收入者往往期望能以资本增值的方式获得收益,高风险且持有期长的证券是他们的合适选择;最后一个也是最重要的一个因素——风险,在整个投资过程中,投资者都应注重对风险收益的权衡。

13.1.3 制订资产配置方案

一旦投资者根据需要制定了投资目标,便可以根据目标组建相应的投资组合。在购买投资工具之前,应该先制订出资产配置方案。资产配置(Asset Allocation)是指将组合中不同的资产分类,如分为债券、股票、国外证券、有形资产(尤其是黄金)和不动产等。对资产进行配置是为了实现资产保值,在享受收益的同时尽量避免市场的不利变动。资产配置同分散化有所差异,资产配置强调投资于不同类别的资产,后者强调对证券的选择,是指在某一类别的资产中挑选合适的证券。

资产分类对组合整体收益的影响大于具体投资品种选择的论点是资产配置的理论基础。研究表明,超过90%的投资收益来自资产配置,而只有不到10%的投资收益来源于对证券的筛选。另有研究表明,资产配置所带来的风险分散效用强于从单一资产类别中挑选投资工具的风险分散效用。

1. 资产配置方式

有三种比较常用的资产配置方式,分别为固定权重式、变动权重式和策略式。前两种对组合中各类资产所占比例的处理方式不同,第三种则多被机构投资者采用。

(1)固定权重式资产配置

这一配置方式分配给每种资产一个固定比例,一般组合会包含3~5类资产。假设一个由4类资产构成的组合,其配置方法如表13.1所示。

表 13.1 固定权重式资产配置方案

资产类别	分配比例
普通股	30%
债券	50%
国外证券	15%
短期证券	5%
总资产	100%

一般情况下，组合中分配给每类资产的比例不会随时间改变，如果市场价值发生转化时，投资者则应该调节资产比例，以达到最优配置的目标。固定权重式配置方式可以给不同类资产配置相同的比重，也可以分配不同的比重。一项对1967—1988年持有相同比例（各占20%）的美国股票、外国（美国以外的国家）股票、长期债券、现金和不动产的投资组合进行研究的实验表明，这项投资组合的表现超过了同时期标准普尔500指数的表现，这一结果充分肯定了资产配置的重要性。

（2）变动权重式资产配置

这一配置方式要求投资者根据市场分析，定期调整各类资产的权重。例如，一个变动权重式投资组合的初期及变动后资产配置方案如表13.2所示。

表13.2 变动权重式资产配置方案

资产类别	初期分配比例	变动后分配比例
普通股	30%	45%
债券	40%	45%
国外证券	15%	5%
短期证券	15%	5%
总资产	100%	100%

当市场条件、市场预期发生变化时，资产配置就应相应变动。例如，当预期通货膨胀率下降时，新的资产配置方案可能变为如表13.2所示结构，因为通货膨胀率的下降将导致国内股票及债券价格的提升，以及国外证券及短期证券价格的回落。通过变动，使权重偏向高收益资产。

（3）策略式资产配置

这一配置方式是利用股指期货和债券期货来改变组合的资产配置。当股票的预期收益下降或债券的预期收益上升时，管理者通过卖空股指期货、买入债券期货来改变资产配置。相反，当股票的预期收益上升或债券的预期收益下降时，管理者则买入股指期货、卖空债券期货。这一交易策略需要复杂的技术分析及大量模型的支持，因此，这种方式一般只有大型机构投资者采用。

2. 不同类型的资产配置

假设我们使用固定权重式资产配置，并让投资组合中包含4类不同的资产，表13.3为我们展示了保守型、中立型、激进型三种投资者所进行的资产配置。保守型资产配置偏重于债券和短期投资工具，以获得稳定收益；中立型资产配置拥有较大比例的股票和债券，另外，相对于保守型资产配置，它提高了国外证券的比例，减少了短期证券的比例；最后，激进型资产配置将主要资产配置于股票和国外证券，债券和短期证券占较小比例，因此增加了组合的整体风险，也提高了收益。

表 13.3　不同类型的资产配置

资产类别	保守型资产配置（低风险、低收益）	中立型资产配置（中等风险、中等收益）	激进型资产配置（高风险、高收益）
普通股	15%	30%	40%
债券	45%	40%	30%
国外证券	5%	15%	25%
短期证券	35%	15%	5%
总资产	100%	100%	100%

总而言之，一项资产配置方案的建立既要考虑宏观经济前景，又要考虑投资者个人的投资、储蓄及消费模式，以及纳税情况、收益期望、风险承受能力。资产配置是一项长期规划，资产的保值是资产配置中最关键的一个方面。同时还要定期修正这一方案，使它与投资目标保持一致。为了找到合适的投资组合比例，需要随时衡量各类资产的即期收益、增值潜力、安全性、流动性、交易费用及潜在的避税能力。

许多投资者将共同基金作为资产配置的一部分，以实现各类资产内部的分散化。或者，可以通过购买资产配置基金（Asset Allocation Fund）——一类通过及时投资于合适种类的资产来减小资产收益波动的共同基金，来代替自己实施资产配置规划。这类基金的投资目标是通过资产配置来实现资产分散化和收益的稳定性。作为一般规划，投资金额超过 10 万美元且时间充足的投资者可以自己组建资产配置方案，投资金额在 2.5 万～10 万美元的投资者可以决定资产配置比例，并通过共同基金实现各类资产的分散化。投资金额小于 2.5 万美元的投资者可直接选择投资于资产配置基金。

一份有效的资产配置方案一定是一项长期的规划，投资者必须将自己的资产配置设计为 7～10 年，甚至更长时间的计划。一旦计划设定，投资者必须严格执行。只有这样才能真正实现长期收益的稳定。

13.2　评估个人投资工具的表现

假设你的个人计划是从现在开始的 3 年内积攒 20 万元来支付房屋的首付。因为你计划买下一套 100 万元的房屋，20 万元刚好是 15% 的首付和相关费用。通过计算，你发现可以通过将现有存款和每月 2 000 元的定额资金投入年收益率为 12% 的工具中实现买房计划。你咨询了投资顾问，他认为在他的管理下 12% 的年收益率是可以实现的。这一投资过程看起来很简单，你将现有存款交给投资顾问，并在之后的 36 个月中每月支付 2 000 元，3 年后，你便可以回收 20 万元的首付款。但是，实际的过程可能不会如此简单。投资计划中包含很多不确定因素。例如，如果不能保证每月支付 2 000 元怎么办？如果投资顾问没能实现 12% 的年收益率怎么办？又或者 3 年后，你计划买的房子超过了 100 万元怎么办？因此，除设定合理的计划外，你还应该定期对计划加以修正，以保证能达成预定的投资目标。

当每笔现金收益出现时，都应该将其与计划的收益情况进行对比，以确定是否需要对原计划进行调整。因此，如何评价及衡量资产表现也是投资过程中的重要一环。下面我们将对分析资产表现的指标加以介绍。

13.2.1 资产表现的评价指数

在衡量投资表现时，将自己的收益与市场收益进行对比是很关键的。在美国，股票市场中常用的指数包括道琼斯工业指数（DJIA）、标准普尔500股票价格指数（S&P 500）和纳斯达克综合指数（IXIC）。在通常情况下，道琼斯工业指数是在各种报道中使用最多的指数，但由于它所包含的股票样本比较少，因此其反映整体股市情况的效果并不一定很好，股票持有者也可以选择标准普尔500股票价格指数作为评价整体市场情况的标准。我国比较重要的股票价格指数包括上证指数、深圳成分指数及沪深300指数等。

债券市场也有相应的指标，这些指标同时考虑了债券收益和债券价格，债券收益数据反映的是一只债券以现价购买并持有到期所得的收益。在美国，这类资源可以在《华尔街日报》、雅虎网站、美联储等地方获得。还有道琼斯公司债券指数，它是基于32种工业债券、32种金融债券及32种公用/电信债券的价格制定的，反映了这些债券价格的算术平均值。我国比较重要的债券指数有中国国债指数。

此外，指数是以总收益的形式公布的，它将分红、利息发放及价格变化等因素都考虑在内。

在基金方面，投资者可以使用理柏（Lipper）指数来衡量投资于股票、债券的共同基金的表现。对于其他类型的基金，暂时没有通用的衡量指标。

13.2.2 衡量投资工具的表现

为了有效地管理投资组合，投资者还需要利用技术手段对每项投资的表现进行持续评估。我们在前面介绍过的持有期收益率（HPR）可以用来衡量投资工具的收益表现。持有期收益率体现了投资工具的总收益，因此，它可以准确地反映投资工具的实际表现。但它一般只用来衡量持有一年或一年以内证券的收益率。对于持有期超过一年的证券，我们常用内部收益率——这一能体现收益时间价值的指标来衡量证券收益。由于我们主要讨论投资的年收益情况，我们将使用持有期收益率作为收益衡量指标。

我们将持有期收益率公式做一点改动，以适用于本章的讨论范围，修改后的公式如下：

$$\text{持有期收益率} = \frac{\text{即期收入} + \text{资本增值（或损失）}}{\text{初始投资额}}$$

即

$$HPR = \frac{C + CG}{V_0}$$

其中，资本增值（或损失）=投资期末价值−投资期初价值

即

$$CG = V_n - V_0$$

1. 股票和债券

有很多指标可以用来衡量股票和债券收益，如股票的分红收益率、债券的即期收益率和到期收益率等。在这里我们举例说明持有期为一年的资产如何使用HPR衡量收益。

（1）股票

股票的持有期收益率是指投资者持有股票期间的股利收入与买卖差价占股票买入价格的比例，它反映了投资者在一定持有期内的全部股息收入和资本利得占资本金的比率。其公式为：

$$股票持有期收益率 = \frac{D+(P_1-P_0)}{P_0} \times 100\%$$

式中，D 为年现金股利；P_0 为股票买入价格；P_1 为股票卖出价格。

假设一投资者以15元每股的价格买入股票A，持有一年后分得现金红利2元，随即投资者将股票以16元的价格卖出，则：

$$持有期收益率 = \frac{2+(16-15)}{15} \times 100\% = 20\%$$

投资者在买入股票后，有时会发生该股份有限公司进行股票分割（拆股）的情况，拆股会影响股票的市场价格和投资者的持股数量。因此，有必要在拆股后做相应的调整，以计算拆股后的持有期收益率。其公式为：

$$拆股后持有期收益率 = \frac{调整后的资本利得或损失+调整后的现金股息}{调整后的价格} \times 100\%$$

继续以上例子，该投资者在分得现金股利后，A公司以1：2的比例拆股。拆股决定后，A公司股票的价格涨至18元，拆股后的每股市场价格为9元，若投资者以市场价格出售，则拆股后持有期收益率为：

$$持有期收益率 = \frac{(9-7.5)+1}{7.5} \times 100\% = 33.33\%$$

（2）债券

债券的持有期收益率是指在某一特定持有期内的债券收益率，它是投资者最关心的收益率。在实际生活中，许多投资者并不是在购买债券之后就一定在到期时兑付，往往有可能中途就卖出。如果中途将债券卖出，那么这时投资者得到的收益率就不是到期收益率，而是持有期收益率，即从购入到卖出这段持有期限里所能得到的收益率。持有期收益率和到期收益率的差别在于将来值的不同。其公式为：

$$HPR_t = \frac{P_{t+1} - P_t + C_{t+1}}{P_t} \times 100\%$$

式中，HPR_t 为 t 期持有收益率；P_t 为债券发行或购买价格；P_{t+1} 为债券到期日或卖出时价格；C_{t+1} 为 t 期获得的利息。

债券持有期收益率的公式推导如下：

$$P_{t+1} + C_{t+1} = (1 + \text{HPR}_t) \times P_t$$

$$\frac{P_{t+1} + C_{t+1}}{P_t} = 1 + \text{HPR}_t \quad \Rightarrow \quad \text{HPR}_t = \frac{P_{t+1} - P_t + C_{t+1}}{P_t} \times 100\%$$

假设某人于 1 月 1 日购买了一种债券，面值 1 000 元，30 年到期，利息为 8%，一年付息一次，现价为 1 000 元，到期收益率为 8%。第二年的 1 月 1 日，即一年后，债券价格涨为 1 050 元，该人将债券售出。则：

$$\text{HPR} = \frac{1050 - 1000 + 80}{1000} \times 100\% = 13\%$$

该持有期正好是一年，若持有期较长或现金流的形式与上面不同，如附息票债券持有期超过一年，那么，债券的持有期收益率公式也要做相应的调整；当以复利计算债券持有期收益率时，如同计算到期收益率一样，要用试错法来解决。

在金融发达的西方国家，对于股票和债券出售所产生的资本利得一般都要进行征税，我国目前对此项收益还没有征税要求，因此，计算时不用考虑 HPR 的税前与税后的差别。

2. 共同基金

共同基金的收益主要由两部分构成：分红收益（包括资产增值分配）和净值变化，基金持有期收益率的计算公式与股票持有期收益率的计算公式类似。

表 13.4 展示了一只无手续费的共同基金的收益率计算。假设你在 2016 年 7 月以 10.4 元每股的价格购买了 1 000 股 A 基金，总花费为 10 400 元。一年持有期内分红 590 元。持有一年后将基金卖出，卖出价为 10.79 元每股，收回 10 790 元。经计算，持有期收益率为 9.42%。

表 13.4　计算投资基金的 HPR

证券：投资基金 A
购买日期：2016 年 7 月 1 日
购买花费：10 400 元
赎回日期：2017 年 7 月 3 日
出售收入：10 790 元
分红收益（2016 年 7 月到 2017 年 7 月）：590 元
持有期收益率 $= \dfrac{590 + (10790 - 10400)}{10400} \times 100\% = 9.42\%$

3. 期货期权

期货期权的唯一收益来源是资本利得，我们以看涨期权为例介绍一下期权的 HPR 计算过程。假设你购买了 300 份价值 325 元的看涨期权，持有 12 个月后，期权价值为 385 元，投资者将其售出，其持有期收益率为（385–325）/ 325=18.46%（此处不考虑期权的杠杆作用）。

由于期货期权的收益只有一个来源，所以持有期收益率的计算相对简单。

13.2.3 投资组合表现与投资目标相对照

当计算完组合的 HPR（或内部收益率），你应将结果与原来的投资目标相对照，持续对投资工具的表现进行评价。这有助于你决定保持哪些投资。一项资产如果符合下列条件，就应考虑将其出售。

1）投资表现不能达到预期水平且不具有改进的潜力。
2）已经实现了规定的投资目标。
3）有收益更好的投资工具可以购买。

1. 权衡风险与收益

我们知道，高收益必然伴随高风险，所以在权衡收益时，投资者面临的问题是："我是否得到了与投资风险相当的收益水平？"

对非政府性证券的投资本身就具有比政府债券或货币市场工具更高的风险。这意味着只有当高风险的投资工具能够提供比低风险的投资工具更高的收益率时，理智的投资者才会投资于高风险的投资工具。因此，收益衡量的一个指标是低风险投资工具的收益率。如果你的投资收益率低于这一指标，风险却较高，你就应该对投资组合进行检查。

2. 隔离有问题的投资

当定期评估投资表现时，我们应该问自己两个问题：第一，投资是否产生了预期的收益？第二，如果你没有这份资产，它是否值得你今天去购买？如果这两个问题的答案都是否定的，那么这项资产就不值得拥有，你应该将其出售。如果两个问题中只有一个答案是否定的，那么这项投资应该进入关注名单。很多投资者都选择忽略投资组合中损失的投资或没有达到预期收益的投资。这种做法是错误的。相反，投资者应该多关注这类资产，以决定是出售资产防止损失扩大，还是保留资产等待转机。

13.3 投资组合的表现

投资组合有积极管理与消极管理两种类型。消极管理是指在既定的投资水平上，尽量做到分散化，以取得平均利润。积极管理有传统模式和现代模式之分。它通过有效的管理，调整投资组合以实现既定的投资目标。有时消极管理能得到和积极管理相同的收益率，但在大多数情况下，还是积极管理有望获得额外的收益率，本书的大部分论点也都支持积极式投资管理可以增加收益这一观点。

当我们建立了投资组合后，积极管理的第一步便是定期评估投资表现，并在需要时对投资组合进行管理和修正。计算投资组合的回报是一个比较繁杂的过程，在本节中，我们将运用前面介绍过的概念和方法来评估组合的表现。下文将涉及一个持有期为一年的投资组合，并介绍如何评估这一组合的业绩表现。我们会使用三种可以将组合收益与风险调整后的市场绩效进行比较的指标。

13.3.1 度量投资组合收益

表 13.5 展示的是 2017 年 1 月 1 日 Bob 的投资明细。他今年 50 岁,妻子去世,子女都已成婚。他的年收益为 60 000 美元,投资目标是获得长期的资本升值和适中的分红水平。他选取股票有两个准则:优质股和有增长潜力的股票。2017 年 1 月 1 日,他的投资组合中包含 10 只股票。由于选股的成功,他有了约 74 000 美元的未实现收益。他计划在 2017 年对投资组合进行变动。2017 年 5 月 7 日,他售出了 1 000 股 Dallas National Corporation 的股票,收回资金 32 040 美元。5 月 10 日,他用这笔钱购买了 Floride Southcoast Bank 的股票,这家银行建在美国发展最快的一块土地上,因此他相信这只股票的升值潜力。

表 13.5 Bob 的投资明细（2017 年 1 月 1 日） （单位：美元）

股票数量	公　　　司	购买日期	总花费（含手续费）	每股成本	股票现价	总市值
1 000	Bancorp West,Inc	2012 年 1 月 16 日	21 610	21.61	30	30 000
1 000	Dallas National Corporation	2013 年 5 月 1 日	27 312	27.31	29	29 000
1 000	Dator Companies,Inc	2008 年 4 月 13 日	13 704	13.70	27	27 000
500	Excelsior Industries	2011 年 8 月 16 日	40 571	81.14	54	27 000
1 000	Floride Southcoast Bank	2011 年 12 月 16 日	17 460	17.46	30	30 000
1 000	Maryland-pacific	2011 年 9 月 27 日	22 540	22.54	26	26 000
1 000	Moronson	2011 年 2 月 27 日	19 100	19.10	47	47 000
500	Northwest Mining and Mfg.	2012 年 4 月 17 日	25 504	51.00	62	31 000
1 000	Rawland petroleum	2012 年 3 月 12 日	24 903	24.90	30	30 000
1 000	Vornox	2012 年 4 月 16 日	37 120	37.12	47	47 000
	总计		249 824			324 000

1. 衡量投资额

Bob 在 2017 年 1 月 1 日的投资资产为 324 000 美元,虽然在 5 月他出售了一只股票并买入另一只,但资产总值并没有增减。

在这里,我们还想提醒投资者,将投资组合做一份详细列表是非常明智且必要的。正如表 13.5 所示的那样,这份列表要反映出股票数量、买入日期、相关费用及每股现值等。这样做保证了你对投资品种的收益情况有清楚的认识,也有助于你持续地观察投资表现,及时做出决策。

2. 衡量分红收益

对于一份由股票组成的投资组合来说,收益主要有两个来源:分红收入和资本利得。表 13.6 列出了 Bob 在 2017 年所收到的分红,在售出 Dallas National Corporation 股票前,他收到了两次每股 0.45 美元的季度分红。在买入 Floride Southcoast Bank 股票后,他也得到了两次每股 0.32 美元的季度分红。2017 年,他的投资分红总额为 10 935 美元。

表 13.6　Bob 投资组合的分红收益（2017 年）　　　　　　（单位：美元）

股票数量	公　司	每股年分红	分红总收益
1 000	Bancorp West, Inc.	1.20	1 200
1 000	Dallas National Corporation①	1.80	900
1 000	Dator Companies, Inc.	1.12	1 120
500	Excelsior Industries	2.00	1 000
2 000	Floride Southcoast Bank②	1.28	1 920
1 000	Maryland-Pacific	1.10	1 100
1 000	Moronson	—	—
500	Northwest Mining and Mfg.	2.05	1 025
1 000	Rawland Petroleum	1.20	1 200
1 000	Vornox	1.47	1 470
	总计		10 935

注：① 2017 年 5 月 7 日出售。
　　② 2017 年 5 月 10 日买入 1 000 股。

3. 衡量资本利得

表 13.7 为 Bob 投资组合中的未实现收益，它列出了所有资产从 2017 年 1 月到 12 月的价值。对于 Floride Southcoast Bank 股票，表中的数据反映了他在 2017 年 5 月 10 日购买时真实的花费情况（32 040 美元）。总体来看，年初时资产总价值是 327 040 美元，年末价值是 356 000 美元。

表 13.7　Bob 投资组合中的未实现收益（2017 年 12 月 31 日）　　（单位：美元）

股票数量	公司	总市值（2017 年 1 月 1 日）	市场价格（2017 年 12 月 31 日）	总市值（2017 年 12 月 31 日）	未实现收益或损失	涨跌幅
1 000	Bancorp West, Inc.	30 000	27	27 000	−3 000	−10.0%
1 000	Dator Companies, Inc.	27 000	36	36 000	9 000	+33.3%
500	Excelsior Industries	27 000	66	33 000	6 000	+22.2%
2 000	Floride Southcoast Bank	62 040	35	70 000	7 960	+12.8%
1 000	Maryland-Pacific	26 000	26	26 000	—	—
1 000	Moronson	47 000	55	55 000	8 000	+17.0%
500	Northwest Mining and Mfg	31 000	60	30 000	−1 000	−3.2%
1 000	Rawland Petroleum	30 000	36	36 000	6 000	+20.0%
1 000	Vornox	47 000	43	43 000	−4 000	−8.5%
	总计	327 040		356 000	+28 960	+8.9%

在整个 2017 年中，投资组合增值 8.9%，即 28 960 美元的未实现收益。另外，Bob 还得到了出售 Dallas National Corporation 股票所实现的资本利得 3 040 美元（32040−29000）。所以 2017 年的总资本利得为未实现的 28 960 美元加上已实现的 3 040 美元，合

计为 32 000 美元。

4. 衡量投资组合持有期的收益率

现在我们可以用 HPR 来衡量 Bob 的投资组合在 2017 年中的表现，一年期 HPR 的公式如下所示：

$$持有期收益率 = \frac{分红及利息收益 + 已实现收益 + 未实现收益}{初始投资 + \left(新投入资金 \times \frac{投入时间}{12}\right) - \left(取出资金 \times \frac{取出时间}{12}\right)}$$

即

$$\text{HPR}_p = \frac{C + RG + UG}{E_0 + \left(\text{NF} \times \frac{ip}{12}\right) - \left(\text{WF} \times \frac{wp}{12}\right)}$$

这一公式同时包括了已实现和未实现收益，同时，新投入或取出的资金都将以时间为权重体现在公式中。

现在我们就可以根据前几个步骤所得到的数据进行计算了。其中分红收益为 10 935 美元（见表 13.8），已实现和未实现收益共 32 000 美元。在 2017 年的持有期内，没有发生资本总值的增减，因此总投资额仍为 324 000 美元。经计算，Bob 的投资组合收益率为 13.25%。

表 13.8　Bob 投资组合的持有期收益（持有期：2017 年 1 月 1 日到 12 月 31 日）（单位：美元）

数 据	
投资组合价值（2017 年 1 月 1 日）	324 000
投资组合价值（2017 年 12 月 31 日）	356 000
已实现收益	
出售 Dallas National Corporation 股票所得	3 040
未实现收益	
（2017 年 1 月 1 日到 2017 年 12 月 31 日）	28 960
分红收益	10 935
新资金的进出	0
投资组合 HPR 的计算	
$\text{HPR}_p = \frac{10935 + 3040 + 28960}{324000} = 13.25\%$	

13.3.2　将投资收益与市场收益相比较

计算完 HPR 后，Bob 可以将自己的收益情况与股票价格指数一类的数据相对照。这一比较可以反映出其投资组合收益与市场整体情况间的关系。标准普尔 500 综合指数和纳斯达克综合指数都可以成为衡量市场整体情况的指标。假设在 2017 年一年间，标准普尔 500 指数的收益率为 5.75%，Bob 的投资组合收益率为 13.25%，这表明 Bob 的投资收益高出市场平均水平约 23%。

这样的比较能近似地反映出投资者资产的表现，但它的缺陷在于没有考虑风险。很明显，13.25%这样一个粗略计算的收益数值需要我们进一步对其进行分析。目前有很多经过风险调整或市场调整后的指标，在这里我们将介绍三种比较常用的指标。

1. 夏普比率（Sharp's Measure）

夏普比率又称夏普测度，是由诺贝尔经济学奖得主威廉·夏普于1966年提出的一个风险调整评价指标。夏普比率以标准差作为投资组合风险的度量，通过风险溢价与总风险的比率来测量风险调整后的总业绩。其中，风险溢价是指投资组合总收益率减去无风险利率后的收益率。夏普比率的计算公式如下：

$$夏普比率 = \frac{资产总收益率 - 无风险利率}{资产组合收益的标准差}$$

即

$$SM = \frac{r_p - r_f}{s_p}$$

假设市场的无风险利率 r_f 为 7.5%，同时，Bob 的投资组合的标准差 s_p 为 16%。按我们在前面计算出的数据，Bob 投资组合的总收益率（我们认为其等于持有期收益率）为13.25%，代入公式，我们可以得到组合的夏普比率：

$$SM_p = \frac{13.25\% - 7.50\%}{16\%} = \frac{5.75\%}{16\%} = 0.36$$

我们可以利用夏普比率来比较自己的投资组合与其他投资组合的业绩情况，也可以将其作为自己投资组合收益与市场收益对比的工具。一般来讲，夏普比率越大，说明组合业绩越好。如果现在市场的平均收益率变为10.75%，市场的收益标准差为11.25%，则我们可以计算出市场的夏普比率 SM_m：

$$SM_m = \frac{10.75\% - 7.50\%}{11.25\%} = \frac{3.25\%}{11.25\%} = 0.29$$

由于市场的夏普比率为0.29，而 Bob 投资组合的夏普比率为0.36，因此 Bob 的投资组合优于市场的整体表现，这一组合每单位的风险溢价要高于市场的风险溢价。

2. 特雷诺比率（Treynor's Measure）

特雷诺比率又称特雷诺测度，是第一个风险调整评价方法，它是由杰克·特雷诺提出的。特雷诺比率使用了投资组合的 β 系数来评估投资组合的风险，衡量了系统风险的超额收益率。特雷诺没有考虑投资中的非系统风险，因此，特雷诺比率有效的前提是投资足够分散化，使得组合中的非系统风险有效化解。其公式如下：

$$特雷诺比率 = \frac{资产总收益率 - 无风险利率}{资产组合的\beta}$$

即

$$TM = \frac{r_p - R_F}{\beta_p}$$

同样，我们可以计算出 Bob 投资组合的特雷诺比率，假设市场的无风险利率 R_F 为 7.5%。Bob 的投资组合的 β 系数为 1.2，总收益率为 13.25%，其计算过程如下：

$$\text{TM}_p = \frac{13.25\% - 7.50\%}{1.2} = \frac{5.75\%}{1.2} = 4.79\%$$

我们可以用同样的方法计算出市场的特雷诺比率（市场的 β 系数为 1.0），其结果如下：

$$\text{TM}_m = \frac{10.75\% - 7.50\%}{1} = \frac{3.25\%}{1} = 3.25\%$$

特雷诺比率越大，说明投资组合的表现越好。很显然，Bob 投资组合的特雷诺比率为 3.25%，大于市场的特雷诺比率。这同样说明了 Bob 的投资组合优于市场的整体表现，在完全分散化的前提下，这一组合每单位的风险溢价高于市场的风险溢价[①]。

3. 詹森比率（詹森α）(Jensen's Measure)

詹森比率是由麦克尔·詹森在资本资产定价模型（CAPM）基础上发展出的一个风险调整差异评价指标。詹森比率也像特雷诺比率一样，利用了收益、风险的相对数来评价基金的业绩。其优点在于可以方便地进行显著性检验，成为学术界最为常用的业绩评价指标。詹森比率在评估基金绩效时有一个假设，即基金的非系统性风险已通过投资组合彻底地分散掉了。因此，此指数模型只反映了收益率和系统性风险之间的关系。

这一模型衡量了投资组合的超额收益率，超额收益率是指投资组合的实际收益率（总收益率-无风险利率）偏离投资组合的必要收益率的率分[参见以前章节资本资产定价模型（CAPM）部分]。超额收益率的取值可能是正数、零或负数。詹森比率的计算公式如下：

詹森比率 = (资产总收益率 - 无风险利率) - [资产组合的β × (市场收益率 - 无风险利率)]

$$JM = (r_p - R_F) - [\beta_p \times (r_m - R_F)]$$

詹森比率表现的是资产的实际收益率与必要收益率之间的差额。当詹森比率为正值时，说明投资组合收益率高于经风险调整和市场调整后的必要收益率；当詹森比率为 0 时，说明投资组合收益率与必要收益率相等；当詹森比率为负值时，说明投资组合收益率达不到必要收益率。

将数据代入公式，我们计算一下 Bob 投资组合的詹森比率：

$$JM = (13.25\% - 7.50\%) - [1.2 \times (10.75\% - 7.50\%)]$$
$$= 5.75 - 1.2 \times 3.25\%$$
$$= 1.85\%$$

从结果中我们看到，在给定的非系统性风险下，Bob 投资组合的收益率超过必要收益率 1.85 个百分点，很显然，Bob 投资组合的表现超过了经风险调整的市场表现。

---

① 严格地说，特雷诺比率是用证券市场线 SML 的斜率作为评估投资组合业绩的指标。若 TM 指数在 SML 之上，则投资组合业绩好于市场基准组合业绩；若 TM 指数在 SML 之下，则投资组合业绩劣于市场基准组合业绩。两项投资组合相比较时，特雷诺指数越大，则投资组合的表现越好。

与夏普比率和特雷诺比率不同的是，詹森比率通过使用 CAPM，自动完成了对市场收益的调整。同时，詹森比率是绝对数指标，它比较容易得到解释，也便于实证检验。因此在应用上，詹森比率往往优于夏普比率和特雷诺比率。

13.3.3 投资组合的修正

在 Bob 投资的案例中，我们发现他在 2017 年做了一笔交易，原因是他认为 Floride Southcoast Bank 股票比 Dallas National Corporation 股票有更好的升值潜力。能定期对投资组合进行系统性检查的投资者就可以及时地做出买卖股票的决定，以确保投资组合的盈利能力，这一替换股票的过程往往被称为投资组合的修正。随着经济的波动，特定行业的股票也随之波动，所以，把握好交易时机是盈利的关键之一。

在变化迅速的投资世界中，对投资组合的修正是投资中非常重要的一环，特别是当投资者的条件发生变化时。例如，当一个投资者临近退休时，他的投资策略就应该从追求资本升值转化成追求资本保值。在投资结构转化时，应该将其作为一个循序渐进的过程，逐步调节各项资产的比例。另外，随着时间的变化，投资组合中的投资工具的风险特性也会改变。当这一转化发生时，投资者应去除不符合个人投资目标的资产。还需要注意的一点是，分散化是对投资组合的一项持续性要求，当某项资产的价值上升或下降时，它对资产分散化的影响也将改变，适时修正组合有助于保持资产的分散化。

投资须知

修正投资组合的时机

随着时间的推移，需要不断地修正投资组合来确保其能持续满足你的投资目标。以下是 4 个应该进行投资组合修正的信号。

- 较大的生活事件——结婚、生子、失业、疾病、丧偶、孩子完成学业，会改变你的投资目标。
- 投资组合中一种资产所占的比重大幅上升或下降。
- 你期待在两年的时间里实现一个具体的目标。
- 你投资组合中的一种资产所占的比重与初期的比重相比有 10% 或更大的变动。

13.4 交易时机

"低买高卖"是每个投资者的梦想，实现这一操作的关键就是把握好交易时机。在这里我们提供一些帮助投资者把握交易时机的方法，即公式化交易计划。

公式化交易计划是一种试图利用价格周期性循环来把握交易时机的一种机械化投资组合管理模式。这一计划的目的不是获得超额的高收益；相反，它是一项适合风险厌恶的投资者的保守型策略。我们将介绍 4 种常用的交易计划：平均花费计划、固定支出计划、固定比率计划和变动比率计划。

1. 平均花费计划 (Dollar-Cost Averaging)

平均花费计划是指将固定数量的支出以固定的时间间隔投资到某种证券中。在这一购买并持有的消极策略中,定期的投资额是稳固的。为了使这一计划实施下去,你必须定期进行投资,使你所持有的证券的价值不断增加。由于每期投入的金额相同,当证券价格上涨时,当期所购买份数减少,当证券价格下降时,所购买的份数则增加。

表 13.9 是一个平均花费计划的例子。它展示了一份每月将 500 元投资于无手续费的 X 基金的过程。一年内,你一共购买了 6 000 元的该基金,购买时的净值为 24.16~30.19 元。在年底,你持有的这份基金资产的总值将近 6 900 元。

表 13.9 平均花费计划示例

月 份	月末基金净值(元)	购买份数(份)
1	26.00	19.23
2	27.46	18.21
3	27.02	18.50
4	24.19	20.67
5	26.99	18.53
6	25.63	19.51
7	24.70	20.24
8	24.16	20.70
9	25.27	19.79
10	26.15	19.12
11	29.60	16.89
12	30.19	16.56

年度总结

总投资:6 000 元
购买总份额:227.95 份
每份基金平均花费:26.32 元
年末投资组合净值:6 881.81 元

2. 固定支出计划 (Constant-Dollar Plan)

固定支出计划将投资分成了两部分:保守投资和投机。投机部分由高收益、高风险的证券组成,保守投资部分则由债券和货币市场工具等低风险的投资工具组成。在这一计划中,投入投机部分的资金数量相对来讲是稳定的。你需要设定一个平衡点,当投机部分的资金增值高于某一比例或数值时,把多出的部分投入保守投资部分;当投机部分的资金亏损达到这一比例或数值时,你要从保守投资部分拿出部分资金放入投机资金中。假设你建立了如表 13.10 所示的固定支出计划,在 20 000 元的总资金中有 10 000 元投资于高 β 系数的无手续费共同基金 A,另外 10 000 元投资于活期账户。假设你规定投机部分资金的变动幅度为 2 000 元,那么当投机部分资产大于 12 000 元时,你应该卖出部分共同基金,使基金 A 价值减至 10 000 元,并将卖出基金 A 所得的收益投入活期账户中。

当共同基金 A 价值下降至 8 000 元以下时，你则应该从活期账户取出一定资金投入基金中，使基金账户恢复至 10 000 元。

表 13.10　固定支出计划　　　　　　　　　（单位：元）

共同基金净值（NAV）	投机资金总值	保守投资资金总值	总资产	交易	投机部分基金份数
10.00	10 000.00	10 000.00	20 000.00		1 000.00
11.00	11 000.00	10 000.00	21 000.00		1 000.00
12.00	12 000.00	10 000.00	22 000.00		1 000.00
→ 12.00	10 000.00	12 000.00	22 000.00	卖出 166.67 份	833.33
11.00	9 166.63	12 000.00	21 166.63		833.33
9.50	7 916.64	12 000.00	19 916.64		833.33
→ 9.50	10 000.00	9 916.64	19 916.64	买入 219.30 份	1 052.63
10.00	10 526.30	9 916.64	20 442.94		1 052.63

表 13.10 中进行了两次交易行为。最初，20 000 元的资金被平分到两部分资产中，经过一段时间，基金的净值上升至 12 元，因此，整个投机部分的资金增值至 12 000 元。此时，你应该出售 166.67 份、总价值为 2 000 元的基金并将其转至活期账户。随后共同基金的净值跌至 9.5 元，使投机部分总资产价值不足 8 000 元，你就应该从活期账户取出部分资金以填补共同基金不足 10 000 元的部分。在长期内，如果投机部分的盈利增加，就会逐步移入活期账户，不断积累资金。

3. 固定比率计划（Constant-Ratio Plan）

固定比率计划类似于固定支出计划，只是它以比率形式规定保守与投机部分的资金平衡点。当两部分资金的实际比例大于或小于事先确定的分配比例，就需要投资者对账户资金分配进行调整，使实际比率恢复到事先规定的水平。要想运用这一计划，你必须事先规定一个合适的资产配置比例及资产变动幅度。

表 13.11 展示了固定比率计划的操作过程。假设你的初始投资仍为 20 000 元，你将 50%的资金，即 10 000 元投资于高 β 系数的无手续费共同基金 A，另 50%投资于活期账户。这次你规定当投机部分资金与活期账户资金的比值大于 1.2 或小于 0.8 时，你就对账户进行资产调节。投资期间资产的变动情况如表 13.11 所示。当基金净值达到 12 元时，就触及了 1.2 的比率线。此时，你应出售 83.33 份基金，使两部分资金的比例回到 50∶50。当基金 A 的净值下降到 9 元，投机部分总资产价值下降为 8 250 元，这时两部分资金的比值为 0.75，低于 0.8 的触发点。你就应该从活期账户取出部分资金购买 152.78 份基金，使两部分资金比例重新回到 50∶50。

表 13.11 固定比率计划 （单位：元）

共同基金净值	投机资金总值	保守投资资金总值	总资产	投机与保守部分比例	交易	投机部分基金份数
10.00	10 000.00	10 000.00	20 000.00	1.000		1 000.00
11.00	11 000.00	10 000.00	21 000.00	1.100		1 000.00
12.00	12 000.00	10 000.00	22 000.00	1.200		1 000.00
→ 12.00	11 000.00	11 000.00	22 000.00	1.000	卖出 83.33 份	916.67
11.00	10 083.00	11 000.00	21 083.00	0.917		916.67
10.00	9 166.70	11 000.00	20 166.70	0.833		916.67
9.00	8 250.00	11 000.00	19 250.00	0.750		916.67
→ 9.00	9 625.00	9 625.00	19 250.00	1.000	买入 152.78 份	1 069.44
10.00	10 694.40	9 625.00	20 319.40	1.110		1 069.44

4．变动比率计划（Variable-Ratio Plan）

相比来讲，变动比率计划是这四项交易方案中操作最积极的一项。在这项计划中投资者希望把握市场时机，抓住股票市场上有利的变动，也就是我们常说的"低买高卖"。在变动比率计划中，对资产中投机部分资金比率的确定取决于投机证券价值的变动。当投机部分的价值增值达到一个预定的比率，投机部分在总资产中的份额就会被削减。相反，当投机部分的价值下降，则投机部分的比重将随之增多。

在实施变动比率计划时，需要做出以下几点决定：第一，决定投机部分和保守投资部分的初始资金比例；第二，选择第一次进行买卖证券活动的比率触发点，以及达到这些触发点后投机部分的资金和组合总资金的目标比例；第三，在每次达到触发点时，根据所确定的两部分的资产比例对资金进行调整。

我们来看表 13.12。首先，你把资金按 50：50 的比例投入投机部分和保守投资部分。投机部分由高 β 系数的无手续费共同基金 B 组成，保守投资部分则投入活期账户。你决定当基金 B 的价值总额达到总资产的 60% 时，将售出部分基金，使这部分的资金减少到总资产的 45%；当基金 B 的价值总额减少至总资产的 40% 时，将这部分的资金比例调高至总资产的 55%。这一交易计划的用意是把握住基金周期性涨跌的机会，当共同基金价值上涨时，你取走利润，将其投资于无风险的活期账户；当基金市场大幅减值时，你则增加这一账户的比例，以便以较低价格买入这些资产。

表 13.12 变动比率计划 （单位：元）

共同基金净值	投机资金总值	保守投资资金总值	总资产	投机与总资产的比例	交易	投机部分基金份数
10.00	10 000.00	10 000.00	20 000.00	0.50		1 000.00
15.00	15 000.00	10 000.00	25 000.00	0.60		1 000.00
→ 15.00	11 250.00	13 750.00	25 000.00	0.45	卖出 250 份	750.00
10.00	7 500.00	13 750.00	21 250.00	0.35		750.00
→ 10.00	11 687.50	9 562.50	21 250.00	0.55	买入 418.75 份	1 168.75
12.00	14 025.00	9 562.50	23 587.50	0.59		1 168.75

交易过程如表13.12所示，当基金净值达到15元时，它就触及了60%的触发点，你需要出售250份基金以使基金价值下降至总资产的45%。之后一段时间，基金净值下降至10元，使投机部分资产只有总资产的35%，此时，你购买了418.75份基金，使投机部分资产占到总资产的55%。当基金净值达到12元时，你的总资产将达到23 587.5元。比较一下，如果你的资金以50∶50的比例投入基金和活期账户，而没有进行平衡性操作，当基金价值增加到12元时，你的资产总额只有22 000元（10000+12×1000）。

知识拓展

1. 管理个人投资组合的生命周期方法认为，个人在其生命的各个阶段中，随着年龄的增长，越来越厌恶风险。它的道理是随着年龄的增长，人们将会用尽他所拥有的人力资本，越来越少有机会补偿可能的投资组合的损失。

2. 人们在能够挣钱的时期购买人寿与伤残保险，为他们将来丧失人力资本，即丧失挣钱能力所面临的风险进行套期保值。

3. 对于那些必须对投资收入纳税的投资者来说，他们的资产配置过程是复杂的，因为他们需要对一部分投资收入纳税。由于利息收入是免税的，所以那些处于高税率等级的投资者都愿意持有这类资产，而不愿意持有需要纳税的短期或长期债券。然而，实际的困难是事实上股权资产只在资产持有期结束、出售资产、实现资本利得时才纳税避税的投资策略设计与分散化原则相矛盾。

投资行动

保持投资组合的平衡

虽然众多研究结果表明资产的合理配置是决定收益的最关键因素，但大多数投资者依然会不顾自己投资组合的目标配置，盲目地购买市场上正被热炒的股票或基金。由于没有按照以前设定的资产配置策略增加证券，投资者的投资往往过度集中于某类资产或某几个行业上。经验数据显示，这一错误往往会给投资者带来巨大的损失。20世纪90年代末的科技股热正是这样一个例子。那时，许多投资者都追赶潮流，在自己的投资组合中配置了大量的高风险股票，以期获得暴利。然而，当这一高科技股票市场的泡沫突然破裂时，他们遭受了巨大的经济损失。

因此，保持一个平衡的资产配置对于投资来讲是非常重要的。你可以按照以下几个简单的步骤保持投资组合的平衡。首先，你应该正确评估你的投资目标和风险承受能力。之后，根据你个人的投资目标建立一个5～10年期的投资策略，以决定各项资产在你的投资组合中占的比例。举个例子，一名25岁的单身青年很可能将他的大部分资产配置于成长型股票（Growth Stock），一名70岁左右的退休者则可能以资产保值和获得定期性收益作为投资目标，因而会把更多的资产配置于固定收益类债券。

同时，你应该对每大类的资产进行进一步的细分。在股票类投资中，你要将成长型股票、价值型股票、国外股票等各自占的权重加以规定；在固定收益类证券中，你也应该将资金在国库券、市政债券、公司债券等不同类别中加以分配。一旦这一投资框架建立完毕，你就可以开始选择相应的证券或基金配置到你的投资组合中。

另外很重要的一点是，要学会拒绝所有有悖于你的投资策略的诱惑。每年都对你的投资组合加以检查，并对投资组合中各类资产的份额加以适当调整，以保证投资策略的执行。在 20 世纪 90 年代那场科技股的股灾中，若投资者能按时对自己的投资组合进行调整，抛售出因价格增长而超出比例的高风险成长型股票，转而购进一些价值型股票，他们的整体风险就会下降，从而在市场发生逆转时还能保持相对较好的收益。

思考题：根据上文的建议，为你自己拟制一份适合你的投资目标的资产配置方案。在我国的市场上，有哪些投资工具可以实现你的资产配置方案？若在发达市场（如美国市场），你愿意增加哪些投资工具到你的投资组合中来？

关键术语

资产配置 Asset Allocation
资产配置基金 Asset Allocation Fund
夏普比率/夏普测度 Sharp's Measure
特雷诺比率/特雷诺测度 Treynor's Measure
詹森比率/詹森测度 Jensen's Measure
平均花费计划 Dollar-Cost Averaging
固定支出计划 Constant-Dollar Plan
固定比率计划 Constant-Ratio Plan
变动比率计划 Variable-Ratio Plan

课后习题

讨论题

1．根据自己的投资目标制定投资策略，构建投资组合。假设你投资 4 种资产：普通股股票、债券、外国证券和短期证券。

1）根据自己的投资目标分配资产。

2）你会为不同的资产等级选择哪种投资？

2．根据表 13.13 回答问题。

表 13.13 基金 A 与基金 B 的 β 值及二者组成的投资组合

	基金 A	基金 B
β 值	1.8	1.1
投资者 A	20%	80%
投资者 B	80%	20%

表 13.13 中的两个投资者，哪个更像一对退休的夫妻？为什么？

计算题

1．2017 年 1 月 1 日，西蒙的投资组合包括 15 只普通股，市值是 264 000 美元。2017

年 5 月底，西蒙卖出一只股票，此时该股票的市值是 31 500 美元，其年初的价值是 26 300 美元。这一年中，他没有再投资，他所有的红利收入是 12 500 美元。2017 年 12 月 31 日，西蒙的投资组合的市值是 250 000 美元。计算 2017 年 12 月 31 日西蒙的投资组合的持有期收益率（中途卖出的股票的价值请用年初的价值来衡量）。

2．在刚刚过去的这一年中，安娜的投资组合的 β 值是 0.90，收益率是 8.6%，现在的无风险利率是 7.3%，这年的市场组合的收益率是 9.2%。

1）计算在刚刚过去的这一年安娜的投资组合的特雷诺比率。

2）崔西的投资组合的特雷诺比率是 1.25%，将安娜的投资组合与崔西的相比，谁的表现更好？

3）计算刚刚过去的这一年市场组合的特雷诺比率。

4）将安娜的投资组合与市场组合相比较，分析安娜的投资组合的表现。

3．在刚刚过去的这一年中，朱迪的投资组合的 β 值是 1.30，收益率是 12.9%，现在的无风险利率是 7.8%，这年的市场组合的收益率是 11.0%。

1）计算在刚刚过去的这一年朱迪的投资组合的詹森比率。

2）投资者 M 的投资组合的詹森比率是 -0.24，与他相比，朱迪的投资组合的表现如何？为什么？

3）请根据 1）的答案，分析朱迪的投资组合的表现。

4．现在的无风险利率是 8.1%，请运用表 13.14 中的数据来分析菲欧家的投资组合与市场组合，并回答相关问题。

表 13.14　菲欧家的投资组合与市场组合的收益率、收益率的标准差和 β 值

	菲欧家的投资组合	市场组合
收益率	12.8%	11.2%
收益率的标准差	13.5%	9.6%
β 值	1.10	1.00

1）计算菲欧家的投资组合和市场组合的夏普比率。根据夏普比率，比较这两个组合的表现。

2）计算菲欧家的投资组合和市场组合的特雷诺比率。根据特雷诺比率，比较这两个组合的表现。

3）计算菲欧家的投资组合和市场组合的詹森比率。根据詹森比率，比较这两个组合的表现。

4）根据上述 3 个问题的答案，分析菲欧家的投资组合在刚刚过去的一年的投资表现。

案例分析

评估 Stalchecks 的投资组合表现

Mary Stalcheck 和 Nick Stalcheck 是夫妻，他们有一个由 4 种投资工具组成的投资组合。这个投资组合的目标是既获得即期收入又获得资本升值收入。他们夫妻二人在组建

这个投资组合的时候，没有通过购买共同基金份额来实现投资分散，也没有直接投资于某一种或某几种不同资产的证券来实现投资分散，而是决定投资于不同类型的资产。目前，这个投资组合包含普通股、工业债券、共同基金份额及期权。在过去的3年里购买了这些证券，他们还打算未来继续投资于其他证券。

最近，他们对衡量投资收益，将投资表现与市场水平相比较很感兴趣，希望以往的投资收益能够超过标准普尔500指数的表现。他们发现去年的无风险利率水平是7.2%，标准普尔500指数的税前收益率是10.1%。在一个朋友的帮助下，他们计算出投资组合的β值是1.20。他们的分析过程忽略了税收的影响，因为他们认为他们的收入已经有了足够的税收保护。之前他们从来没有交易过购买的资产，他们所有的资产都已经持有超过一年，而且如果有未实现资本利得的话，他们只需计算未实现的资本利得即可。为了必要的计算，Stalcheck一家收集了投资组合中4种证券的如下相关信息。

（1）普通股：Stalcheck一家拥有KJ公司的400股股票。KJ公司是一家生产钢管的多元化公司，此公司股票的红利分配很稳定。在过去的几年中，它开辟了新市场，所以公司股票有了中等的资本升值潜力。此公司的股价已经从去年年初的17.25美元涨到了今年年末的18.75美元。在这一年中，每季度的现金股利是0.20美元、0.20美元、0.25美元和0.25美元。

（2）工业债券：Stalcheck一家拥有8张Cal工业债券。这些债券的面值是1 000美元，票面利率是9.250%，2021年到期。它们的信用评级是A级。年初的报价是97.000美元，年末的报价是96.375美元。

（3）共同基金：Stalcheck一家持有500份Holt的基金份额。这只基金的分红收益包括一年中的投资收入0.60美元和资本利得收入0.50美元。这只基金年初的资产净值是19.45美元，年末是20.02美元。

（4）期权：Stalcheck一家拥有一家公司的100张期货合约，这些期货合约年初的价值是26 000美元，年末的价值是29 000美元。

问题：

1）计算这4种投资工具的税前持有期收益率。

2）假设Stalcheck一家平时收入的纳税税率是38%，而且他们要为持有期超过一年的红利收入和资本利得收入缴纳15%的资本利得税。请计算这4种投资工具的税后持有期收益率。

3）假设Stalcheck一家的所有投资收益都是未实现的，请计算由这4种投资工具组成的投资组合去年的税前持有期收益率。请针对即期收益和资本利得收益的组成部分对这些收益进行评估。

4）利用3）计算出来的持有期收益率计算詹森比率。在风险和市场变现得到调整的基础上，用詹森比率来分析Stalcheck一家的投资组合的表现。用詹森比率来评估一个由4种资产组成的投资组合合理吗？为什么？

5）根据1）、3）和4）的答案进行分析，对于Stalcheck一家的投资组合修正问题，你将提出什么建议？解释你的建议。

Excel 运用

虽然大多数人认为能一直在最好的时机进行交易不太可能，但是有几种计划可以让投资者找到买卖的时机。这被称为公式化交易计划——尽量利用证券价格周期波动来管理投资组合的机械化方法，其目的是降低投资者面临的风险水平。

其中一种公式化交易计划是平均花费计划。在这种计划的执行中，总是在固定的时间点进行固定金额的投资，随着时间的推移，不断增加特定证券的价值。假如证券的价格下跌，那么固定金额的投资可以购买更多的证券；假如证券价格上涨，那么固定金额的投资只能购买较少数量的证券，减少了投资者购买被高估的证券的可能性。

2016 年 3 月—2017 年 2 月，Paddock 运用平均花费计划进行投资管理，每个月都购入价值 1 000 美元的 Neo 普通股。在过去的 12 个月里，此股票的每月价格如表 13.15 所示。假设 Paddock 不需要为交易支付手续费。

表 13.15 Neo 普通股每月的价格

年份	月份	每股价格（美元）
2016	3	14.30
2016	4	16.18
2016	5	18.37
2016	6	16.25
2016	7	14.33
2016	8	15.14
2016	9	15.93
2016	10	19.36
2016	11	23.25
2016	12	18.86
2017	1	22.08
2017	2	23.23

参照表 13.9 创建 Excel 表格，分析以下问题。

1）2016 年 3 月—2017 年 2 月的总投资是多少？
2）在这 12 个月，Paddock 一共购买了多少股股票？
3）每股的平均成本是多少？
4）2017 年 2 月底的投资组合的价值是多少？
5）2017 年 2 月底的投资组合的盈亏是多少？
6）这个投资组合的 12 个月期的收益是多少？

案例导读

全球最大的两艘"航母"都已掉头，先加息的美国股市涨幅30%

- 作者：券商中国记者 文航
- 时间：2017-02-06 06:34
- 来源：券商中国
- 网址：http://www.phonexnews.cn/newsDetail__17027852

加息真有那么可怕吗

美国是全球较早进入加息周期的国家，如果有中国的加入，意味着全球最大的两艘"航母"同时都要掉头了。

真的有必要恐惧吗？

其实大可不必。加息从来都是刚听说时会出现恐惧，并出现短期市场下跌，而一旦真的加息，很快市场就会出现上涨，而且涨幅不小，因为加息意味着通胀，而这从来都是股市上涨的理由——除非是恶性的。

牛市生于加息周期

利率上行，也就意味着钱"贵"了，钱"少"了。这对于需要资金支撑的A股市场来说，一眼看去，确实不是什么好消息。

春节刚过，特朗普折腾了一个假期，全球市场为之慌乱。同样，去年春节期间，全球为之慌乱的主角则是耶伦——美联储加息风波，全球市场亦是暴跌。那时道指仅15 000多点，而加息后的一年多时间里，道指已轻松突破20 000点。没错，率先进入加息周期的美股股市已经走出了一轮涨幅为30%的大牛市。

任一股市的涨跌，显然不能凭加息判断，但背后映射的经济变化，就是造就股市涨跌的重要因素。

回看美国：

2015年12月16日，美联储正式宣布加息，将联邦基金利率提高0.25个百分点，这是自2006年6月以来美联储的第一次加息，也意味着美国将进入新一轮加息周期。

此后，美股市场便走出了一轮波澜壮阔的牛市。道指从加息周期的15 500点的低位一路攀升，涨幅接近30%。2017年1月25日，在20 000点整数关口徘徊了28天之后，道指历史上首次突破20 000点。近几日虽有反复，但2017年2月3日，道指大涨0.94%，报收于20 071.46点，再次收复20 000点关口。

回看美国前五轮加息周期的经济环境，能让我们对当前国内是否处于加息周期做出比较，同时就加息对经济大环境的影响，甚至对于大家都绷紧神经的股市、债市、楼市走势，有着更为客观的借鉴。

美联储第一轮加息时间周期为1983年3月—1984年8月，基准利率从8.5%上调至11.5%。当时美国经济处于复苏初期，里根政府主张减税，帮助了经济的复苏，创造了更多工作机会。1981年美国的通胀率已达13.5%，接近超级通胀。

美联储第二轮加息时间周期为1988年3月—1989年5月，基准利率从6.5%上调至9.8125%。当时通胀抬头，1987年"股灾"导致美联储紧急降息救市。由于救市及时，股市下跌对经济影响不大，1988年起通胀继续上扬，美联储开始加息应对，利率在1989年最终升至9.75%。

美联储第三轮加息时间周期为1994年2月—1995年2月，基准利率从3.25%上调至6%。当时市场出现通胀恐慌。此次加息也被认为是导致此后1997年亚洲金融危机爆发的原因之一。

美联储第四轮加息时间周期为1999年6月—2000年5月，基准利率从4.75%上调至6.5%。当时互联网泡沫不断膨胀。2000年互联网泡沫破灭和纳斯达克指数崩溃后，经济再次陷入衰退，"9·11"事件更令经济和股市雪上加霜。美联储随即转向，由次年年初开始连续大幅降息。

美联储第五轮加息时间周期为2004年6月—2006年7月，基准利率从1%上调至5.25%。当时房市泡沫涌现，此前的大幅降息激发了美国的泡沫。直至次贷危机引发全球金融危机，美联储再次开始降息至接近零的水平。

加息周期买什么

资金利率上行，对于当前的A股市场有何影响？

海通宏观姜超认为，对于股市而言，从短期看，利率上行对其也有负面影响，但影响要小于债市。从长期看，如果政府决心抑制地产泡沫，而且能有效防范金融风险，那么资金将有望从地产市场流出，而股市有望受益于资金的回流。而中国经济在化解了地产"肿瘤"之后，其实有望更加健康，股市是实体经济的反映，也有望反映经济结构的改善。

任泽平观点更为直接——加息周期推荐黄金和股市。他表示，股市从"水牛"转向"业绩牛"，没有指数级机会，但结构性机会比较多，围绕业绩和改革两大主线展开。在加息周期下，对大类资产的推荐顺序是：黄金>股市中的业绩和改革受益板块>供给出清的商品>现金>债券>房地产链上的周期品>房地产。

广发策略研报中提到，过去的利率上行周期往往伴随通胀的上行，因此涨价品种往往表现更好。很多投资者希望借鉴历史上的加息周期行业表现来指导未来的行业配置。目前的环境并不能等同于加息周期，而更应该和历史上的市场利率上行阶段去比较——2000年以来，一共只有两轮加息周期，但是，出现了六轮利率上行周期（包括最近这次利率上行）。除了第五轮利率上行周期（2013年"钱荒"时期）以外，其他几轮利率上行周期都伴随通胀水平的上行，因此，当时表现最好的行业往往是涨价品种。

有一种加息叫"不直接影响公众"的加息

主流分析师观点如下。

方正证券任泽平：我们正处于一轮加息周期之中。

方正证券首席经济学家任泽平大胆指出，我们正处在一轮加息周期之中，而这个过程是循序渐进的。2017年2月3日，央行再次对逆回购和SLF利率上调，标志着短端和长端利率已经全面上调，10年期国债收益率从2016年8月中旬的2.64%低点上升到2017年2月初的3.42%，加息信号进一步明确，至此央行已经事实上加息。

他认为，政策目标是防风险和去杠杆。2016年7月政治局会议提出"抑制资产泡沫"，10月政治局会议强调"注重抑制资产泡沫和防范经济金融风险"，12月中央经济工作会议明确政策基调从稳增长转向防风险和促改革。2016年下半年以来，债市去杠杆、房地产调控、将表外理财业务纳入宏观审慎评估、险资监管新规等主要是落实防风险、去杠杆的政策导向。同时，2016年年初以来，经济L形企稳、通胀预期升温、房价暴涨等提供了基本面支撑，2017年政治换届需要维稳。外汇占款收窄使得央行重新获得了基础货币供给和调节流动性的主动权，因此央行率先调整公开市场操作的利率、期限和数量。

任泽平还对未来加息路径做了大胆猜测。由于当前的政策目标是防风险和去杠杆，而不是抑制经济过热和通胀，同时考虑到目前经济企稳基础不牢，地产、汽车已经回调，通胀整体温和，央行尚不具备大幅调高存贷款利率的条件和诉求，除非经济或通胀形势出现超预期发展。从加息持续的时间来看，过去的流动性松紧周期表明一般至少持续一年到一年半，如果从2016年8月算起，将至少持续到2017年年中。

中泰证券李迅雷：偏宽松回归中性不代表步入加息周期。

中泰证券首席经济学家李迅雷也谈到了自己对央行变相加息的看法。在他看来，央行这一举措被过度解读。与任泽平的观点不同，他认为偏宽松回归中性不代表步入加息周期。

李迅雷表示，节后上班第一天央行就变相加息，无非想给市场传递货币政策从"偏宽松"回归中性的明确信号。同时，趁着特朗普还没有来得及向中国摊牌，先表明中国控制货币超发、稳定汇率的态度。

他提出，总体看货币政策只是从偏宽松调整至中性，在外汇管制加强的情况下，汇率不会成为货币紧缩的理由，所以确实没有必要将央行此举解读为货币紧缩政策的开端。不过，对资本市场而言，由于去杠杆将贯穿2017年的始终，故很难有趋势性上行的机会，但存在结构性或跌出来的机会。与过去两年前松后紧的政策特点相比，2017年很可能是前紧后松。

海通证券荀玉根：不是每种利率上行都叫熊市。

海通证券首席策略分析师荀玉根用"不是每种利率上行都叫熊市"来点评3日的央行举措。利率上行有两种情景：一是系统性的上行，如2007年3月—2008年8月、2010年10月—2011年9月，为抑制过热、控制通胀，央行上调基准利率并控制货币总量，所有利率进入上行周期；二是结构性的上行，如2013年，为实现债券去杠杆，央行上调政策利率但维持货币总量稳定，市场利率上行但贷款利率稳定。

在他看来，第一种情景股市风险逐步累积，紧缩政策影响基本面，最终形成"戴维斯双杀"的熊市大跌；第二种情景股市区间震荡，占比80%的贷款利率和企业盈利稳定。继1月上调MLF利率后，2月3日央行上调逆回购和SLF利率，这次利率上行属于第二种情景，目的是防风险和去杠杆，类似2013年。

谈到未来的股市走向，荀玉根认为，目前仍是震荡市格局，2016年12月以来的下跌是震荡市回撤而非新一轮熊市下跌，12月初转向谨慎，2017年1月初提出还需等待。经历两个月调整，利空因素已逐步消化，目前无需太担忧。在存量博弈的震荡市中，结构偏向业绩确定和政策亮点，以价值股为底仓，持有国企改革、一带一路。

央视：上调资金利率不等于加息。

国内主流媒体央视也对3日的央行举措进行了解读。央视称，这次央行"出手"的对象，是存在于银行等金融机构之间的货币市场，而不是直接影响公众和实体企业的存贷款领域。也就是说，这次上调的是央行给金融机构提供资金时收取的利率，并没有上调存贷款基准利率。所以这次上调不等于加息。尽管货币市场利率对实体经济和百姓生活的影响是间接的，但不可否认的是，这一操作仍然释放出明确的政策信号。

中国人民大学财政金融学院副院长赵锡军在央视节目上表示，尽管上调利率幅度不大，都是比较低的幅度，但也表明了央行实施稳健中性的货币政策的考虑和方向，提供一个政策的意图，让市场能够比较清晰地了解。保持市场流动性稳定，同时流动性的成本比原来要高一些。专家表示，中国人民银行在2017年春节后上调资金利率，正是为了在2017年为市场参与者提供"稳健中性"货币政策的预期性判断。

央行本轮政策转向大事记

2016年8月24日

央行在公开市场开展1 400亿元逆回购，包括900亿元7天期品种和500亿元14天期品种，这也是央行逾半年来首次重启14天期逆回购操作。在业内人士看来，央行"收短放长"抬高资金成本，并将之视为货币宽松预期落空的信号。

2016年9月12日

继重启14天逆回购以后，央行公开市场上为次日的28天期逆回购操作询量，最终逆回购中标利率为2.55%。

2016年10月13日

央行开展了3 010亿元MLF，以对冲上周2 595亿元MLF的到期。央行称，此举旨在保持银行体系流动性合理充裕。

2016年10月18日

央行对20家金融机构开展MLF操作共4 620亿元，其中6月期MLF为2 345亿元，1年期MLF为2 275亿元，利率均与上期持平，分别为2.85%和3.0%。

2017年1月24日

央行网站与微博同时发布消息，24日对22家金融机构开展MLF操作共2 455亿元，其中6月期1 385亿元，1年期1 070亿元，中标利率分别为2.95%、3.1%，较上期上升10BP。

2017年2月3日

央行进行200亿元7天、100亿元14天和200亿元28天期逆回购，中标利率分别为2.35%、2.5%和2.65%，较上期上调10个基点。此外，央行通知自2017年2月3日起，上调常备借贷便利（SLF）利率，隔夜3.1%（原2.75%）、7天3.35%（原3.25%）、1个月3.7%（原3.6%）。

CFA 练习题

1. 一个投资者在 1 个月前以 50 美元的价格购买了一只股票，现在这只股票的价格是 45 美元。假如股价跌到 40 美元，将其卖出的指令是（　　）。
    a. 卖空指令　　　　b. 止损指令　　　　c. 止买指令

2. 500 股股票以 40%的保证金和每股 15 美元的价格购得，现在股价是每股 20 美元，杠杆收益率是（　　）。
    a. 55.56%　　　　b. 33.33%　　　　c. 66.67%

3. 一个投资组合在资本市场线上，但是它在市场组合的左侧，则此投资组合的特征是（　　）。
    a. 一个贷出投资组合　　　　　　b. 一个借入投资组合
    c. 比市场组合的非系统风险更高

4. 某公司股票的相对系统风险水平比市场组合的风险水平高 40%，市场组合的期望收益率是 16%，无风险利率是 7%。运用资本资产定价模型，该公司股票的必要投资收益率是（　　）。
    a. 16.0%　　　　b. 19.6%　　　　c. 22.4%

5. 一位分析师在过去的 8 年时间里比较了一个对冲基金指数和一个股票价格指数的表现，他说这个对冲基金指数有着更高的平均收益率，更低的收益率标准差，以及更高的夏普比率。在这个对冲基金数据库中所有成功的基金在过去 8 年的时间里都在持续地吸收资金。对于对冲基金指数来说，平均收益率和夏普比率分别是夸大了还是低估了它的表现？（　　）

	对冲基金指数的平均收益率	对冲基金指数的夏普比率
a.	夸大	夸大
b.	夸大	低估
c.	低估	夸大

6. 投资者可以参与实物赎回的基金是（　　）。
    a. 传统共同基金可以，交易所交易基金不可以
    b. 传统共同基金不可以，交易所交易基金可以
    c. 传统共同基金可以，交易所交易基金也可以

7. 每天只能交易一次且以收盘价为交易价格的是（　　）。

	交易所交易基金	传统共同基金
a.	不是	不是
b.	不是	是
c.	是	不是

8. 可能以远低于资产净值的价格进行交易的基金是（　　）。

	交易所交易基金	封闭式基金
a.	不是	不是
b.	不是	是
c.	是	不是

9. 可在股市上交易的股票的不动产投资方式包括（　　）。
   a. 不动产投资信托，但没有混合基金
   b. 混合基金，但没有不动产投资信托
   c. 不动产投资信托和混合基金

10. 一位分析师收集了如下信息：

投资组合	平均收益率	收益的标准差
1	9.8%	19.9%
2	10.5%	20.3%
3	13.3%	33.9%

如果无风险利率是 3.0%，根据夏普比率，风险调整收益率最好的投资组合是（　　）。
   a. 投资组合 1　　　b. 投资组合 2　　　c. 投资组合 3

11. 一位分析师收集了过去的 10 年中一个投资组合表现的相关数据：

每年平均收益	11.8%
每年收益率的标准差	15.7%
投资组合的 β 值	1.2

假如相同时段的无风险利率是 5.0%，则这个投资组合的变异系数和夏普比率分别是（　　）。

	方差系数	夏普比率
a.	0.75	0.43
b.	1.33	0.36
c.	1.33	0.43

12. 一个固定收入的投资组合是由 4 种债券组成的，这 4 种债券的市场价值和久期如下：

	债券 A	债券 B	债券 C	债券 D
市场价值（美元）	200 000	300 000	250 000	550 000
久期	4	6	7	8

这个投资组合的久期最接近（　　）。
   a. 6.06　　　　　b. 6.25　　　　　c. 6.73

13. 在 2010 年年末，一个投资者想给慈善基金捐助 20 000 美元。但是，他不希望在年末时他的投资组合的市值低于 600 000 美元。假如差额的水平等于无风险收益率，并且所有投资组合的收益都是正常分配的，为了将达不到投资者投资目标的可能性降到最低，投资组合最可能是（　　）。

	最高的安全第一比率	最高的夏普比率
a.	不是	是
b.	是	不是
c.	是	是

答案：

1~5: baaba　　　　6~10: bbbab　　　　11~13: ccc

第 6 部分

衍生工具投资

▶ 第 14 章　看涨与看跌期权
　　Options: Puts and Calls

▶ 第 15 章　期货市场
　　Futures Markets

第 14 章

看涨与看跌期权

学习目标

- 了解期权的基本特征，以及期权是如何工作的。
- 了解股票期权的主要条款，包括到期日、敲定价格等。
- 了解看涨期权及看跌期权的获利潜力，知道常见的期权交易策略。
- 了解期权的定价模型及影响期权价格的因素。
- 了解卖出期权的风险及获利情况。

14.1 期权市场概览

在证券市场上，投资工具包括权益证券、固定收益证券，以及衍生证券、共同基金等。权益证券即股票，它是股份有限公司发行的用于证明投资者的股东身份和权益，并据以发放股息和红利的凭证。投资者购买了股票，就拥有了股票所代表的财产权。固定收益证券即债券，它是证券债权债务关系的凭证。投资者购买了债券，就拥有了相应的债权及获取利息的权利。不论是股票还是债券，都属于金融资产，代表着投资者对于证券发行机构的金融债权。然而，期权的投资者拥有的只是购买或出售某一证券的权利。在下面的章节中，我们将对期权加以介绍。

期权（Options）是一份合约，合约规定买方在付出权利金后，即享有在特定的时间向契约卖方以履约价格买入或卖出一定资产的权利。期权合约有买、卖两方，其权利和义务如表 14.1 所示。

表 14.1 期权买卖双方的权利与义务

买 权		卖 权	
买入买权	卖出买权	买入卖权	卖出卖权
当执行买权时	当买方决定买进时	当执行卖权时	当买方决定卖出时
只有权利	只有义务	只有权利	只有义务
执行价格买入期货合约	执行价格卖出期货合约	执行价格卖出期货合约	执行价格买入期货合约

14.1.1 期权的基本特征

期权已有几百年的历史。较早的期权交易主要用于实物商品、房地产和贵金属业务，都是现货期权。20 世纪 20 年代，美国出现了股票的期权交易，但由于它带着较为浓厚的投机色彩，而不为多数人所接受。全美范围内标准化的期权合约是从 1973 年芝加哥期权交易所（Chicago Board Options Exchange，CBOE）的看涨期权交易开始的。随后，期权产品在全球范围内获得了超常的发展，拥有巨大的交易量。

虽然期权的种类不同，不同期权合约的标的物也不同，但它们都有一些共同的特点。其中最重要的特总是期权的杠杆作用，可以使投资者以有限的资金进行更大的投资，而同时，它还规避了遭到大规模损失的风险。

1. 看涨期权与看跌期权

1）看涨期权（Call）。期权买方按照一定的价格，在规定的期限内享有向期权卖方购入某种商品或期货合约的权利，但不负担必须买进的义务。看涨期权又称"多头期权""延买权""买权"。投资者预期黄金价格上升时购入看涨期权，而卖出者预期价格会下跌。

2）看跌期权（Put）。期权买方按照一定的价格，在规定的期限内享有向期权卖方出售商品或期货的权利，但不负担必须卖出的义务。看跌期权又称"空头期权""延卖权"和"卖权"。在看跌期权买卖中，买入看跌的投资者是看好价格将会下降，所以买入看跌期权，而卖出看跌期权方则预计价格会上升或不会下跌。

期权不同于股票，它不代表股东的投票权，也不代表对财产的拥有权，所以不享受金融资产的分红或利息收入。由于期权的价值来自其他实物和金融资产的价格变化，因此期权又称为衍生证券（Derivative Securities），我们在后面要介绍的权证、认股权及下一章要介绍的期货都属于衍生证券。尽管大型的机构投资者在这一市场占了很大份额，但个人投资者的交易量还是相当大的。

期权最吸引人的特点之一就是它的杠杆作用，期权合约的购买者只需要支付很少的保证金就可以控制与期权相关的标的资产。举例说明，假设一份股票的看涨期权使你能够以 45 元的敲定价格购买 100 股股票 A，股票 A 的现价为 50 元每股。因此，期权的有效交易价格为 5 元——股票价格与敲定价格的差额。因为通常情况下一份期权包括 100 股普通股股票，因此，购买此份期权的花费为 $5 \times 100 = 500$（元）。在期权的有效期内，投资者以 500 元的价格获得了价值 5 000 元的资产的全部获利潜力。

2. 期权的买方与卖方

1）期权买方（Option Buyer）。买进期权合约的一方。买进期权未平仓者称为期权多头。在期权交易中，期权买方在支付一笔较小的期权金之后，获得期权合约所赋予的在合约规定的特定时间内，按照事先确定的执行价格向期权卖方买进或卖出一定数量相关期货合约的权利。期权买方只有权利，没有义务。

2）期权卖方（Option Maker or Writer）。卖出期权合约的一方。卖出期权未平仓者称为期权空头。在期权交易中，期权卖方在收取期权买方的期权金之后，负有在期权合约规定的特定时间内，只要期权买方要求执行期权，期权卖方必须按照事先确定的执行价格向期权买方买进或卖出一定数量相关期货合约的义务。期权卖方只有义务，没有权利。

期权交易中，买卖双方的权利、义务是不对等的。买方支付权利金后，获得买进或卖出的权利，而不负有必须买进或卖出的义务。卖方收取权利金后，负有根据买方要求，必须买进或卖出的义务，而没有不买或不卖的权利。

3. 期权交易的原理

我们从期权买方的角度看一下期权是如何工作的。首先，我们来看一下期权的获利潜力。还以上面的例子来说明，假设你花费 500 元购买了一份敲定价格为 50 元的股票 A 的看涨期权，这相当于你把这 100 股[①]股票 A 的价格固定在 50 元。假设股票的价格涨到了 75 元每股，那么这份期权给你带来的每股收益为 25 元（75-50）。换句话说，在不计算手续费及权利金等其他费用的情况下，你的 500 元投资带来了 2 500 元（25 元×100 股）的收益。之所以会有这样的收益是因为你有权利从期权的卖出者那里以 50 元每股的价格购买 100 股股票 A，随即在市场上以 75 元每股的价格卖出。

比较一下，如果你直接投资于股票市场，盈利情况将会如何呢？显然，如果你在股价为 50 元时买入 100 股股票 A，并在股价 75 元时将其卖出，你依然可以获得 2 500 元的盈利。但你的初始资金投入要 5 000 元（50 元×100 股），你的收益率显然比购买期权低很多。由于投资于股票与投资于期权在收益率上有很大差异，很多投资者选择了投资期权市场。当然，这一收益率的差异就来自我们所说的期权的杠杆作用。以上是股票看涨期权盈利的例子，对于包括外汇期权、指数期权、期货期权在内的其他期权，交易原理也基本类似。

看跌期权也有类似的作用原理。假设股票 A 的现价为 50 元，你预计股价将会下跌，你可以花费 500 元购买 100 股（1 份）敲定价格为 50 元的股票 A 的看跌期权。如果股价真的下跌，如下跌到 25 元一股，那么你的每股毛收益为 25 元。这时，你可以以 25 元每股的价格从市场上购买 100 股 A 股票，随即以 50 元每股的价格卖给期权的卖方。

我们上面讨论的只是一个理论的交易情况，由于期权有一个流动性非常强的二级市场，所以，投资者不必通过进行标的资产的实际交易来实现盈利。当标的资产的价格增加时，看涨期权的价格随之增加；当标的资产的价格下降时，看跌期权的价格增加。因此，投资者可以通过在期权市场上出售期权合约来实现自己的盈利。

> **投资须知**
>
> ## 美式期权和欧式期权
>
> 看涨期权和看跌期权既能以美式发行，也能以欧式发行。实际上，美式期权和欧式期权的叫法与发行地没有什么关系，而是说明了执行时间的区别。美式期权可以在期权交易的任何一个工作日执行，欧式期权只能在到期日执行。因为美式期权可以更

[①] 一份标准的股票期权合约代表买卖 100 股标的股票的权利。

加灵活地执行,所以美式期权更受投资者喜爱,因此在市场上也更有价值,但也并非一直如此。有权在到期日之前执行期权并不意味着这样做更有利。在很多情况下,投资者在公开市场上对冲平仓比在到期日到来时执行期权更为有利,这时候,美式期权和欧式期权的价格是相似的。

4. 期权交易的利弊

对于期权的买方来说,期权交易的优点如下。

1)风险是有限的,并且是已知的(这里所说的风险是指购买期权所付出的保险费用)。处于变化无常的市场环境中,使用期权交易可防止交易时机的判断错误所引起的更大损失。即使市场情况的发展对期权购买者不利,他只要放弃期权即可退出市场,从而可避免进一步损失。

2)购买期权的费用在购买时就已确定并一次性付清,因此,与套期保值交易所付的保证金不同,在市场情况不利时,不必担心追加价格变动保证金。

对于期权的买方来说,期权交易的缺点如下。

1)期权交易的成本(包括佣金及申购/赎回费用)远高于以同样资金进行股票交易的成本费用,而这些成本可以大幅侵蚀利润。

2)期权很复杂,需要投资人具备一定的专业知识,同时投资期权需要花大量时间对期权的标的资产进行观察,以把握最好的交易时机。

对于期权的卖方来说,期权交易的优点如下。

卖出期权所收回的期权费可用于冲减库存成本。

对于期权的卖方来说,期权交易的缺点如下。

1)处于变化无常的市场环境中,期权的卖方可能两面亏损,即当库存成本增加时,所收入的期权费用入不敷出;当市场情况有利于期权的卖方时,由于期权已售出而失去良机。

2)期权收益仅局限于期权费。

14.1.2 认股权和权证

期权还有两种其他的形式:认股权和权证(Rights and Warrants)。

1)认股权。在公司发行新股票时,普通股原有股东按占有公司股份的原比例优先购买公司发行新股的权利,认股权的期限比较短,一般只有几天的时间,过期就会作废。这使得认股权的行使受到了很大限制。

2)权证。由标的证券的发行公司或第三者(如证券公司、投资银行等)发行的有价证券。由第三者发行的权证也叫备兑权证或衍生权证,表明权证持有人具有在约定时间内以事先约定的价格认购或沽出一定数量的标的证券的权利。它是持有者的一种权利(但没有义务)的证明。其行使权利时,权证发行人不得拒绝。

这里所说的标的证券是权证发行人在权证发行时就规定好的已经在交易所挂牌的品种,是权证发行人承诺按照事先约定的条件向权证持有人购买或卖出的证券或资产。标的物可以是股票、基金、债券,也可以是一个投资组合、一个指数等。

按买卖方向，权证可以分为认购权证和认沽权证。认购权证，持有人有权利按照约定价格在特定期限内或到期日向发行人购买标的证券；认沽权证，持有人则有权按照约定价格在特定期限内或到期日向发行人卖出标的证券。认购权证和认沽权证的区别如表14.2所示。

表14.2 认购权证和认沽权证的区别

	认购权证	认沽权证
持有人的权利	持有人有权利按照约定价格在特定期限内或到期日向发行人购买标的证券	持有人有权利按照约定价格在特定期限内或到期日向发行人卖出标的证券
到期可获得的回报	（权证结算价格–行权价格）×行权比例	（行权价格–权证结算价格）×行权比例

权证的各要素会在发行公告书中得到反映。例如，A公司发行以该公司股票为标的证券的权证，假定发行时股票的市场价格为15元，发行公告书列举的发行条件如下。

1）发行日期：2017年8月15日。
2）存续期间：6个月。
3）权证种类：欧式认购权证。
4）发行数量：50 000 000份。
5）发行价格：0.66元。
6）行权价格：18元。
7）行权期限：到期日。
8）行权结算方式：证券付给结算。
9）行权比例：1∶1。

上述条款告诉投资者由A公司发行的权证是一种股本认购权证，该权证每份的权利金是0.66元，发行总额50 000 000份。可以在6个月内买卖，但行权必须在6个月后的到期日进行。如果到期时A公司的股票市场价格为20元，高于权证的行权价18元，投资者可以以18元每股的价格向发行人认购市价20元的A公司股票，每股净赚0.34元（20–18–0.66）；如果到期时A公司股价为15元，低于行权价18元，投资者可以不行权，从而仅损失权利金0.66元每股。

14.1.3 期权市场

期权市场早在17世纪就已经在美国出现，但一直到19世纪70年代，这一市场的容量还非常小，只有很少的人参与其中。而到了1973年4月26日，CBOE开放后，这一情况完全改变。

1. 传统期权（Conventional Options）

在CBOE成立之前，看涨期权与看跌期权是由一些特殊的期货交易商在OTC市场进行的。想购买看涨或看跌期权的投资者把指令传递给他们的经纪人，经纪人再将指令交给期货交易商，由交易商来寻找期权的卖方。如果买方想要执行期权，他只能与所购期权的卖方进行交割，不存在可以流通转让的二级市场。另外，传统期权没有固定的品种，只要期权的购买者愿意出钱，任何商品都可以成为期权的标的资产。看涨与看跌期权在纽约和美国股票交易所交易，期限从 30 天到 1 年不等。这种场外交易的传统期权现在多被机构投资者使用。因此，在本章中，我们把介绍的重点放在挂牌期权市场，它是个人投资者进行交易的主要场所。

2．挂牌期权（Listed Options）

CBOE 的创建标志着挂牌期权的产生，它为期权在有组织的交易所进行交易提供了条件。最初，CBOE 只有 16 家公司的看涨期权进行交易，但在很短的时间内，期权市场迅速发展，规模和活跃程度不断增加。今天，美国的所有挂牌期权都集中在 6 家交易所进行交易，它们是芝加哥期权交易所（CBOE）、国际证券交易所（ISE）、美国证券交易所（AMEX）、费城股票交易所（PHLX）、波士顿期权交易所（BOX）、纽交所群岛交易所（NYSE Arca）。其中，ISE、BOX 及 NYSE Arca 3 家交易所是这一市场的新加入者，它们均使用了全电子化的交易平台。目前，美国交易的股票期权已覆盖了 3 000 多只股票，它们中的大多数都在综合性的交易所挂牌交易。除了股票期权，指数期权、交易所交易基金期权、债券期权、外汇期权及期货期权等均在期权交易所挂牌交易。

挂牌期权的出现不仅方便了看涨及看跌期权的交易，还使期权的到期日、执行价格等条款得以标准化。同时，挂牌期权交易所的建立相当于形成了一个数据交换中心，它切断了期权买方与卖方之间的直接联系，并减少了交易费用。另外，它还形成了一个信息广泛、交易活跃的二级市场，使期权交易像股票交易一样方便快捷。

14.1.4 股票期权

国际期权市场开始于场外期权。1998—2016 年，场外期权占期权市场比重平均为 63%。从 2001 年开始，场内期权的交易规模大幅提升，场外相比场内占比有所下降，但至今仍围绕着 1.5 倍上下波动。2016 年，期权成交规模占比为 37%，期货成交规模占比为 63%，期货成交量连续第 5 年取得增长，期权成交量则跌至 2008 年以来的最低点（见图 14.1）。

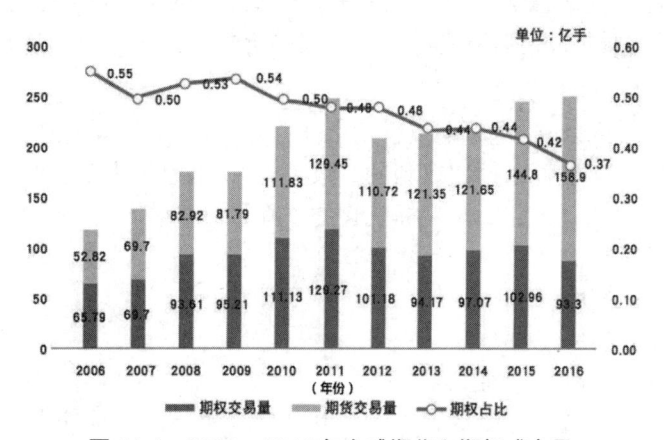

图 14.1　2006—2016 年全球期货和期权成交量

资料来源：美国期货业协会（FIA）。

与其他投资工具相比,股指期权是一种比较复杂的投资工具,因此,投资者在涉足这一市场前要全面了解这一投资工具的特征。

1. 股票期权的条款

由于价格较低,股票期权是一种非常流行的个人投资工具。类似于其他投资类型的期权,股票期权也是一份标准化合约。它包括以下几个要素:

- 期权卖方
- 期权买方
- 执行价格
- 期权费
- 通知日
- 到期日

对于股票期权来说,执行价格和到期日是最重要的两个因素,它们对期权的价格有很大影响。

(1) 执行价格

执行价格(Exercise Price)又称敲定价格(Striking Price),是指期权合约所规定的、期权买方在行使权利时所实际执行的价格。这一价格一旦确定,则在期权有效期内,无论期权标的物的市场价格上升到什么程度还是下降到什么程度,只要期权购买者要求执行期权,期权的出售者就必须以执行价格履行他相应的义务。

在金融期权的交易中,场外交易(OTC)——传统期权的执行价格是由交易双方确定的;交易所内交易期权——挂牌期权的执行价格是标准化的。

1)价格不足 25 美元的股票的敲定价格是按照每 2.5 美元为一个变动单位增加的(如 7.50 美元、10.00 美元、12.50 美元、15 美元等)。

2)对于价格处于 25~200 美元的股票,其对应期权的敲定价格是以 5 美元为一个变动单位增加的。但现在有一部分价格在 25~50 美元的股票还被允许以 2.5 美元为变动单位来制定敲定价格。

3)对于交易价格超过 200 美元的股票来说,敲定价格以 10 美元为变动单位增加。

4)与股票期权不同,交易所交易基金期权的价格均以 1 美元为变动单位变化。

(2) 到期日

到期日(Expiration Date)也是期权合约中非常重要的条款,类似于债券的到期时间,期权的到期日代表了期权可以行使权利的时限。传统期权的到期日可以是到期月中的任何一天;相反,挂牌期权的到期日是标准化的。在挂牌期权的创设初期,它的到期日是按以下三个周期来运行的。

1) 1月,4月,7月,10月。
2) 2月,5月,8月,11月。
3) 3月,6月,9月,12月。

每份期权的发行都处在三个周期之一,其到期日也在同一周期中。现在交易所仍保留着使用三个到期日周期的传统。在此基础上,为了方便交易者进行交易,到期日被变更为最邻近的两个月(当前月和下个月)及周期中相邻的下两个季月。

例如，如果当前月为 1 月，那么当前月交易的期权的到期月分别为 1 月、2 月、4 月和 7 月。如果当前月为 2 月，那么当前月交易的期权的到期月分别为 2 月、3 月、5 月和 8 月。在给定的交易月中，期权的最后交易日期都为同一天，即每月的第三个周六。

2．股票期权的交易

期权交易中有两种费用：交易费用和期权费。无论是期权的卖方还是买方，在进行交易时都需要缴纳一定的佣金和手续费。手续费的高低取决于经纪人所收取的费用。

而挂牌期权本身有自己的市场和定价系统。图 14.2 展示了一份股票期权报价，在图中，同一股票的看涨和看跌期权同时列出。同一期权的不同到期日和交易价格也均被列出。由于期权的数量太多，而且其中很大一部分的交易并不活跃，所以很多公共资源的报价系统上只有当前最活跃期权的报价。

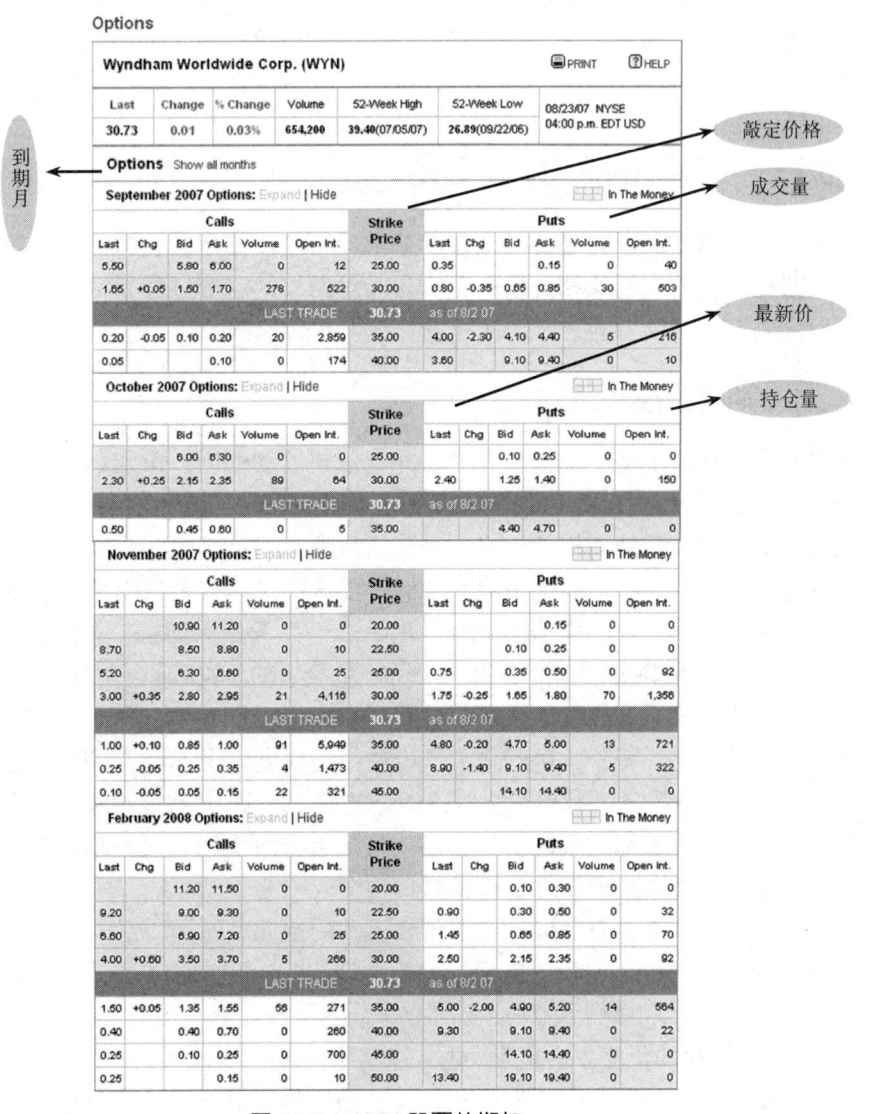

图 14.2　WYN 股票的期权

我们看以下 WYN 股票的期权的报价表：首先列出的是公司的名称和标的股票的现价，以及当日股价变动情况、涨跌幅，之后是到期日由近及远排列的该股票的期权报价。列在最前面的是期权的到期月，以图 14.1 为例，"September 2007" 代表在 2007 年 9 月到期的期权合约。接下来是 9 月到期的所有期权的报价，中间的一列是期权的敲定价格，分别为 25、30、35、40，在深灰条横线下侧的是实值的看跌期权（也是虚值的看涨期权），上侧是实值的看涨期权（也是虚值的看跌期权）。敲定价格的左侧是每一敲定价格所对应的看涨期权的交易情况，右侧是看跌期权的交易情况。我们拿 9 月到期的敲定价格为 30 美元的看涨期权为例，从图中可以看到期权的最新价格（Last）为 1.65 美元，今日的价格变动幅度（Chg）为上涨 0.05%，离成交价最近的主动买价（Bid）为 1.5 美元，主动卖价为 1.7 美元，成交量为 278 张合约，总持仓量为 522 张。

一般来讲，股指期权的报价可以在《华尔街日报》这样的杂志上获得。而股票期权由于数量庞大，投资者只能登录《华尔街日报》的网站 www.wsj.com/free 来获取免费资源。

14.2 期权的定价和交易

看涨或看跌期权价格的变动很大程度上依赖于期权的标的资产的价格行为。因此，为了能在期权交易中有所盈利，投资者首先应对期权的定价过程有清楚的了解。在本节中，我们将以股票期权为例，了解期权的估值及定价原则。

14.2.1 期权的获利潜力

虽然股票期权的价格受到包括到期时间、股票波动幅度、市场利率等诸多因素的影响，但最重要的因素是期权标的股票的价格走势，它是影响期权获利潜力的最关键变量。当股票价格上升时，看涨期权的价格上升；当股票价格下降时，看跌期权的价格上升。这一表现也同时说明了能正确地预测股票的价格走势对期权交易的重要性。

图 14.3 形象地展示了一只期权的价格行为，左图为看涨期权，右图为看跌期权。假设你打算花费 500 元购买敲定价格为 50 元的 A 股票的看涨期权，左图展示了当股票价格变动时，看涨期权的价值变化。只有当股票价格超过了 50 元（执行价格）时，看涨期权价值才会开始变化。另外，由于你为这份看涨期权支付了 500 元的权利金，因此当股价涨到 55 元（50+5）时才弥补了所付权利金的成本。55 元就是投资者的盈亏平衡点。超过盈亏平衡点后，看涨期权的价值会随股价的上升而增加。只要超过平衡点，看涨期权的获利就仅受股票在到期日之前价格增加幅度的限制了。

看跌期权的价值来自对其标的股票价格下跌的预期。同样，假设你打算花 500 元购买一份敲定价格为 50 元每股的 B 股票的看跌期权。右图描述了看跌期权的价格变化。当股票价格在 50 元以上时，看跌期权的价格始终是 500 元，当股票价格低于 50 元并继续下跌时，看跌期权的价格才会增加。对于这份看跌期权来说，盈亏平衡点是 45 元（50-5），当股票价格低于这一点后，看跌期权的价格会随股价的降低而升高。它的盈利能力受限于到期日前股价下降的幅度。

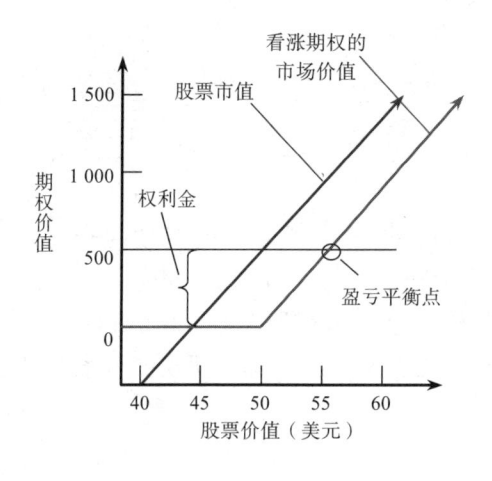

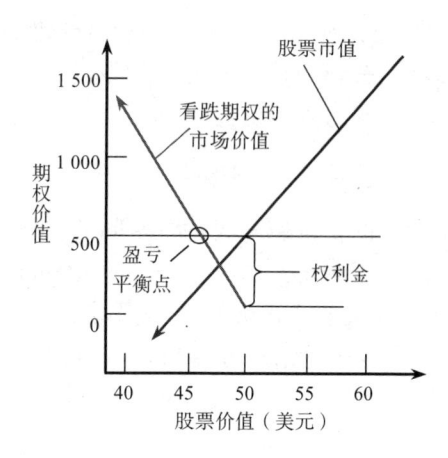

图 14.3　期权价值线

期权的价值是其标的资产价格的反映，当标的资产的价格到达盈亏平衡点时，期权的成本得以弥补。超过平衡点后，期权的盈利能力就只取决于标的资产的价格变化幅度及距到期日的期限长短。

14.2.2　期权的价值基础

1．期权的内涵价值（Intrinsic Value）

正像我们在前面介绍的，期权的内涵价值决定于期权的敲定价格与其标的股票的现行市场价格。看涨期权的内涵价值可以用以下公式来表示：

> 看涨期权的内涵价值=（标的资产价格-敲定价格）×100

需注意的是，只有当标的资产价格高于敲定价格时，看涨期权才具有价值；当标的资产价格低于敲定价格时，公式的结果为负，我们可以认为期权此时不具有内涵价值。举一个例子，一份敲定价格为 50 元但标的股票的现价为 60 元的看涨期权的内涵价值为（60-50）×100=1000（元）。

看跌期权的内涵价值的计算方法类似，但需要将敲定价格与标的资产价格的位置相互调换，用公式表示为：

> 看跌期权的内涵价值=（敲定价格-标的资产价格）×100

同样的道理，当敲定价格高于标的资产价格时，看跌期权才具有价值。

2．期权的时间价值（Time Premium）

时间价值是指期权到期前权利金超过内涵价值的部分，即期权权利金减去内涵价值。一般来说，在其他条件一定的情况下，到期时间越长，期权的时间价值越大。

例如，如果期货价格为 1 190 元/吨，那么，执行价格为 1 180 元/吨的 5 月小麦买权的内涵价值为 10 元/吨，如果权利金为 15 元/吨，则时间价值为 5 元/吨。

又如，买进执行价格为 1 200 元/吨的小麦买权时，期货价格为 1 190 元/吨，若权利金为 2 元/吨，则这 2 元/吨全部为时间价值。

随着期权到期日的临近，期权时间价值逐渐衰减。在到期日，期权不再有时间价值，期权价值全部为内涵价值。

3．实值期权与虚值期权

按照标的物价格和履约价格间的关系，期权可以分为三类：实值期权（In-the-money Option）、平值期权（At-the-money Option）和虚值期权（Out-of-the-money Option）。实值期权是指如果期权被执行，买方具有正的现金流；平值期权是指买方此时的现金流为 0；虚值期权是指买方此时具有负的现金流。三者与看涨和看跌期权的关系可以如下简略表示。

在看涨期权中：
1）实值期权，履约价格<标的物价格。
2）平值期权，履约价格=标的物价格。
3）虚值期权，履约价格>标的物价格。

在看跌期权中：
1）实值期权，标的物价格<履约价格。
2）平值期权，标的物价格=履约价格。
3）虚值期权，标的物价格>履约价格。

一般来说，平值期权时间价值最大，交易通常也最活跃。期权处于平值时，期权向实值还是虚值转化，方向难以确定，转为实值则买方盈利，转为虚值则卖方盈利，故投机性最强，时间价值最大。

4．期权价格和权利金

从上面的介绍中，我们知道期权的价值主要由内涵价值和时间价值组成，更进一步说：
- 实值期权的价值（交易价格）= 内涵价值 + 时间价值。
- 平值期权的价值（交易价格）= 时间价值。
- 虚值期权的价值（交易价格）= 时间价值。

期权的交易价格也称期权的权利金，是指期权买方为获得期权合约所赋予的权利而向期权卖方支付的费用。对期权买方来说，不论未来期权标的资产的价格变动到什么位置，其可能面临的最大损失只不过是权利金而已。期权的这一特点使交易者获得了控制投资风险的能力。而期权卖方则从买方那里收取期权权利金，作为承担市场风险的回报。

作为交换，在看涨期权履约时，看涨期权的卖方有义务将标的资产交割给期权的买方。如果是看跌期权，期权的卖方则有义务买进买方交割给他的标的资产。无论期权是否履约，期权的卖家均保留权利金。

▆ 14.2.3 影响期权价格的因素

从上文的介绍中，我们了解到期权的价格由两部分组成：内涵价值和时间价值，即期权价格=内涵价值+时间价值。表 14.3 列出了中国一个交易活跃的期权的报价表，在表中，我们把期权的价格（A）分解为两个部分：内涵价值（B）和时间价值（C）。注意，我们使用三个敲定价格——65元、70元和75元，当前的市场价格为71.15元，所以在这三个敲定价格中，第一个敲定价格（65元）低市场价格，这份期权属于实值期权；第二个敲定价格很接近市场价格，第三个敲定价格（75元）高于市场价格，是虚值期权。我们可以注意到从虚值期权变动到实值期权，期权的价格逐渐增加。

表14.3 看涨期权的价格组成 （单位：元）

价 格	敲定价格	到 期 月		
		2月	3月	6月
A：期权的价格				
71.75	65	—	7.75	9.75
71.75	70	2.25	3.88	6.75
71.75	75	0.19	1.50	3.88
B：期权的内涵价值				
71.75	65	—	6.75	6.75
71.75	70	1.75	1.75	1.75
71.75	75	neg.	neg.	neg.
C：期权的时间价值				
71.75	65	—	1.00	3.00
71.75	70	0.50	2.12	5.00
71.75	75	0.19	1.50	3.88

注：neg. 表示期权不具有内涵价值。

表格中的 B 部分为期权的内涵价值，它可以通过看涨期权的内涵价值公式计算得到。举例说明，我们看表中3月到期的敲定价格为 65元的期权，它现在的交易价格为71.75元，内涵价值只有6.75元。这6.75元表明该期权为实值期权。这部分价值是期权价格的主体。我们再看敲定价格为75元的期权，无论几个月到期，它们均没有内涵价值，因为它们为虚值期权，这一期权的价格只由时间价值组成。这一期权的价值来源于人们对它的标的资产价格在未来一段时间能够超过75元的预期。表格中的 C 部分展示的是包含在期权价格中的时间溢价，即期权的时间价值。任何一只交易的期权中都包含着时间价值，即便即将到期的期权，我们仍可以认为它的标的资产的价格有进一步变动的可能性，因而时间价值一直存在。另外，从表中我们还可以观察到，距到期日的时间越长，期权的时间价值越大。

投资风险

波动率指数

因为基础资产的价格波动是影响期权价格的一个主要因素，所以，期权交易员追踪个股和整个市场的波动率。实际上，指数 VIX（Volatility Index）提供了对整个市场波动率的衡量。1990—2007 年，美国股市的年平均波动率将近 20%。但是在 2008 年

> 秋雷曼兄弟倒闭之后，VIX 指数不断上升，直至将近 80%，是此指数长期平均值的 4 倍！从那时起，VIX 指数值开始了长期而缓慢的下降，到 2009 年秋，此指数大致恢复到了它的正常水平，约 25%。

在 C 部分中，距到期日的长短是影响一部分价值变动的主要原因。另外，还有一些其他因素也会影响时间价值的变动。其中之一是标的资产的价格波动幅度。价格波动幅度越大，期权的投机性越强，因此，其时间溢价也会增大。另一个因素是无风险利率水平。一般来说，看涨期权的时间溢价会随无风险利率的升高而增加。

经总结，我们看到影响期权价格的因素有 4 个：标的资产的价格；距离到期日的远近；标的资产的价格波动幅度；无风险利率水平。

这 4 项因素对期权价格的影响是依次减弱的。除此以外，标的股票的分红情况、期权的交易量等也会对期权的交易价格有一定影响。

1973 年，美国芝加哥大学学者 F. 布莱克与 M. 肖莱斯提出了布莱克-肖莱斯期权定价模型（Black-Scholes Option Pricing Model），对股票期权的定价做了详细的讨论。此后，不少学者又对该模型进行了修正、发展与推广，极大地推动了期权定价理论的研究。

虽然期权定价模型比较复杂，但其模型的基本因素就是我们在前面所提及的 5 个变量。我们以布莱克-肖莱斯期权定价模型为例，在这一模型中包括的 5 个变量为：无风险利率水平；标的股票的价格变动率；股票现价；期权的敲定价格；距离到期日的时间。

期权定价模型的详细信息可以登录网站 www.myfinancelab.com 查看。

14.2.4 期权定价模型

现在已经有一些相当复杂的期权定价模型，对此做出巨大贡献的有迈伦·斯克尔斯和布莱克等。许多活跃的期权交易员用期权定价模型来分析并交易那些被高估或低估的期权。这些模型都基于相同的变量，如布莱克-斯克尔斯期权定价模型中的 5 个变量。根据布莱克-斯克尔斯期权定价模型，可得欧式看涨期权定价公式为：

$$C = S \times N(D_1) - L \times N(D_2)$$

式中，C 为期权初始合理价格；S 为标的金融资产现价；L 为期权交割价格现值；$N(\ )$ 为正态分布变量的累积概率分布函数。D_1 和 D_2 的计算公式为（计算时需要运用 Excel 相关功能）：

$$D_1 = \frac{\ln(S/L) + (R_f + \sigma^2/2) \times T}{\sigma\sqrt{T}}$$

$$D_2 = D_1 - \sigma\sqrt{T}$$

式中，R_f 为无风险利率；σ 为标准差；T 为期权有效期。

运用 D_1 和 D_2 两个数值可以计算标准正态分布的累积概率 $N(D_1)$ 和 $N(D_2)$，代入欧式看涨期权定价公式，就可以计算期权初始合理价格。

在已知 D_1 和 D_2 两个数值计算标准正态分布的累积概率 $N(D_1)$ 和 $N(D_2)$ 时，可以使用 Excel 相关功能来简化运算过程，即在一个单元格中输入 "=normsdist（具体数值）"，然后单击回车，即得到所需数据。例如，在一个单元格中输入 "=normsdist（0.9）"，然后单击回车即得到所需数据——累积概率是 0.815 9，如图 14.4 所示。

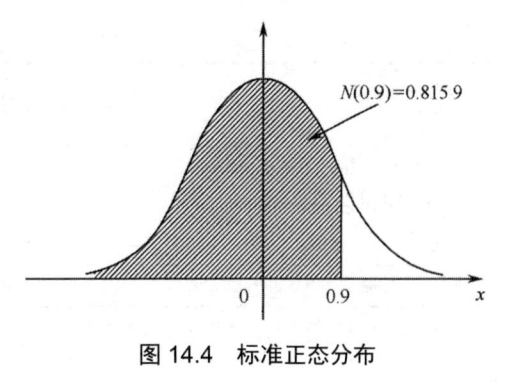

图 14.4 标准正态分布

14.2.5 期权的交易策略

一般来讲，投资者持有期权主要有三种动机：为投机而购买期权。以期权实现套期保值。价差交易。在下文中，我们将分别介绍在这三种动机下的交易策略。

1. 投机交易（Speculation）

投机是期权最简单且最直接的用途。就像购买股票一样，投机交易的精髓是"买低卖高"。投资者可以将其作为股票交易的替代品。当你觉得某只股票的价格在一段时间后会上升，你可以通过购买看涨期权，以抓住赢得资本升值的机会。相反，当你觉得股票价格会下跌时，你可以通过购买看跌期权，将股价的下跌转化为你的盈利。购买期权的最大优势在于期权的杠杆作用，它使你有机会用同样的资本获取更大的收益。

另外，期权还提供了对损失的限制，在期权交易中，你受到的最大损失仅为权利金。大多数情况下，权利金的损失都会小于直接投资于股票的损失。

我们分别举例说明利用看涨期权的投机交易和利用看跌期权的投机交易。

（1）看涨期权投机交易

假设你觉得股票 A 在未来的 6 个月中将会上涨，你考虑了直接投资于股票和投资股票期权两种投资方式。现在我们将这两种方式做对比。我们先看购买股票的方式，目前股票 A 的现价为 49 元，而你认为在未来的 6 个月中它很有可能上升到 65 元。我们利用以往学过的持有期收益这一指标，对期望收益进行衡量。HPR=（65−49）/65=25%，即在预期价位可以达到的情况下，你的持有期收益为 25%。再来看购买看涨期权的结果，我们假设分别有敲定价格为 40 元和 50 元的两种期权可购买，表 14.4 比较了投资于股票和投资于这两个期权的收益情况。从持有期收益的角度来看，无论购买哪一种期权，其收益率均远高于直接投资于股票的收益。

表 14.4 看涨期权的价格组成 （单位：元）

	100 股标的股票的价值	6 个月期的看涨期权	
		敲定价格 40 元	敲定价格 50 元
今天			
股票的市场价值（49 元/股）	4 900		
期权的市场价值[①]		1 100	530
6 个月后			

续表

	100 股标的股票的价值	6 个月期的看涨期权	
		敲定价格 40 元	敲定价格 50 元
股价期望值（65 元/股）	6 500		
看涨期权期望价格		2 500	1 500
获利	1 600	1 400	970
持有期收益[②]	**25%**	**127%**	**183%**

注：① 期权价格根据看涨期权的内涵价值公式计算，在期权的购买价格中包含了时间溢价，而在到期时期权的时间溢价消失。

② 持有期收益=（期权最终价格—期权购买价格）/期权购买价格。

（2）看跌期权投机交易

假设目前股票 B 的价格是 51 元，你预期它将下跌到 35 元。在预测正确的情况下，你可以通过卖空股票取得每股 16 元的收益（见第 1 章中我们对股票卖空的介绍）。作为卖空交易的替换策略，你也可以购买一份虚值期权（敲定价格为 50 元）来获取利润。假设你购买了 300 元的看跌期权，而且股票 B 的价格确如预期下降，那么看跌期权也会获得盈利。表 14.5 分别列出了卖空股票和购买看跌期权的收益情况，并计算了两种情况下的持有期收益。很显然，购买股票看跌期权的收益率远大于对股票的卖空操作。

表 14.5 看跌期权的收益 （单位：元）

卖空股票收益与期权收益的对比	购买一份敲定价格为 50 元的期权	卖空 100 股股票
期权购买价格（今天）	−500	
期权出售价格（6 个月后）	1 500[①]	
卖空价格（今天）		5 100
平仓（6 个月后）	—	−3 500
利润	1 200	1 600
持有期收益	**200%**	**63%**[②]

注：① 看跌期权的价格是根据看跌期权的内涵价值公式计算的，因为已经到到期日，因此不包括任何时间价值。

② 假设卖空操作的保证金比例为 50%。

当然，期权交易能否取得收益，很大程度上依赖于投资者的判断和股价走势的关系。因此，运用好这一投资工具的前提是良好的投资分析及股票选择。另外，由于期权投机是一种风险较高的投资策略，因此它比较适合风险偏好型的投资者。

2. 套期保值

简单地说，套期保值是指投资者将一种或几种投资产品加入原有的单一资产中以达到降低风险的效果。假设你持有一只股票且想防止股票下跌的风险，这时你可以利用套期保值。如果股票真的下跌，那么套期保值就能降低你受损的可能性，而且即便受损，受损的数额也会得到控制。套期保值有很多类型，有些比较复杂，有些则比较简单，最简单的套期保值是你购买了一只股票并同时购买它的看跌期权，或者你卖空某只股票并同时购买这只股票的看涨期权。

在以下两种情况下，投资者经常利用套期保值策略。

1）投资者已经从购买的股票中获得了比较可观的利润并希望可以维持这一已得收益。

2）投资者想进入股票市场进行投资，但又希望能使自己可能发生的资本损失限制在一定范围内。

如果投资者已购买的股票价格上涨，他可以通过购买看跌期权来防止股价下滑的风险；如果投资者在现货市场进行了股票卖空操作，那么看涨期权可以为他的卖空操作提供保护。下面我们将具体介绍两种简单的套期保值：保护性看跌期权和保护性看涨期权。

（1）保护性看跌期权——限制资本损失

假设你想购买 100 股的股票 X，但是你对股票的未来走势并不很确定，因此你决定用看跌期权来保护你的投资。为完成这一交易，需要做两件事：购买股票，与此同时购买这只股票的看跌期权。这一交易策略就被称为买入保护性看跌期权，这时的期权应尽量选择低价格、敲定价格等于或接近现价的期权，我们用具体数据来说明一下看跌期权的保护作用。假设你以 25 元/股的价格购买了 100 股股票 X，并花费 150 元购买了 1 份（100 股）敲定价格为 25 元的平值期权，这时，无论股价有多大幅度的下跌，你的最大损失只有 150 元。而如果股价上升，你还能享受到资本升值的收益。

表 14.6 展示了套期保值的作用方式，在这里 150 元是沉没成本，无论股票价格有什么样的变动，这部分钱都是要支付的，它相当于为套期保值支付的保险费。需要注意的是，期权是有到期日的，当这份期权到期后，你必须再买一份相同的期权来代替它，否则，对股票资产的保护就消失了。

表 14.6　利用保护性看跌期权限制资本损失　　　　（单位：元）

		股　票	看跌期权
今天			
股票的市场价值		25	
期权的市场价值			1.50
一段时间后			
A. 股票价格上升至：		50	
期权价值			0
收益：			
100 股股票（50–25）	2 500		
减去期权花费	−150		
	获利　2 350		
B. 股票价格下降至：		10	
期权价值①			15
收益：			
100 股股票（10–25）	−1 500		
期权价值	+1 500		
减去期权花费	−150		
	损失　150		

注：① 期权价格根据看跌期权的内涵价值公式计算。

（2）保护性看跌期权——保护既得利润

在原有股票取得了一定利润之后，通过期权对已有利润进行保护是套期保值的另一种用法。例如，你以每股 35 元的价格购买了 100 股 Y 股票，现在股票价格升至 75 元每股，每股收益 40 元。这时，你可以通过购买看跌期权来保护已有收益。假设你以 250 元购买了敲定价格为 75 元的 3 个月到期的看跌期权。这时不管股价如何变动，你最少能保证原股票获利 3 750 元。表 14.7 展示了这一过程。保护性看跌期权保证了你的最小获利不低于 3 750 元，同时，它不会使你失去股票价格上涨带来的进一步获利的可能。

表 14.7 利用保护性看跌期权保护既得利润 （单位：元）

		股 票	3 个月后敲定价格在 75 元的看跌期权
购买价格		35	
今天			
股票的市场价值		75	
期权的市场价值			2.50
3 个月后			
A. 股票价格上升至：		100	
期权价值			0
收益：			
100 股股票（100-35）	+6 500		
减去期权花费	-250		
获利 6 750			
B. 股票价格下降至：		50	
期权价值①			25
收益：			
100 股股票（50-35）	1 500		
看跌期权价值	2 500		-250
减去期权花费	获利 3 750		

注：① 期权价格根据看跌期权的内涵价值公式计算。

但在使用看跌期权保护利润时，我们也应该对所付出的费用和成本加以衡量。在一般情况下，期权价格中都会有一定的时间溢价（我们在前边已经介绍过），这部分溢价能占到期权价格的 20%~30%，这表明在你的标的股票价格下降 20%~30% 后，保护性看跌期权才开始起作用。因此只有在标的股票的价格有大幅变化，或者在期权临近到期日时，期权保护利润的优势才能体现。

我们只列举了用看跌期权进行套期保值的例子，在实际交易中，投资者同样可以通过建立看涨期权来进行套期保值。例如，在你对股票进行卖空操作时，看涨期权就可以作为防止股票价格上涨的保护性期权加入你的投资组合中。

3. 卖出期权、期权价差和期权对敲策略

挂牌期权出现后，大量的期权交易策略在市场中涌现。虽然各种各样的交易技巧对投资者有很大的吸引力，但投资者需要清楚的是，这些专业的交易策略更适合对期权有深刻了解的专业投资者。所以在这一部分，我们只对这些比较复杂的期权策略进行简单介绍，使大家了解这些策略是如何操作的。

（1）卖出期权

一般来讲，投资者卖出期权是因为他们认为股票的价格会向他们预期的方向变化——既不会增长到看涨期权购买者预期的那么高，也不会像看跌期权购买者预期的那么低，所以投资者通过答应期权购买者买入或卖出相关资产的条件而获得权利金。卖出期权有两种策略：卖出裸式期权和卖出抛补式期权。

1）卖出裸式期权（Naked Options）。卖出裸式期权是指投资者卖出一份期权，但手中并没有相应的标的物资产。投资者卖出一份看涨或看跌期权，收取权利金，并希望期权的标的资产价格可以向他期望的方向变动。如果成功，期权的卖方就在没有任何资本投入的前提下获得了权利金。但投资者在这项交易中的最大收益只能是权利金，而最大的损失额却是没有限制的。

2）卖出抛补式期权（Covered Options）。相对于卖出裸式期权来讲，卖出抛补式期权的损失则是有限的。卖出抛补式期权是指期权的卖出者拥有相应的资产，之所以被称为"抛补式"是因为投资者将来交割股票的义务正好被手中持有的股票所抵消。例如，投资者在拥有股票 A 时，卖出 A 的看涨期权，或者在卖空 A 时卖出 A 的看跌期权。相对来讲，卖出抛补式期权是一种比较保守的投资策略，当股票价格向投资者所持有头寸的相反方向运动时，投资者收到的权利金在一定程度上弥补了这一损失。当股票价格向投资者所持有头寸的相同方向运动时，投资者仍可以获得权利金的收益，只是收益的最大额度也只限于权利金，因为股票上的收益会和期权上的损失完全抵消。

我们以抛补式看涨期权为例，说明这一策略的收益和损失。假设你拥有 100 股股票 Y，这只股票当前的交易价格为 73.5 元，季度分红为 1 元/股，你决定以 80 元的敲定价格卖出一份 3 月到期的 Y 股票看涨期权，这一期权目前的价格是 2.5 元，因此你收到了 250 元的权利金。你很想继续持有股票，因此你希望在期权到期前，股票 Y 的价格不要超过 80 元，这样的话，期权就不会被执行。作为期权卖方，你可以得到 250 元的权利金，它是你持有股票的额外收益。

表 14.8 总结了这一抛补式期权的损益表。A、B、C、D 分别代表了 4 种价格情况下的实际收益，当股票的市场价格与敲定价格相当时，你的收益最大，收益率为 13.6%（1000/7350）。股票价格继续上涨时，你会因为期权被执行而无法获得更高的收益。如 D 部分所示，当股票价格只有小幅下跌时，你在股票市场由于价格下跌所受的损失将被期权市场的收益所弥补。只有当价格下跌幅度超过 2.5 元时，你才开始有损失。

表 14.8　抛补式期权的损益表　　　　　　　　　　　　　　　　　（单位：元）

	股　　票	3 个月后敲定价格在 80 元的看跌期权
股票现价	73.50	
期权现价		2.50

3 个月后

A. 股票价格未改变：　　　　　　　　　　73.50

　　期权价值　　　　　　　　　　　　　　　　　　　　　　0

　　收益：

　　　季度分红收入　　　　　100

　　　售出期权收入　　　　　250

　　　　　　总获利　　　　　350　　　　　　　　收益最大化的临界价格 ← 80

B. 股票价格上升至：

　　期权价值　　　　　　　　　　　　　　　　　　　　　　0

　　收益：

　　　季度分红收入　　　　　100

　　　售出期权收入　　　　　250

　　　股票资本收益（80-73.5）　650

　　　　　　总获利　　　　1 000

C. 股票价格上升至：　　　　　　　　　　90

　　期权价值①　　　　　　　　　　　　　　　　　　　　　10

　　收益：

　　　季度分红收入　　　　　100

　　　售出期权收入　　　　　250

　　　股票资本收益（90-73.5）　1 650

　　　期权损失　　　　　　 1 000　　　　　　　盈亏平衡点价格 ← 71

　　　　　　净收益　　　　1 000

D. 股票价格下降至：

　　期权价值　　　　　　　　　　　　　　　　　　　　　　0

　　收益：

　　　季度分红收入　　　　　100

　　　售出期权收入　　　　　250 ⎫ 损益相抵
　　　股票资本损失（71-73.5）　-250 ⎭

　　　　　　净收益　　　　　100

注：① 期权价格根据看涨期权的内涵价值公式计算。

（2）期权价差

期权价差策略是指投资者买入一种期权，并且卖出和买入的期权只有一个方面有差别的等量期权。这种差别是价格价差和时间价差（Time Spread）。价格价差是买入某一种执行价格的某种期权,再卖出另一个不同执行价格的一种期权。这两种期权的标的物相同,而且到期日也相同。时间价差是买入并卖出只有到期日不同而其他方面都相同的期权。

根据投资者对标的价格的不同预测,价格价差可分为牛市价差和熊市价差两大类。而在牛市价差和熊市价差中,投资者既可用看涨期权来操作,也可用看跌期权来操作。这样,价格价差可分为 4 种,即牛市看涨价差(Bull Call Spread)、牛市看跌价差(Bull Put Spread)、熊市看涨价差(Bear Call Spread)和熊市看跌价差(Bear Put Spread)。

下面我们以牛市看涨价差为例分析价差策略。所谓牛市看涨期权,就是指投资者在买进一个执行价格较低的看涨期权的同时,再卖出一个到期日相同但执行价格较高的看涨期权。这种期权策略可使投资者在股票价格上涨时获利,而在股票价格下跌时遭受有限损失。当投资者对市场的不确定持乐观的看法或有点乐观的看法时,可以采用这种策略。例如,一个投资者利用牛市期权价差策略,以较低的执行价格 X_L 买入一种看涨期权,又以较高的执行价格 X_H 卖出此看涨期权。牛市看涨价差期权损益如图 14.5 所示。

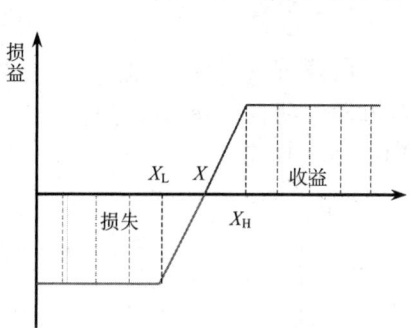

图 14.5 牛市看涨价差期权损益

为具体分析这种期权策略,假定股票现在价格 S_0=50 元,购买的期权执行价格 X_L=45 元,期权价格为 8 元,又以执行价格 X_H=55 元、期权价格 3 元出售这种看涨期权。表 14.9 列出了该期权在各种不同股票价格下的到期收益和损失。当股票价格在 45 元以下时,投资者的最大损失为 5 元(购买期权价格减去出售期权价格)。假定股价下降到 30 元,则这两种期权到期时都是虚值期权,此时牛市价差期权使得投资者仅损失 5 元,而购买股票则会损失 20 元(50-30)。相反,假定股票上涨至 70 元,则期权的内涵价值为 25 元(70-45),购买此期权的收益为 17 元(25-8)。执行价格为 X_H 的看涨期权为实值期权,其内涵价值为 15 元(70-55),这样由于出售此看涨期权的损失为 12 元(-15+3),因此总收益为 5 元。当股票价格大于 55 元时,股票价格每增加 1 元,出售执行价格为 X_H 的看涨期权的损失将增加 1 元,而购买执行价格为 X_L 的看涨期权的收益也将增加 1 元,所以净收益为零。由此可见,采用牛市看涨价差期权策略,在限制了投资损失的同时,也限制了潜在的最大收益。

表 14.9 牛市看涨价差期权的损益 (单位:元)

到期日的股价 S_T	X_L=45 时的看涨期权多头	X_H=55 时的看涨期权空头	牛市价差
0	-8	3	-5
10	-8	3	-5
20	-8	3	-5
30	-8	3	-5
40	-8	3	-5
45	-8	3	-5
50	-3	3	0

续表

到期日的股价 S_T	X_L=45 时的看涨期权多头	X_H=55 时的看涨期权空头	牛市价差
55	2	3	5
60	7	−2	5
70	17	−12	5
80	27	−22	5
90	37	−32	5
100	47	−42	5

（3）期权对敲

所谓对敲策略是指同时买入或出售具有相同执行价格、到期日的同一股票的看涨期权和看跌期权。同时买进称为多头对敲，同时卖出称为空头对敲，如图 14.6（a）与图 14.6（b）所示。

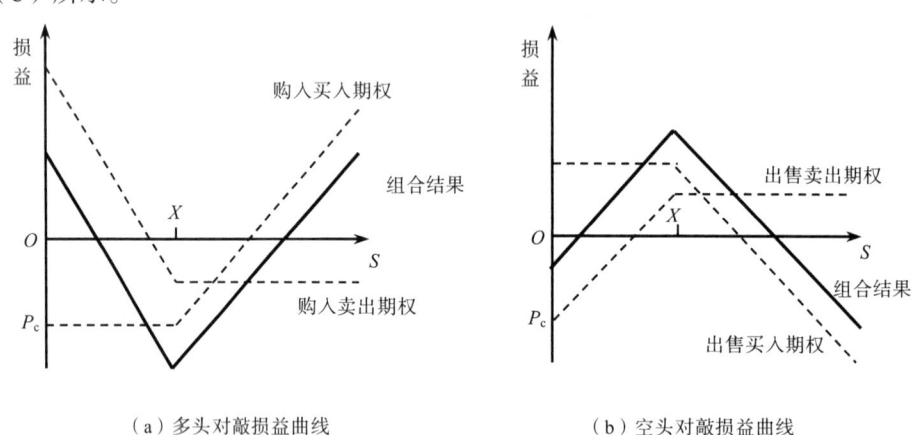

（a）多头对敲损益曲线　　　　　　（b）空头对敲损益曲线

图 14.6　期权对敲损益曲线

从对敲策略的损益曲线可以看出，当投资者预期股票价格出现较大波动时，采用多头对敲策略可获得收益，这种策略对于预期股价将大幅升降但不知向哪个方向运动的投资者而言是十分有用的。例如，假设你认为一场会影响公司命运的官司即将了结，而市场对此尚未了解。若该案的判决对公司有利，则股价就会翻番；若不利，股价可能降为原先的一半。在这种情况下，不管官司的结果如何，多头对敲都是很好的策略，因为股票价格无论是上升还是下降，都会使得期权价值增加。然而，当股票价格没有什么变化，若 $S_T=X$，则看涨期权和看跌期权毫无价值地失效了，投资者就损失了购买期权的支出（见表 14.10）。针对这种情况，即当投资者预期股票价格没有较大变化时，可以采取空头对敲以获得利润。

表 14.10　多头对敲的到期价值

	$S_T < X$	$S_T > X$
看涨期权的收益	0	S_T-X
+看跌期权的收益	$X-S_T$	0
=总计	$X-S_T$	S_T-X

知识拓展

1. 看涨期权是以执行价格买入某项资产的权利，看跌期权是以执行价格出售某项资产的权利。

2. 美式期权允许早于或就在到期日当天执行。欧式期权只允许在到期日当天执行。

3. 期权的标的物有股票、股票价格指数、外汇、固定收益证券与一些种类的期货。

4. 期权可用来改变投资者的资产价格风险，或对资产价格的波动提供保险。普遍应用的期权策略有抛补的看涨期权、保护性看跌期权、对敲、期权价格差以及双限期权。

5. 期权平价定理将看跌期权与看涨期权联系在一起。如果违背平价关系，就会出现套利机会。平价关系为 $P=C-S_0+ PV(X) + PV（红利）$，其中 X 为看涨期权与看跌期权的执行价格，$PV(X)$ 为期权到期时的 X 美元的现值，PV（红利）为期权有效期内股票所支付的红利的现值。

投资行动
使用指数期权保护你的投资组合

当股票市场走低时，投资者总是希望可以通过一定的途径保护其投资组合的价值。抛出所有股票是一种方法，但对于大多数投资者来说，这种过于激进的方法不易让人接受。一方面，投资者会因为抛售而支付相应的佣金及资本利得税；另一方面，他们还失去了市场恢复时继续盈利的机会。另一种比较缓和且成本较低的方法是利用看跌的股指期权（Stock-index Put Options）为自己的投资组合进行"保险"。

这一看跌期权使投资者可以通过一笔简单的交易保护整个投资组合的价值。特别当组合中的某些证券自身不具备看跌期权时，股指期权就显得更有价值了。像所有的"保险"一样，投资者需要的保护越多，他们所面对的不确定风险就越少，但随之相伴的费用也会增加。举个例子，假设投资者希望对一份价值 125 000 美元的投资组合进行保护，并且他发现 S&P500 指数与整个投资组合的表现最为匹配。2 月的 S&P500 指数为 675，即 S&P500 指数的市场价值为 67 500 美元（675×100），投资者需要购买 2 份 S&P500 指数期权来尽量贴近其投资组合 125 000 美元的价值。

假设投资者决定购买 3 月的敲定价格为 660（May660）的 3 月期看跌期权（6 月到期），期权价格为 23。那么投资者需要为 2 份期权支付的金额为 4 600 美元（2×23×100），这笔支出大概占投资组合金额 125 000 美元的 3.7%。如果股票市场比当前指数水平下降了 15%，即 S&P500 指数跌至 574，此时，每份敲定价格为 660 的看跌期权将给投资者带来至少 8 600 美元的收益［(660–574)×100］，投资者可以使用在期权上获得的盈利 12 600 美元［(8 600–2 300)×2］来弥补现货市场由于股价下跌 15% 所带来的 18 750 美元的损失。

通过购买敲定价格与 S&P500 指数现值相差 15 个点的看跌期权，理论上投资者能够对股市下跌幅度超过 15 个点以后的损失进行保护。如果投资者愿意承担更大的风险，他可以通过购买敲定价格更低的看跌期权来减少期权花费。相反，若投资者想更大程度地对投资头寸进行保护，他可以通过花费更多的费用购买敲定价格相对较高的看跌期权来达到这一目的。继续使用刚才的例子，一份敲定价格为670的3月期期权（May670）的价格则可能为27，即每份期权的价值为2 700美元。Harriso Roth，一位期权投资策略方面的专家，认为投资者需要考虑的仅仅是最基本的问题："我是想保护所有的下跌风险，还是仅仅希望在发生巨大下跌时得到相应的保护？"

如果期权没有行使，那么即使相对价格较低的期权（如3月期、敲定价格在660的期权）对于投资者来说依然增加了持有投资组合的成本。假设投资者一年购买4次这样的期权，其总花费接近投资组合125 000美元的15%。减少这一花费的方法之一是在期权到期前将其出售。对于看跌期权来说，如果在临近到期的几周内，期权的敲定价格仍然位于现货价格之下，则看跌期权会损失其大部分价值。由于这一原因，有些市场人士认为，投资者可以购买某只期权，持有1个月，将其出售并购买下一期的期权。通过这种方式，一方面，投资者对手中的投资头寸进行了保护；另一方面，它使投资者每次都可以回收期权的大部分价值。即使在存在佣金成本的情况下，它仍然减少了期权带来的花费。

关键术语

衍生证券 Derivative Securities　　看涨期权 Call
看跌期权 Put　　期权买方 Option Buyer
期权卖方 Option Maker or Writer　　传统期权 Conventional Options
挂牌期权 Listed Options　　敲定价格 Striking Price
到期日 Expiration Date　　卖出裸式期权 Naked Options
卖出抛补式期权 Covered Options　　虚值期权 Out-of-the-money Option
　　实值期权 In-the-money Option

课后习题

讨论题

1. 某股票现在的价格是52.51美元，假设你以市价购买了100股该股票，同时卖出了一份9月到期的看涨期权，执行价格是55美元。你得到的权利金是370美元。假设从现在到到期日之间，该股票没有任何红利分配。

1）假如股价保持不变，总收益是多少？

2）假如股价变为55美元，总收益是多少？

3）假如股价变为49美元，总亏损是多少？

2. 某股票的价格是19美元，以18美元为执行价格的看涨期权的价格是2.50美元。这个期权的内涵价值是多少？时间价值是多少？

计算题

1. 某股票的为期 6 个月的看涨期权的执行价格是 60 美元。此期权可以用 600 美元来购买。假如在此期权到期日，此期权的标的资产的价格是每股 75 美元，则在这 6 个月的时间里，此期权获利多少？持有期收益率是多少？

2. 你认为油价的上涨将超过预期，而上涨的油价将导致那些以大量石油为原料的企业收益下降，同时，消费者需求的降低将会扩大这一影响。你发现一只交易所交易基金 XLB（见表 14.11），它代表了一揽子的工业企业。由于资金不足，你无法卖空这个 ETF。XLB 现在的价格是 23 美元，你决定购买执行价格为 24 美元的看跌期权（100 股），此期权的价格是 1.20 美元。结果你的预测是对的，在到期日，XLB 的价格是 20 美元。请计算你的获利。

表 14.11 XLB 基金的看涨期权与看跌期权

看涨期权			看跌期权		
执行价格（美元）	到期日	价格（美元）	执行价格（美元）	到期日	价格（美元）
20	9 月	0.25	20	9 月	1.55
24	9 月	0.25	24	9 月	1.20

注：XLB 基金当前价格是 23 美元。

3. 温迪持有 600 股某股票，在他几年前买的时候，股价是 48.5 美元，现在的股价是 75 美元。温迪预感目前市场有疲软的趋势，他不想卖出这些股票，但是他想保护既得利润。他决定购买该股票的 6 张看跌期权合约来进行套期保值。这 3 月期的看跌期权的执行价格是 75 美元，目前的价格是 2.50 美元。

1）假如该股票在期权到期日跌到每股 60 美元，温迪套期保值的盈亏情况如何？
2）假如股价持续上涨，在期权到期日达到了每股 90 美元，温迪应该怎么办？
3）你认为使用看跌期权作为套期保值工具的主要优势是什么？
4）假如温迪套期保值使用的是平值期权，即执行价格是 85 美元，期权费是 10.50 美元的期权，其盈亏情况如何？假如是虚值期权，即执行价格是 70 美元，期权费是 1.00 美元，其盈亏情况又将如何？

案例分析

【案例 1】　　　　　　　　　Franciscos 一家的期权投资

Hector Francisco 是亚特兰大的一个商人，他和妻子几年前创办的制箱工厂发展得很好。因为他是个体经营者，所以需要建立自己的退休基金。到现在为止，他的投资账户中积累了一笔资金，几乎都是激进型的投资。他这样做是因为"在商界，你从来不知道最低点什么时候到来"。Hector 一直在关注 Rembrandt Paper Products（RPP）的股票，经过分析，他觉得股票的价格要开始波动了。他认为在未来的 6 个月内，RPP 的股价将由现在的每股 57.50 美元涨到每股 80 美元。这只股票每年每股的股息是 2.40 美元。Hector 认为在 6 个月的投资期内，他将收到 2 个季度的股息。

在研究 RPP 的时候，Hector 发现该公司有 6 个月期的看涨期权（有 50 美元和 60 美元的执行价格）在芝加哥期权交易所挂牌交易。50 美元执行价格的期权报价是 8 美元，60 美元执行价格的期权报价是 5 美元。

问题：

1）假如 Hector 要投资于 RPP，而投资期短于 6 个月，有多少种不同的投资工具可用？如果投资 2 年呢？

2）假设是 6 个月的持有期，而且股价的确在这段时间内上升到了 80 美元。

a. 假如在持有期末两种期权都没有投资升水，请算出两种期权的价值。

b. 计算 Hector 可以运用的 3 种投资工具的持有期收益率。

3）如果 Hector 仅仅想最大化利润，你会推荐哪种投资方案？假如还有其他因素（如相应的投资风险）也同收益一同考虑，Hector 的投资方案会有什么变动？

【案例2】　　　　　Luke 的窘境：是否要套期保值

10 个月之前，抵押贷款银行家 Luke Weaver 以每股 40 美元的价格买了 300 股股票。从那时到现在，股价涨到了每股 75 美元。现在临近年底，市场开始疲软。Luke 感到这只股票还有很大的上涨空间，但是担心市场会不利于他的回调。Luke 的妻子正在参加股票市场的成人培训课程，了解到有看涨期权和看跌期权的套期保值策略。她建议 Luke 运用看跌期权进行套期保值。Luke 对此很感兴趣，并跟他的经纪人进行了讨论，他的经纪人建议 Luke 可以购买 3 个月期的执行价格为 75 美元的看跌期权，每份花费 550 美元（报价是 5.5 美元）。

问题：

1）考虑到 Luke 当前的投资状况，运用看跌期权进行套期保值将有什么收益？主要的缺陷是什么？

2）假如 Luke 购买了 3 份看跌期权，他的最小获利将是多少？假如他没有进行套期保值，而是将所有股票以 75 美元的价格抛售，他将有多少收益？

3）假设 Luke 购买 3 份看跌期权进行套期保值，在期权到期日的时候股价涨到 100 美元，他将获利多少？假如股票跌到每股 50 美元呢？

4）Luke 应该购买看跌期权进行套期保值吗？阐明你的原因。在什么情况下你将力劝 Luke 不要购买看跌期权进行套期保值？

Excel 运用

John 在过去的 18 个月中密切关注股市，他认为股价将大幅上涨。他有两个备选投资方案。一个是长期投资计划——现在购买股票，在未来股价上涨到一定程度时将股票卖出。另一个计划是购买一份 3 个月期的看涨期权。这两个投资方案的相关信息如下，请运用 Excel 表格进行相关计算。

当前股价：49 美元

希望购买的数量：100 股

3 个月期的看涨期权的执行价格是 51 美元，期权费是 2 美元问题：

1）在第一种情况下，假如 3 个月后的股价是 58 美元：
a. 这次做多交易的盈亏是多少？
b. 看涨期权的盈亏平衡点是多少？
c. 这个期权是实值期权还是虚值期权？
d. 这个期权的盈亏是多少？

2）在第二种情况下，假如 3 个月后的股价是 42 美元：
a. 这次做多交易的盈亏是多少？
b. 看涨期权的盈亏平衡点是多少？
c. 这个期权是实值期权还是虚值期权？
d. 这个期权的盈亏是多少？

案例导读

中国广核集团与法国电力集团正式签订英国新建核电项目投资协议

作者：澎湃新闻记者 王心馨
时间：2015-10-22 09:57
来源：澎湃新闻
网址：http://www.thepaper.cn/newsDetail_forward_1490878

10 月 21 日晚间，中国广核集团（下称中广核）对外宣布，中广核与法国电力集团（EDF，下称法国电力）正式签订了英国新建核电项目的投资协议，中广核牵头的中方联合体将与法国电力共同投资兴建英国欣克利角 C 核电项目（HPC 项目），并共同推进塞兹韦尔 C（SZC）和布拉德韦尔 B（BRB）两大后续核电项目。其中布拉德韦尔 B 项目拟采用中国自主三代核电技术"华龙一号"，这标志着中国首次实现核电技术向发达国家的出口。

该投资协议在中国国家主席习近平与英国首相戴维·卡梅伦的见证下于伦敦签署。

根据投资协议，法国电力及中广核主导的中方联合体，将分别占欣克利角 C 项目 66.5%及 33.5%的股份。法国电力计划在保持控股 50%以上的情况下，引入其他投资者进入该项目。

据中广核介绍，欣克利角 C 项目一期的建造成本预计将达 180 亿英镑（约合 1763.85 亿元人民币）。中广核将通过其在英国的合资公司——通用核能国际（GNI）对此项目进行投资。

按照协议，在第一阶段，项目投资将由投资者均摊。因此，中方联合体将出资约 592 亿元人民币。

中广核表示，目前，欣克利角 C 项目继续推进的主要条件已经具备。这些主要条件包括：《英国核电项目投资协议》的签署；法国电力与英国政府的谈判，以及与主要供货商的谈判达成一致。

此外，法国电力与中广核还就欣克利角 C 项目股东协议细节，以及在英国进行更广泛的核电合作达成了一致。这些合作包括在萨福克郡的塞兹韦尔和埃塞克斯郡的布拉德维尔建设核电站。有关条款将在欣克利角 C 项目最终投资协议达成前完成。

值得一提的是，法国电力和中广核已经就共同推动布拉德维尔 B 项目的最终投资决策的主要事项达成一致。中国自主研发的三代核电技术"华龙一号"在通过英国通用设计审查后，将应用于布拉德维尔 B 项目。布拉德维尔 B 项目将以中广核广西防城港核电站 3 号、4 号机组为参考电站。

与前两大核电项目不同的是，布拉德韦尔 B 项目将由中广核主导、法国电力参与，双方在项目投资中将分别占据 66.5%、33.5% 的股份。

塞兹韦尔 C 项目拟建设两台 EPR 机组。在项目开发阶段，法国电力将认购 80% 的股份，中广核将认购 20% 的股份。

中广核称，投资协议的签署为欣克利角 C 项目的进行奠定了基础，也为最终的投资决策铺平了道路。

随着该投资协议的签署，英国政府与法国电力关于欣克利角 C 项目的合约谈判也已达成一致，其中包括新建核电站的电力合约（"差价合约"或"CfD"）。该合约将欣克利角 C 核电站的电价设定为 92.50 英镑/兆瓦时（MWh），塞兹韦尔项目在做出最终投资决策后电价将设定为 89.50 英镑/兆瓦时。

建造欣克利角 C 核电站的财务风险由投资者承担，项目采用收益共享机制（Gainshare Mechanisms）。这意味着，如果建造成本低于预期的话，消费者将从中受益。2014 年 10 月，在历时 12 个月的调查之后，欧盟委员会批准了该合约。欧盟委员会认为，这份合约符合英国对稳定、低碳能源的需求。

欧盟委员会最近还批准了英国的核废料转移计划，这也将适用于欣克利角 C 项目。该计划意味着，新核电站未来的退役和乏燃料管理的全部成本将包含在电价中，并将在运营期内予以预留。

法国电力董事长 Jean-Bernard Lévy 表示，计划在未来几周内做出最后的投资决策，以推进项目建设的顺利开展。

"进入英国核电市场对中广核是一个崭新的起点，也是中、法、英三国互利共赢的一大标志性事件。"中广核董事长贺禹表示。

法国电力能源公司首席执行官 Vincent de Rivaz 认为，欣克利角 C 及后续项目，将为英国未来的发展提供安全、可靠、低碳的电力。与其他能源选择相比，核能将为消费者节省更多成本，并将为英国工业发展、促进就业和人才培养提供强大的动力。

法国电力与中广核在 30 年前就成为合作伙伴。两家公司的合作包括在中国台山合资建造两座 EPR 技术的核电机组，这一技术也将应用于欣克利角 C 项目中。

欣克利角 C 项目的两台 EPR 技术核电机组将满足英国约 7% 的电力消费，目前已取得了英国政府的计划许可、设计许可及核电厂址牌照。与欣克利角 C 项目的关键供应商的合同也已达成最终协议，涉及阿海珐、阿尔斯通等公司。该项目大力鼓励英国本土供应链厂商参与竞标，超过 60% 的项目金额将投入英国本土。此外，该电站建设将带来 2.5 万个工作岗位，英国政府与英国电网已制定相关措施，确保在 2025 年发电前电力供应保持稳定。

中广核表示,上述投资决策的最终敲定将取决于以下条件:完成根据今天签订的投资协议首要条款所制定的完整版文件;法国电力对其融资计划的最终确定;双方董事会的批准;中国和欧洲并购当局及其他政府有关部门的批准。

第 15 章

期货市场

> **学习目标**
> - 了解金融期货投机和套期保值在市场中的作用,以及各自的盈利方式。
> - 掌握商品期货的分类。
> - 了解商品期货交易的三种交易策略——投机交易、价差交易及套期保值,知道如何计算投资收益率。
> - 了解商品期货和金融期货的不同点,以及金融期货在当今世界上日益重要的作用。
> - 了解金融期货的交易策略,以及如何运用金融期货对其他投资进行保护。

15.1 期货市场概览

15.1.1 期货市场的起源及发展过程

期货市场最早萌芽于欧洲。早在古希腊和古罗马时期,就出现过中央交易场所、大宗易货交易,以及带有期货交易性质的交易活动。1571 年,英国创建了世界上第一家集中的商品市场——伦敦皇家交易所,后来成为伦敦国际金融期货期权交易所的原址。17 世纪前后,荷兰在期货交易的基础上发明了期权交易,在阿姆斯特丹交易中心形成交易郁金香的期权市场。在日本,有记载的期货交易发生在 1697 年。17 世纪上半叶,日本的大阪港成立了一家大米交易所。

现代意义的期货交易在 19 世纪中期产生于美国芝加哥。19 世纪三四十年代,随着美国中西部大规模的开发,毗邻中西部平原和密歇根湖、紧靠中西部产粮区这样一个特殊的地理位置使芝加哥逐步发展成为重要的粮食集散地,中西部的谷物汇集于此,再从这里运往东部消费区。由于粮食生产特有的季节性,加之当时仓储设施不足、交通不便,粮食市场供求矛盾异常突出。每年谷物收获季节,因谷物在短期内集中上市,供给量大大超过当地市场需求,恶劣的交通状况使大量谷物不能及时运送到东部地区,加之仓储设施严重不足,粮食购销商无法采取先大量购入再见机出售的做法,所以价格一跌再跌,无人问津。可是，到了来年春季，因粮食短缺，价格飞涨，消费者又深受其害，加工企业因缺乏原料而困难重重。为赚取流通环节的可观利润。谷物经销商应运而生，谷物经销商设立了商行，在交通要道旁边设立仓库，在收获季节从农场主手中收购粮食，并且以远期合约的方式与各地的粮食加工商、销售商签订第二年春季的供货合同，事先确定销售价格，以确保利润。远期合约交易的产生与发展大大降低了粮食产品季节性价格波动风险，为期货交易的产生奠定了基础。

1848 年，芝加哥的 82 位商人发起组建了芝加哥期货交易所（Chicago Board of Trade, CBOT）。交易所成立之初，只是一个集中进行现货交易和现货中远期合约转让的场所。远期交易方式在发展过程中逐渐暴露出一系列问题，交易双方就商品品质、等级、价格、交货地点及时间等方面总是存在分歧，而远期合同一旦签订很难转让，远期交易能否履约完全靠交易对方的信誉。针对上述情况，1865 年，芝加哥期货交易所推出标准化合约，标准化合约反映了最普遍的商业惯例，使得市场参与者能够非常方便地转让期货合约。在合约标准化的同时，芝加哥期货交易所还引入交易保证金制度，向签约双方收取不超过合约价值 10%的保证金，作为履约保证。标准化合约和保证金制度的引入是具有历史意义的制度创新，促进了真正意义上的期货交易的诞生。

1972 年，在上述商品期货交易有成效地发展的启迪下，美国芝加哥商业交易所（Chicago Mercantile Exchange，CME）开始了第一笔金融期货交易——外汇期货合约的交易，它开辟了国际货币市场分部，进行英镑、加拿大元、德国马克、意大利里拉、日元、瑞士法郎和墨西哥比索等币种同美元的汇率期货合约的交易。后来，其他期货交易所也接着开展了金融期货交易，先后不断推出抵押证券期货、国库券期货、股票价格指数期货等金融工具期货合约的交易。一般商品的期货交易经历了一二百年的发展才有今天的规模，而金融期货交易只经过短短的十几年便一举成型，交易量远远超过商品期货。

国际期货市场的发展，大致经历了由商品期货到金融期货、交易品种不断增加、交易规模不断扩大的过程。

1．商品期货（Commodity Futures）

商品期货是指标的物为实物商品的期货合约（Futures Contrast）。商品期货历史悠久，种类繁多，主要包括农产品期货、金属期货和能源期货等。

（1）农产品期货

自 1848 年芝加哥期货交易所的诞生及 1865 年标准化合约被推出后，随着现货生产和流通的扩大，不断有新的期货品种出现。除小麦、玉米、大豆等谷物期货外，从 19 世纪后期到 20 世纪初，随着新的交易所在芝加哥、纽约、堪萨斯等地出现，棉花、咖啡、可可等经济作物，黄油、鸡蛋及后来的生猪、活牛、猪腩等畜禽产品，木材、天然橡胶等林业产品期货也陆续上市。

（2）金属期货

最早的金属期货交易诞生于英国。1876 年成立的伦敦金属交易所（London Metal Exchange, LME），开创了金属期货交易的先河。当时的名称是伦敦金属交易公司，主要从事铜和锡的期货交易。1899 年,伦敦金属交易所将每天上下午进行两轮交易的做法引入铜、锡交易中。1920 年,铅、锌两种金属也在伦敦金属交易所正式上市交易。工业革命之前的英国原本是一个铜出口国,但工业革命却成为其转折点。由于从国外大量进口铜作为生产原料,所以需要通过期货交易转移铜价波动带来的风险。伦敦金属交易所自创建以来一直生意兴隆,至今伦敦金属交易所的期货价格依然是国际有色金属市场的晴雨表。其目前主要交易品种有铜、锡、铅、锌、铝、镍、白银等。美国金属期货的出现晚于英国。19 世纪后期到 20 世纪初,美国经济从以农业为主转向建立现代工业生产体系,期货合约的种类逐渐从传统的农产品扩大到金属、贵金属、制成品、加工品等。纽约商品交易所成立于 1933 年,由经营皮革、生丝、橡胶和金属的交易所合并而成,交易品种有黄金、白银、铜、铝等,其 1974 年推出的黄金期货合约在 20 世纪七八十年代的国际期货市场上具有较大影响。

(3)能源期货

20 世纪 70 年代初发生的石油危机给世界石油市场带来巨大冲击,石油等能源产品价格剧烈波动,直接导致了石油等能源期货的产生。目前,纽约商业交易所(New York Mercantile Exchange, NYMEX)和伦敦国际石油交易所(International Petroleum Exchange, IPE)是世界上最具影响力的能源产品交易所,上市的品种有原油、汽油、取暖油、天然气、丙烷等。

2. 金融期货(Financial Futures)

随着第二次世界大战后布雷顿森林体系的解体,20 世纪 70 年代初国际经济形势发生急剧变化,固定汇率制被浮动汇率制所取代,利率管制等金融管制政策逐渐取消,汇率、利率频繁剧烈波动,促使人们重新审视期货市场。1972 年 5 月,芝加哥商业交易所设立了国际货币市场分部,首次推出包括英镑、加拿大元、西德马克、法国法郎、日元和瑞士法郎等在内的外汇期货合约。1975 年 10 月,芝加哥期货交易所上市国民抵押协会债券期货合约,从而成为世界上第一个推出利率期货合约的交易所。1977 年 8 月,美国长期国债期货合约在芝加哥期货交易所上市,是迄今为止国际期货市场上交易量较大的金融期货合约之一。1982 年 2 月,美国堪萨斯期货交易所(Kansas City Futures Exchange, KCBT)开发了价值线综合指数期货合约,使股票价格指数也成为期货交易的对象。至此,金融期货的三大类别、外汇期货、利率期货和股票价格指数期货均上市交易,并形成一定规模。进入 20 世纪 90 年代后,在欧洲和亚洲的期货市场,金融期货交易占了市场的大部分份额。在国际期货市场上,金融期货也成为交易的主要产品。

金融期货的出现,使期货市场发生了翻天覆地的变化,彻底改变了期货市场的发展格局。世界上的大部分期货交易所都是在 20 世纪最后 20 年诞生的。目前,在国际期货市场上,金融期货已经占据了主导地位,并且对整个世界经济产生了深远的影响。

3. 期货期权

20 世纪 70 年代推出金融期货后不久,国际期货市场又发生了新的变化。1982 年 10 月 1 日,美国长期国债期货期权合约在芝加哥期货交易所上市,为其他商品期货和金融期货交易开辟了一方新天地，引发了期货交易的又一场革命。这是 20 世纪 80 年代初最重要的金融创新之一。期权交易与期货交易都具有规避风险、提供套期保值的功能，但期货交易主要是为现货商提供套期保值的渠道，而期权交易不仅对现货商具有规避风险的作用，而且对期货商的期货交易也具有一定程度规避风险的作用，相当于给高风险的期货交易买了一份保险。因此，期权交易独具的交易策略或与期货交易结合运用的种种灵活交易策略吸引了大批投资者。目前，国际期货市场上的大部分期货交易品种都引进了期权交易方式。

应当指出的是，在国际期货市场发展过程中，各个品种、各个市场间是相互促进、共同发展的。可以说，目前国际期货市场的基本态势是商品期货保持稳定，金融期货后来居上，期货期权方兴未艾。期货期权交易的对象既非物质商品，又非价值商品，而是一种权利，是一种"权钱交易"。期权交易最初源于股票交易，后来移植到期货交易中。现在，期权交易不仅在期货交易所和股票交易所开展，而且在美国芝加哥等地还有专门的期权交易所。芝加哥期权交易所（CBOE）就是世界上最大的期权交易所。

15.1.2 期货市场结构

同样一公斤待出售的小麦，它可以在现货市场（Cash Market）上交易，同时也可以在期货市场（Futures Market）上交易。但在现货市场交易时，买方将货款支付给卖方，卖方交付小麦，交易即在此时此地结束；而在期货市场交易时，卖方在合约到期前不需要进行实物的交割，当合约到期后，出售者交付现货取得资金，而买方在交付保证金后则拥有了一份高流动性的期货合约，他可以将其持有到期，也可以在期货市场上进行交易。无论买方如何操作，卖方都有义务在规定日期将符合规定标准的货物交割，而合约的最终持有者（买方）也有同样的义务对合约的标的商品进行交割。

1. 期货合约

期货合约是指买卖双方签订的在将来一个确定时间按确定的价格购买和售出标的资产的协议。每个交易品种都有自己特定的期货合约，合约条款中包括商品的数量、质量、交割日期等。不同种类的期货合约交易时间也不相同，拿我国的期货交易时间举例：商品期货的交易时间为每个交易日（周一至周五）的 9:00—11:30，13:30—15:00。而即将推出的股指期货的交易时间则为 9:15—11:30，13:00—15:15，这配合了股票市场的交易时间。在国际上，由于期货品种繁多，不同的交易所所在国家不同，其交易时间的差别更大：燕麦的交易时间为 9:30am—1:15pm[①]；银为 7:25am—1:25pm；活牛为 9:05am—1:00pm；美国国库券为 7:20am—2:00pm；S&P500 股指合约为 8:30am—3:15pm。另外，很多合约都有两个交易时间，一个是交易所公开喊价的交易时间，另一个是电子盘交易时间。

由于不同期货合约的标的物不同，所以合约的金额、基本单位、报价方式等均有所

[①] 以下时间均为美国中部时间（Central Time, CT）。CT 为西 6 区时间，我国北京时间为东 8 区，相差 14 小时。

差别。表15.1列举了不同合约的合约规模、单一合约的市场现值等信息。例如，一份咖啡的期货合约中包含了37 500磅的咖啡，所以，如果咖啡的交易价格为97美分/磅，那么该份合约的市值为 37500×0.97=36000（美元）。正像我们看到的，一份典型的期货合约代表很大的标的物或标的资产价值，尤其是金融期货合约。为了便于更多的投资者参与到金融期货市场中，许多金融市场发达的国家都推出了迷你型金融期货合约，其价值大约为原金融期货合约的1/10左右。还需注意的一点是，虽然无论是金融期货还是商品期货，其单份合约的价值都比较大，但期货实行保证金交易，使投资者可以用远远小于合约价值的资金来购买期货合约。

表15.1 不同期货合约的规模及市场现值 （单位：美元）

合约标的	合约规模	单一合约的市场现值
玉米	5 000 bu	11 500
小麦	5 000 bu	18 300
活牛	40 000 lb	33 600
咖啡	37 500 lb	35 750
棉花	50 000 lb	2 300
黄金	100 troy oz	58 500
铜	25 000 lb	83 500
原油	1 000 bbls	70 870
日元	12 500 000 yen	108 500
2年期政府存单	200 000	202 420
国库券	100 000	105 700
S&P500 股票价格指数	250×指数	313 750

注：bu——蒲式耳　　lb——磅　　troy oz——盎司　　bbls——桶　　yen——日元计价单位。

2．期货与期权的区别

在很多方面，期货与我们在前一章介绍的期权有很多相似之处。例如，它们都属于衍生证券，都是在未来以某一协定价格交割某一商品的合约，都有到期日。但两者之间还是有很多重要区别的。

1）买卖双方的权利义务。期货交易中，买卖双方具有合约规定的对等的权利和义务。期权交易中，买方有以合约规定的价格买入或卖出期货合约的权利，而卖方则有被动履约的义务。一旦买方提出执行，卖方则必须以履约的方式了结其期权部位。

2）买卖双方的盈亏结构。期货交易中，随着期货价格的变化，买卖双方都面临着无限的盈与亏。期权交易中，买方潜在盈利是不确定的，但亏损却是有限的，最大风险是确定的；相反，卖方的收益是有限的，潜在的亏损却是不确定的。

3）保证金与权利金。期货交易中，买卖双方均要缴纳交易保证金，但买卖双方都不必向对方支付费用。期权交易中，买方支付权利金，但不缴纳保证金，卖方收到权利金，但要缴纳保证金。

4）部位了结的方式。期货交易中，投资者可以以平仓或进行实物交割的方式了结期货交易。期权交易中，投资者了结其部位的方式包括三种：平仓、执行或到期。

5）合约数量。期货交易中，期货合约只有交割月份（Delivery Month）的差异，数量固定而有限。期权交易中，期权合约不但有月份的差异，还有执行价格、看涨期权与看跌期权的差异。不仅如此，随着期货价格的波动，还有挂出新的执行价格的期权合约，因此期权合约的数量较多。

3. 主要交易场所

现代有组织的商品期货交易，以美国芝加哥期货交易所和英国伦敦金属交易所的成立为开端。除了这两家交易所外，在世界上影响较大的期货交易所还有芝加哥商业交易所、伦敦国际金融期货交易所（London International Financial Futures Exchange, LIFFE）等。

（1）芝加哥期货交易所

芝加哥期货交易所是当前世界上交易规模最大、最具代表性的农产品交易所。19世纪初期，芝加哥是美国最大的谷物集散地，随着谷物交易的不断集中和远期交易方式的发展，1848年，由82位谷物交易商发起组建了芝加哥期货交易所。该交易所成立后，对交易规则不断加以完善，于1865年用标准的期货合约取代了远期合同，并实行了保证金制度。芝加哥期货交易所除了提供玉米、大豆、小麦等农产品期货交易外，还提供中长期美国政府债券、股票价格指数、市政债券指数、黄金和金属的期权交易。芝加哥期货交易所的玉米、大豆、小麦等品种的期货价格，不仅成为美国农业生产、加工的重要参考价格，而且成为国际农产品贸易中的权威价格。

（2）伦敦金属交易所

伦敦金属交易所是世界上最大的有色金属交易所，伦敦金属交易所的价格和库存对世界范围的有色金属生产和销售有着重要的影响。在19世纪中期，英国曾是世界上最大的锡和铜的生产国，但随着时间的推移，工业需求不断增长，英国又迫切地需要从国外的矿山大量进口工业原料。在当时的条件下，由于穿越大洋运送矿砂的货轮抵达时间没有规律，所以金属的价格起伏波动很大，金属交易商人和消费者都要面对巨大的风险。1877年，一些金属交易商人成立了伦敦金属交易所并建立了规范化的交易方式。从20世纪初起，伦敦金属交易所开始公开发布其成交价格并被广泛作为世界金属贸易的基准价格。世界上全部铜生产量的70%是按照伦敦金属交易所公布的正式牌价为基准进行交易的。

（3）芝加哥商业交易所

芝加哥商业交易所前身为农产品交易所，由一批农业经销商于1874年创建。当时在该交易所上市的主要商品为黄油、鸡蛋、家禽和其他非耐储藏产品。1898年，黄油和鸡蛋经销商退出农产品交易所，组建了芝加哥黄油和鸡蛋交易所，重新调整机构并扩大上市商品范围，后于1919年将黄油和鸡蛋交易所易名为芝加哥商业交易所。1972年，该交易所为进行外汇期货交易而组建了国际货币市场部分，推出世界上第一张金融期货合约。此后，在外汇期货基础上又增加了90天短期美国国库券期货和3个月欧洲美元定期存款期货合约交易。该交易所的指数和期权市场部分成立于1982年，主要进行股票价格指数期货和期权交易。该部分最有名的指数合约为标准普尔500种股票价格指数（S&P500）期货及期权合约。1984年，芝加哥商业交易所与新加坡国际金融交易所率先在世界上进行了交易所之间的联网交易，交易者可在两个交易所之间进行欧洲美元、日元、英镑和德国马克的跨交易所期货交易。

（4）伦敦国际金融期货交易所

伦敦国际金融期货交易所成立于1982年，1992年与伦敦期权交易市场合并，1996年收购伦敦商品交易所，交易品种主要有英镑、德国马克、美元、日元、瑞士法郎、欧洲货币单位、意大利里拉的期货和期权合约，70种英国股票期权、金融时报100种股票价格指数期货和期权，以及金融时报250种股票价格指数期货合约等。该交易所虽然成立时间较晚，但发展速度惊人，截至1996年，已成为欧洲最大、世界第三的期货期权交易所。

继美国、英国之后，日本、法国、德国等主要工业发达国家都相继建立了期货市场，并展开了激烈的争夺期货交易中心地位的角逐。新加坡、巴西、南非、菲律宾等新兴国家和中国香港地区也先后建立了自己的期货交易所，韩国、泰国、印度和中国台湾地区也正在紧锣密鼓地筹建期货交易所。据不完全统计，截至1996年年底，全世界从事期货交易的交易所共77家，其中，综合性期货交易所11家，从事商品期货和金融期货期权交易；商品期货交易所32家，专门从事商品期货期权交易；金融期货交易所34家，从事金融期货期权交易。1996年交易量列世界前十位的期货交易所分别是：美国芝加哥期货交易所、美国芝加哥商业交易所、英国伦敦国际金融期货交易所、巴西商业期货交易所、美国纽约商业交易所、法国国际期货交易所、英国伦敦金属交易所、德国期货交易所、日本东京金融期货期权交易所和西班牙股票交易所。

15.1.3 期货交易

期货市场中包括两种类型的投资者：套期保值者和投机者。套期保值者是从事商品生产、储运、加工及金融投资活动的主体。他们利用期货市场的价格发现机制来完成对现货市场交易的套期保值，同时放弃在期货市场盈利的目的。投机者是以自己在期货市场的频繁交易，低买高卖赚取差价利润的主体。他们是期货市场的润滑剂和风险承担者，没有投机者的参与就无法达到套期保值的目的。在现实市场中，投机者与套期保值者并不是截然可分的。

1. 交易流程

一旦一份期货合约产生，它就可以在市场上进行交易了。像股票一样，期货合约可以在交易所或网络上进行买卖，除了需要开立一个特定的期货账户外，期货交易同股票或债券交易基本相同。只要是在交易所上市交易的期货合约，不论交割月份是何时，投资者都可以进行买入或卖出操作。

购买一份合约相当于在市场持有了一份多头头寸，卖出一份期货合约则相当于持有了一份空头头寸。持有多头头寸的投资者希望价格上涨，持有空头头寸的投资者则希望价格下跌。投资者可以通过进行一笔相反的交易了解自己的头寸。例如，处于空头的投资者可以通过购买与原头寸相等的合约来了解自己的头寸（我们一般将这一过程称为对冲平仓）。在实际交易中只有1%的期货合约进行实际交割，其他均在交割月前平仓了结。期货交易采取双向收费（Round-trip Commission）模式，即在投资者购买及卖出期货合约时均需要收取手续费。手续费的金额依赖于所购合约的种类和数量。但使用电子化交易的双边手续费一般低于10美元，远低于通过经纪人交易的手续费[1]。

2. 交易特点

期货交易运作机制有其自身的特点，它与证券等市场存在很大不同。如果不熟悉这些运作机制特点而盲目进入，将会直接影响投资运作的结果。因此，把握期货交易与证券交易的不同点，对于投资者有效控制风险、提高投资效率非常重要。

（1）做空机制

期货市场具有双向交易机制，既可以在对未来行情看涨时买进，又可以在对未来行情看跌时卖空，即所谓的做空机制。也就是说，当投资者认为未来期货价格会上扬，便可以买入期货合约，若判断正确，价格上涨以后再高价位卖出平仓即可获利；相反，当投资者认为未来价格会下跌，则可以卖出期货合约，若判断正确，价格下跌以后再低价位买入平仓即可获利。因此，若投资者对未来走势判断正确，通过期货价格上涨或下跌都可以获利；反之，若投资者对未来走势判断失误，则无论期货价格是涨是跌都要亏损。可以说，期货市场的做空机制为相关行业中的企业提供了"全天候"管理现货经营风险的途径。当然，这种双向交易机制也为投资者提供了便利的双向投资工具。理论证明，双向交易机制下的多空双方"频繁"的价格撮合，会在一定程度上促进期货市场在充分竞争和公平合理条件下形成价格的真实性和有效性。

（2）保证金制度[2]

保证金交易是指交付相当于合约价值的一部分现金就可以完成合约交易。所有的期货合约都是以保证金交易的形式进行的。保证金比例从合约的2%到10%不等。之所以保持一定数量的保证金，是为了确保投资者资金能够弥补合约价格波动所带来的损失，以确保合约的执行。保证金既不是对合约中商品或金融资产的支付，也不与合约的标的资产的价值有直接联系。

保证金是以一定金额的美元来表示的。不同的期货合约拥有不同的保证金数额（期货合约的保证金是根据不同期货品种的不同价格波动幅度确定的），有时，保证金数额也与期货合约所在交易所有关。表15.2列出了商品或金融期货的保证金数额。相对于期货

---

[1] 在我国，普通投资者投资于期货市场需要通过在交易所有会员身份的经纪公司，手续费也是由各个经纪公司自己制定的，并向客户收取。一般来说，手续费按交易品种及金额分成不同等级，并分级收取。
[2] 在保证金制度上，我国与西方一些国家是不同的，我国只设定一个交易保证金的水平，而欧美国家——如文中所介绍——将保证金分成了两部分，即初始保证金和维持保证金。

合约的价值来说，合约的保证金是相当低的。表15.2中的初始保证金（Initial Deposit）一项是投资者在初始交易时必须向经纪人缴纳的保证金。它表示了要进行一项期货投资所需要的资金（表中的初始保证金数额是投机者所需缴纳的数额，一般来讲，套期保值者的初始保证金要略低于这一水平）。

表15.2 不同期货合约的保证金数额　　　　　　　　　　　（单位：美元）

合约标的	初始保证金	维持保证金	交 易 所
玉米	1 375	1 250	CBOT
小麦	1 925	1 750	CBOT
活牛	1 320	1 200	CME
育肥用牛	2 475	2 250	CME
瘦肉猪	1 320	1 200	CME
咖啡	4 675	4 250	NYMEX
糖	2 60	700	NYMEX
黄金		3 750	COMEX
铜	4 125	3 100	COMEX
原油	3 410	4 600	NYMEX
日元	5 060	3 550	CME
2年期政府存单	3 905	2 600	CME
国库券		1 350	CBOT
S&P500 股票价格指数	1 485 25 300	23 000	CME

当交易完成后，期货合约的价格会随标的商品或资产的价格变动而上下浮动，这种价格的变动会引起保证金数额的变动。为了一直维持充足的保证金水平，投资者还需要建立一个维持保证金（Maintenance Deposit），这一账户的金额略小于初始保证金的数额，它是投资者账户中需要从始至终保持着的数额。举例来说，如果一份期货合约的初始保证金为1 000美元，它的维持保证金很可能为750美元。那么，只要所投资的期货合约的市场价值损失在250美元（1000-750）以下，投资者就可以安全持有这一合约。一旦合约损失超过了所允许的变动范围，投资者就会接到补充保证金的通知。此时，投资者必须要立刻将保证金补充到应有的水平，以避免风险的扩大。

在证券市场上，股票交易是现货交易。现货交易与期货交易的显著不同就是全额货款与货物的即时交换，股票现货交易一般不存在期限性问题、保证金制度、追加保证金制度、强制平仓制度和做空机制等。当然，证券交易有时候也会借鉴期货市场的涨跌停板制度。

（3）交易对象

期货交易的对象是交易所上市的标准化期货合约。商品期货的合约对应的是合约所代表的标准化的商品。因此，商品期货交易的对象具有这样几个特点：一是上市品种多是易标准化、易储存运输的大宗商品；二是每个期货合约都有其固有的期限；三是上市合约价格与其所对应的现货市场价格一样，在一定市场因素影响下会产生相当幅度的变化，它是现货市场价格变化的"温度计"，不是现货市场价格变化的"发动机"，并在临近交割月及交割月时向现货市场价格回归；四是由于期货合约所对应的上市商品拥有其自身价值，因此，无论合约价格围绕着供需关系如何变化，都不会使其接近或等于零。

（4）交易期限

期货市场的每个期货合约都具有其固定的期限。根据合约所剩时间的长短，可以分为远期合约、近期合约、临近交割月合约和交割月合约等。一般远期合约交易为一年时间，随着时间的推移，远期合约将逐渐变成近期合约、临近交割月合约和交割月合约。期货合约的期限性决定了期货合约远近月份具有不同的特点。在欧美商品期货市场，一般3个月合约比较活跃；在亚洲商品期货市场，一般远期合约比较活跃。

在期货合约由远期至近期的过程中，随着期货合约到期日的临近，围绕该期货合约的相关市场要素将发生重大变化。一是随着合约期限的临近，时间价格不断减少，投资者主动选择余地减少，也就是越来越接近于必须做出是平仓还是进行实物交割的选择；有时甚至不排除发生被动交割。二是市场流动性变弱。由于期货市场的保证金制度和持仓限制制度，一般远期合约交投活跃、流动性较好、大单量进出容易；近期合约交投清淡、流动性较差、大单量进出较难。这是因为投机资金追求较好的市场流动性而不断转向远期合约，近期合约流动性便越来越差。三是价格代表性由广泛到逐渐区域化。一些进口渠道畅通、国际国内现货期货市场联系密切的大宗商品，其远期合约价格基本反映世界范围内的供求关系，价格代表性广泛。但随着合约交割期的临近，受交割现货货物备货期限的制约，临近交割月的合约价格逐渐向该品种指定交割仓库所在地的现货市场价格回归，价格代表性逐渐区域化。四是影响价格变化的因素发生变化，影响远期合约价格变化的因素可以更广泛、宏观和形象化；而影响临近交割月合约价格变化的因素则更区域化、微观和具体，影响价格的不确定因素减少。进入交割月前一个月后，因保证金梯度增高市场中逐步仅剩下等待进行实物交割的接货者和交货者，在交割月通过接货资金和注册仓单的匹配，最终实现交割月合约价格向交割仓库所在地现货价格的回归。可以说，期货合约的期限设定有助于增强期货市场与现货市场的关联性，随着期货合约由远期至近期的变化，逐渐挤出期货价格中所谓的"泡沫部分"，有效释放市场风险，促进期货价格与现货价格走势趋同。

（5）交割制度

商品期货交易一般实行实物交割制度。实物交割是连接期货市场与现货市场的桥梁和重要手段。它使通过一手交钱一手交货即时进行买卖的现货市场和可能承担未来实物交收买卖义务的期货市场最终成为一个单一的商品市场，是使期货市场价格在向交割月临近过程中向现货市场价格回归的重要保证，是期货交易的重要环节。商品期货市场的运行是以现货商品为基础的，而现货商品的生产流通体系也有其固有的特点。以农产品为例，自然条件决定了某种农产品的产地，并成为这种农产品比较固定的流通体系的起点，同时其种植、加工、储藏、运输等也都具有内在的特殊规律。因此，建立在现货市场基础上的农产品期货市场就必须遵循现货供应市场的运行规律。也就是说，农产品期货的实物交割制度一定要符合现货市场流通的特点。

在期货市场进行交易时,投资者可以通过两种方式了结其所持有的未平仓合约:一种是在所持有的期货合约到期前,进行与入市时数量相等、方向相反的买卖交易,通过对冲平仓了结所持有的合约;另一种则是在所持有的期货合约到期时,以符合期货合约规定标准的现货商品的买入或卖出了结未平仓合约,也就是通过实物交割方式了结期货交易。

(6)市场操纵

期货市场是难以操纵的。一是期货市场的总持仓规模不是固定的。期货市场中交易的期货合约是以相应的现货商品为基础,并将其标准化了的合同,因此期货市场规模与相关现货市场规模存在一定关系,但不存在总量限制问题。期货市场规模随着市场参与者的变化而变化,所以所谓持仓集中程度或持仓比例也都是相对的、变化的。由于期货市场的双向交易机制,多空双方的机会是同等的,市场是相对均衡的。因此,多空任何一方都难以仅仅凭借资金优势对期货市场价格进行长期操纵。二是期货价格与现货市场价格联系紧密。期货市场价格走势与其交易的标的物(相应的现货商品)价格走势是密切相关的,并在交割月最终实现期货价格向现货价格的靠拢。

15.2 商品期货

商品期货——包括铜、铝、锌、小麦、黄豆等,是期货市场的重要组成部分。在期货交易的历史上,它们已经活跃了一个多世纪。

虽然商品期货的交易额在期货交易额中占的比例并不大,但基本所有的期货交易都进行着商品期货的交易,不仅如此,很多交易所还只进行商品期货的交易。一般来讲,商品期货分为4类:初级产品(包括农产品和经济作物等),家畜及肉类,石油产品和金属,食品和纤维。

这样的分类并不会影响交易的方式及程序,它只提供了一种以商品各自不同的特点为基础的分类。表 15.3 展示了交易比较活跃的一些期货品种[①]。

表 15.3 交易比较活跃的一些期货品种

初级产品			石油产品和金属		
小麦	燕麦	大豆	铜	金	铂
豆油	豆粕	玉米	钯	汽油	燃料油
家畜及肉类			食品和纤维		
活牛	饲牛	猪腩	可可	咖啡	牛奶
			橙汁	原糖	棉花

---

① 由于我国期货业起步比较晚,所以交易品种相对来讲比较少,主要分为:上海交易所,铝、燃油、橡胶、铜、锌;大连交易所,塑料、豆粕、大豆、豆油、玉米;郑州交易所,PTA、白糖、菜籽油、棉花、强麦。而家畜及肉类等品种在我国期货市场还是空白。

15.2.1 期货合约

每份商品期货合约都有自己的专门条款来详细说明进行交易的标的物商品的质量和等级。

表15.4摘录了《华尔街日报》中期货行情报价的部分数据，展示了商品期货的报价情况。每份报价都包括相同的5个部分，具体来讲包括商品名称，商品所在交易所，合约规模（以蒲式耳、磅、吨计量），价格单位（如磅/美分或美元/吨），合约交割月份。我们以玉米期货为例，对各部分进行简要说明。

表15.4 期货行情报价的部分数据（2016年）

	开盘价	最高价	最低价	收盘价	涨跌幅	交易以来最高价	交易以来最低价	持仓量
玉米（CBOT）——5 000蒲式耳；单位——美分/蒲式耳								
5月到期	253.50	253.75	252.25	252.50	−1.75	286.50	230.50	42 796
7月到期	258.00	258.00	256.50	256.75	−1.75	288.00	233.00	60 477
9月到期	260.00	260.50	259.00	259.00	−1.50	263.00	236.00	7 760
12月到期	263.50	264.00	262.50	263.00	−1.25	267.25	244.00	41 638
2017年3月到期	271.75	272.00	270.50	271.00	−1.25	276.00	254.75	11 098
2017年5月到期	277.25	278.00	276.25	277.00	−1.00	281.00	273.25	1 326

商品期货的定价系统的基础是合约规模和价格单位。一般金融媒介会报道每份合约的开盘价、最高价、最低价、收盘价及合约的交割月份，同时还会报出每份合约的持仓量——当前上市交易的该份合约的总量。例如，在表15.3中，5月玉米的收盘价为252.5美分/蒲式耳。这一合约的价格单位为美分/蒲式耳，表明该合约以2.525美元/蒲式耳交易。每份玉米合约的规模为5 000蒲式耳。那么其市场价值为5000×2.52=12625（美元）。

> **投资行动**
>
> **天气期货**
>
> 假如天气对你来说是个需要考虑的因素，那么就买一个天气期货合约，消除你对天气变化的忧虑。这些金融工具，如天气衍生工具，可以被政府、公司或个人使用，用来规避与天气状况有关的风险。天气期货的价值来自其依托的天气指数，这些天气指数可以基于任何一种天气变化，如气温变化、降雨、雾、雪甚至台风。
>
> 例如，能源公司可以使用它们对未预料的气温变化造成的需求变化带来的可能损失进行套期保值；农民可以使用它们对旱涝灾害造成的收成损失进行套期保值；旅游胜地可以利用它们对旅游旺季中的阴雨天气造成的游客减少进而造成的损失进行套期保值。

15.2.2 价格运动

商品期货的价格受很多因素影响，包括经济、政治、国际情况及天气情况等。在这里，我们不对价格变化的原因加以讨论，但作为一项投资工具，期货价格的上下波动正好满足了投资者的需求。由于期货合约的规模很大（5 000 蒲式耳或 40 000 磅），所以即使每单位报价产生很小的变动，都会使合约的价值产生大幅波动，从而引起投资者较大的获利或损失。举例说明，假设玉米合约的单位报价上涨 0.2 美分/蒲式耳，那么，一份单一合约的价值将变动 1 000 美元。而一份类似的玉米合约购买时的保证金仅为 540 美元左右，相比之下，投资者的收益率或亏损率是很高的。

正是价格变动较大的这一特点吸引了不少投资者投资于这一市场。交易所了解商品价格大幅波动的特点，因此设定了每日价格波动的最大限制（金融期货也有此特点），每日限价（Daily Price Limit）限制了标的商品的价格变动幅度。举例说明，玉米每日波动的最大限价为 0.2 美分/蒲式耳，棉花的每日价格波动大小为 0.03 美分/磅。当然，即使在限价下，商品期货每日的获利或损失空间还是很大的。玉米合约每日波幅在 1 000 美元以内，每日最大波动值为 2 000 美元。棉花合约的波幅为 1 500 美元，每日最大波动值则为 3 000 美元。

期货合约的收益只有一个来源——价格向有利方向变动时带来的资本收益，投资于期货不能得到任何形式的即期收益。在这种情况下，期货合约有如此高的收益主要有两个原因：一是合约的每日价格变动幅度较大；二是杠杆作用，由于期货交易只需要很少的保证金，而可能获得的收益则是合约价格变动所带来的全部收益。当然，由于存在杠杆作用，你的投资也有可能在几天内被侵蚀一空的风险。

我们可以用投资回报率来衡量投资者的收益率。这一指标与持有期收益指标的不同之处在于它将分母中的合约价值替换为合约实际占用资金数额这一变量。具体计算公式如下：

$$投资收益率 = \frac{合约出售价 - 合约购买价}{合约保证金}$$

以上公式同时适用于多头和空头。举例说明，假设你以 280 美分/蒲式耳的价格购买了两份 9 月到期的玉米合约，因此你需要的初始资金为 1 080 美元（540 美元/份）。换句话说，你以 1 080 美元的资金掌握了价值 28 000 美元的 10 000 蒲式耳的玉米。如果今日玉米期货合约的收盘价为 294 美分/蒲式耳，你将两份合约进行平仓了结，你的收益为（29400–28000）/1080=129.6%。如此高的收益率不仅来源于价格的大幅波动，而且来源于保证金的杠杆作用。（在本例中合约的保证金比例不足 5%。）

15.2.3 商品期货交易

期货投资有三种类型，第一种为投机交易，投机者试图利用商品价格大幅波动的特点来获得很高的资本收益。对一部分投资者来说，大幅的价格波动正是他们所追求的，而对另一部分投资者来说，这样的波动带来的投资风险太大，所以一部分谨慎的投资者选择了价差交易——商品期货交易的第二种交易类型。这一类投资者使用价差交易的技巧来获得可观利润，同时又避免了承受过大的风险。最后一种类型是套期保值。下面我们将举例介绍投机交易与价差交易这两种交易策略。

1. 投机交易（Speculating）

不以买卖实物为目的，而是利用期货价格波动，预测将来某时买进或卖出某种商品期货能够盈利，并在现时就从事这种商品期货买卖的行为叫期货投机。投机是促成市场的基本组成部分，在期货市场中发挥着数种至关重要的经济作用。

在期货市场里进行投机的方式多种多样，做法也较套期保值复杂。有利用商品价格的上下波动来投机；利用现货与期货的价差（基差）进行投机套利；有跨交易所、跨品种、跨月份等方式投机。现货交易既积压资金，又要支付仓租费、运费、保险费等费用，而且手续烦琐，而投机交易可不必交收实物，只要在合约到期前平仓结算盈亏，就完成了交易。

例如，某商人在某年5月通过对国家政策、气候等因素的多方面综合分析，认为大豆价格在短期内将会有比较大的上扬，于是他于5月19日在大连商品交易所买进9月大豆合约100张（每张10吨），价格是2 440元/吨。到了7月，随着国家粮食政策及水灾等原因，大豆价格果然上涨，期货价格上涨到2 700元/吨。该商人把全部期货合约陆续卖出，平均卖价为2 690元/吨。该商人获利：（2690–2440）×100×10=250000（元）。扣除佣金：100×30=3000（元）。该商人获利：250000–3000=247000（元）。根据大连商品交易所的规定，该商人需要的资金为：1600×100=160000（元）。利润率=247000/160000×100%=154%。

2. 价差交易（Spreading）

与投机试图最大幅度地利用价格波动获取利润不同，价差交易是一种相对保守的投资策略。类似于期权的价差交易，期货的价差交易是通过两个或更多的合约的结合来达到降低风险、减小损失的目的。期货市场上存在价差交易的一个与期权市场不同但非常重要的原因是，期货合约对于损失的金额没有限制。投资者可以通过在购买一份合约的同时出售另一份合约来建立一个价差交易。由于两份相关产品的合约方向是相反的，因此，必然有一份合约盈利，而另一份亏损。价差交易的投资者的获利是盈利与亏损相抵后的差额。如果投资者预测正确，那么盈利合约的收益额度将大于亏损一方的亏损额度，从而使投资者获得一份小的净收益；一旦预测错误，投资者的损失也相当有限。

举一个简单的例子来说明价差交易。假设你以533.5的价格买进期货合约A，同时以575.5的价格卖空合约B。一段时间后，你分别以542和579的价格将两份合约平仓（卖空合约A，买进合约B）。我们通过计算可知，你在合约A上获得8.5个点的盈利（542–533.5），而在合约B上亏损了3.5个点（575.5–579）。因此，综合两笔交易，你的净盈利是5个点。如果你的合约是以美分/蒲式耳来计价的——如玉米合约——那么对于一份规模为5 000蒲式耳的合约来说，你的盈利就是250美元。

我们仅仅举了简单的例子来说明价差交易的作用机制，在实际操作中，价差交易有很多种类，其中大部分非常复杂。利用价差的交易者关注的不是价格的变动方向，而是不同合约间价差的变动趋势，因此，投资者需要对不同品种期货合约间的历史价差及价差走势有比较清楚的认识，这样才能利用好价差交易这一投资策略。

15.3 金融期货

期货市场的另一部分是在金融机构交易的金融期货。金融期货是商品期货概念的延伸，它们在统一市场交易，有相同的价格运动方式及投资特征。金融期货与商品期货的不同之处在于它们的标的资产不同。在本节中，我们简单介绍金融期货

15.3.1 金融期货市场简介

所谓金融期货，是指交易所按照一定规则反复交易的标准化金融商品合约。在合约成交时，合约双方协定规定品种、数量的金融商品的价格，并承担在一个约定的未来时间按协定的价格进行实际交割，买进或卖出该金融商品的义务和责任。

20世纪70年代，世界金融市场日益动荡不安，利率、汇率、股市急剧波动，为了适应投资者对于规避价格风险、稳定金融工具价格的需要，以保值和转移风险为目的的金融期货便应运而生。例如，在汇率和利率的大幅波动情况下，持有者、贸易厂商、银行、企业等在现汇市场上买进或卖出外汇的同时，又在期货市场上卖出或买进金额大致相当的期货合约。在合约到期时，因汇率变动造成的现汇盈亏，便可由外汇期货交易上的盈亏弥补。

虽然发展不过30多年，但金融衍生品市场因具备价格发现和风险转移等期货属性而迅速抢占了原有的金融市场份额。在全球范围内，金融期货等衍生品成交规模在期货交易中的比重已从1976年的不足1%，上升至目前的80%以上。在世界各大金融衍生品市场上，交易活跃的外汇、利率、股指等金融期货合约有几十种。欧美等国的金融衍生品市场成交规模近几年大幅上升，韩国等亚洲国家也在不到10年的时间里实现了金融衍生品成交额远远超过现货交易。

金融期货的三个主要品种为外汇期货（Currency Futures）、利率期货（Stock-index Futures）及股指期货（Interest-rate Futures）。

1. 外汇期货、利率期货及股指期货

在期货市场150余年的历史上，最重要的一个里程碑即1972年5月16日芝加哥商业交易所的国际货币市场推出外汇期货合约（Foreign Currency Futures），标志着金融期货这一新的期货类别的诞生，从而掀起了一个期货市场发展的黄金时代。最早推出的外汇期货是包括英镑、加元、西德马克在内的7张外汇期货合约。

1975年10月,芝加哥期货交易所推出了政府国民抵押贷款协会抵押凭证期货合约，标志着利率期货这一新的金融期货类别的诞生。在这之后不久，为了满足人们管理短期利率风险的需要，1976年1月，芝加哥商业交易所的国际货币市场推出了3个月期的美

国短期国库券期货交易,并大获成功,在整个70年代后半期,它一直是交易最活跃的短期利率期货。在利率期货发展历程上具有里程碑意义的一个重要事件是,1977年8月22日美国长期国债期货合约在芝加哥期货交易所上市。这一合约获得了空前的成功,成为世界上交易量最大的合约。此前的政府国民抵押贷款协会抵押凭证期货合约,虽然是长期利率期货,但由于交割对象单一,流动性较差,不能完全满足市场的需要。而长期国债则信用等级高,流动性强,对利率变动的敏感度高,且交割简便,成为市场的首选品种。甚至美国财政部发行新的长期国债时,都刻意选择在长期国债期货合约的交易日进行。继美国推出国债期货之后,其他国家也纷纷以其本国的长期公债为标的,推出各自的长期国债期货。

1982年2月,美国堪萨斯期货交易所推出价值线综合指数期货交易。短短10年间,利率期货和股指期货相继问世,标志着金融期货三大类别的结构已经形成。期货市场也由于金融期货的加盟而出现结构性变化。1995年,金融期货的成交量已占期货市场总成交量的80%左右,稳居期货市场的主流地位。此外,金融期货的诞生,给了美国以外的国家和地区发展期货市场的时机。自1980年始,这些国家和地区纷纷成立自己的期货交易所,至1993年,这些国家和地区的期货交易所的成交量已超过美国,成长速度极为惊人。

投资须知

个股期货

几年前,个股期货开始在OneChicago交易所交易。个股期货允许投资者买卖每张合约为100股某种普通股的期货合约。现在已经有1 200多家知名公司的股票可以成为个股期货的标的资产。2008年OneChicago交易所的个股期货交易量超过400万,表明有超过400万股的普通股股票。由于个股期货的保证金要求比较低(个股期货的保证金要求是20%,而普通股票交易的保证金要求是50%),所以它是杠杆率更高的投资方式,也就伴随着更高的风险和更高的收益。投资者可以通过对个股期货风险特征的分析,进行套期保值和投机活动。

2. 合约条款

在原理上,金融期货与商品期货非常类似,它代表了一定数额的标的金融资产,并以不同的交割月为条件发行。图15.1截取了《华尔街日报》中部分外汇期货、利率期货及股指期货的报价表。外汇期货合约使投资者持有了某一特定外汇的多头或空头头寸,每种外汇期货合约都对应着一定数量的该种外汇,其金额从62 500英镑到12 500 000日元。相似地,持有一份利率合约表示你拥有了一定数量的某种债券的多头或空头头寸,包括价值100 000美元的国库券或政府存单、1 000 000美元的欧洲美元存单或5 000 000美元的30日联邦基金合约。

Currency Futures

	OPEN	HIGH	LOW	SETTLE	CHG	LIFETIME HIGH	LIFETIME LOW	OPEN INT
Japanese Yen (CME)-¥12,500,000; $ per 100¥								
Sept	.8685	.8805	.8671	.8792	+.0100	.9435	.8572	153,691
Dec	.8793	.8918	.8786	.8906	+.0100	.9600	.8644	20,355
Est vol 64,330; vol Wed 37,315; open int. 174,073, +7.								
Canadian Dollar (CME)-CAD 100,000; $ per CAD								
Sept	.8924	.9034	.8919	.9030	+.0097	.9175	.7970	86,735
D.				.8946	.9054	+.0097	.9184	.8310	2,125
Est vol 36,907; vol Wed 25,185; open int. 85,177, -614.								
British Pound (CME)-£62,500; $ per £								
Sept	1.8216	1.8335	1.8124	1.8329	+.0109	1.9060	1.7282	79,866
Dec	1.8215	1.8370	1.8168	1.8370	+.0109	1.9060	1.7342	297
Est vol 48,201; vol Wed 28,753; open int. 80,164, +1,572.								
Swiss Franc (CME)-CHF 125,000; $ per CHF								
Sept	.8089	.8165	.8068	.8160	+.0060	.8497	.7712	64,698
Dec	.8157	.8239	.8148	.8237	+.0060	.8544	.7793	180
Est vol 42,686; vol Wed 33,698; open int. 64,885, +1,329.								

Interest Rate Futures

	OPEN	HIGH	LOW	SETTLE	CHG	LIFETIME HIGH	LIFETIME LOW	OPEN INT
Treasury Bonds (CBT)-$100,000; pts 32nds of 100%								
Sept	105-15	106-10	105-08	105-28	+13	115-16	105-03	763,830
Dec	105-25	106-03	105-24	106-00	+14	115-01	104-27	6,125
Est vol 246,838; vol Wed 218,961; open int. 773,330, +7,773.								
Treasury Notes (CBT)-$100,000; pts 32nds of 100%								
Sept				104-130	+10.5	109-280	104-010	2,168,441
Dec				104-095	+10.5	109-070	103-310	26,609
Est vol 727,758; vol Wed 603,867; open int. 2,195,068, +1,554.								
5 Yr. Treasury Notes (CBT)-$100,000; pts 32nds of 100%								
June	103-040	103-040	103-040	103-090	+9.0	106-250	103-000	10,467
Sept	102-280	103-070	102-280	103-055	+8.5	106-220	102-275	1,254,397
Est vol 386,033; vol Wed 293,011; open int. 1,265,265, -21,428.								
30 Day Federal Funds (CBT)-$5,000,000; 100 - daily avg.								
June	94.990	94.995	94.990	94.995	+.005	95.670	94.955	93,358
July	94.720	94.740	94.715	94.735	+.015	95.630	94.710	239,046
Aug	94.590	94.640	94.585	94.625	+.035	95.670	94.570	119,851
Sept	94.515	94.585	94.515	94.565	+.045	96.000	94.500	70,856
Oct	94.455	94.530	94.455	94.525	+.065	95.980	94.400	40,275
Nov	94.435	94.505	94.435	94.500	+.070	95.810	94.420	19,885
Dec	94.440	94.510	94.440	94.510	+.075	95.230	94.430	4,561
Est vol 238,432; vol Wed 114,678; open int. 589,118 +9,053.								

Index Futures

	OPEN	HIGH	LOW	SETTLE	CHG	LIFETIME HIGH	LIFETIME LOW	OPEN INT
DJ Industrial Average (CBT)-$10 x index								
Sept	11052	11265	11050	11260	+202	11762	10740	51,613
Dec	11245	11360	11235	11351	+208	11830	10415	1,832
Est vol 4,180; vol Wed 2,908; open int. 53,450, -205.								
Idx prl: Hi 11195.54; Lo 10974.36; Close 11190.80, +217.24.								
S&P 500 Index (CME)-$250 x index								
Sept	1257.80	1283.70	1257.20	1282.60	+24.90	1342.50	1112.60	618,425
Dec	1277.50	1295.00	1275.00	1294.00	+25.00	1353.80	1170.80	5,767
Est vol 41,062; vol Wed 31,162; open int. 625,042, +1,412.								
Idx prl: Hi 1272.88; Lo 1245.94; Close 1272.87, +26.87.								
Nasdaq 100 (CME)-$100 x index								
Sept	1557.50	1606.00	1557.00	1605.00	+47.00	1810.00	1528.75	51,319
Est vol 7,492; vol Wed 4,236; open int. 51,377, -314.								
Idx prl: Hi 1585.56; Lo 1538.25; Close 1585.56, +47.31.								

图为从《华尔街日报》中截取的几种主要金融期货的报价。从图中我们可以发现，每日的交易量、交易价格、合约单位及交割月等信息都包含在这一报价系统之中。

资料来源：Wall Street Journal, June 29, 2006.

图 15.1　金融期货报价

股指期货与以上期货有所不同，股指期货合约的出售者不必在到期日以合约指数所涵盖的股票进行交割，而是以现金交割取而代之。标的资产的现金价值由标的指数乘以一个特定的乘数得到。表 15.5 列举了一些合约的标的指数及其乘数。

表 15.5　一些合约的标的指数及其乘数

指　　数	乘　　数
DJIA（道琼斯工业平均指数）	10 美元×指数
S&P 500（标准普尔 500 指数）	250 美元×指数
Nasdqa 100（纳斯达克 100 指数）	100 美元×指数
S&P 400（标准普尔 400 指数）	500 美元×指数
Russell 2 000（罗素 2 000 指数）	500 美元×指数

因此，假设标准普尔 500 指数目前为 1 075 点，则它的现金价值为 250×1075=268750（美元）。而投资者真正支出的资金为合约价值乘以保证金比例。一般来讲，股指期货及外汇期货的期限在 12 个月以内，利率期货的期限为 2~3 年甚至更长。

3．价格及获利

由于金融期货的标的物不同，其报价方式也或多或少有一些差异。

1）外汇期货。所有外汇期货都是以每单位外币折合的美元或美分来计价的（如美元/英镑、美分/日元）。因此，根据图 15.1，一份 9 月到期的英镑合约的价值为 114 556.25 美元（62500×1.8329），而一份 9 月到期的日元合约的价值为 109 900 美元（12500000×0.008792）。

2）利率期货。除了国库券和其他短期债券外，利率期货是按其票面价格的一个百分比来报价的。由于这类投资工具的价格增加都是以 1/32 或 1%来计的，因此，图 15.1 中 6 月到期的 5 年期政府存单 103-09 的报价相当于 $103\frac{9}{32}$，换算成百分比为 103.281 25%，即这份政府存单的现价为债券面值的 103.281 25%。关于国库券和其他短期利率合约的报价可以参看网页 www.myfinancelab.com 中的说明。

3）股指期货。股指期货的价格是以其标的指数的现值为基础计算的，像我们在前文中介绍过的，股指期货合约的面值相当于指数现值乘以一个乘数，乘数从 10 到 500 不等。例如，图 15.1 中的 S&P500 的价值为 323 500 美元，因为这一指数期货的乘数为 2501254×250=323500（美元）。而 9 月到期的 DJIA 合约价值为 11260×10=112600（美元）。

利率期货合约的价值对于利率的敏感性与其标的资产的利率敏感性是一致的。当利率上涨，利率期货合约的价值下跌。利率、外汇、股指期货的报价系统反映的是合约自身市场价值的变动情况。因此，当合约报价上涨时多头盈利，当合约报价下跌时空头盈利。

对于投机者来说，合约的价值变动是收益的唯一来源，金融期货的拥有者没有权利享有标的金融资产的分红或利息收益。虽然收益来源单一，但由于金融期货巨大的合约价值，其获利空间还是相当大的。例如，假设瑞士法郎上涨 0.02 个点（对美元的比价），多头投资者的收益将增加 2 500 美元，当期货收益与保证金的资本投入联系起来时，这样的价格变动给投资者带来的将是很高的收益或很大的损失。

15.3.2 交易策略

投资者可以将金融期货应用于套期保值、价差交易及投机等交易策略中。一些国际贸易频繁的大型公司可以利用外汇期货来进行保值，以减小汇率波动给公司带来的收益的不确定性；各种金融机构和公司的资金运营经理也可以利用利率期货来进行保值。另外，个人投资者或基金经理也可以利用股指期货来防范和应对股票市场的短期性下滑。当然，金融期货同样可以应用于价差交易中，投资者可以将空头头和多头头寸结合起来，以达到自己理想的头寸结构。期货的最后一项功能，也是被应用最广泛的一项功能是投机。

投资者可以使用套期保值、价差交易和投机中的任何一项策略来合理地使用这一投资工具。在这里，我们将着重介绍使用金融期货进行的投机和套期保值。

1. 投机

金融期货的合约规模是使投机者对这一市场感兴趣的重要原因之一。举个例子，截止到2006年中期，一份加拿大元的外汇期货合约的市值超过89 000美元，政府中期债券合约的价值在105 000美元左右，而30天期联邦基金的期货合约价值达$4 750 000美元。在这样庞大的合约规模下，即使标的金融资产的价格有一个很小的变动，也会带来期货合约的大幅价格波动。这就为投资者带来了获取高收益的可能。

外汇和利率期货可以被用于任何目标的投机当中。假如你认为美元对欧元的汇率会降低，你可以买入欧元期货，实现投机目的；假如你认为近期的利率会上升，你可以通过做空（Go Short）利率期货来获利。由于金融期货有着与商品期货相同的收益来源及相同的保证金交易方式，因此我们可以使用前面介绍的投资收益率公式来计算金融期货的投资收益率。

1）做多外汇期货合约。假设你认为瑞士法郎对美元的汇率将会上升，你决定购买3份9月到期的CHF合约。目前CHF合约的报价为0.705 5（0.705 5法郎/美元），那么一份合约的现值为88 187.50美元（0.7055×125000CHF），三份合约总价值264 562.50美元。若交易所要求的初始保证金为2 500美元，那么，为购买这三份合约，你需要存入7 500美元。

如果CHF的汇率从0.705 5上升到0.75，那么三份合约的总价值将会上升至281 250美元。你的获利为16 687.5美元，通过投资收益率公式，我们可以计算出投资收益率为222%。当然，如果你的预测错误，汇率向相反的方向移动的话，那么，同样很小的变动将会引起你很大的损失。就像我们知道的那样，高收益总是伴随着高风险。

2）做空利率期货合约。假设你认为长期利率将会大幅上涨，这样的上涨会引起利率期货的必然贬值。假设目前6月到期的国库券期货合约价格为115 000，你打算卖出两份这样的利率期货合约，两份期货合约的价值为230 000美元（115000×2），你需要存入的保证金为2 700美元（一份合约的保证金为1 350美元）。

假设利率真的上升,使期货合约的价值减少至106 500美元(两份合约价值为213 000美元),你就可以买入两份6月到期的国库券合约进行平仓（这相当于你以213 000美元买入两份利率期货合约，再以230 000美元的价格卖出）。两次交易的差价——17 000美元——就是你的获利。在这个例子中，你的投资回报率高达630%。

2. 套期保值

大多数投资者使用股指期货来进行套期保值或投机交易。不论是投机还是套期保值，取得成功的关键都是能够正确地预测股票市场的未来走势。使用股指期货相当于你"购买"了整个市场的表现，因此，通过技术分析或宏观分析来正确判断、预测市场的走势是非常重要的。当你对市场进行分析并对走势有了充分预期后，你就可以利用股指期货进行投机或保值的操作了。

> **投资须知**
>
> **三巫显灵日**
>
> 小心3月、6月、9月和12月的第三个周五，股指期货、股指期权和个股期权在这几天同时到期。在这些天，股市比以往的波动要大一些，因为投机者和交易员在这些天里可能大量买卖股票来履行义务。结果，股价就会大幅度波动，从而产生被低估的股票和意外横财。
>
> 为了减轻"三巫显灵日"的影响，交易所现在将这些金融工具的到期时间分散开来，这样它们在一天中不同的时间到期，而不是集中在一天中的1小时里。例如，标准普尔500指数期权和期货在这天的开始时到期，而个股期权和标准普尔100指数期权在这天的结束时到期。

（1）股指期货的套期保值

股指期货之所以具有套期保值的功能，是因为在一般情况下，股指期货的价格与股票现货的价格受相近因素的影响，从而它们的变动方向是一致的。因此，投资者只要在股指期货市场建立与股票现货市场相反的持仓，则在市场价格发生变化时，他必然会在一个市场上获利，而在另一个市场上亏损。通过计算适当的套期保值比率，可以达到亏损与获利的大致平衡，从而实现保值的目的。

股指期货套期保值的基本策略分为两种：空头套期保值和多头套期保值。空头套期保值是指，持有一篮子股票现货的投资者认为目前股票市场可能出现下跌，但如果直接卖出股票，他的成本会很高，于是他可以在股指期货市场建立空头，在股票市场出现下跌的时候，股指期货可以获利，以此可以弥补股票出现的损失。另一个基本的套期保值策略是所谓的多头保值。例如，一个投资者预期几个月后有一笔资金投资股票市场，但他觉得目前的股票市场很有吸引力，等上几个月的话可能错失建仓良机，于是他可以在股指期货上先建立多头头寸，等到未来资金到位后，股票市场确实上涨了，建仓成本提高了，但股指期货平仓获得的盈利可以弥补现货成本的提高，于是该投资者通过股指期货锁定了现货市场的成本。

我们以我国即将上市的沪深300指数合约来举例说明股指期货的空头套期保值。例如，在2006年11月29日，某投资者所持有的股票组合总价值为500万元，当时的沪深300指数为1 650点。该投资者预计未来3个月内股票市场会出现下跌，但是由于其股票组合在年末具有较强的分红和送股潜力，于是该投资者决定用 2007 年 3 月到期的沪深 300 指数期货合约（假定合约乘数为 300 元/点）来对其股票组合实施空头套期保值。

假设 11 月 29 日 0703 沪深 300 指数期货的价格为 1 670 点，则该投资者需要卖出 10 张［500 万元（1 670 点×300 元/点）］0703 合约。如果至 2007 年 3 月 1 日沪深 300 指数下跌至 1 485 点，该投资者的股票组合总市值也跌至 450 万元，损失 50 万元。但此时 0703 沪深 300 指数期货价格相应下跌至 1 503 点，于是该投资者平仓其期货合约，将获利（1 670–1 503）点×300 元/点×10=50.1 万元，基本弥补在股票市场的损失，从而实现套期保值。相反，如果股票市场上涨，股票组合总市值也将增加，但是随着股指期货价格的相应上涨，该投资者在股指期货市场的空头持仓将出现损失，也将基本抵消在股票市场的盈利。

能否成功地实现套期保值取决于很多因素，我们在下面列出了投资者在进行套期保值时应注意的一些原则，以帮助我们更好地实现资产保值。

1）品种相同或相近原则。该原则要求投资者在进行套期保值操作时，所选择的期货品种与要进行套期保值的现货品种相同或尽可能相近；只有如此，才能最大限度地保证两者在现货市场和期货市场上价格走势的一致性。因此，利用股指期货进行套期保值时要选择能够反映投资者所持有股票走势的指数，以保证套期保值的效果。

2）月份相同或相近原则。该原则要求投资者在进行套期保值操作时，所选用期货合约的交割月份与现货市场的拟交易时间尽可能一致或接近。

3）方向相反原则。该原则要求投资者在实施套期保值操作时，在现货市场和期货市场的买卖方向必须相反。由于同种（相近）资产在两个市场上的价格走势方向一致，因此必然会在一个市场盈利而在另一个市场上亏损，盈亏相抵，从而达到保值的目的。

4）数量相当原则。该原则要求投资者在进行套期保值操作时，所选用的期货品种其合约上所载明的标的资产的数量必须与现货市场上要保值的商品数量相当；只有如此，才能使一个市场的盈利（亏损）与另一个市场的亏损（盈利）相等或接近，从而提高套期保值的效果。

（2）其他证券的套期保值

正像我们可以利用股指期货保护股票头寸一样，我们也可以利用利率期货来保护已有的债券组合，也可以利用外汇期货防止利率波动的风险，从而达到保护投资者持有的外国债券的作用。我们将分别举例介绍利率期货和外汇期货的套期保值。

1）利率期货的套期保值。如果你持有一个债券组合的金融资产，那么你最不愿意看到的一件事情一定是利率的大幅上升，因为这会导致你的债券资产发生很大损失。假设你持有价值 300 000 美元的政府债券和公司债券的一个组合，它们的平均到期日为 18 年。如果觉得市场利率即将上涨，你可以通过卖出三份政府债券的期货合约来保护债券资产（每份政府债券期货合约的价值为 100 000 美元）。如果利率真的上升，那么期货合约带来的资本收益就可以弥补债券价值下跌带来的损失。利率期货所起的保护作用的大小取决于你的投资组合与政府债券期货价格走势的相近程度。

当然，市场利率也可能不升反降。如果这种情况发生，那么你在债券市场的获利也会被你在期货市场的损失冲抵掉。

2）外汇期货的套期保值。为防止汇率的大幅波动，境外金融资产持有者、贸易厂商、银行、企业等均需要采用套期保值，将风险降至最低限度。所谓外汇套期保值是指在现汇市场上买进或卖出的同时，又在期货市场上卖出或买进金额大致相当的期货合约。在合约到期时，因汇率变动造成的现汇交易上的盈亏可由外汇期货交易上的盈亏弥补。外汇期货套期保值可分为买入套期保值和卖出套期保值。买入套期保值是指在现货市场处于空头地位的人在期货市场上买进期货合约，目的是防止汇率上升带来的风险。卖出套期保值是指在现货市场上处于多头地位的人为防止汇率下跌的风险，在期货市场上卖出期货合约。

下面我们举一贸易商进行外汇套期保值的实例来说明。假如某进口商有现金60亿日元，按3月28日美元兑日元汇率为120计算，合计5 000万美元。他欲在2006年6月底从美国进口5 000万美元钢材船运至日本。考虑到美国对伊战争及日本政府干预政策等因素，该进口商预计3个月后美元兑日元将出现升值。为规避3个月后美元升值风险，降低进口成本，当天买入3个月期的美元期货，合计5 000万美元。至6月底，美元兑日元达140，进口商购买5 000万美元钢材需要付出70亿日元，相对3月底高出10亿日元。但由于已经在3月28日买进5 000万美元期货，在6月底到期交割时，由于美元升值，因此在期货市场上，该进口商多头头寸盈利10亿日元，从而规避了现货市场上美元升值的风险，锁定了进口成本。

15.3.3 金融期货和个人投资者

只有做到以下三点时，你才能使金融期货在你的投资组合中成功地发挥作用。
1）清楚地了解这一投资工具。
2）了解这一投资工具所带来的投资风险的大小。
3）你已经准备好接受可能出现的资本损失。

金融期货是一种获利潜力和亏损潜力巨大的投资工具。举例来说，2003年9月到期的标准普尔500期货合约的价值从774点升至1 226.5点，这450个点的波动带来了合约价值113 000美元的可能收益或亏损。而购买合约最初的资本投资仅为17 800美元。正是由于金融期货合约价格的大幅波动性，投资分散化在金融期货合约的投资中变得很重要，它可以有效降低由于合约价值大幅波动所带来的风险。

15.4 期货期权

从挂牌期权和金融期货的产生，再到利率期货和股指期货的面世，这一金融市场的演进最终带来了期货期权这一极具杠杆作用的金融工具的产生。期货期权是指上市交易的活跃期货合约的看涨或看跌期权，它给予了持有者在一段时间内以敲定价格购买或售出一份期货合约的权利。

表15.6列举了2004年国际上活跃交易的期货期权，这其中既包括商品期货期权，也包括金融期货期权。大多数期权的标的资产与它所涵盖的期货合约的标的资产是相同的，如112 000磅糖、100盎司黄金、62 500英镑等，因此，期货期权与期货合约有着相同的价格波动。

表 15.6 2004 年活跃交易的期货期权

商品期货

玉米	活牛	小麦	黄金
黄豆	猪肚	燕麦	银
豆油	橙汁	稻米	原油
豆粕	可可	铂	天然气
棉花	咖啡	铜	取暖油
	糖		汽油

金融期货

英镑	墨西哥比索	长期政府债券	道琼斯工业指数
欧元	美元指数	30 天联邦基金	纳斯达克 100 指数
瑞士法郎	欧洲存单	伦敦同业拆借利率	罗素 2 000 指数
日元	国库券	纽交所股票价格指数	
加元	中期政府债券	标准普尔 500 指数	

期货期权与其他挂牌期权一样拥有敲定价格、到期日、报价系统等。根据期权的敲定价格与它所代表的期货合约的市场价值的关系，期货期权也分为实值期权和虚值期权。

期货期权的估值过程也与其他期权相同——通过期权的敲定价格与市场价格之间的差额确定。期货期权也可以作为投机或套期保值的工具而进行套期保值交易或价差交易。而期货期权与期货合约最大的区别在于期货期权的最大损失仅限于期权价格（期权的权利金），而期货合约没有对损失的限制。

下面来看一下期货期权合约的运作方式。假设你想交易黄金的期货合约，你预计在 4~5 个月内黄金的价格将会从现在的 585 美元/盎司上升至 630 美元/盎司。你可以通过购买一份价格为 588.1 美元/盎司的期货合约来完成这一交易，保证金为 4 050 美元。或者你可以购买一份敲定价格为 580 美元/盎司、现价为 10.9 美元/盎司（由于期权所代表的期货合约包含 100 盎司黄金，因此这份期权的总价值为 10.9×100=1 090 美元）来完成这一交易。因为黄金的市场价格大于敲定价格，这一期权为实值期权。表 15.7 展示了在到期日时每盎司黄金上涨或下跌 45 美元的情况。

表 15.7 每盎司黄金上涨或下跌 45 美元的情况　　　　　　　　（单位：美元）

	期货合约		期货期权	
	盈利或损失	投资收益率	盈利或损失	投资收益率
黄金价格上升 45 美元/盎司	4 195	103.5%	3 910	358.7%
黄金价格下降 45 美元/盎司	-4 810	—	-1 090	—

很显然，期货期权不仅提供了有吸引力的回报率，同时减小了风险损失。但需要强调的是，虽然期货期权提供了一个比较好的投资机会，但投资者一定要在对商品期货和金融期货有深厚知识的前提下才可以使用它。

知识拓展

1. 远期合约是一种要求在未来某日以现在商定的价格交割某项资产的合约。多头方有义务买入资产，而空头方有义务交割资产。如果合约到期时资产价格高于远期价格，则多头方获利，因为他是以合约价格买入资产的。

2. 期货合约与远期相似，重要的差异在于标准化与盯市，即每日结算期货合约各头寸的盈亏。而远期合约在到期以前没有现金转移。

3. 期货合约在有组织的交易所中交易，合约规模、交割资产的等级、交割日、交割地点是标准化的，交易者仅需就合约价格进行谈判。标准化大大增强了市场的流动性，并使买方与卖方很容易地为所需买卖找到交易对手。

4. 清算所在每对交易者中间充当媒介，即是每个多头方的空头，也是每个空头方的多头。这样，交易者不需担心合约另一方的表现如何，实际上，每个交易都要交纳保证金以防违约。

5. 期货合约可用来套期保值或投机，投机者用合约来表明对资产最终价格所持的立场。空头套期保值利用空头来冲销所持资产价值所面临的损益，多头套期保值利用多头来冲销所购物价格变动带来的损益。

6. 如果即期价格有系统风险时，均衡期货价格会小于现在预期的 T 时即期价格。这提供给承担风险的多头方一个预期盈利，也强加给空头方一个预期的损失，当然，他愿意承担可预见的损失作为规避风险的方法。

投资行动

直接外汇交易

参与外汇市场的一种方法是购买外汇期货，而另一种方法则是个人投资者通过网上交易平台直接买卖外汇。外汇交易有时被称为"forex"或"FX"，世界上最大的两个网上外汇平台分别是 FOREX.COM 和 FXCM.COM。在这一平台上，每天有相当于 1 900 000 000 000 美元的外汇交易量，与每日 30 000 000 000 美元的外汇期货交易量相比，外汇直接交易的影响力非常大。

外汇交易包含两种货币的运动：你将两种货币以一定的汇率进行交换，并期待着下一次经过相反的交换过程获得收益。在 forex 上交易的货币包括美元、欧元、日元、加元、瑞士法郎、英镑及澳元。要开始外汇交易，首先需要对宏观经济的长期趋势有所了解，同时还要对你想交换的两国货币的走势进行技术分析。如果你认为相对于美元，欧元被高估了，并且这一现象会在较短的时间内得到修正，那么，你应该做空被高估的货币（欧元），并买入被低估的货币（美元），之后等待美元对欧元汇率的上涨。相反，如果你认为美元的走势将弱于欧元，就应进行相反的操作。

我们使用具体的数字举例。假设当前的汇率为 0.78USD/1EUR——你可以使用 0.78 美元购买 1 欧元，你认为美元相对于欧元将走强，此时你可以以 0.78USD/1EUR 卖空

100 000 欧元，这样，你相当于拥有了一份在到期日以 100 000 欧元获得 78 000 美元的权利。如果美元真的如你所望升值了，新的汇率达到 0.74USD/1EUR，你的外汇交易便盈利了，现在，你可以用 74 000 美元从外汇市场上购得 100 000 欧元，再以卖空的价格 0.78USD/1EUR 出售，你将得到 4 000 美元的盈利。由于在 FX 市场上的交易仅收取不到 1% 的保证金，投资者的回报率相对来讲就很高。当然，如果对外汇走势判断错误，投资者的损失也会很大。

为什么大多数投资者选择直接投资于外汇而不是外汇期货呢？其中部分原因是在线 FX 平台的出现。首先，在线的 FX 平台提供了 24 小时的连续在线交易系统，而存在于各大交易所的外汇期货则无法实现这一操作；其次，外汇交易平台的交易成本非常低，其保证金比例通常能达到 200 : 1，这使投资者拥有了相当巨大的获利空间。

然而，即使巴菲特这样有经验的投资者在在线外汇交易系统前也有些踌躇。因为在线交易平台的反应速度非常快，走势变化也很迅速，所以投资者在正式投资前可以先在各个经纪人（Broker）提供的模拟系统上进行演练，以适应这一系统。

思考题：直接外汇交易有什么优势和劣势？如果一名投资者认为瑞士法郎相对于美元会升值，他应该如何进行操作？

资料来源：Adrienne Carter, "The Currency Game: Home Version," Business Week, April 3, 2006, p.122; and www.fxcom/why-choose-fxcm-exchange.jsp (accessed September. 2006).

关键术语

期货合约 Futures Contrast　　　　　　维持保证金 Maintenance Deposit
金融期货 Financial Futures　　　　　　每日限价 Daily Price Limit
现货市场 Cash Market　　　　　　　　外汇期货 Currency Futures
期货市场 Futures Market　　　　　　　利率期货 Interest-rate Futures
交割月份 Delivery Month　　　　　　　股指期货 Stock-index Futures
初始保证金 Initial Deposit

课后习题

讨论题

1. 表 15.8 列出了两种中国国债期货的相关信息。

表 15.8　两种中国国债期货的相关信息

发　　行	价格（元）	到期收益率（%）	修正久期（年）
我国国债，票面利率 11.75%，2024 年 11 月 15 日到期	100	11.75	7.6
国债多头期货合约（合约 6 个月到期）	63.33	11.85	8.0

发　　行	价格（元）	到期收益率（%）	修正久期（年）
XYZ 公司债券，票面利率 12.5%，2015 年 6 月 1 日到期（AAA 级）	93	13.50	7.2

注：

AAA 级债券的波动相对于国债的波动为 1.25∶1。

假设国债多头期货合约无佣金和保证金要求，无税收。

假设一份国债多头期货合约有一份对面值 100 000 元的长期国债的要求权。

1）情况 A：

某固定收益型投资管理人持有价值 2 000 万元的国债头寸，票面利率为 11.75%，2024 年 11 月 15 日到期。预计在不久的将来，经济增长率和通货膨胀率都会高于市场预期。机构限制规定不允许投资组合中任何已有证券在货币市场上出售。

2）情况 B：

XYZ 公司的财务主管确信在不久的将来利率会下降。他准备在公开市场上购买面值为 2 000 万元的债券，票面利率为 12.5%，2015 年 6 月 1 日到期。面值为 2 000 万元的债券现在的折价率为 97%（100 元面值债券面值为 93 元）。

对以上两种情况，列出并计算怎样使用长期国债期货来为利率风险进行套期保值。写明计算过程及所需要的期货合约的数量。

2．投资者 A 了解到，由于天气原因，今年南美主产区的大豆成活率很低，因而预计今年南美大豆的产量将会大大下降。而南美又是我国及世界大豆的主要供应地，因此，投资者 A 认为大豆的价格将会上扬。我国大豆期货合约的合约规模为 10 吨，保证金要求为 8%。投资者希望可以通过期货投机来获利。

1）假设目前上市交易的大豆合约报价如图 15.2 所示。如果投资者 A 决定购买交易最活跃的合约，他应该购买哪份合约，一份该合约的市场价值是多少？如果投资者 A 打算购买 5 份该合约，投资占用的保证金为多少？

名称	代码	开盘	最高	最低	最新	涨跌	买价	买量	卖价	卖量	现量	增仓	成交量	持仓量
豆一0711	1311	4094	4094	4013	4017	7	4010	2	4023	1	2	0	28	2010
豆一0801	1401	4098	4136	4060	4078	7	4077	6	4080	77	4	0	39728	83830
豆一0803	1403	4167	4170	4095	4126	48	4103	1	4150	2	8	0	100	40
豆一0805	1405	4155	4176	4130	4158	33	4157	1	4158	180	10	0	557314	484264
豆一0807	1407	4154	4165	4131	4159	31	4142	1	4150	1	2	0	50	312
豆一0809	1409	4189	4227	4189	4214	22	4214	41	4215	72	2	0	169944	243168

图 15.2　目前上市交易的大豆合约报价

2）假设投资者 A 的预测正确，一个月后，该合约的价格上升至 4 278，则投资者的盈利为多少？投资收益率为多少？

计算题

1．乔治想做利率投机，他认为利率将降低，相应地，国债期货的价格将从现在的 92-15 变为 98。假设每张国债期货合约的保证金是 1 350 美元，假如利率的变化同乔治的预期相同，那么乔治的投资收益会是多少？

2．多年来，卡尔一直是股票市场上激进的投资者，他的投资组合大都是高风险高收益类型的，只要有相应的机会出现，卡尔是无论如何都要卖空的。最近，他对股指期货比较感兴趣。现在他认为市场正在走低，决定卖空标准普尔500指数期货合约。假设他以1 387.95美元的价格卖空了3张合约，每张合约的保证金是19 688美元。假设市场的确走低，合约在到期时以1 352.00美元的价格交易，卡尔将获利多少？其收益率是多少？

3．现在，尼克拥有价值为3 800 000美元蓝筹股组成的投资组合，为了保护这个投资组合不受市场疲软的影响，他决定用6个月期的道琼斯工业指数期货合约对其进行套期保值，目前此种合约的价格是11 960美元。

1）为什么尼克要用道琼斯工业指数期货合约来进行套期保值，而不用标准普尔500指数期货合约进行套期保值？

2）假如尼克要保护价值为3 800 000美元的全部投资组合，他应该如何进行套期保值？

3）假如每张合约的保证金是4 875美元，尼克需要多少资金来进行套期保值？

4）假设在未来的6个月中，股价的确下跌，尼克的投资组合的价值变为3 300 000美元。假如道琼斯工业指数期货合约的交易价格是10 400美元，尼克套期保值的盈亏情况是怎样的？盈利足够弥补亏损吗？

4．你购买了一份欧元期货合约，这份合约是125 000欧元，报价是1.163 6。在交割日，汇率是1.105 0。假如你选择交割，那么将欧元兑换为美元之后，你将拥有多少美元？盈亏情况如何？

5．关于期货期权，假如你在黄金价格为每盎司482美元时以7.20的价格购买了黄金期货的看涨期权，执行价格是480美元，假如到期日那天金价变为525美元，你的盈亏情况是怎样的？

案例分析

【案例1】　　　　　　　T.J. Patrick的投资：利率期货

T.J.Patrick是一位年轻有为的工业设计师，很喜欢商品期货投机的刺激。他从少年开始涉猎商品期货投机，是他父亲带他入门的。他认识到商品期货投机的巨大风险，但由于年轻，他认为自己可以承受风险。作为一家蒸蒸日上的工业设计公司的负责人，他每年赚取大概150 000美元。他加入了一项有着严格投资计划的投资项目，每年将15 000~20 000美元的资金加入自己的投资组合。

最近，T.J.开始涉足利率期货。这是因为在几个月之前的一次聚会上，他认识了金融期货方面的一位十分专业的经纪人Vinnie，认同Vinnie的观点（在通常情况下很难在投资利率期货的时候判断失误），并且很快开立了期货交易账户。

前几天，Vinnie建议T.J.投资于5年期国债期货。Vinnie认为美联储正在推高利率，利率期限结构中的短期和中期将对此举反应强烈，并且带来收益率的巨大提高。因此，Vinnie建议T.J.卖空5年期国债期货。特别是，Vinnie认为这些国债的利率会上升1个百分点（从5.5%左右到6.5%左右），T.J.应该卖空4个合约。由于每个合约要求1 350美元的初始保证金，所以这是一笔5 400美元的投资。

问题：

1）假定这些国债期货现在报价为 103-16。

a. 计算这些国债期货的当前潜在价值。

b. 如果 Vinnie 预测正确，在到期日这些国债的收益率的确上升了 1 个百分点，达到 6.5%，这些金融期货的报价将是多少？（提示：假设这里的国债是 5 年期，每半年付息 6% 的美国国债。）

2）假如 T.J. 在 103-16 的价格做空，然后在 98-00 的价格平仓，T.J. 可以获利多少？计算这笔交易的投资收益。

3）假如利率下跌，T.J. 的盈亏状况将会怎样？例如，国债期货的收益率下降 0.75%，合约价格变为 105-8，T.J. 的盈亏状况将如何？

4）你认为在被推荐的做空交易中存在什么风险？对于 T.J. 对金融期货的兴趣，你有什么看法？跟他已经建立的商品期货投资相比，你认为金融期货如何？

【案例 2】　　Jim 和 Polly 试图用股指期货进行套期保值

Jim Pernelli 和他的妻子 Polly 都是大学毕业生，都有高薪工作，是双收入家庭。Jim 是一名股票市场投资者，他建立了一个投资组合，现在的市值将近 375 000 美元。尽管 Jim 和妻子共有的投资组合有很大比重的高质量中型成长股，此投资组合仍然是分散化程度很高的组合。Jim 和妻子将所有的股息红利再次投资到此投资组合中，并且经常向此投资组合中增加更多的资金。到现在为止，他们从来没有进行卖空交易，而且只进行了适量的保证金交易。

在过去的 18 个月，他们的资产有可观的升值，Jim 想保护所获得的利润。问题在于：Jim 感到股市已经长时间地超常发展，即将进入一个疲软期。Jim 认真研究了市场和经济新闻，认为这轮回调将维持很长一段时间。他确信，在他的投资组合中，即使不是所有的，也有大多数股票将受到市场变动的不利影响，而且一部分股票将下跌得很严重。

Jim 研究股指期货很长时间了，他和妻子 Polly 决定用股指期货——确切地说是标准普尔中型股 400 期货合约——对他的普通股投资组合进行套期保值。

问题：

1）请解释 Pernelli 一家想用股指期货对已有的投资组合进行套期保值的原因，并说明他们将如何进行套期保值。

a. Pernelli 一家还有什么方式可以对已有的投资组合进行套期保值？

b. 用股指期货作为套期保值的工具有何优缺点？

2）标准普尔中型股 400 期货合约的价格是 500 美元×指数，当前的报价是 769.40 美元。Pernelli 一家需要买几份合约来进行套期保值？

a. 假如 Pernelli 一家的投资组合在市场回调期缩水 12%，股指期货的价格要如何变动才能够抵消资产缩水？

b. 假设买卖一份标准普尔中型股 400 期货合约需要保证金账户中有 16 875 美元的资金，则当股指期货的价格变动同 a 中计算所得的数据时，Pernelli 一家的投资与股指期货的收益是多少？

3）假设 Pernelli 一家的投资组合的价值下降了 52 000 美元，而一份标准普尔中型股 400 期货合约的价格从 769.40 美元降到 691.40 美元（假设 Pernelli 一家卖空股指期货来实现套期保值）。

a. 将股指期货的收益加到缩水之后的投资组合的价值上，如何把它跟市场回调之前已经存在的 375 000 美元相比较？

b. 为什么投资期货套期保值没能完全抵消 Pernelli 一家的投资组合的价值下降？这种投资组合可能获得对资产的完全保护吗？阐明原因。

4）假如 Pernelli 一家没有运用股指期货，而是用期货期权进行投资的套期保值，会有什么样的状况呢？幸运的是，的确有跟标准普尔中型股 400 期货合约对应的期货期权。这些期货期权，跟它们的基础资产——期货合约一样，以 500 美元×指数来定价。现在，假设一份看跌的标准普尔中型股 400 期货合约（执行价格是 769 美元）的报价是 5.80，相应的看涨期货合约的报价是 2.35。运用相同的投资组合和在问题 3）中设定的价格来判断，当使用期货期权来进行套期保值时，投资组合能被保护到何种程度（提示：将期货期权的净收益加到股票投资组合贬值后的价值上）。当运用期货期权而不是股指期货来进行套期保值时，优缺点各有什么？

Excel 运用

期货合约的收益只有一个来源——价格向有利方向变动时带来的资本收益，投资于期货不能得到任何形式的即期收益。在这种情况下，期货合约有如此高的收益主要有两个原因：一是合约的每日价格变动幅度较大；二是杠杆作用，由于期货交易只需要很少的保证金，而可能获得的收益则是合约价格变动所带来的全部收益。

假设你对投资期货合约很感兴趣，尤其是燕麦期货合约。燕麦期货合约规定："OATS(CBOT) 5 000 蒲式耳；美分蒲式耳。"假设你已经以 186.75 美元的价格购买了 5 份 12 月到期的燕麦期货合约。投资期货合约的首次交易需要缴纳的保证金是一份期货合约价值的 5.35%。创建 Excel 表格，并且回答下列问题。

1）5 份期货合约首次交易一共需要在期货账户中缴纳多少保证金？

2）5 份期货合约一共控制了多少蒲式耳的燕麦？

3）根据 12 月的执行价格计算，你控制的燕麦商品期货合约的购买价格是多少？

4）假设 12 月的燕麦的市价的确是 186.75 美元/蒲式耳，你决定卖掉期货合约，将利润变现，则这些燕麦商品期货的卖价将是多少？

5）计算这笔交易的投资收益率。

案例导读

华人文化和美国华纳兄弟宣布成立"旗舰影业"

- 作者：澎湃新闻记者 官文
- 时间：2015-09-22 09:57
- 来源：澎湃新闻

- 网址：http://www.thepaper.cn/newsDetail_forward_1490878

9月20日，华人文化和美国好莱坞最大的电影公司华纳兄弟（Warner Brothers）联合宣布，双方将共同出资成立"旗舰影业"，总部设在中国香港，并在洛杉矶和北京分别设立业务分支机构，共同开发和制作华语电影和英语电影，面向全球市场发行。

据华人文化介绍，公司领导的财团控股51%，华纳兄弟持股49%。其中，香港电视广播有限公司（TVB）持有华人文化财团10%股份，预计新公司出品的第一部电影最快会在2016年上映。

作为时代华纳的子公司，华纳兄弟的电影制作能力毋庸置疑，其出品的成功电影包括《哈利·波特》《指环王》《蝙蝠侠》《黑客帝国》《盗梦空间》《地心引力》等。

华人文化董事长黎瑞刚称，国际电影市场对中国题材的兴趣也在不断升温，华人文化也会借此把国外大片创意研发经验、制作发行体系及技术运营手段与中国相结合。

华人文化与好莱坞的新生意

在与好莱坞合作方面，华人文化已经轻车熟路。

2010年设立的华人文化，在电影领域已经有不少投资，最著名的当属与美国梦工厂合资创立的东方梦工厂，梦工厂是《功夫熊猫》《急速蜗牛》《疯狂原始人》等著名动画电影的制作方。

东方梦工厂于2012年8月在上海组建，华人文化等中方公司控股55%，首轮投资达3.3亿美元。其中，东方梦工厂的首个作品《功夫熊猫3》已经定档2016年1月上映。

不仅是影视制作公司，华人文化对于美国影视技术公司亦有投入。2014年4月，华人文化出资4000万美元，获得IMAX旗下中国公司10%的股权，而下个月，IMAX中国就将在香港证券交易所上市。

借助这个途径，华人文化开始拍电影。今年6月，华人文化与IMAX方面共同设立中国电影投资基金，启动资金规模为3亿元人民币，首期目标是推出10部华语大片。

在2015夏季大连达沃斯论坛上，黎瑞刚的一席话或许能够解释现在华人文化的动作。

黎瑞刚说，中国的文化产品距离能够往外输出到全球去，路还相当长，中国现在所处的阶段是用中国的体量交换包括娱乐产品在内的西方产品，市场容量变大后也在影响西方的内容生产，但是这还是很初级的阶段。往后走，关键还看是否能学到西方的创意及内容生产整套流程体系。

"爱上"好莱坞

当然，现在"爱上"好莱坞的不仅是华人文化一家。

比如，最近上映的派拉蒙公司影片《碟中谍：神秘国度》被称作"非常与众不同"，因为放映之前的动态厂标展示出现了中国电影频道的名字，以及阿里影业的名字。

在这部影片上，中国资本确实付出了真金白银：阿里影业、当代东方及万达影视占据总投资的10%。

当然，未来更多的好莱坞电影将打上中国LOGO。今年上半年，多起合作已经宣布，其中华谊兄弟与美国STX娱乐公司签署合作协议，将在2017年12月31日前联合投资、拍摄、发行不少于18部合作影片;美国狮门影业和湖南电广传媒影业合作,并宣布将在未来3年合作拍摄14部影片,协议总金额达到15亿美元,包括《惊天魔盗团2》《埃及众神》《女巫猎人》等,其中电广传媒的出资比例在25%。

而去年,复星还向华纳兄弟影业前总裁罗宾诺夫营运的初创公司Studio 8投资约2亿美元。

为何现在中国资本动作如此多?除了学习整套流程体系外,日本外交学者网站给出了这样一个观点:随着2017年临近,中国将不再能够通过对进口影片施加配额来保护中国企业免受来自竞争对手的冲击,所以,中国电影人和投资者认为"狼来了",正在竭尽全力加速发展、避免湮没。加大对好莱坞投资力度的解决办法旨在引入竞争,让中国企业在自己的国内市场保住一块地盘。

根据世贸组织协议,2017年中美双方将启动新一轮电影进口配额谈判,进口片配额或将"进一步放开"。

当下,中国每年有34部进口分账片配额。当然,对于好莱坞影片而言,如果能和中国投资者进行深度合作,成为"合拍片",经济上也有不小的利益。

比如,有分析就认为《功夫熊猫3》不会占用每年有限的进口分账大片配额,不会即便狂赚几亿元也只能拿到约17%的分账,而是获得与国产片一样的待遇——梦工厂及其中国的合作伙伴能享受43%的票房分账。

CFA 练习题

1. 对于衍生合约,概念上的本金是指(　　)。
   a. 合约的标的资产的金额
   b. 合约中实际支付和得到的金额
   c. 倾向于低估合约中实际支付和得到的金额

2. 交易最活跃的衍生工具是以(　　)资产为基础资产的合约。
   a. 金融的　　　　　b. 商品的　　　　　c. 能源相关的

3. 衍生工具市场繁荣的最可能原因是(　　)。
   a. 衍生品很容易被理解和使用　　　　b. 衍生品有相对低的交易费用
   c. 衍生品的定价相对简单

4. 除非是虚值期权和实值期权,对于其他看涨期权来说,距离到期日时间越长,(　　)价格越低。
   a. 美式看涨期权,但不是欧式看涨期权
   b. 美式看涨期权和欧式看涨期权
   c. 美式看涨期权和欧式看涨期权都不是

5. 一个美式期权的执行价格是50美元,90天后到期;另一个同样基础资产的美式期权的执行价格是60美元,120天后到期。基础资产现在的价格是55美元。考虑下列说法。

说法 1：执行价格是 50 美元的期权是实值期权，执行价格是 60 美元的期权是虚值期权。

说法 2：执行价格是 60 美元的期权的时间价值在期权费中占的比重超过了执行价格是 50 美元的期权的时间价值在期权费中占的比重。

两种说法正确的是（　　）。

  a. 说法 1　　　　　　b. 说法 2

6. 一个现价为 35 美元的股票有执行价格为 40 美元的看涨期权，此看涨期权一年后到期，现在的无风险收益率是 10%，则此看涨期权的价值下限是（　　）。

  a. 零

  b. 假如是美式期权的话，下限是 5 美元

  c. 假如是欧式期权的话，下限是 1.36 美元

7. 一位投资者以 85 美元的价格购买了一只股票，现在他以 3 美元的价格卖出了这只股票的看涨期权，此期权的执行价格是 100 美元。假如在期权的到期日，股价涨到了 110 美元，则此投资者的获利情况接近（　　）。

  a. 3 美元　　　　　b. 12 美元　　　　　c. 18 美元

8. 一位投资者以 10 美元的价格购买了一个现在实值 5 美元的期权。假如其基础资产的价格是 90 美元，则恰当描述该期权的说法是（　　）。

  a. 一个执行价格为 80 美元的看涨期权

  b. 一个执行价格为 95 美元的看跌期权

  c. 一个执行价格为 95 美元的看涨期权

9. 最近，一只股票的价格是每股 50 美元，以这只股票为基础资产的在未来 6 个月到期的看涨期权的执行价格是 45 美元、50 美元和 55 美元，这些期权的价格分别是 8.75 美元、6 美元和 4 美元。假设每份看涨期权合约是 100 股此股票，投资者以市价购买了 100 股此股票。再假设投资者将在 6 个月之后期权到期时结束整个投资过程，包括卖出没有按照期权中执行价格交割的所有股票，不管股价上升或下降多少。假如 6 个月后此股票的收盘价恰好是 60 美元，执行价格是 50 美元的抛补式看涨期权的获利接近（　　）。

  a. 400 美元　　　　b. 600 美元　　　　c. 1 600 美元

10. 某公司现在的股价是每股 50 美元，尼克以此价格购买了 100 股该股票。为了防止股价下跌的损失，尼克购买了一张看跌期权合约，其基础资产是 100 股该股票，执行价格是 40 美元，期权费是每股 1 美元。假如该股票在期权到期日以 45 美元的价格收盘，尼克以 45 美元的价格卖掉了他之前购买的 100 股股票，则尼克获利（　　）。

  a. -1 100 美元　　　b. -600 美元　　　c. 900 美元

答案：

  1~5：aabca　　　　6~10：acbbb

反侵权盗版声明

电子工业出版社依法对本作品享有专有出版权。任何未经权利人书面许可，复制、销售或通过信息网络传播本作品的行为；歪曲、篡改、剽窃本作品的行为，均违反《中华人民共和国著作权法》，其行为人应承担相应的民事责任和行政责任，构成犯罪的，将被依法追究刑事责任。

为了维护市场秩序，保护权利人的合法权益，我社将依法查处和打击侵权盗版的单位和个人。欢迎社会各界人士积极举报侵权盗版行为，本社将奖励举报有功人员，并保证举报人的信息不被泄露。

举报电话：（010）88254396；（010）88258888

传　　真：（010）88254397

E-mail：　dbqq@phei.com.cn

通信地址：北京市万寿路173信箱
　　　　　电子工业出版社总编办公室

邮　　编：100036